A razão dos centavos

Roberto Andrés

A razão dos centavos

Crise urbana, vida democrática e as revoltas de 2013

Copyright © 2023 by Roberto Andrés

*Grafia atualizada segundo o Acordo Ortográfico da Língua Portuguesa de 1990,
que entrou em vigor no Brasil em 2009.*

Capa
Felipe Sabatini e Nina Farkas / Gabinete Gráfico

Preparação
Ângela Ramalho Vianna

Checagem
Érico Melo

Índice remissivo
Luciano Marchiori

Revisão
Luís Eduardo Gonçalves
Ana Luiza Couto

Dados Internacionais de Catalogação na Publicação (CIP)
(Câmara Brasileira do Livro, SP, Brasil)

Andrés, Roberto
A razão dos centavos : Crise urbana, vida democrática e as revoltas de
2013 / Roberto Andrés. — 1ª ed. — Rio de Janeiro : Zahar, 2023.

Bibliografia.
ISBN 978-65-5979-109-5

1. Cidades – Aspectos sociais 2. Democracia 3. Economia urbana
4. Mobilidade urbana 5. Movimentos sociais 6. São Paulo (SP) – Condições
econômicas I. Título.

23-148718   CDD-363.125

Índice para catálogo sistemático:
1. Mobilidade urbana : Problemas sociais   363.125

Tábata Alves da Silva — Bibliotecária — CRB-8 / 9253

Todos os direitos desta edição reservados à
EDITORA SCHWARCZ S.A.
Praça Floriano, 19, sala 3001 — Cinelândia
20031-050 — Rio de Janeiro — RJ
Telefone: (21) 3993-7510
www.companhiadasletras.com.br
www.blogdacompanhia.com.br
facebook.com/editorazahar
instagram.com/editorazahar
twitter.com/editorazahar

Toda vez que a estrutura da sociedade e da economia muda, a questão urbana volta ao primeiro plano.

BERNARDO SECCHI

O que está escondido virá à tona, quer decidamos olhar ou não.

ISABEL WILKERSON

Sumário

Introdução: A esfinge e o bode   9

PARTE I **Antes**   29

1. Rebeliões por vinténs e centavos   31

2. As cidades e os ninguéns   59

3. O domínio das empreiteiras   75

4. Muros no condomínio do poder   90

5. Avanços e impasses na reforma urbana   105

6. Fordismo à brasileira   125

7. O círculo vicioso   144

8. Ventos rebeldes do Norte   163

PARTE II **Durante**   177

9. Piso alto, teto baixo   179

10. Da Copa eu abro mão   199

11. Fissuras na hegemonia   215

12. A revolta dos centavos   238

13. Multidão de avulsos na avenida   261

14. Cidadania incipiente, grafias precárias   282

15. Na órbita de Junho   302

PARTE III **Depois** 321

16. O fechamento da fresta 323

17. Nova direita ocupa o vácuo 339

18. Flores no deserto 356

19. A vez da tarifa zero 375

Epílogo 395

Lista de entrevistados e conversas públicas 407

Agradecimentos 409

Notas 411

Referências bibliográficas 441

Índice remissivo 473

Introdução: A esfinge e o bode

"FECHEM OS OLHOS E IMAGINEM. Imaginem uma cidade como São Paulo sem tarifa, sem catraca, cada um acessando o transporte livremente. Imaginem a mudança na vida das pessoas. Quantas coisas seriam feitas, o impacto na economia. Muda tudo. A tarifa zero muda tudo." Umas vinte pessoas em uma sala improvisada no Centro Cultural São Paulo fecharam os olhos e imaginaram. Quem falava era Lúcio Gregori, um senhor de cabelos grisalhos penteados para trás, óculos grandes e camisa social abotoada até o colarinho. Era outubro de 2010.[1] Em poucos dias, Dilma Rousseff seria eleita presidenta. A sinfonia que tocava no país era a do espetáculo do crescimento.

O público era pequeno, mas o palestrante não pregava para convertidos. Boa parte ali desconhecia a história que ele protagonizara duas décadas antes. Era surpreendente que uma proposição tão radical fosse tão esquecida. Em 1990, Gregori foi nomeado secretário de Transportes da cidade de São Paulo, no governo de Luiza Erundina, do PT. Tendo caído meio que por acaso na pasta, sem muito a perder, fez uma proposta ousada à prefeita: financiar indiretamente o sistema de transporte e zerar a tarifa, assim como ocorria com os serviços de educação, saúde, iluminação pública e coleta e tratamento de lixo.

A proposta causou polêmica dentro do governo e do PT, mas acabou sendo abraçada pela prefeita. Assim, durante o ano de 1990, a sociedade paulistana debateu a sério uma proposição de acesso gratuito ao transporte público, que seria financiado pelo aumento da arrecadação do IPTU, de forma progressiva. Naquele momento, nenhuma cidade no Brasil adotava a medida. Na verdade, os registros indicam que a política era oferecida em apenas seis cidades no mundo — três na França e três nos Estados Unidos, todas com menos de 100 mil habitantes.[2]

O contexto que permitiu tamanha ousadia será aqui analisado, assim como as condições que faltaram para que a proposta fosse aprovada na Câmara de Vereadores. Após o fim do governo Erundina, Lúcio Gregori saiu de cena. Foi prestar serviços técnicos para empresas e órgãos públicos, e depois se aposentou.[3] Como a proposta de gratuidade dos ônibus não foi bem-sucedida, ela ficaria na geladeira por um bom tempo.

Em 2010, quando o engenheiro incitava a imaginação de alguns poucos no Centro Cultural São Paulo, havia dez cidades com tarifa zero no Brasil. Todas pequenas, com menos de 50 mil habitantes. Em 2022, a gratuidade no transporte público era realidade em 52 cidades brasileiras, atendia a 2,5 milhões de pessoas e foi pauta central na eleição em que o país derrotou o autoritarismo e elegeu Luiz Inácio Lula da Silva pela terceira vez. Entre um momento e outro, ocorreram as Revoltas de Junho.

UMA PROPAGANDA FEITA PELO GOVERNO Erundina a favor da tarifa zero marcou a memória das pessoas atuantes no período. Era um comercial, veiculado na TV, que utilizava como personagem uma criança de um ano. O argumento da

Introdução

peça era de que, embora não se servisse do transporte, o bebê teria acesso a mais alimentos e brinquedos graças ao dinheiro que seus pais economizariam ao não pagarem a passagem. A publicidade contribuiu, junto com outros elementos da campanha, para gerar uma maioria favorável à política na cidade.[4]

O bebê da propaganda poderia ter sido Mayara Vivian. Sua família possuía o perfil social dos que seriam beneficiados pela gratuidade do transporte. Moradores da Zona Leste da cidade, atuavam em profissões de remuneração baixa ou média e se locomoviam por transporte público. Mayara ia para a escola de ônibus e foi a primeira da família a chegar à universidade. Em 1990, enquanto a prefeitura tentava emplacar a tarifa zero, ela tinha um ano de idade.[5]

Quinze anos depois, Mayara passou um sábado de verão com colegas do movimento estudantil sob uma tenda em um parque de Porto Alegre. Sentada em cadeiras de plástico e enfrentando o calor intenso por mais de seis horas de plenária, uma centena de jovens fundou o Movimento Passe Livre, o MPL.[6] A maior parte deles nunca tinha ouvido falar da história de proposição da tarifa zero em São Paulo. Naquele momento, a pauta do grupo era o passe livre estudantil.

Isso foi em 29 de janeiro de 2005. A plenária fez parte do V Fórum Social Mundial, que retornava à capital gaúcha depois de uma edição em Mumbai, na Índia. O evento estava em seu período de ouro, e contou com a presença de figuras expressivas da esquerda mundial, como Eduardo Galeano, José Saramago, Lula e Hugo Chávez.[7] A tenda onde se deu a plenária de fundação do MPL foi chamada de "Caracol intergaláctico", e abrigou uma programação alternativa, de corte autonomista. Os jovens ali reunidos eram uma parte marginal do festejado evento de esquerda. Seria risível se alguém dissesse que o movimento fundado por eles iria abalar o Brasil dali a oito anos, e contribuir para encerrar o ciclo de hegemonia dos governos petistas.

O MPL nascia das revoltas contra aumentos tarifários ocorridas nos anos anteriores. Seus protagonistas eram estudantes, alguns ligados à esquerda partidária, outros ao autonomismo. A Revolta do Buzu, em Salvador, em 2003, inaugurou uma nova leva de rebeliões pelo transporte, depois de um período de calmaria. A Revolta da Catraca, em Florianópolis, em 2004, deu um passo adiante: conquistou a redução da tarifa depois de vários dias de protestos. Embalados pela vitória, os militantes da capital catarinense lideraram a articulação de um movimento nacional pelo transporte que resultou no encontro de Porto Alegre.[8] Mayara Vivian e seus colegas de São Paulo, que haviam fundado um movimento pelo passe livre no ano anterior, viajaram quase 24 horas de ônibus para chegar à capital gaúcha.

O ano de 2005 assistiu à emergência de tendências conflitantes, que colidiriam em pouco tempo. De um lado, uma juventude que ampliava sua organização na luta pelo transporte e pelo direito à cidade;[9] de outro, o abandono dessa agenda pelo governo federal. Em junho daquele ano veio à tona o escândalo chamado de Mensalão, um esquema de compra de votos de parlamentares pelo Executivo federal. Foi o primeiro caso vultoso de corrupção do governo Lula, e causou grande impacto.

Para garantir sustentação política no Congresso, Lula entregou o comando do Ministério das Cidades para o PP, partido derivado de setores da Arena, legenda de sustentação do

Introdução

regime militar. As lideranças do PP incluíam o ex-governador de São Paulo Paulo Maluf e o então presidente da Câmara, Severino Cavalcanti. A mudança foi um cavalo de pau. Criado no primeiro dia do governo petista, o Ministério das Cidades prometia enfrentar a aguda crise urbana brasileira. Seu primeiro ministro foi Olívio Dutra, ex-prefeito de Porto Alegre e ex-governador do Rio Grande do Sul, que montou uma equipe com figuras de relevo no debate urbano.

A primeira gestão do Ministério das Cidades estruturou processos participativos e elaborou diretrizes de políticas que, se implementadas, poderiam remediar os graves problemas de mobilidade urbana, habitação, saneamento e precariedade dos bairros. Mas pouco disso saiu do papel. Após a substituição no comando da pasta, as proposições mais transformadoras foram dando lugar a uma agenda conservadora, em muitos aspectos próxima àquela implantada durante a ditadura.

Isso aconteceu simultaneamente a uma guinada na política econômica do governo. O primeiro governo Lula fora marcado pela austeridade e contenção de gastos. A partir de 2007, a toada foi de expansão fiscal e crescimento dos investimentos públicos. Quando a torneira do governo se abriu, já prevalecia no Ministério das Cidades uma visão pautada pelos interesses de grandes empreiteiras e outros atores do andar de cima. As diretrizes progressistas estabelecidas pelos processos participativos foram deixadas de lado.

É notável que a fundação do MPL tenha se dado na mesma Porto Alegre em que Olívio Dutra desenvolvera algumas das políticas mais exitosas das gestões municipais petistas. Em 2005, a tentativa de replicação nacional dessas políticas foi sepultada. A crise das cidades e do transporte urbano se acirraria nos anos seguintes. As respostas do governo seriam tímidas ou andariam na contramão. Enquanto isso, os movimentos pelo transporte aumentariam seu poder de mobilização. O choque não tardaria a vir.

UM DOS PRINCIPAIS ARGUMENTOS deste livro é que as revoltas de 2013 ocorreram pela colisão de tendências conflitantes, que remetem ao período da redemocratização e ganharam força durante os governos petistas. Essas contendas extravasam as disputas entre capital e trabalho. Talvez sejam mais bem compreendidas na chave da disputa entre formas de vida, que dizem respeito ao conjunto de práticas que moldam o cotidiano e que são objeto de conflitos quando as sociedades mudam.[10] As formas de vida se estruturam pela organização territorial.

Por isso, compreender Junho de 2013 demanda um olhar para a sui generis urbanização brasileira e suas implicações na vida cotidiana, na manutenção das desigualdades, no tecido social e na política. Entre 1940 e 1980, o Brasil teve uma das maiores taxas de urbanização de que se tem notícia no mundo. O número de moradores nas cidades saltou de 13 milhões para mais de 80 milhões de pessoas. Esse processo se deu com atuação seletiva do Estado, cujos investimentos nas áreas centrais destoaram em muito daqueles praticados nas periferias, marcadas pela precariedade, pela carência de serviços públicos e de oportunidades de emprego.

Para os moradores dos bairros populares, estabeleceu-se uma dependência exacerbada do transporte coletivo, ao mesmo tempo que este nunca foi estruturado como um

Introdução 15

serviço público essencial. Como resultado, o transporte tornou-se um elemento de martírio — atrasos, veículos lotados, longo tempo das viagens. Aqueles que não têm condições de pagar as tarifas ou de viajar por longas horas tornam-se "prisioneiros do espaço local", como formulou o geógrafo Milton Santos.[11] De tempos em tempos, a insatisfação com esse estado de coisas explode em revolta súbita e violenta, como veremos ao longo do livro.

O automóvel teve seu papel na dinâmica, ao oferecer às classes mais altas a possibilidade de viajar mais rápido e longe dos pobres. Em uma sociedade segregada como a brasileira, o transporte público nunca foi um problema dos ricos. Mas o crescimento das frotas de veículos impacta os ônibus, com o aumento dos congestionamentos. Ou seja, quanto mais gente migra para os carros, pior fica a condição dos que não migram. Os períodos históricos de incremento das frotas foram sempre seguidos de crise do transporte público. Os governos petistas, que produziram a maior expansão de carros da história do país e não levaram adiante políticas consistentes para o transporte público, armaram uma bomba que não tardaria a explodir.

O legado deixado pela ditadura civil-militar no Brasil foi muito além da cultura autoritária que ainda hoje nos assola. Ou, dizendo de outro modo, essa cultura autoritária, patrimonial e elitista foi estruturada juntamente com uma forma de organização territorial, política e produtiva que se tornou o solo da vida cotidiana. A forma das cidades, a alta desigualdade e a segregação, o modo de operação do transporte público, os privilégios concedidos aos automóveis, a formação de um empresariado nacional próximo do poder político e que se beneficiava do arranjo (empreiteiras, mercado imobiliário, montadoras de carros, empresários do transporte) — tudo isso constitui a infraestrutura que embasa as possibilidades das formas de vida, da economia e da política.

Em um contexto de abertura e redemocratização, a manutenção da ordem das coisas se deu por meio do fechamento em enclaves. Aos muros dos condomínios e shopping centers, que se multiplicaram desde os anos 1980, minando a convivência nos espaços públicos, somaram-se outros. O sistema político, operando uma transição morna para a democracia, fechou-se em condomínios de poder. Os empresários do transporte aumentaram sua influência sobre a política e garantiram suas receitas mesmo em contexto de piora dos serviços. O mesmo se deu em outros setores, como saúde, educação e segurança, em que a elite buscou manter opções privatistas e nichos de privilégio.

Esse acúmulo de muramentos conviveu com uma tendência oposta, de abertura e modernização. Esta se expressou já na grande pulsação da sociedade nos movimentos das Diretas Já e durante a Assembleia Nacional Constituinte. Um conjunto expressivo de direitos foi colocado na arena pública naquele momento e pautou o texto constitucional. Durante os governos petistas, essa força progressista ganhou escala e passou a abarcar outros temas, ligados ao espírito do tempo e a uma sociedade que se transformava rapidamente.

O lulismo acelerou as duas tendências, contribuindo para que a colisão fosse mais forte.

Introdução 17

As revoltas de 2013 resultam de linhas históricas distintas, que se juntaram e formaram um híbrido novo. Trata-se da conjunção de ciclos de luta de longo, médio e curto prazos. O primeiro é a tradição de rebeliões pelo transporte, que remete ao período imperial e atravessou o século xx, sempre intercaladas por períodos de mansidão. O segundo é o conjunto de manifestações políticas massivas ocorridas desde a redemocratização, que incluiu as Diretas Já em 1984 e o Fora Collor em 1992. O terceiro são as mobilizações pelo direito à cidade, por questões ambientais e pela chamada agenda de costumes que emergiram por volta de 2010. Por fim, há ainda os protestos contra a corrupção que ganharam força a partir de 2011.

Essas vertentes desembocaram simultaneamente em Junho de 2013, de maneira inesperada e rara. Não é todo dia que condições históricas que fazem despontar manifestações tão variadas coincidem no tempo. A convergência de afluentes tão díspares formou o rio revolto e incompreendido de Junho — até hoje um enigma, que este livro busca ajudar a decifrar.

Quando comparadas a cada uma de suas antecessoras nas diferentes linhas históricas, as Revoltas de Junho apresentam particularidades, resultantes da hibridização. O país conviveu desde o período imperial com rebeliões populares contra aumentos tarifários ou más condições do transporte público. Como veremos, esses motins ficaram majoritariamente restritos a setores populares de baixa organização, tendo semelhanças com o que o historiador Eric Hobsbawm caracterizou como turbas urbanas.[12] No ciclo que culminou em 2013, as revoltas pelo transporte ganharam a adesão de setores de maior politização e capacidade de disputa. No centro disso esteve a atuação do mpl e de outros movimentos do período.

Os dois primeiros governos presididos por Lula se deram com — e contribuíram para — uma transformação profunda da sociedade brasileira. A redução da pobreza, o aumento do acesso à educação e à cultura, a difusão da internet e a maior mobilidade internacional produziram uma nova geração com visões de mundo distintas da anterior. As aspirações deram um salto de patamar. Tudo isso aconteceu em paralelo ao fortalecimento de tendências conservadoras, de manutenção do status quo na política, na economia e nos territórios.

As colisões se iniciaram já por volta de 2010. Emergiram mobilizações pelo uso compartilhado dos espaços públicos urbanos, pela qualidade ambiental nas cidades, contra intervenções decididas de cima para baixo e seus impactos na vida social, como as remoções de moradores pobres por obras ligadas à realização da Copa do Mundo no Brasil. Esses movimentos atingiram escalas variadas e formaram um caldo que fervilhou em Junho, trazendo uma miríade de perspectivas sobre a vida coletiva para as ruas.

Embora hoje isso pareça corriqueiro, o fenômeno foi novo. Marcado historicamente por um déficit de cidadania, o Brasil assistiu pela primeira vez à expressão pública de um conjunto de demandas sobre a vida compartilhada nas cidades. Tudo isso produziu fissuras na hegemonia vigente, apontando, já nos anos que antecederam 2013, que o modelo de desenvolvimento estava desencaixado das aspirações de diversos setores. Também nessa linha emergiram mobilizações pelos direitos das mulheres, contra a LGBTfobia e pela liberdade no uso de drogas; além de movimentos contra a corrupção — em contraposição à arraigada blindagem do sistema político brasileiro, que se mantinha firme e forte enquanto a sociedade se modernizava.[13]

Introdução   19

A conjunção desses temas fez com que Junho representasse uma importante diferença em relação aos outros dois grandes ciclos de manifestações anteriores. As Diretas Já, em 1984, e o Fora Collor, em 1992, embora tenham expressado certa pluralidade de demandas, foram articulados em torno de pautas objetivas: o direito às eleições abertas para presidente e a deposição de um presidente eleito. Em suma, a primeira delas procurava estabelecer regras justas para o jogo democrático, e a segunda, que essas regras fossem cumpridas em acordo com a vontade popular.

Em 2013, o sentido das manifestações foi além do jogo democrático. Tratou-se de denunciar o déficit e reivindicar o aprimoramento da vida democrática, o que inclui o sistema político mas também elementos da vida urbana, das condições ambientais, da agenda de costumes e do acesso a serviços públicos, centrais para uma cidadania plena. Esses elementos compõem aquilo que a filósofa Nancy Fraser chamou de lutas de fronteira,[14] que ocorrem nas bordas entre a economia capitalista e suas condições de fundo.

A diversidade de pautas contribuiu para que as manifestações de 2013 ficassem sem nome de batismo. Essa é uma diferença marcante em relação aos eventos anteriores. Ninguém se refere às Diretas Já ou ao Fora Collor pelo mês em que explodiram — abril de 1984 e agosto de 1992. Mas em 2013 não houve uma pauta guarda-chuva que nomeasse o ciclo. Revolta dos Centavos não pegou, já que a pauta se diversificou justamente quando os atos cresceram. Por falta de um nome descritivo, Junho de 2013 virou nome próprio, assim como seu antecedente mais conhecido — o Maio de 1968 francês.

O nome próprio que não apresenta um sentido político sustenta o caráter enigmático de Junho, que permaneceu em disputa nos anos seguintes. À direita e à esquerda, emergiram leituras distintas sobre o fenômeno, que veremos ao longo do livro. Aqui, importa notar que as revoltas de 2013 sacudiram profundamente as estruturas da política e da sociedade brasileira. Trata-se daquele tipo de evento histórico que divide o mundo entre o antes e o depois. Como as infraestruturas do mundo físico não se alteram de um dia para o outro, o que se transforma rapidamente são as mentalidades, a percepção social sobre a realidade e as correlações de força da política.

Depois de 2013, o Brasil passou por um dos períodos mais conturbados de sua história. Visto hoje, o 7 x 1 sofrido na partida contra a Alemanha na Copa de 2014 parece um presságio do que viria. Uma eleição marcada pela alta carga agonística, estelionato eleitoral, crise econômica, uma nova direita nas ruas, Operação Lava Jato, impeachment sem crime de responsabilidade, um presidente sem votos e impopular. Tudo isso desembocou na eleição para presidente, em 2018, de um ex-capitão do Exército saudosista da ditadura que, embora fosse deputado havia quase três décadas, se apresentava como alguém de fora da política.

EM DEZEMBRO DE 2019, Lula saíra da prisão havia um mês. Após 580 dias recluso por uma condenação de viés político, o ex-presidente retomava as atividades públicas. Em uma entrevista à TeleSur, ele afirmou que "as manifestações de 2013 foram feitas já fazendo parte do golpe contra o PT. [...] Elas não tinham reivindicações específicas".[15] Não era a primeira vez

Introdução   21

que Lula trazia essa perspectiva. Em 2017, ele dissera que "nos precipitamos ao achar que 2013 foi uma coisa democrática. Que o povo foi para a rua porque estava muito preocupado com aquela coisa do transporte coletivo".[16]

Esse posicionamento diferia daquele feito à época dos protestos, quando o ex-presidente saudou a vitalidade das ruas e afirmou que, "de protesto em protesto, a gente vai consertando o telhado".[17] A mudança de posição veio com a derrocada do PT, alvejado pela Operação Lava Jato e pela crise econômica. Lula, claro, não foi o único na esquerda que voltou as cargas contra Junho. Choveram comentários nessa linha, que questionavam as razões das manifestações e traçavam uma linha direta entre o resultado delas e o golpe parlamentar que derrubou Dilma Rousseff, em 2016.

As inconsistências dessa perspectiva são significativas. As razões das revoltas de 2013 dizem respeito ao choque entre tendências conflitantes, que foram notadas também por intelectuais dos círculos petistas.[18] Elas fizeram parte de um ciclo internacional, que ocorreu em diversos países. A ideia de que o sentido majoritário das manifestações teria sido apropriado pela direita encontra pouco lastro nos dados, fatos e registros, conforme veremos. E o estabelecimento de causalidade direta entre um acontecimento de 2013 e outro de 2016, sem analisar o que se passou no meio, carece de sentido.

Só foi possível que uma abordagem desse tipo ganhasse espaço pelo caráter difuso das revoltas de 2013, que não se organizaram em torno de um objetivo central. Ou seja, foi justamente por ser uma espécie de Esfinge que Junho se tornou um bode expiatório. No conhecido mito grego, um ser alado com corpo de leão e rosto de mulher se colocava à entrada da cidade de Tebas e detinha os passantes com a pergunta: "Qual é o ser que pela manhã tem quatro pés, ao meio-dia tem dois, e à noite tem três? Decifra-me ou te devoro", dizia a Esfinge, antes de aniquilar os que não sabiam responder. No rito do povo hebreu, dois bodes eram levados a um templo; um deles era sacrificado, enquanto outro recebia simbolicamente as culpas da comunidade — e depois era abandonado no deserto.

No Brasil, as Revoltas de Junho seguiram como um fenômeno indecifrado. E muitos buscaram expiar a culpa dos descaminhos do país apontando que "tudo isso começou por vinte centavos". O procedimento, que ganhou a adesão de nomes relevantes da esquerda brasileira, jogava parte das lutas sociais no deserto, onde deveriam carregar a culpa pelos erros coletivos.

Talvez o principal problema desse raciocínio seja que as Revoltas de Junho, assim como outros ciclos similares, não são o ponto de partida de um processo, mas pontos de inflexão resultantes de acontecimentos anteriores. Não foram inventados por manifestantes voluntaristas: são resultado das dinâmicas social e política. Não são, tampouco, a panaceia dos problemas nacionais. Se os anseios colocados nas ruas não tiverem canalização política e institucional, eles não serão resolvidos — e o impasse pode abrir espaço para que alternativas distorcidas capturem o sentimento de mudança frustrado.

Esse tipo de narrativa que se disseminou no Brasil não teve paralelo em outros países. Nos Estados Unidos, não se acusou o Occupy Wall Street de ser responsável pela ascensão de Donald Trump. Na Espanha, não se acusou o 15M de chocar o ovo da serpente que levou ao crescimento da extrema direita.

Introdução 23

No Chile, os *estallidos sociales* de 2011 e 2019 não foram colocados como gênese do fortalecimento da extrema direita — ao contrário, a eleição para a Presidência, em 2022, de Gabriel Boric, um líder da revolta de 2011, mostrou justamente que o fenômeno fez surgir uma nova esquerda no país.

O contexto que levou à ruptura da esquerda brasileira em torno de Junho de 2013 é complexo e será analisado ao longo do livro. Não há bandidos ou mocinhos na história — o que há são escolhas, baseadas em apostas mais ou menos acertadas, cuja conjunção levou aos resultados que conhecemos.

QUANDO RESOLVI ESTUDAR, na minha pesquisa de doutorado, a relação entre a crise urbana brasileira e as revoltas de 2013, o Brasil andava ladeira abaixo. À época do primeiro mês de aulas na USP, em março de 2018, Marielle Franco, um dos expoentes da geração política que emergiu depois de Junho, foi brutalmente assassinada. Em abril, o ex-presidente Lula foi preso em um processo cheio de vícios, no contexto da Operação Lava Jato.

O país erodia a olhos vistos, e muitos colocavam a conta nas Revoltas de Junho. A memória sobre o período começava a se distorcer — os acontecimentos de 2013 embaralhavam-se na memória coletiva com os de 2015 e 2016. Era cada vez mais difícil apontar as diferenças entre os dois ciclos.[19] Muitas das análises que prevaleceram sobre o período padecem dessa incorreção histórica, que será analisada adiante.

Minha relação com as Revoltas de Junho fora particular. Em outubro de 2010 conheci Lúcio Gregori no encontro citado aqui, em que ele apresentou a história da proposição da tarifa zero em São Paulo. Na primeira edição da revista *Piseagrama*, da qual fui um dos editores, publicamos um artigo do ex-secretário relatando a experiência e defendendo o financiamento indireto do transporte urbano. Durante as eleições de 2012, lançamos pela revista uma campanha cidadã com pautas para as cidades, e uma das agendas colocadas nas ruas era a do "Ônibus sem catraca".[20]

Quando os protestos do MPL de São Paulo começaram a ganhar força, no início de junho de 2013, me chamou a atenção a abordagem da imprensa, que tratava de tudo, menos do transporte público. Propus ao site Observatório da Imprensa um pequeno artigo de opinião apontando a relevância do subsídio à tarifa de ônibus e como o debate estava sendo negligenciado por boa parte dos veículos jornalísticos. Enviei o artigo para o editor e comecei a arrumar as malas para uma viagem internacional, planejada previamente.

Os dois dias em trânsito, entre preparação para viagem, horas de voo, traslados e chegada ao destino, foram justamente aqueles em que a revolta explodiu em São Paulo. Quando acessei a internet do apartamento alugado no centro de Roma para ver se o artigo havia sido publicado, o Brasil que eu conhecia era coisa do passado. Os ares da revolta, que antes eram pouco perceptíveis, estavam nas mentes, nos corações, nas ruas e nas redes. Minha companheira e eu assistimos apreensivos à primeira parte das manifestações de 2013 à distância, tentando compreender o curso dos acontecimentos, lendo as análises que se multiplicavam pelas redes, vendo notícias de amigos presos, machucados ou agredidos por policiais.

De volta ao Brasil na semana final do ciclo, deparamos com um mundo novo. As pessoas manejavam um repertório que havia pouco desconheciam. Falavam de black blocs, de

Introdução 25

advogados voluntários, de transmissão on-line, de jograis, de carregar vinagre na mochila, de jogar bolinhas de gude para impedir que a cavalaria avançasse sobre os manifestantes. Contavam de um público diferente que chegara às manifestações pedindo para se abaixarem as bandeiras dos partidos e se interromper a violência. Havia grandes debates sobre a natureza desse público, se gente de direita ou simplesmente despolitizada.

Pude acompanhar in loco os dias finais das manifestações e a ocupação da Câmara de Vereadores de Belo Horizonte, com reivindicação da redução da tarifa de transporte. Ali ocorreu a fundação do Tarifa Zero BH, um movimento que passou a pautar o debate do transporte na cidade. Atuei no movimento até a Copa de 2014, um período de grande repressão policial e midiática. Nos anos seguintes, estive envolvido na articulação do movimento Muitas, que bebia do caldo ativista de Junho para propor uma ocupação institucional da política. Esse movimento integrou depois o Ocupa Política, uma rede de articulação nacional de novos atores do campo popular e progressista.

Durante os quatro anos de doutorado fiz uma imersão em todo material que dissesse respeito a Junho — artigos, livros, dissertações, teses, horas e horas de registros videográficos. Além disso, para ajudar a recuperar a memória que estava se esvaindo, incluí na pesquisa a realização de um levantamento dos cartazes expostos nas ruas de 2013, uma base de dados extensa que será apresentada neste livro. Revisei pessoalmente cada um dos mais de 6 mil cartazes catalogados no banco de dados.

Junho foi enorme e cada pessoa tem uma perspectiva diferente sobre o fenômeno. Fez parte da pesquisa a realização de uma série de entrevistas e conversas com gestores públicos, pesquisadores, ativistas, lideranças de esquerda e de direita. Ao todo, foram cerca de trinta pessoas entrevistadas, individualmente ou em grupo, além das dezenas de conversas informais sobre o período.

Em 2022, enquanto escrevia este livro, atuei na coalizão que fez uma campanha pelo passe livre no segundo turno das eleições presidenciais. A mobilização intensa contribuiu para que mais de trezentas cidades adotassem a tarifa zero no dia das eleições. Pela primeira vez no país, as abstenções caíram entre o primeiro e o segundo turno.[21] Durante a campanha, muitos dos ativistas da luta pelo transporte vivenciaram uma experiência de mobilização alinhada com setores da esquerda outrora distantes. O presidente derrotado disse mais de uma vez que a gratuidade dos ônibus contribuiu para a vitória de seu oponente.[22] Esse acontecimento permitiu recolocar a importância de uma pauta que foi tratada muito mal (e muito maltratada) na última década.

Um dos principais desafios na leitura das Revoltas de Junho é abordar seus desdobramentos não como um fio linear, mas como uma cadeia causal repleta de elementos. Se as coisas desandaram no país (e no mundo) depois de Junho — e é inegável que desandaram —, foi por resultado das ações de diversos atores, as quais se encadearam em uma tragédia em câmera lenta. A tragédia é o gênero literário em que a ação de cada personagem parece fazer sentido pela própria perspectiva mas, concatenada com as ações dos demais, leva a um resultado ruim para todos. O espectador, que olha de fora, vive a aflição de enxergar o quadro completo e antecipar o desfecho que se anuncia.

Introdução

O esforço deste livro é contribuir para a leitura dos movimentos dos atores, a fim de jogar luz sobre as áreas sombrias do palco e trazer para a ribalta as discussões que, embora tenham seu papel no desenrolar das coisas, andaram relegadas às coxias.

PARTE I

Antes

1. Rebeliões por vinténs e centavos

DIFÍCIL CONCEBER UMA REVOLTA URBANA num país rural. No final do século XIX, menos de 10% da população brasileira vivia em cidades. Apenas três capitais ultrapassavam a marca de 100 mil habitantes: Recife, Rio de Janeiro e Salvador. A dinâmica econômica dos centros urbanos girava em torno de atividades agrícolas ou extrativistas em seus arredores. A exceção era a capital do Império, que vivia dos impostos recolhidos pela corte e das atividades políticas e administrativas.

Por contraditório que possa parecer, o declínio da monarquia se dava simultaneamente à explosão demográfica da capital. Desde o fim da Guerra do Paraguai, em 1870, quando a crise fiscal do governo brasileiro se intensificou, até a Proclamação da República, em 1889, a população do Rio de Janeiro quase dobrou de tamanho.[1] Esse inchaço urbano, em contexto de precariedade, se deu pela ocupação de áreas nas franjas da cidade e pela proliferação dos chamados cortiços.

Quanto mais pobre se era, maiores as chances de morar em regiões afastadas do centro. Maior, também, era a dependência do meio coletivo de locomoção existente: os bondes puxados por burros. Essas foram a razão de uma revolta popular súbita e violenta, que pegou políticos e imprensa de surpresa, abalou a popularidade do imperador, derrubou ministros e acabou por marcar o início do fim do regime. Não, não foi por vinte centavos. Foi por um vintém.

Em maio de 1879, um deputado apresentou a proposta de instituição do imposto de um vintém na tarifa do bonde da capital. O vintém equivalia a vinte réis, e a passagem custava cem. O novo imposto aumentaria em 20% o preço das viagens. Para a elite, um vintém era uma ninharia. A palavra era sinônimo de coisa pequena, insignificante. Por isso, talvez ninguém achasse que o tributo geraria grandes comoções.[2]

Essa parecia ser também a avaliação da oposição política. Em discursos e artigos de figuras públicas republicanas, constatava-se uma certa apatia da população frente ao novo imposto. Ainda assim, esses e outros opositores seguiram vocalizando críticas ao tributo — o que não impediu que ele fosse incluído no orçamento aprovado em outubro e regulamentado em meados de dezembro. A partir de 1º de janeiro de 1880, todas as viagens de bonde na capital carioca teriam a cobrança do imposto de um vintém junto à passagem. Na letra da lei, ao menos, era o que iria acontecer.

O objetivo do tributo era ajudar a sanear as contas do governo, que estavam periclitantes. Tratava-se de uma situação típica de crise de regime. A deterioração fiscal leva o governo a buscar alguma fonte extra de receita, por meio do aumento de impostos. Isso gera insatisfação popular. O incômodo pode ficar represado ou ser estancado pela repressão policial. Mas quando o problema ganha escala, ou quando a legitimidade do governo desce alguns níveis, as revoltas podem irromper subitamente.

Havia dois perfis sociais cuja localização da moradia induzia ao uso dos bondes. O primeiro era formado pela população pobre, com importante presença de negros libertos, que residia nos bairros populares periféricos. O segundo era constituído pela elite que possuía chácaras nos arrabaldes, a qual tinha alternativas de deslocamento, que utilizava de forma complementar. Os dois perfis possuíam níveis de rendimento muito distintos, mas o novo tributo não considerava essas diferenças.

Vale dar atenção a esse ponto, que será importante para a compreensão dos efeitos dos aumentos tarifários. O imposto sobre a passagem do transporte público, assim como aqueles sobre itens essenciais de consumo, pesa mais no bolso dos mais pobres. O editorialista da *Gazeta de Noticias* explicou a questão com clareza e com um senso de justiça tributária raramente visto nos jornais brasileiros:

> Ao passo que o proprietário paga o imposto na proporção do valor locativo de seus prédios; que o funcionário público paga em relação a seus vencimentos; que pagam os industriais conforme a renda de suas indústrias, e o comerciante na proporção das vantagens que aufere do seu gênero de negócio, só o imposto do vintém não olha à relatividade das condições e cobra igual a quantia do rico comerciante, que habita em sua chácara de Botafogo, e do pobre operário que reside em um casebre da Cidade Nova.[3]

Essa injustiça não diz respeito apenas a tributos, mas à forma de financiamento do transporte em geral. Em finanças, chama-se progressiva a tributação que cobra mais de quem tem mais e regressiva a que, ao contrário, atinge mais pesadamente quem tem menos. Assim, a tarifa de transporte é um meio regressivo de custeio desse serviço, já que onera sobremaneira os mais pobres, que dependem dele. Por outro lado, os subsídios públicos tendem a gerar maior progressividade ao compartilharem o financiamento do serviço com toda a sociedade. O transporte público, como será visto neste livro, não beneficia somente quem o utiliza — ao contrário, ele estrutura a vida social e produtiva em grandes centros.

De volta ao Rio de Janeiro imperial: a regulamentação do imposto fez com que se intensificassem os movimentos da oposição. Foi convocado um ato para 28 de dezembro, um domingo, em que se reuniram 5 mil pessoas em frente ao palacete Mauá, no Campo de São Cristóvão. Lopes Trovão, um jornalista republicano, discursou para a multidão. O grupo saiu dali em passeata para entregar uma petição ao imperador solicitando a revogação do tributo. A cavalaria impediu que os manifestantes chegassem ao destino, e eles acabaram se dispersando.

O movimento não mudou o rumo das coisas e o imposto do vintém começou a ser praticado no primeiro dia de 1880. Visando esquivar-se da confusão, o governo instruiu os condutores a evitarem disputas com quem insistisse em não pagar a taxa. A situação ficou sob controle naquela manhã, com poucos registros de tumultos. O imposto parecia emplacado. Foi assim, até que deixou de ser.

Por volta do meio-dia, milhares se reuniram no largo do Paço Imperial, onde ouviram um discurso em que Lopes Trovão pedia uma "resistência passiva". Qual o quê. A multidão se dispersou pela cidade e passou a protagonizar uma rebelião popular explosiva. Bondes eram tomados e destruídos.

Condutores eram espancados. Os animais que puxavam os carros eram esfaqueados. Trilhos e calçadas eram arrancados do chão para a construção de barricadas. De trás delas, os manifestantes lutavam contra a polícia com os meios às mãos.[4]

Janeiro se iniciava com um rio de sangue na capital do Império. A contenda resultou em três mortes oficialmente registradas e em suspeitas de que a polícia teria escondido outros corpos. Já naquela noite, figuras públicas de oposição se reuniram a convite de José Ferreira de Meneses, abolicionista negro influente na política. O grupo produziu um documento com nove pontos para serem apresentados ao governo.

A reunião com o ministro da Guerra, no dia seguinte, não foi nada produtiva. O ministro afirmou que não revogaria o imposto do vintém e deu poucas providências às demais solicitações. Por fim, o governo concedeu que fossem feitos os enterros dos mortos nos protestos, "mas observava entretanto que não fizessem manifestações iguais à que em caso idêntico se fizera em França e fora o princípio da Revolução".[5]

A comparação da Revolta do Vintém com a Revolução Francesa mostra a intensidade da fúria das ruas. Os desdobramentos, claro, não foram revolucionários. A rebelião seguiu por mais alguns dias até que finalmente arrefeceu. Mas o governo perdeu a batalha de fundo. O imposto do vintém nunca foi efetivado. A taxa seguiu sendo cobrada até o mês de março, mas cada vez menos gente pagava. Em setembro de 1880, foi oficialmente revogada.

No primeiro levante contra um aumento de tarifas de transporte público no Brasil, a revolta popular venceu. Sua forma explosiva e inesperada, sua fúria indômita, sua capacidade de se difundir como fagulha e de incomodar profundamente o poder caracterizaria eventos similares em momentos posteriores da história do país.

Mais do que isso, a Revolta do Vintém inaugurou "o urbano como elemento político no Brasil", como resumiu o economista André Veloso.[6] O país ainda era rural, mas o Rio de Janeiro já era um centro urbano em acelerada expansão. O declínio da monarquia se dava junto à transformação da estrutura social e da vida cotidiana na cidade. A população passava a ser cada vez mais afetada pelas possibilidades (ou não) de deslocamento. O transporte entrava para o centro da política, e dali não sairia mais.

O alvorecer da era dos bondes

Na cidade, só se falava da chegada da eletricidade e do bonde que andava sozinho, sem burros. O menino acompanhava com curiosidade. Ele ouvira histórias sobre os bondes do Rio de Janeiro e o risco de ser eletrocutado ao pisar nos trilhos. O pai do menino era vereador e trazia para casa notícias do "front". As obras de barragens para a usina hidrelétrica, os contratos, a instalação de trilhos, postes e fiações. A família olhava aquilo tudo e via progresso. Na rua, havia quem desconfiasse e falasse de esquemas que favoreciam os políticos.

Chegou finalmente o dia da inauguração. A cidade estava em polvorosa. O menino foi para a rua, apinhada de gente. A primeira linha do bonde elétrico passaria perto de sua casa. Mas o veículo demorava a aparecer e a multidão se inquietava. De repente, "um murmúrio tomou conta dos ajuntamentos. Lá vinha o bicho! O veículo amarelo e grande ocupou os

Rebeliões por vinténs e centavos

trilhos no centro da via pública. Um homem de farda azul e boné o conduzia, tendo ao lado um fiscal".

O relato é de Oswald de Andrade,[7] que somava dez anos de idade quando o bonde elétrico foi inaugurado em São Paulo, em 7 de maio de 1900. Seu pai, José Oswald Nogueira de Andrade, era vereador e atuava na criação de novos bairros na cidade. O acontecimento presenciado por Oswald era a face visível de um processo de influência do poder econômico sobre a regulação estatal do transporte público urbano no Brasil, que marcaria o setor desde seus primórdios.

Os bondes elétricos chegavam à capital paulista por meio de uma empresa de capital canadense, a São Paulo Tramway, Light and Power Company. Fundada um ano antes, a Light paulistana tinha um capital inicial de 6 milhões de dólares. Para se ter uma ideia, esse montante equivalia a dez vezes a receita anual do município de São Paulo. A Light viria a substituir a Companhia Viação Paulista, empresa que operava o serviço dos bondes puxados por animais.[8]

A forma como se deu a substituição ilumina especificidades do transporte urbano. Como a infraestrutura em que o serviço opera — as ruas das cidades — é escassa, a livre concorrência tende a gerar ineficiência e desperdício de recursos. Além disso, a demanda por transporte é concentrada em certas regiões e horários, mas, para atender a toda a população, o serviço deve cobrir também as situações de baixa demanda, geralmente pouco lucrativas ou deficitárias. Em contextos de livre concorrência, isso tende a gerar congestionamentos em algumas áreas e ausência de cobertura em outras. Por tudo isso, o transporte público urbano foi historicamente ofertado por regulação pública.[9]

Na São Paulo do início do século xx, estava em jogo também a tecnologia do sistema de transporte. Por várias razões, os bondes elétricos não podiam compartilhar da mesma infraestrutura daqueles puxados por animais. Era preciso escolher uma das tecnologias. A substituição, como costuma ocorrer, foi muito mais do que uma atualização tecnológica. Ela envolveu interesses políticos e econômicos e alterou o perfil social dos usuários.

Sob o argumento de que os equipamentos da Companhia Viação Paulista estavam em más condições e a empresa não cumpria cláusulas contratuais, a prefeitura encerrou de forma brusca o contrato, para em seguida abrir um novo com a empresa canadense — cujo sócio brasileiro era da elite local e próximo à família do prefeito. A empresa de bondes puxados por animais estava endividada e não tinha o poder político e econômico da nova concorrente.

O processo que se seguiu foi avassalador. A Companhia Viação Paulista entrou na justiça contra a ruptura de contrato, mas, enquanto a ação judicial corria, seus bens foram postos em leilão e acabaram arrematados, justamente pela Light. E, ao que parece, os 165 carros, duas locomotivas e dezesseis vagões de carga adquiridos no leilão estavam em boas condições, o que contrasta com os argumentos da prefeitura para encerramento do contrato.[10]

A Light inaugurava seus serviços no alvorecer do século xx prometendo um futuro de progresso na capital paulista. Alguns consideravam que a chegada da nova companhia poderia produzir condições para que São Paulo alcançasse, em matéria de industrialização, cidades como Chicago e Manchester.[11] Isso fazia parte de um processo de abertura do país para capitais internacionais, que visava ampliar a importação de bens e elevar a elite local aos padrões de consumo do mundo industrializado.

Para a classe trabalhadora, a substituição dos bondes significou afastamento e até mesmo exclusão do transporte público. Com os veículos elétricos, vieram as regulamentações que exigiam trajes apropriados para utilizá-los, além do aumento das tarifas — os preços praticados pela Light eram o dobro da Companhia Viação Paulista.[12] Em um país recém-saído de um regime de escravização brutal, a eletrificação dos bondes elitizou o meio de transporte e cumpriu o papel de articular a segregação das classes em uma sociedade exclusivista e hierarquizada.

Consolidada na capital paulista, a Light passou a acumular poder político. A empresa possuía grande número de trabalhadores, cujos votos pesavam nas eleições. Não custa lembrar que, na República Velha, uma minoria estava apta a votar, e o voto não era secreto. Além disso, a Light passou a ter papel central no desenvolvimento urbano. Na avaliação do historiador Nicolau Sevcenko, a Light "era a peça decisiva no modo de expansão da cidade", já que valorizava regiões e induzia a criação de loteamentos. Isso resultou em uma cidade cujo mapa, nos termos de um cronista da época, se assemelhava a "uma imensa aranha cujas pernas peludas são as linhas de bonde da Light".[13]

A dinâmica servia a proprietários de terras em um momento de oscilação do preço do café. Os capitais da economia cafeeira passaram a migrar para a especulação com terrenos urbanos. Cada vez mais chácaras nas franjas urbanas eram loteadas. O acesso por transporte público era um ativo fundamental, e as linhas da Light tornaram-se moeda de troca político. A malha de trilhos mais que triplicou nas primeiras duas décadas de operação. Muitas linhas favoreceram loteamentos pertencentes a atores da política, do empresariado e da imprensa que defendiam os interesses da empresa. O pai de Oswald de Andrade foi um dos beneficiados.[14]

Por seus tentáculos espalhados pela cidade, a Light passou a ser chamada pelos paulistanos de "Polvo Canadense". O acúmulo de força da companhia tornava a prefeitura cada vez menos capaz de controlar a qualidade da oferta. O monopólio, somado ao grande poder político, permitiu que o padrão de fornecimento do transporte operasse em níveis um tanto insatisfatórios. Sem ter a quem recorrer, os usuários ficavam reféns dos atrasos e dos veículos abarrotados.

A desigualdade na oferta entre bairros ricos e pobres era notável. Os bondes mais novos e de melhor tecnologia serviam às regiões abastadas. Nos bairros pobres, a empresa trabalhava com vagões velhos e pouco asseados. Como se não bastasse, a Light praticava preços mais altos nos bairros populares, por demandarem itinerários maiores. A conjunção da oferta precária com a tarifa cara fazia com que muitos acabassem por se deslocar a pé, tornando certas avenidas da cidade palcos de verdadeiras romarias.

O casamento da Light com a sociedade paulista passou por diferentes fases. A lua de mel, em que prevalecia a percepção positiva da companhia, durou um período breve. Rapidamente os transtornos começaram a aparecer e, então, a se acentuar. Graças ao poder político conquistado, a companhia seguiu com seus negócios sem precisar resolver os problemas. Mas a insatisfação da população se acumulava cotidianamente. Ela explodiria em fúria repentina antes que o casório completasse bodas de estanho.

O ciclo de levantes de 1909

Três décadas haviam se passado desde a Revolta do Vintém. A população do Rio de Janeiro se aproximava de 1 milhão de habitantes. A cidade já não era a capital de um Império em declínio, mas de uma República que aspirava à modernidade — embora se sustentasse em práticas arcaicas de segregação e concentração do poder de uma pequena elite. Após um período tumultuoso no meio da década, as coisas pareciam controladas. Até que veio uma reorganização de linhas do transporte público.

Os bondes elétricos no Rio de Janeiro eram também operados pela Light. A entrada da companhia na cidade fora similar ao que ocorrera em São Paulo, com a substituição das empresas que operavam os bondes a tração animal. A eletrificação demandava investimentos e tecnologias, que foram supridos pelo capital internacional, e a nova concessionária passou a ter o monopólio do serviço.

Os primeiros anos da Light foram de entusiasmo também na capital da República. Viajar nos bondes elétricos, limpos e velozes, era um divertimento por si só. Mais uma vez, a lua de mel passou rápido. A população reclamava com frequência cada vez maior do tempo de espera nos pontos, dos acidentes, dos transtornos gerados pelas obras urbanas.

Tudo isso era acentuado pelo fato de a Light ser uma holding de capital internacional. A ideia de que uma poderosa companhia gringa estava por trás — e se beneficiava — do esquema dava uma tônica especial à insatisfação. Como notou a historiadora Amara Rocha, a população carioca, incomodada com as infindáveis obras para instalação de novas linhas de bondes, passou "a relacionar estes inconvenientes a uma multinacional que estaria alterando arbitrariamente seu espaço".[15]

A frase acima poderia se referir ao Brasil de um século depois e suas críticas a outra entidade estrangeira — em vez de Light, Fifa. Veremos outros momentos da história em que rebeliões eclodiram pela revolta com a ingerência de uma empresa internacional na vida da população. No caso da Light, a paciência durou menos de uma década. No início de 1909, a temperatura se elevou de súbito e o caldo entornou de maneira incontrolável. E isso sem haver aumento de tarifa.

A fagulha da revolta foi a mudança de itinerários. Havia no Rio de Janeiro as linhas econômicas, em que a passagem custava cem réis, e as mais caras, de duzentos ou trezentos réis. O ônus político de aumentar as tarifas era alto, e a Light buscou um truque para contornar isso: alterou o itinerário das linhas econômicas, afastando-as de espaços centrais. As linhas mais caras seguiram passando pelos pontos de maior concentração e uso. O ajuste obrigava os usuários a ou completar o trajeto a pé ou pagar um preço maior.

A primeira manifestação contra a mudança ocorreu no dia 11 de janeiro. A concentração foi no largo do São Francisco, um dos pontos pelos quais os bondes econômicos deixaram de circular. A multidão seguiu em passeata pela rua do Ouvidor e foi crescendo até a praça Quinze de Novembro, onde teve início o quebra-quebra. Bondes foram virados e lam-

Rebeliões por vinténs e centavos 43

piões depredados, até que uma forte chuva dispersou o motim. Aqueles que voltaram para casa encharcados talvez não imaginassem que o amanhã seria maior.

No dia seguinte, milhares saíram às ruas em protesto, atacando bondes e combustores de iluminação. Veículos em chamas formavam barricadas, atrás das quais os amotinados se escondiam dos tiros da polícia. O cenário era de guerra. Ao menos dezenove pessoas ficaram feridas por tiros da polícia, e uma morreu na hora.[16] Mais uma vez, a capital da República vivia um janeiro de tiro, porrada e bomba. O motim se espalhou pela cidade, naquele dia e ainda no seguinte. Foi preciso acionar o Exército para reforçar o policiamento até que a chama das ruas se apagasse. As três jornadas de fúria resultaram em — além de dezenas de bondes destruídos, combustores quebrados e milhares de paralelepípedos arrancados das ruas — cinco mortos, 67 feridos e 120 detidos.

A maior parte dos detidos eram jovens "operários, empregados domésticos, comerciários e outros trabalhadores de pequeno poder aquisitivo", como relembra Amara Rocha. Todos eles foram liberados no dia seguinte, depois de demonstrarem possuir residência e ficha criminal limpa. Para a historiadora, isso aponta que, "mais do que uma 'arruaça de desocupados', como definiram os jornais, essa reação foi uma das muitas formas que a população de menor renda encontrou para reivindicar o que considerava um direito usurpado".[17]

Três meses depois, os ares da revolta sopraram na terra da garoa. A essa altura, a relação da população paulistana com a Light já era de franca crise conjugal. Os atrasos, os veículos lotados e os preços diferenciados produziam incômodos que ficaram represados por anos. De repente, o dique se rompeu.

A gota d'água foi a decisão, estabelecida na Câmara Municipal, de negar a entrada de uma concorrente nos serviços do bonde.

Uma empresa chamada Guinle & Companhia reivindicava a autorização para operar em áreas que a Light não atendia. Aquela era uma briga de cachorros grandes. Os proprietários da Guinle eram membros da elite nacional e tinham negócios em cidades como Rio de Janeiro, Santos e Salvador. Em seu esforço para operar em São Paulo, a empresa havia costurado o apoio de políticos graúdos, como o prefeito Antônio Prado.

Mas a Light construíra uma fortaleza na Câmara Municipal, e esta negou a solicitação da Guinle para administrar novas linhas. A negativa gerou comoção. Os protestos se iniciaram por um segmento de elite — foram os estudantes da Faculdade de Direito do largo de São Francisco que realizaram as primeiras passeatas contra o monopólio.

Bastou que, em um dos atos, manifestantes começassem a atirar frutas em um bonde para que a revolta rebentasse. Veio em seguida uma forte sublevação popular, que partiu da região central e se espalhou pelas periferias. Em fúria incontrolável, a população atacava os bondes com paus, facas, pedras e até bombas de fabricação caseira. A cavalaria foi acionada para dispersar o motim. As ruas da cidade ficaram em guerra por dois dias, até que finalmente a situação foi controlada.

Às vésperas, seria difícil imaginar um levante dessa magnitude na capital paulista. Como pontuou o historiador Marco Antônio Sávio, "até aquele momento nenhuma grande manifestação do tipo contra a empresa havia ocorrido na cidade, e o seu tamanho e a sua violência surpreenderam a todos".[18]

Rebeliões por vinténs e centavos

Não seria a última vez que uma revolta súbita e violenta em torno do transporte público pegaria analistas, imprensa e classe política de surpresa.

Também não seria a única vez que a rebelião faria ofertantes e reguladores do transporte se dobrarem às demandas populares. Dentre outros encaminhamentos, a revolta de 1909 acabou por resultar na uniformização do preço das passagens — uma conquista relevante para os mais pobres, que pagavam bilhetes mais caros. Tampouco seria a única vez que os acontecimentos em uma cidade se reproduziriam em outras no intervalo de poucos meses. Se a revolta começou no Rio de Janeiro e se replicou em São Paulo, foi em Salvador que se deu um de seus episódios mais violentos, em outubro daquele mesmo ano de 1909.

Na capital da Bahia operava um regime de duopólio no serviço de bondes, articulado segundo o relevo da cidade. Na Cidade Alta, as companhias Linha Circular e Trilhos Centrais serviam aos diversos bairros de moradias. Na Cidade Baixa, a Bahia Light atendia às regiões portuárias e comerciais. A subsidiária da Light acumulava uma grande quantidade de multas por não cumprir obrigações contratuais.

No dia 5 de outubro, a insatisfação acumulada com os serviços da empresa explodiu a partir de um evento fortuito: um bonde atropelou e matou uma pessoa cega. Este foi o gatilho para uma revolta popular que, na avaliação de Sávio, "foi a mais violenta das três".[19] Um dos diretores da companhia foi ao local do acidente e quase foi linchado. A multidão se espalhou feroz pela cidade, destruindo bondes e aparelhos de iluminação. Veículos foram lançados ao mar. O gasômetro da companhia foi depredado.

Diferentemente da Revolta do Vintém, o ciclo de levantes de 1909 não teve como motivo inicial aumentos tarifários. As razões das revoltas foram um conjunto de insatisfações acumuladas, que eclodiram a partir de gatilhos distintos. Nos três casos, os incômodos de fundo diziam respeito a resultados da dinâmica monopolística de um serviço essencial e de uso cotidiano em contexto de regulação fraca e sem subsídio público.

O transporte urbano foi muito rentável para a Light nas duas primeiras décadas de operação. Uma parte dos lucros era enviada para os acionistas de Toronto, outra financiava investimentos nas cidades. A boa lucratividade dos bondes, em contexto de congelamento das tarifas, se deu graças à contínua precarização: a oferta não acompanhava o aumento da demanda, reduzindo assim o custo por passageiro transportado. O resultado disso foi o aumento da espera nos pontos e da lotação dos veículos — uma degradação progressiva de um serviço utilizado cotidianamente pela população, que via a companhia como detentora de muito poder. Uma fórmula certeira para a produção do mal-estar difuso que de tempos em tempos eclode em rebeliões.

O Quebra-Bondes e a Revolução de 1930

A Primeira República dava seus últimos suspiros. A crise internacional de 1929 havia impactado a economia brasileira, com a queda do preço do café. A situação política era tensa. O presidente Washington Luís rompera o acordo chamado de "café-com-leite" — que estabelecia a alternância de políti-

Rebeliões por vinténs e centavos

cos de São Paulo e Minas Gerais na Presidência — e lançara um outro paulista para sua sucessão. Minas Gerais, Paraíba e Rio Grande do Sul se opuseram e lançaram a candidatura de Getúlio Vargas.

Nas eleições de 1º de março de 1930, um sábado de Carnaval, Vargas obteve cerca de 700 mil votos, contra mais de 1 milhão do paulista Júlio Prestes, candidato da situação. A contagem das urnas levou meses, e denúncias de irregularidades pipocaram de ambos os lados. Ao final, a oposição acusou fraude eleitoral e começou a preparar a revolução, ou golpe, que impediria a posse do candidato eleito.

Esse é o resumo de uma história conhecida, que deu início a um novo período de hegemonia política e econômica no país. Menos conhecida é a rebelião que eclodiu em Salvador, nos mesmos dias em que as tropas tomavam palácios e depunham governadores. Uma revolta protagonizada por setores pobres, com grande presença de pessoas negras. Um levante abrupto e estrondoso, que não visava tomar o poder, mas manifestar indignação com a penúria na vida cotidiana. Um quebra-quebra iniciado mais uma vez em torno do transporte público, serviço cada vez mais necessário em cidades que ganhavam escala.

Ao que tudo indica, o Quebra-Bondes foi deflagrado por uma indignação de cunho nacionalista. Até aquele momento, as multinacionais, de capital canadense, alemão, inglês ou estadunidense, seguiam disputando a oferta do transporte urbano no Brasil. Engenheiros e técnicos desses países vinham às cidades realizar projetos, obras, manutenção e fiscalização. No dia 4 de outubro de 1930, ao cair da tarde, transeuntes avistaram a bandeira brasileira sendo utilizada como tapume de uma obra. Os responsáveis eram os trabalhadores de uma firma estadunidense que prestava serviços para a Linha Circular. Foi o estopim da revolta.

O que veio em seguida repetiu o roteiro dos eventos anteriores. A rebelião se espalhou feito água. Os revoltosos atacaram bondes, patrimônios da Linha Circular e a sede do jornal *A Tarde*, que era acusado de atuar de forma alinhada à empresa. As fotografias do evento mostram veículos incinerados, ruas reviradas, móveis empilhados e edifícios destruídos.[20] A repressão policial resultou mais uma vez em mortos e feridos.

Claro que a profanação da flâmula pátria não levaria a uma insurgência sanguinária se não houvesse um profundo acúmulo de incômodos. Uma série de ajustes fora realizada nos anos anteriores, como aumentos tarifários, instituição da cobrança dupla em viagens complementares e mudanças no itinerário de linhas. No resumo dos historiadores Antonio Luigi Negro e Jonas Brito, "o quebra-quebra foi resposta aos abusos de um cotidiano de descontentamentos". Os autores lembram também que "era grande a insatisfação contra a carestia, o aumento nos preços em 1929 e a má qualidade dos serviços de eletricidade, comunicação e transporte".[21]

A Revolução de 1930 viria marcar uma nova fase no desenvolvimento do país. Iniciava-se a construção das bases para a industrialização e a grande migração para as cidades. Estas cresceriam e se espraiariam de forma intensa e precária, elevando a demanda por deslocamento, que passaria a ser suprida pelo transporte rodoviário.[22]

A nova fase levaria ao declínio progressivo dos bondes, até sua extinção nos anos 1960. Mas declínio não significa desimportância. Essas décadas de lenta agonia dos elétricos — em que o meio de transporte já havia deixado de representar ideais de progresso e não dava conta do espraiamento urbano, mas ainda se mantinha útil para amplos segmentos — assistiram ainda a algumas revoltas inesperadas e avassaladoras.

O quebra-quebra de 1947 e as turbas urbanas

O contexto era de agravada crise dos bondes em São Paulo. A Light vinha apresentando tendências opostas nos negócios de eletricidade e de transporte. Enquanto o setor elétrico iniciou como um mercado menor e cresceu com a acelerada industrialização a partir dos anos 1920, o setor de transportes, que era o carro-chefe da companhia no início do século, vinha perdendo rentabilidade. Isso acontecia em decorrência do aumento de custos gerado por congestionamentos e pelo crescimento da cidade.

Já em 1927, os acionistas da companhia recomendaram interromper a atuação nos bondes de São Paulo. Isso não ocorreu naquele momento, prolongando a crise. Em 1937, a empresa comunicou à prefeitura que abriria mão da concessão do serviço de bondes no encerramento do contrato, em 1941. Com a eclosão da Segunda Guerra Mundial, a saída acabou sendo adiada para 1946.

Para substituir a Light, a prefeitura de São Paulo criou a Companhia Municipal de Transportes Coletivos, a CMTC, que passava a operar os bondes e ônibus no município. A situação era de herança maldita. A frota da Light estava sucateada, e o valor da tarifa, defasado.[23] Se o lucro da companhia nos anos de vacas gordas havia sido enviado em remessas anuais para o

Canadá, o prejuízo do período de decadência seria socializado com o término do contrato. Sem outras fontes de subsídio previstas, e necessitando investir em melhorias, a prefeitura e o governo do estado decidiram aumentar a tarifa para cinquenta centavos, mais que dobrando o seu valor.

O aumento foi o detonador de um levante violento, que destruiu em quatro horas mais de um terço da frota da maior cidade da América Latina. Pode ser fastidioso apresentar em detalhes os aspectos desta e de outras revoltas, que reiteram o padrão das anteriores. Mas olhar para esse padrão ajuda a iluminar um assunto mal compreendido no Brasil: que rebeliões em torno do transporte público são fenômenos recorrentes, resultantes da forma de organização da vida em grandes centros — e que, muitas vezes, expressam um mal-estar com situações mais amplas.

Em 1947, o aumento da tarifa vinha acompanhado do aumento do custo de vida. A inflação carcomia os salários, congelados havia algum tempo. O governo de Eurico Gaspar Dutra reprimia as atividades sindicais, tornando difícil a luta por melhorias nas condições de trabalho. Tudo isso marcava a atmosfera social quando o poder público dobrou o preço da passagem.

A dinâmica inicial dos acontecimentos repetiu a Revolta do Vintém. Na manhã de 1º de agosto de 1947, primeiro dia de aumento, a vida em São Paulo corria normalmente. As pessoas iam ao trabalho, circulavam nos bondes e ônibus, terminavam seus trajetos a pé. Havia poucos sinais da rebelião que, pela hora do almoço, despontaria inopinadamente. Em diversos pontos da cidade, grupos passaram a atacar veículos, tombando-os, arrancando bancos, incinerando cortinas, destruindo-os por inteiro. Entre os passantes, o clima era de endosso e entusiasmo com o quebra-quebra.

Como notou o cientista político José Álvaro Moisés, não havia "indícios de organização prévia" dessas ações,[24] embora elas se replicassem por toda a cidade. Moisés identifica no levante de 1947 aspectos do fenômeno, recorrente nas cidades europeias nos séculos XVIII e XIX, que o historiador Eric Hobsbawm denominou "turbas urbanas". A comparação traz elementos interessantes para o debate.

As turbas urbanas tinham como protagonistas aqueles que hoje seriam chamados de ralé. Nas palavras do historiador inglês, "uma combinação de assalariados, pequenos proprietários e os inclassificáveis deserdados urbanos".[25] Os revoltosos não integravam organizações com orientações políticas, seja de direita seja de esquerda. Apenas se rebelavam de tempos em tempos buscando melhorias em questões essenciais para suas vidas, como o preço dos alimentos.

Em meados do século XIX, com a consolidação da industrialização, as turbas urbanas europeias entraram em declínio. O "baixo povo" foi substituído pela classe trabalhadora industrial, cuja essência, nas palavras de Hobsbawm, "é organização e solidariedade duradoura, assim como a essência da multidão clássica é a rebelião intermitente e breve".[26] Além disso, as melhorias das condições de vida nos países europeus reduziram muito as fomes periódicas e a penúria extrema.

No entanto, essas mudanças não ocorreram da mesma forma em países como o Brasil, que guardaram por muito tempo condições similares àquelas que produziram as turbas europeias. Nossa modernização deixou muitos para trás. A despeito da industrialização, ou de forma complementar a ela, uma grande parcela dos moradores das cidades seguiu dependente de trabalhos precários, intermitentes e informais. A situação de vida destes tampouco atingiu patamar semelhante ao da classe trabalhadora dos países do centro do capitalismo — a carestia, a fome e a precariedade seguiram marcantes.

Características que Hobsbawm vê nas turbas urbanas da Europa pré-industrial coincidem com as dos levantes pelo transporte no Brasil do século xx: primeiro, a composição por setores alheios ao trabalho formal e à organização sindical; segundo, a efemeridade e a emergência súbita dos levantes; terceiro, o antagonismo com grupos poderosos e, em alguns casos, marcados pela presença de estrangeiros; por fim, a luta por uma agenda imediata, cuja conquista significava alívio nas condições de vida.

No Brasil, as turbas revoltosas pelo transporte coexistiram com formas políticas do mundo industrial, como partidos, sindicatos e associações. Esse convívio é característico do tipo de sociedade que se forjou na periferia do capitalismo, mas isso nem sempre foi bem compreendido por seus atores. Tratando do quebra-quebra de 1947, Moisés aponta que "a surpresa da sua irrupção foi tão grande para a direita como, por vezes, para a própria esquerda", e que, "muitas vezes, nem uns nem outros estavam preparados para entender e canalizar a potencialidade política que irrompia".[27]

O Partido Comunista, assim como outras organizações e partidos, manteve-se distante da revolta, não reconhecendo nela uma luta popular que merecesse apoio e interlocução. A razão para essa distância estaria na percepção de que os levantes seriam atos espontaneístas. Ao invés de se aproximar dos setores populares em revolta para ajudá-los a se organizarem melhor, a esquerda se afastava — ou condenava os atos. Esse desencontro marcaria outros momentos da luta pelo transporte no Brasil.

Ainda assim, a esquerda partidária foi acusada de liderar o quebra-quebra de 1947. No dia seguinte, um jornal ocupou um quarto da capa com a manchete "Vandalismo comunista". Buscar um ator manipulador por trás dos eventos tem sido um expediente recorrente. De modo geral, partia-se do pressuposto de que uma revolta como aquela só poderia ter sido incentivada por terceiros; que a população não poderia ser "agente", apenas "reagente", massa manipulável, como formulou a historiadora Monique Félix Borin.[28]

O papel da imprensa não se limitou a apontar responsáveis pela rebelião. Em uma postura conhecida, os principais jornais da cidade reivindicaram o aumento da repressão e a retomada da ordem. Vale transcrever um trecho de uma matéria do *A Noite*, de 1947, que lembra as recomendações da imprensa paulista para que a polícia "retomasse" a avenida Paulista em 2013:

> Os lamentáveis acontecimentos de que a cidade foi teatro no dia de ontem não teriam tomado tão graves proporções se as autoridades incumbidas da manutenção da ordem houvessem, como era de seu comezinho dever, agido a tempo e com a necessária energia. [...] É profundamente entristecedor constatar que a polícia foi impotente para garantir a propriedade pública e privada.[29]

A ânsia repressiva dos jornais veio em resposta aos impactos da rebelião. A frota de ônibus e bondes foi severamente alvejada. Trinta veículos foram completamente destruídos, 180 avariados de forma irreversível e quinhentos parcialmente danificados. Apenas sete anos depois a cidade foi capaz de retomar a frota que operava antes da quebradeira.[30]

Os anos 1950, que foram de forte mobilização no Brasil, assistiram a uma nova leva de rebeliões pelo transporte. No Rio de Janeiro, foram marcantes os protestos contra os atrasos e más condições de circulação dos trens, assim como aqueles contra o aumento da passagem dos bondes em 1956 e 1957.[31] Mas o caso mais vultoso do período se deu no transporte marítimo: o motim contra a péssima qualidade e o iminente aumento da tarifa da barca Rio-Niterói em 1959, que incendiou as instalações da Companhia Cantareira.[32]

No ano seguinte, o compositor Gordurinha gravou a marchinha "Mambo da Cantareira", cuja letra diz: "Só vendo como é que dói/ Só vendo mesmo como é que dói/ Trabalhar em Madureira/ Viajar na Cantareira/ E morar em Niterói". A dor cotidiana do transporte precarizado estava na base da motivação da sangrenta "Revolta das Barcas", que resultou em 126 feridos e oito mortos.

Revolta e recalque

Na psicanálise freudiana, recalque é o pensamento, afeto ou desejo expulso da consciência por algum mecanismo de negação. Trata-se de um processo ativo de recusa de algo que emergiu de modo espontâneo, um tipo de luta entre o consciente e o inconsciente. Tudo aquilo que é negado simbolicamente volta também simbolicamente, ensinam os

Rebeliões por vinténs e centavos

psicanalistas. O retorno do recalcado muitas vezes assume expressões deformadas — atos falhos, lapsos, sonhos, sintomas psíquicos.[33]

Os levantes pelo transporte que retornam de tempos em tempos às cidades brasileiras expressam uma questão recalcada: a precariedade de condições de vida nas cidades, articulada pela segregação territorial e pelos modos de deslocamento. É importante registrar que as soluções dadas para o transporte público no país nunca foram construídas priorizando a universalização, a eficiência e a sustentabilidade do serviço, mas outros objetivos — manutenção da segregação, interesses do mercado imobiliário, benefícios das empresas de transporte.

No entanto, na superfície dos discursos, esse descompasso de objetivos é denegado. Assim, busca-se expulsar da consciência coletiva os princípios que estruturam a segregação cotidiana nas cidades. Mas deixar de falar de um problema não faz com que ele desapareça. Ao contrário, a ausência de debate impede que soluções sejam encaminhadas. E a carência de soluções estruturais para a mobilidade urbana produz transtornos reais, já que se trata de uma necessidade fundamental e cotidiana nos grandes centros.

A relação da população brasileira com o transporte urbano se deu desde sempre com uma dinâmica cíclica, marcada por longos períodos de calmaria interrompidos pela emergência súbita de revoltas avassaladoras. Durante os tempos de mansidão, acumulam-se incômodos que habitam o lugar do não dito no debate público. A dor da gente não sai nos jornais; o ônibus que atrasa ou circula lotado, tampouco. Quando o recalcado retorna, o rompimento do silêncio se dá em forma de gritos estrondosos.

Por trás do processo está o modo de operação do transporte público na periferia do capitalismo. O monopólio do serviço em contextos de regulação fraca tende a produzir um tipo de hegemonia paradoxal, marcada pelo convívio entre concentração de poder e momentos de instabilidade. De um lado, a empresa monopolista acumula grande força, tornando-se um agente com alta capacidade de persuasão do poder público, da imprensa e da sociedade. De outro, a ausência de concorrentes e a fragilidade da regulação tendem à precarização do serviço, já que os usuários se tornam reféns das ofertantes.

O arranjo é agravado pelo aumento da motorização individual. A migração das classes mais altas para os automóveis pode parecer um gesto inofensivo, mas rapidamente se mostra um privilégio insustentável. O grande espaço ocupado pelos carros congestiona as ruas e leva o transporte público a um impasse, já que os custos sobem na mesma medida em que o serviço piora. As soluções das empresas costumam ser aumento da tarifa e/ou redução da oferta — resultando em piora da qualidade e crescimento da insatisfação.

Tudo isso explicita os limites do modelo de financiamento somente pela tarifa cobrada dos usuários. Há aí uma tendência à degradação e ao acirramento das tensões, que pode ser explicada pelo que se chama de círculo vicioso da tarifa. Em resumo, os sistemas de transporte financiados somente pela tarifa tendem a gerar um processo incremental de fuga de usuários e degradação, que se retroalimentam.

Nesse modelo, o equilíbrio entre rentabilidade das viagens e acessibilidade para a população é tênue, e cai por terra quando os custos sobem por fatores externos — como o aumento dos congestionamentos e o espraiamento urbano. No momento em que o equilíbrio se rompe, a tentativa de restabelecê-lo sem outras fontes de financiamento passa a agravar o problema, expulsando usuários pela subida dos preços, redução de horários, exclusão de linhas e aumento das lotações.

Por ser elemento essencial do cotidiano, presente na vida de parte relevante da população, o transporte se torna muitas vezes um receptáculo de insatisfações. Em contextos de ampla urbanização (e, especialmente, em metrópoles espraiadas e fragmentadas), há uma parcela significativa da população que é usuária cativa do transporte público, ou seja, não tem outra opção de deslocamento factível no dia a dia.

A resultante dessas tendências — concentração de poder das empresas, degradação progressiva da qualidade, aumento das tarifas, existência de usuários cativos e acirramento das insatisfações — produz o mal-estar que eclode de tempos em tempos em fúria avassaladora. Muitas vezes, o gatilho que gera a revolta não explica o que está por trás, assim como o ato falho ou o sonho não explicam o desejo recalcado.

A violência com que as revoltas explodem é regra, já que se trata de uma reação a anos de silenciamento e acúmulo de incômodos. Por isso os levantes pelo transporte produzem um efeito de catarse coletiva levada às últimas consequências, com sangue nas ruas e destruição de patrimônio. Isso faz com que as revoltas tenham grande impacto, resultando na conquista de muitas demandas e, também, em desgaste do poder político.

O retorno do recalcado costuma ser seguido por uma nova etapa de negação. Basta as brasas das ruas se esfriarem para que a sociedade brasileira deixe de lado as questões levantadas. Desde o período imperial, as revoltas pelo transporte foram tratadas como banditismo, voluntarismo inconsequente ou ação manipulada pela oposição política. Esse mecanismo de denegação tem como desdobramento fugir ao enfrentamento do problema.

Após o golpe civil-militar de 1964, as mobilizações sociais foram aplacadas pela mão forte do regime. O propalado "milagre econômico", no período entre 1968 e 1973, criou o clima de euforia necessário para manter a paz armada. No entanto, com a crise do petróleo e a queda na atividade econômica que veio em seguida, os levantes em torno de ônibus e trens voltaram a habitar a paisagem social do país. Começaria a segunda fase das revoltas do transporte, em que novos atores entrariam em cena.

2. As cidades e os ninguéns

EM MEADOS DA DÉCADA DE 1950, estourou nas rádios brasileiras um samba gravado pelo grupo Demônios da Garoa. Seu compositor era um descendente de italianos chamado João Rubinato. Depois de tentativas frustradas no teatro, o cantor e compositor vinha se firmando nas rádios, com o codinome Adoniran Barbosa. "Saudosa maloca" seria um de seus maiores hits. A canção narra a sina de três pessoas ("eu, Mato Grosso e o Joca") despejadas de um "palacete assobradado" em São Paulo. A história é contada com um misto de realismo ("Os homes está cá razão/ nós arranja outro lugar"), drama ("Cada tauba que caía/ doía no coração") e ironia ("E fumos pro meio da rua/ apreciá a demolição") que marcaria outros sambas do autor.

A situação retratada na canção se intensificava naquele momento, mas não era exatamente nova. Desde o início do século XX, as remoções de habitações populares marcaram as cidades brasileiras. Por trás estavam um desejo de segregação das elites e o fluxo de investimento de capitais nas cidades. Não custa lembrar que o Brasil foi o último país das Américas a abolir a escravidão, o que nos legou marcas sociais profundas. O elitismo, o autoritarismo, a hierarquia e o racismo característicos do país contribuíram para dar forma às cidades — viver longe dos pobres sempre foi um projeto das elites.

O problema é que na República Velha as cidades eram compactas. Com o fim da escravidão, houve migração expressiva de negros libertos para os centros urbanos. Na falta de políticas públicas de moradia e infraestrutura, os novos moradores acabavam ocupando áreas informais — lindeiras às ferrovias na planície paulistana, nos morros cariocas, nas bordas da área planejada em Belo Horizonte ou nos mangues e áreas alagáveis no Recife e em Salvador. Ou seja, nas franjas, mas próximos aos centros. Quisessem ou não, os mais ricos acabavam por conviver com os pobres no cotidiano.[1]

Remover os cortiços, vistos como focos de pobreza e imoralidade, foi desde muito uma empreitada levada a cabo com afinco pelas classes abastadas.[2] As obras urbanas que justificavam a demolição desse tipo de habitação eram diversas — novos edifícios, avenidas, viadutos. No Rio de Janeiro, o início do século xx foi marcado pela expulsão avassaladora da população pobre da região central. A gestão do prefeito Pereira Passos empreendeu uma grande reforma, que botou abaixo os cortiços e pôs no lugar avenidas em estilo parisiense.

Em quatro anos do governo Passos, que durou de dezembro de 1902 a novembro de 1906, 1681 habitações foram demolidas na capital da República, com um saldo de cerca de 20 mil pessoas removidas — nada menos que 2,5% da população carioca no período. Como as remoções não eram acompanhadas de políticas habitacionais adequadas, à população despejada restava procurar outras áreas para ocupar.[3]

Esse processo contribuiu para ferver o caldeirão da Revolta da Vacina. A lei que determinava a obrigatoriedade da vacinação, estabelecida em 31 de outubro e regulamentada em 9 de novembro de 1904, teve papel similar aos aumentos tarifários examinados no capítulo anterior: funcionou como o estopim da rebelião, que emergia pela indignação com uma situação mais ampla. Já no dia seguinte à publicação do regulamento, uma multidão saiu às ruas em fúria. As forças policiais reprimiam com força. A população se valeu das obras urbanas em curso para construir barricadas. As pedras que iriam pavimentar as ruas viravam barreira e munição.

A situação rapidamente saiu do controle. Policiais eram expulsos pelos grupos amotinados em diversas regiões, como Gamboa e Saúde. Tentando restabelecer a ordem, o governo buscou o reforço de tropas do Exército e da Marinha. Não adiantou. Foram acionadas então unidades do Exército em regiões vizinhas, do próprio estado do Rio, de Minas Gerais e de São Paulo. Os bombeiros foram armados e se somaram às tropas. Nada disso bastou, e a insurreição popular só arrefeceu quando as tropas bombardearam os bairros a partir de embarcações de guerra e receberam o reforço da Guarda Nacional.[4]

A Revolta da Vacina foi a primeira rebelião contra remoções na história do Brasil — ainda que não tenha sido somente contra remoções. Os despejos realizados por Pereira Passos inauguraram um modus operandi que retornaria de tempos em tempos. Mas a escala de pessoas removidas só atingiria um patamar maior um século depois, com as obras para megaeventos internacionais, no Rio de Janeiro e em outras capitais. No início do século XXI, a insatisfação com as remoções se somaria àquela com as más condições do transporte público, e formariam um combo explosivo.

Estado de mal-estar social

Havia limitações físicas importantes para as políticas de segregação na República Velha. Apesar dos esforços higienistas, boa parte da população mais pobre continuava relativamente próxima às áreas centrais — ou não teria condições de acessá-las, já que os deslocamentos se davam a pé, de bicicleta ou em torno das limitadas redes de trens e bondes. Essa tensão entre o desejo de segregação das elites e os limites de expansão urbana que os modos de mobilidade existentes impunham marcou o período das cidades compactas e segregadas.

Não demoraria muito para que o modelo fosse destravado. Em São Paulo, o crescimento territorial foi intenso já a partir da década de 1920. Entre 1914 e 1930, a área ocupada da cidade quintuplicou, enquanto a densidade urbana caiu em 2,5 vezes.[5] O processo atendia bem à crise da economia cafeeira. Os pais de Adoniran Barbosa, oriundos da Itália, haviam chegado ao Brasil no século XIX para trabalhar nas lavouras do café. Quando essa economia declinou, as terras e os capitais da elite paulista passaram a ser investidos em novos bairros e negócios imobiliários. Um dos resultados disso foi o processo de expansão urbana e remoção de moradias que o filho do casal registraria em diversas canções.

Nas décadas seguintes, processos similares se deram em outras capitais. Iniciavam-se a industrialização e a intensa migração do campo para as cidades. Com isso veio a disseminação do transporte motorizado sobre pneus — a peça que faltava para que os pobres fossem enviados para as lonjuras. Com estradas, automóveis e ônibus, passava a ser viável morar nos confins das cidades e trabalhar nas áreas centrais. Do

As cidades e os ninguéns

ponto de vista das elites, a opção rodoviarista significou um ganho quádruplo: permitia que os mais ricos se destacassem e ganhassem tempo em seus distintos carros; valorizava as terras rurais no entorno das cidades; tirava as zonas de pobreza do campo de visão das classes médias e altas; e inaugurava um novo quinhão de exploração empresarial, o do transporte coletivo urbano.

Entre 1940 e 1980, a população vivendo em cidades aumentou de 13 milhões para 82 milhões de pessoas no Brasil. Poucos países no mundo tiveram crescimento semelhante. A acomodação nas cidades de dezenas de milhões de pessoas em um período curto nada tem de simples. No caso brasileiro, os novos moradores foram alocados na base do espraiamento precário, com o crescimento de bairros informais em regiões distantes das áreas centrais e acessíveis pelo transporte rodoviário.

As remoções e despejos seguiram marcando a vida nas cidades. Mas os que jogavam as casas no chão raramente construíam outras. Embora tenha ocorrido em concomitância com a industrialização, o crescimento urbano teve pouca participação do Estado ou da elite empresarial, que atuavam como locomotivas da modernização. A industrialização fordista no Brasil teve caráter muito distinto daquela do mesmo período nos Estados Unidos, e mais ainda distinto da ocorrida na Europa.

Nesses lugares, o período que sucedeu a Segunda Guerra Mundial foi também capitaneado pela indústria automotiva. Mas o arranjo estabelecido nos países do Norte contava com o protagonismo do Estado no investimento em infraestrutura, na proteção social e na estabilização econômica; e com o fortalecimento de sindicatos, que promoviam melhorias de condições para a classe trabalhadora. A combinação de industrialização com políticas de bem-estar social deu ao arranjo o nome de "fordismo keynesiano".

A industrialização brasileira não se enquadra em nenhum dos modelos levados a cabo nos países do Norte. Como argumenta o historiador Flávio Limoncic, o modelo implantado no Brasil seria mais bem caracterizado como "fordismo parcial não keynesiano". Parcial porque os ganhos de produtividade da indústria não foram repassados para os salários de forma a produzir uma ampla classe trabalhadora com poder de compra satisfatório. Não keynesiano porque não foram estabelecidas políticas públicas universais de bem-estar social, havendo, quando muito, avanços trabalhistas segmentados, dos quais amplos setores permaneceram excluídos.[6]

O esquema se baseou em um truque conhecido no país: ampliar a oferta de mão de obra para deprimir os ordenados e minar a pressão do andar de baixo. A forma de incorporação desses trabalhadores nas cidades baseou-se no laissez-faire quanto à ocupação das periferias. Ao invés de um Estado de bem-estar ou mesmo de um capitalismo minimamente redistributivo, o que se constituiu no Brasil foi um modelo particular, em que a precariedade e a ação seletiva do Estado são constitutivas do esquema de acumulação. Um Estado de mal-estar social.

Trata-se de um processo específico do capitalismo periférico, em que a modernização não superou o atraso, mas, ao contrário, dependeu de sua manutenção. Os bolsões de subsistência operaram como braços logísticos e de distribuição a baixo custo de mercadorias e serviços. A precariedade representava economia para as indústrias, que não precisavam incluir o custo de moradia nos salários, e para o Estado, que se dispensava de investir em urbanização e serviços públicos. Assim, o caos das cidades não seria caótico "em relação às necessidades da acumulação", como colocado no clássico argumento de Francisco de Oliveira.[7]

O esquema produziu aquilo que a urbanista Raquel Rolnik caracterizou como cidadania consentida. Os moradores das novas regiões passavam a depender de atores políticos para alcançar itens que em outros países eram tidos como direitos. Serviços públicos essenciais não foram abordados como obrigação do Estado, mas como favores ofertados de forma discricionária. Assim, nas palavras da autora, "para a maioria dos moradores, 'cidadania' é não um substantivo, mas um verbo, no gerúndio, na medida em que sua inserção plena na cidade é um longo processo, com data de início, mas sem data de conclusão".[8]

Cidades e cidadanias mutiladas

A partir da década de 1960, o modelo estabelecido no Brasil — pobres nas periferias, ricos nas áreas centrais — começou a entrar em crise. Com a explosão das frotas de veículos, os centros urbanos entraram em uma espiral de degradação e esvaziamento. Acidentes, poluição sonora e do ar foram às alturas. Obras de avenidas e viadutos eliminavam árvores, deterioravam espaços públicos, acinzentavam e aqueciam as cidades, tornando árdua a vida pedestre. Tudo isso afugentava as pessoas — e o esvaziamento tornava as ruas menos seguras. Para escapar desses impactos, muitos da elite se mudaram para longe dos centros e passaram a se deslocar em automóveis, realimentando o problema.

Essa dinâmica já era vivida intensamente em 1971, quando Elis Regina gravou "Casa no campo", composição de Zé Rodrix e Tavito que estourou na voz da cantora. A letra evoca um sonho que crescia no país: o de viver próximo à natureza, "onde eu possa ficar no tamanho da paz". No ano seguinte foi exibida, na Rede Globo, a novela *Selva de pedra*, que explorava as dificuldades da vida nas metrópoles e mostrava, já na abertura, um rosto que se petrificava diante do caos urbano.

O sucesso da canção e da novela diz muito sobre tendências da sociedade no auge do "milagre econômico". Os centros urbanos já estavam em acentuada degradação — viver fora das cidades era um desejo corriqueiro.[9] Ao mesmo tempo, o país seguia marcado por elitismo e déficit de cidadania. Recém-chegado ao Brasil em 1980, o antropólogo James Holston notou que a palavra "cidadão" era por aqui empregada num sentido muito particular. Em vez de se referir ao membro de uma coletividade, o termo carregava um sentido pejorativo e servia para designar alguém irrelevante — um "cidadão qualquer", um zé-ninguém. Holston enxergou aí uma cidadania diferenciada, em que a lei não é vista como direito e benefício, mas como desvantagem e humilhação.[10]

Todo esse processo assim resumido produziu uma situação social singular: aquela em que "ninguém é cidadão". A frase marcou a canção "Haiti", que Caetano Veloso e Gilberto Gil lançaram em 1993, e que fazia referência ao massacre do Carandiru, no ano anterior. Poucos anos depois, o geógrafo Milton Santos formulou a questão da seguinte maneira:

É o fato de que a classe média goze de privilégios, não de direitos, que impede aos outros brasileiros ter direitos. E é por isso que no Brasil quase não há cidadãos. Há os que não querem ser cidadãos, que são as classes médias, e há os que não podem ser cidadãos, que são todos os demais, a começar pelos negros que não são cidadãos. Digo-o por ciência própria. Não importa a festa que me façam aqui ou ali, o cotidiano me indica que não sou cidadão neste país.[11]

O argumento ilumina as bases do acúmulo de mazelas. A atuação do Estado nas cidades foi desde sempre marcada por seletividade, que tinha como pressuposto a existência de grupos de primeira e de segunda classe. O primeiro vivia nas áreas urbanas com infraestrutura, com investimentos estatais, com acesso a empregos e serviços. O segundo se virava nas periferias carentes de tudo e penava nos deslocamentos diários no transporte público para acessar as áreas bem servidas.

Esse arranjo foi operado desde sempre pelo racismo — entendido aqui não como um preconceito individual, mas como parte estrutural de sociedades capitalistas.[12] A divisão operada pelo racismo adentra o inconsciente, moldando subjetividades que acabam por achar natural que pessoas racializadas tenham menos direitos, assumam funções subalternas, vivam em condições indignas e precárias. Não fosse esse mecanismo, seria difícil a sociedade tolerar a abissal desigualdade de condições de vida nos bairros, de acesso a serviços públicos e de investimento que marca o Brasil. A mobilidade urbana, ou a falta dela, sempre teve seu papel nesse arranjo de segregação racial.

Milton Santos caracteriza a situação pela ideia de "cidadanias mutiladas". Cidadanias mutiladas nas oportunidades de trabalho e remuneração, na localização e qualidade das moradias, nas possibilidades de circulação. Na base do arranjo está um país cujo "modelo cívico [...] é herdado da escravidão", uma herança incrustada que "marcou o território, marcou os espíritos e marca ainda hoje as relações sociais deste país", nas palavras do geógrafo.[13]

Enclaves fortificados

A combinação desse déficit de cidadania com a degradação dos centros, o crescimento da pobreza, da violência e da concentração econômica produziria o combo que resultaria no progressivo enclausuramento das cidades a partir dos anos 1980. As elites, que haviam empurrado os pobres para fora das áreas centrais na primeira metade do século, em seguida deixariam para trás os centros degradados, rumo a uma vida junto à natureza.

As cidades, que tinham passado pelas fases da coexistência conflituosa e da segregação territorial, adicionariam a camada da exclusão murada, que daria nova tônica à segregação e esvaziaria os espaços públicos. A ideia de uma vida junto à natureza se somou a outra, menos idílica mas recalcitrante no país — a de uma vida longe dos pobres. Essas aspirações ganharam concretude com os condomínios fechados e shoppings, que a antropóloga Teresa Caldeira caracterizou como enclaves fortificados.[14]

O enclave fortificado é a expressão física da distinção histórica, operada no Brasil, entre indivíduos e pessoas.[15] Trata-se de demarcar com ferro, tijolos e cercas elétricas os dois regimes de tratamento que, na prática, já existiam no país. Do lado de dentro dos condomínios e shoppings, as pessoas, os bem-nascidos; lá fora, o mundo dos indivíduos, do cidadão qualquer. A permeabilidade é funcional, já que aos indivíduos é permitido entrar, desde que seja para jardinar, cozinhar, limpar, atender, vigiar, servir.

O esquema, além de excludente, se deu à margem do Estado de direito. Embora a legislação que ampara o fechamento de loteamentos só tenha sido estabelecida em 2017 e ainda seja tema de debates no campo do direito urbanístico, a prática é recorrente desde a década de 1970. Dentro dos condomínios, funciona um regime legal à parte. A livre circulação prevista na Constituição é sumariamente restrita e controlada por seguranças particulares armados. A forma de atuação das instituições é alterada, em situações como a privatização da regulação das normas construtivas.[16] Até o Código de Trânsito é suspenso, já que crianças e adolescentes dirigem impunemente seus buggies, quadriciclos, carros e motocicletas, colocando a vida de outros em risco.[17]

Criam-se então ilhas de privilégio legal, socialmente consolidadas. Para os problemas "internos" aos condomínios, a legislação e as instituições públicas são dispensadas; já para os "externos", são acionadas. Esta ideia é tão consolidada que faz com que a polícia seja raramente acionada para fazer cumprir a ordem dentro dos condomínios.[18] Os moradores que transgridem as regras são tratados com medidas especiais, como a disciplina familiar ou o aviso protocolar, da parte dos seguranças, de abuso. Já os transgressores vindos de fora merecem a dura atuação da polícia, o severo julgamento dos juízes, o malfadado destino do sistema prisional.

As mensagens publicitárias revelam muito dos valores sociais envolvidos no modelo. Em Belo Horizonte, novos condomínios eram apresentados nos anos 1970 como lugares "onde você vai respirar a beleza do ar puro" e onde "trânsito, só o dos pássaros". Em territórios urbanos adoecidos, a alguns poucos era oferecido o retorno à saúde e ao mundo natural que teria existido em outros tempos.[19]

A propósito, mensagens segregadoras sempre estiveram presentes nas publicidades, de maneira mais ou menos velada. Ainda são frequentes os anúncios de "segurança total", de complexos circundados "com muros de alta proteção", de portarias que "controlam tudo". A promessa de segurança coincidiu com o aumento da violência e do que se chama de narrativa do crime — a disseminação de conversas sobre assaltos, sequestros e assassinatos, e a consequente amplificação do medo no tecido social. A violência real e sua propagação imaginária ajudaram a impulsionar os negócios de certos incorporadores.

Mas os condomínios não buscam resolver a questão da segurança pública. Se o fizessem, a violência no Brasil teria diminuído nas últimas décadas. Seu objetivo é permitir que alguns vivam em espaços supostamente protegidos, enquanto o problema da violência segue intocado do lado de fora. O mesmo ocorre com a deterioração ambiental das cidades, que continua negligenciada, enquanto alguns poucos "respiram ar puro" em espaços isolados. Condomínios, assim como shoppings e automóveis, demandam exclusividade para entregar os benefícios que oferecem.

Mais do que isso, os enclaves fortificados agravam, do lado de fora, os problemas que buscam resolver para quem está dentro. Já nos anos 1960, a jornalista Jane Jacobs demonstrou como o esvaziamento dos centros gerado pela adoção da vida nos subúrbios e a substituição do comércio de rua pelos shopping centers tornavam as cidades dos Estados Unidos mais violentas.[20] Esse esvaziamento é um dos pontos de partida da insegurança urbana. Já o meio de deslocamento que esse modo de vida demanda, o automóvel, produz congestionamentos, poluição sonora e atmosférica — justamente itens cuja ausência consta da proposta de valor dos condomínios.

Se, até os anos 1980, os condomínios eram restritos às grandes cidades e suas elites, nas décadas seguintes surgiram os empreendimentos para as classes média e média baixa, inclusive em cidades médias e pequenas. Uma parcela considerável da população brasileira passou a morar nesses locais murados, optando por um modo de vida que usufrui da infraestrutura urbana sem compartilhar os ônus do que torna aquilo possível.

Ao mesmo tempo, explodiu o número de centros comerciais fechados. Em 1980, havia no Brasil onze shopping centers. Em pouco mais de uma década esse número cresceu em cerca de onze vezes, chegando a 124 em 1994, e mais que dobrou na década seguinte, totalizando, em 2006, 340 unidades. Já no fim de 2017 contabilizavam-se 571 shopping centers no país, distribuídos em 212 cidades, que representavam 12% da venda do comércio nacional e possuíam quase 900 mil vagas para carros.[21]

Uma pesquisa apontou que, em 2012, 79% dos frequentadores dos shoppings eram das classes A e B, segmento que corresponde a uma minoria da população.[22] Essa segregação acintosa teve suas vísceras expostas ao final de 2013, com a repressão aos rolezinhos, reuniões de jovens de periferia nos shoppings que escandalizaram as elites pelo simples fato de eles estarem ali se divertindo e apresentando seus corpos, a maioria negros. Mas isso é assunto para a segunda parte do livro.

Democracia na contramão

A disseminação dos enclaves fortificados contribuiu para ampliar o déficit de cidadania da sociedade brasileira, prejudicando a concretização de uma democracia efetiva na Nova República. A democracia não é um sistema de representação abstrato, descolado da vida cotidiana. O sistema político moderno é alimentado também pela vida democrática exercida no dia a dia das cidades, nas quais convivência, pluralidade e igualdade em direitos e deveres são princípios constitutivos.

Usando os termos da cientista política Chantal Mouffe, a política feita nas instituições é um desdobramento do político que emana das relações cidadãs na esfera pública.[23] O acúmulo de muramentos estabelecido no território diz respeito ao esvaziamento do ambiente político necessário para a vida democrática. Se, "quando se pensa democracia em sentido largo, como forma de vida, avanços sociais, especialmente contra as desigualdades, são também avanços democráticos", como coloca o filósofo Marcos Nobre,[24] o contrário também é verdadeiro: as regressões sociais, aqui marcadas pela segregação acintosa, pelo esvaziamento dos espaços públicos, pela diferenciação perante a lei, pela alta desigualdade territorial e de vida cotidiana, são também regressões democráticas.

Para uma democracia plena, importam tanto os aspectos formais quanto os substantivos da cidadania.[25] O processo de urbanização brasileiro — precarizado para uns e fortificado para outros — produziu uma cidadania parcial de sinais trocados. De um lado, a maioria pobre teve muitas vezes subtraída de sua cidadania substantiva direitos básicos como moradia digna, mobilidade, segurança e acesso a serviços, restando-lhe apenas a formalidade do direito ao voto como fator de igualdade. De outro, as classes altas, embora tivessem amplo acesso aos direitos substantivos, acharam por bem acrescer a eles uma espécie de cidadania VIP, que permite que se submetam a leis especiais em territórios exclusivos, sem por isso deixarem de recorrer às leis universais quando necessário.

Todo esse processo andou na contramão do esforço de redemocratização empreendido desde os anos 1980. A busca pela remoção dos "entulhos autoritários" nas regras da política institucional foi acompanhada da criação e do acirramento de entulhos autoritários nos territórios, que dão forma à vida cotidiana. Isso levou a uma situação conflitiva, que se acentuou com as transformações da sociedade nos anos seguintes.

Na história do país, o déficit de cidadania se materializou por meio de cidades segregadas. Do Império ao final do século XX, esses dois elementos andaram juntos. A forma de organização territorial refletia a hierarquia, o autoritarismo e a ausência de direitos e de senso de pertencimento a um espaço comum. Há aí uma dinâmica de retroalimentação. A segregação territorial reforça a desigualdade e se constitui como barreira para a mobilidade social. Foi no solo cotidiano das cidades que se criou a sociedade em que ninguém é cidadão.

No início do século XXI, no entanto, os dois elementos passaram a se distanciar. Por diversas razões, floresceram no Brasil aspirações de formas de vida baseadas em uma cidadania plena e em direitos universais. Esse movimento vinha dos ventos da redemocratização e ganhou escala com a estabilização econômica, com a redução da pobreza e com maior acesso a educação e cultura. As cidades, no entanto, seguiram refletindo o velho esquema da sociedade sem cidadãos.

O descompasso aí criado tornou-se um campo minado. Uma nova geração passava a se preocupar com a qualidade e democratização dos espaços públicos, os bens comuns urbanos, o transporte coletivo e outras demandas de reivindicação de uma cidadania plena e igualitária. Mas as cidades seguiram estruturadas em torno das já mencionadas cidadanias parciais — cidadanias diferenciada, VIP, consentida, mutilada.

Assim, a organização territorial tornou-se uma camisa de força para os movimentos de uma geração em que a aspiração por direitos se fortalecia. Quando essa nova geração passou a ganhar massa crítica, impulsionada por políticas que escalaram nos governos Lula e Dilma, cresceram os esforços para romper a camisa de força. A tensão foi se acirrando conforme se elevava o patamar da sociedade e resultou no ciclo de lutas ocorrido entre os anos 2010 e 2013.

3. O domínio das empreiteiras

NOS ANOS 1960, o empreiteiro Norberto Odebrecht costumava indagar seus interlocutores sobre o porquê de sua empresa não ter participado da construção de Brasília. Antes que a resposta viesse, ele mesmo a apresentava: "Eu não tinha apoio político". Àquela altura, a Odebrecht era uma outsider no clube das grandes empreiteiras. Estabelecida em Salvador, na Bahia, ela não tinha nem os laços pessoais nem o portfólio de grandes obras que davam diferencial às empresas poderosas.[1]

A situação começou a mudar quando Norberto conheceu um outro descendente de alemães, que recuperava espaço no governo militar. Depois de ter sido um dos homens fortes do regime, Ernesto Geisel passou por um período de ostracismo. Em 1969, retornou ao núcleo de poder em um posto-chave — a presidência da Petrobras. Entre suas prioridades estava a construção da sede da empresa no Rio de Janeiro. A Odebrecht, por já ter executado projetos do tipo para a Petrobras, estava habilitada para o edital, e realizou sua primeira grande obra fora do Nordeste.[2]

Desde então, a empreiteira tomou embalo com o chamado "milagre econômico". O arranjo que estruturou o período tinha dois pilares: um na indústria automobilística e outro em grandes obras de engenharia, com ênfase nas rodoviárias. O "milagre" foi marcado pela construção desenfreada de avenidas, rodovias, viadutos e elevados. Muitas dessas obras produziram grande degradação nos centros urbanos (assim como rasgaram paisagens e comunidades no campo e nas florestas).[3]

Essa foi também uma era de ouro das relações indecorosas entre empresas e governo. O expediente não era novo, mas crescia em intensidade. A apropriação privada da coisa pública caracterizou o Brasil desde a colônia. No século xx, a prática se incrementou junto com a urbanização e a industrialização, e ganhou escala com as grandes obras. A construção de Brasília, da qual a Odebrecht ficou de fora, tinha sido um ponto alto disso. A partir de 1964, os montantes envolvidos na obra da capital se tornariam pequenos.

Até meados da década de 1970, o governo militar podia contratar as empreiteiras sem licitação. A prática foi restrita pelo Congresso em 1974 por favorecer poucas empresas e facilitar o superfaturamento de obras.[4] Ainda assim, permaneceu a prática dos editais direcionados, que alguns chamavam de editais sujos, escritos já com critérios que visavam favorecer determinado grupo.

Políticos que se destacaram na ditadura ficaram conhecidos pelas intervenções rodoviaristas em cidades — e por frequentarem amiúde as salas das diretorias das construtoras. Antônio Carlos Magalhães, que foi prefeito biônico (ou seja, escolhido pela ditadura, sem voto popular) de Salvador nos anos 1960 e governador da Bahia na década de 1970, era chamado de "Pelé do Asfalto" no meio das empreiteiras. Um ex-diretor da Odebrecht fundou com dois colegas uma empresa concorrente, a oas. Alguns anos depois, casou-se com a filha de acm. Na Bahia, dizia-se que a sigla significava "obras arranjadas pelo sogro".[5]

O domínio das empreiteiras   77

Em São Paulo, outro prefeito biônico tornou-se famoso pela proximidade com empreiteiras: Paulo Maluf, responsável pela construção de avenidas, viadutos e túneis em quantidade avassaladora. Um de seus projetos icônicos é o Minhocão, um elevado de 2,8 quilômetros que atravessa o centro de São Paulo, gerando grande degradação. Quando era governador, Maluf ficava com 3% do que as construtoras recebiam pelas obras. O dinheiro passava por empresas de fachada, e parte ia parar no exterior.[6]

A promiscuidade na relação entre público e privado marcou o período. Empresas que buscavam vantagens no governo contratavam militares com influência, que facilitavam o acesso a contratos. Outras alocavam engenheiros de sua confiança nos governos, em departamentos responsáveis por projeto e contratação. O resultado era um governo militar salpicado de empreiteiros e empresas de engenharia coalhadas de coronéis.[7]

Donos de construtoras então atuantes apontavam dois aspectos das obras de engenharia que favorecem o desvio de recursos públicos: a possibilidade de forjar artificialmente sua necessidade e a de alterar os contratos por meio de aditivos.[8] Graças a essas características, a área de transportes constituiu, no "milagre econômico", "o setor de maior interesse dos empresários da construção pesada na estrutura do aparelho de Estado", nas palavras do historiador Pedro Henrique Campos, que relembra que aquele foi o "momento em que houve o maior programa de construção de rodovias da história do país".[9]

Obras rodoviárias em centros urbanos são politicamente difíceis. Costumam gerar remoções e impactos nos bairros, provocando insatisfação. Não por acaso, é nas ditaduras ou governos com muito poder que grandes obras são implementadas, já que estas necessitam de volumes expressivos de recursos e poder político.[10] Além disso, essas obras dificilmente se justificam da perspectiva técnica. É um tanto consensual nos estudos de mobilidade urbana que, ao piorar as condições dos outros modos de deslocamento, as obras rodoviaristas tendem a induzir ao uso de mais automóveis, e que em pouco tempo as novas pistas ficam saturadas.[11]

Mas o modelo implantado no milagre econômico não era desprovido de sentido. A indução ao uso de carros, gerada pelas obras, fomentava a indústria automobilística; ao mesmo tempo, vultosos recursos públicos eram drenados para as construtoras. Além disso, o governo militar realizou um desmonte da rede ferroviária, especialmente de transporte de passageiros. Nos primeiros dez anos do regime, foram subtraídos 4881 quilômetros de estradas de ferro no país. Os funcionários da Rede Ferroviária Federal eram 154 mil em 1964 e caíram para 112 mil em 1972.[12] O período foi também aquele em que muitas linhas de bonde, que já vinham passando por dificuldades, foram extintas.

A corrupção na ditadura

O choque internacional do petróleo, em 1973, e a crise econômica daí decorrente deram fim ao "milagre econômico". Com o preço do petróleo nas alturas, era insustentável seguir na construção desenfreada de estradas, o que demandou um ajuste nas políticas do regime. O novo foco passaria a ser a produção de energia. Usinas hidrelétricas e nucleares também

O domínio das empreiteiras 79

demandavam obras vultosas; a complexidade dos projetos abria oportunidade para aditivos e ajustes contratuais.

A obra da hidrelétrica binacional de Itaipu foi entregue, em 1975, a um consórcio de grandes empreiteiras, apelidadas de "barrageiras" — Cetenco, CBPO, Andrade Gutierrez, Mendes Júnior e Camargo Corrêa. Junto com empresas paraguaias, elas dividiriam o contrato de 1,6 bilhão de dólares. A Odebrecht ficou com as usinas nucleares de Angra II e Angra III.[13] Nos dois casos, faltou zelo com o dinheiro público. No primeiro, o escândalo eclodiu rapidamente e abalou o regime. No segundo, a "operação abafa" culminou na tortura e assassinato de um diplomata que estivera envolvido na obra.

Em setembro de 1978 a revista alemã *Der Spiegel* publicou matéria bombástica sobre as usinas nucleares que estavam sendo construídas em Angra dos Reis, mostrando uma série de erros de concepção, falhas técnicas, escolhas equivocadas e atrasos por razões as mais diversas. Tudo isso colocava a entrega da obra em risco e onerava excessivamente os cofres públicos.

A matéria apontou que a obra havia sido dada à Odebrecht sem licitação. Mesmo para a ditadura, a denúncia era pesada e infringia legislação estabelecida alguns anos antes. Esse foi o primeiro grande escândalo da história da Odebrecht. Foi aberta uma CPI, presidida pelo então senador Itamar Franco, do MDB. Com a coisa a descoberto, a imprensa acabou fazendo uma ampla cobertura. A CPI constatou que a contratação sem licitação havia sido imposta pelo presidente da Eletrobrás, Antônio Carlos Magalhães. No final, ninguém foi punido.

Um mês antes do depoimento de Norberto Odebrecht à CPI de Angra, ocorreu a posse de João Figueiredo na Presidência.

Era março de 1979. Dentre os vários empresários, políticos, jornalistas e funcionários públicos que compareceram, estava o diplomata José Pinheiro Jobim, servidor aposentado do Itamaraty. Na cerimônia, ele contou a colegas que estava escrevendo um livro de memórias no qual relataria situações de superfaturamento que havia presenciado na construção da hidrelétrica de Itaipu.[14]

Jobim não era um opositor do regime. Tinha sido um servidor de carreira, especialista em hidrelétricas, que talvez achasse que sua posição social o protegeria. Uma semana depois da posse, o diplomata desapareceu. A família acionou a polícia e assistiu a uma atuação lenta e displicente. No dia seguinte, o corpo de Jobim foi encontrado pendurado numa árvore, na Barra da Tijuca, com sinais de espancamento.[15] O caso levaria décadas para ser elucidado.

Os casos de Angra e Itaipu ilustram como era tratada a corrupção na ditadura. No primeiro, a divulgação das denúncias pela imprensa alemã tornou a situação difícil. Pego de surpresa e sem poder usar os métodos tradicionais de intimidação, o regime teve que lidar com uma cpi e ampla cobertura. No segundo caso, a denúncia foi estancada no nascedouro. Pouco importava se José Pinheiro Jobim havia trabalhado para a ditadura, se tinha boas relações no Itamaraty e na sociedade carioca. Foi torturado e morto.

À mesma época, a Odebrecht começava a estruturar um departamento que ficaria famoso algumas décadas depois. Era o único setor da companhia em que as luzes ficavam acesas após o horário do expediente. Tratava-se do setor responsável por pagar propinas a políticos, lobistas e agentes públicos. A lista dos recebedores tinha mais de quatrocentos nomes e codinomes. Não havia obra da empresa em que alguém não recebesse por fora.[16]

Em maio de 1987, enquanto o país vivia a efervescência da Assembleia Nacional Constituinte, um grande escândalo veio à tona. O jornalista Janio de Freitas descobriu que a licitação da ferrovia Norte-Sul havia sido combinada previamente. De forma cifrada, publicou o resultado da licitação antes de os envelopes serem abertos. O negócio era de 2,6 bilhões de dólares.[17] Quando o resultado da licitação foi divulgado, a *Folha de S.Paulo* denunciou a farsa. As construtoras vencedoras incluíam Mendes Júnior, Andrade Gutierrez, Queiroz Galvão, CR Almeida, Constran e Odebrecht. O escândalo arranhou a imagem das construtoras e abalou o governo Sarney. Mais uma vez, o caso terminou em pizza.[18]

Até aquele momento, não havia histórico de punição por corrupção em grandes obras no Brasil. Maria da Conceição Andrade, que trabalhava no setor de propinas da Odebrecht, fez a seguinte avaliação: "Naquela época, não havia investigação nem preocupação com nada. Eles sabiam o que estavam fazendo, mas tratavam com grande naturalidade. Tinham a certeza da impunidade".[19]

Grandes escândalos, pequenas punições

A conjugação de realização de grandes obras, favorecimento de poucas empresas e conluio com agentes públicos resultou numa acirrada concentração econômica no setor da construção civil. Cinco empreiteiras chegaram a responder, no final do regime, por mais de 50% da arrecadação das cem maiores construtoras do país: Camargo Corrêa, Andrade Gutierrez,

Mendes Júnior, Odebrecht e Cetenco.[20] Todas elas estiveram envolvidas em algum dos escândalos vistos acima.

Nenhuma delas alterou substancialmente suas práticas com a redemocratização. E os casos de corrupção voltaram a emergir, governo a governo. No de Fernando Collor de Mello, houve um salto na escala das propinas. Empreiteiros se assustavam com a falta de cerimônia de Paulo César Farias, que elevou o patamar das propinas para 7% do valor das obras. As construtoras resolviam seus assuntos diretamente com ele.[21]

Quando eclodiram as denúncias que abalaram o governo Collor, parte significativa do grande empresariado brasileiro foi exposto. Empresas de diversos setores figuravam nas planilhas de PC Farias. As empreiteiras tiveram destaque. O senador Eduardo Suplicy e o deputado José Dirceu, do PT, lideraram uma Comissão Parlamentar Mista de Inquérito, que atuou junto à investigação do caso e acabou revelando parte do esquema.[22] Foi a primeira vez que se utilizou a quebra de sigilo bancário em uma investigação no Brasil. Assim descobriu-se a extensa rede de contas bancárias com nomes fictícios nas quais as empresas depositavam os cheques-fantasma.[23]

O PT era um dos principais opositores de Collor. No primeiro ano de governo, o partido focara nas críticas às medidas econômicas neoliberais. Com a eclosão dos escândalos, passou a centrar fogo nos casos de corrupção. Tendo uma bancada que não estava envolvida em denúncias, o PT defendia com ênfase a "ética na política". A má performance econômica e os casos de corrupção formaram o combo explosivo que deixou o governo nas cordas.

Os desdobramentos do caso Collor diferem dos anteriores, já que o governo perdeu sua base parlamentar e o presidente

O domínio das empreiteiras   83

acabou derrubado. Mas toda a mobilização, nas ruas e no Congresso, resultou em poucas consequências para os agentes privados que pagavam as propinas. E tampouco houve algum avanço em alterar as condições que sustentavam o esquema.

No curto governo de Itamar Franco, emergiram ainda dois escândalos. O primeiro deles foi protagonizado pelo ministro da Fazenda, Eliseu Resende. Tendo sido diretor do Departamento Nacional de Estradas de Rodagem no governo de Costa e Silva e ministro dos Transportes no de Figueiredo, Resende tinha experiência em lidar com obras rodoviárias e os fluxos financeiros envolvidos. Depois de perder para Tancredo Neves a eleição para o governo de Minas, em 1982, ele foi trabalhar na Odebrecht. Passou sete anos na organização, chegando a vice-presidente.

Um caso que parecia menor acabou por jogar luz sobre as relações indecorosas do ministro com a construtora. Um assessor do Ministério tentou antecipar a votação de um empréstimo para uma obra no Peru que seria tocada pela Odebrecht. Em seguida, descobriu-se que o ministro viajou para os Estados Unidos com um executivo da empreiteira, que fizera a reserva dos hotéis. Enquanto Resende tentava se explicar, veio à tona a informação de que ele determinara prioridade para a construção de quatro hidrelétricas — três delas seriam tocadas pela Odebrecht e uma pela CBPO. Assim o ministro foi substituído por Fernando Henrique Cardoso — outro político próximo à Odebrecht. A dança das cadeiras não mudava muito para a construtora.

No segundo semestre de 1993, eclodiu o outro escândalo do governo Itamar. Descobriu-se que deputados negociavam a inclusão de emendas no orçamento em troca de propina. Os principais clientes eram empreiteiras. Os deputados da Comissão de Orçamento eram, em geral, de baixa estatura e integravam o que se chamava de "baixo clero". Foram apelidados de "Anões do Orçamento". A Odebrecht, que àquela época já era a maior construtora do país, foi o pivô do caso.[24] Caixas apreendidas no banheiro da casa de um funcionário da empresa continham papéis com a lista de pagamentos de propina.

Políticos do PSDB, do PMDB e do PFL estavam no centro do esquema. Constatou-se que, no ano de 1992, apenas a Odebrecht havia emplacado mais de sessenta emendas que destinavam verbas para obras de seu interesse. Quem fez oposição ao caso foi a esquerda. Foi nesse contexto que Lula viria a dizer que "há uma maioria de uns trezentos picaretas que defende apenas seus próprios interesses". A frase virou refrão de uma música lançada pela banda Paralamas do Sucesso dois anos depois, na qual eram listados políticos atuantes no escândalo.[25]

A CPI do Orçamento dominou o debate público no final de 1993. Mas, devido a um erro de seu relator, José Paulo Bisol, do PSB, abriu-se uma brecha para o contra-ataque. O relatório confundiu siglas, e acabou por acusar políticos erroneamente. Veio então um forte movimento para deslegitimar a apuração, que possuía diversas evidências de corrupção. Isso não impediu que a CPI resultasse na cassação de seis deputados e na renúncia de outros quatro. Mas a maior parte dos que receberam propina foi mais uma vez poupada. Assim como as construtoras.

Empreiteiras na República do Real

Com suas imagens arranhadas pelos casos de corrupção, as empreiteiras começaram a se adaptar aos novos tempos. Durante a ditadura, a maior parte delas nem se dava ao trabalho de comentar as denúncias. Não falavam com a imprensa e deixavam as explicações para o governo. No período seguinte, seus executivos perceberam que uma sociedade mais aberta exigia outro modo de atuação. Muitos passaram a atender a imprensa com mais frequência e a se relacionar com os veículos, de forma nem sempre republicana.[26]

A Odebrecht foi bem ativa nessa nova fase. Emílio Odebrecht, que havia assumido a empresa após a aposentadoria do pai, falava diretamente com donos de jornais e emissoras. E passou a oferecer benefícios relevantes. Em 1994, assinou um acordo para construir o novo parque gráfico da *Folha de S.Paulo*, investindo 10 milhões de dólares, que seriam abatidos em publicidade no jornal nos dez anos seguintes. Construiu também o parque gráfico do jornal *O Globo*, em um arranjo similar. Adiantou dinheiro de publicidade para *O Estado de S. Paulo*, *Gazeta Mercantil* e *Jornal do Brasil*.[27]

A aproximação entre construtoras e imprensa ocorreu num momento de estabilização política e econômica. Desde o choque do petróleo e o início do crepúsculo da ditadura, o Brasil tinha vivido uma longa crise de hegemonia. Foram quase duas décadas sem que se conseguisse estabelecer uma organização econômica e política funcional. No plano econômico, o período foi marcado pela alta inflação, pelo baixo crescimento e por tentativas erráticas de colocar a casa em ordem.[28] No político, pela derrocada do regime. A crise de hegemonia permitiu que os escândalos de corrupção emergissem com mais facilidade, já que o poder estava sob disputa. A implantação bem-sucedida do Plano Real deu início a uma nova etapa. A estabilização econômica conferiu credibilidade ao PSDB, que se tornou o polo de um campo político, assinalado pela composição entre setores de centro e centro-esquerda com forças de mercado. Social-democracia com liberalismo econômico, mas não só. Junto veio a velha direita brasileira — de tradição oligárquica e corrupta. Do outro lado ficou uma oposição minoritária, composta pela esquerda. Durante os oito anos de governo Fernando Henrique Cardoso, as empreiteiras aprimoraram o relacionamento com o mundo político. A consolidação de um bloco hegemônico de poder reduziu os escândalos — exceto quando as disputas não eram acomodadas dentro do bloco.

A celeuma do polo petroquímico de Paulínia foi um desses casos, no segundo semestre de 1997. Colocou-se no contrato da obra uma cláusula que obrigava a Petrobras a dar prioridade à Odebrecht em outros projetos do mesmo tipo. Os articuladores disso foram o ministro de Minas e Energia, Raimundo Brito, e o presidente da Petrobras, Joel Rennó — ambos indicados pelo PFL. As empresas do setor tentaram demover FHC de assinar o termo. Como não conseguiram, passaram a mobilizar a imprensa contra a medida.

A primeira denúncia saiu na revista *Veja*, em setembro daquele ano. Os prejudicados pelo negócio eram empresas poderosas, como a Suzano, a Ultra e a Ipiranga. O privilégio dado à Odebrecht por uma empresa pública reverberou, e a oposição passou a atacar a medida. José Eduardo Dutra, líder do PT no Senado, foi uma das vozes mais fortes de oposição.[29]

O domínio das empreiteiras   87

Apesar do bafafá, FHC manteve Joel Rennó ainda por dois anos à frente da Petrobras. Em seu diário, anotou que, se demitisse o político, a bancada do PFL criaria dificuldades.[30]

O movimento da Odebrecht ilustra uma busca comum no período. Nos anos 1980 e 1990, com o fim da ditadura, as construtoras brasileiras caminharam para a diversificação — territorial e de negócios. De um lado, fizeram significativos esforços de internacionalização, conquistando projetos na América Latina e na África. E passaram também a sortir seus investimentos, conformando holdings atuantes em áreas como indústria alimentícia, armamentícia, farmacêutica e química, gestão de concessões, telecomunicações etc.

As construtoras viraram, assim, multinacionais com muitos braços, consolidando o poder que haviam adquirido construindo estradas, hidrelétricas e usinas nucleares. Ampliaram sua interferência sobre a política, tornando cada vez mais complexos os departamentos de distribuição de propina. Ficaram em posição de vantagem para captar os benefícios do ciclo de crescimento que, ironia das ironias, ocorreria justamente quando o partido que mais denunciava seus esquemas chegasse ao poder.

Empreiteiras no lulismo

Nos anos 1990, o PT era uma pedra no sapato das empreiteiras. Seus parlamentares denunciavam escândalos, lideravam CPIs e faziam discursos veementes contra os desmandos das empresas. Algumas construtoras, no entanto, logo perceberam que precisavam investir no partido. Emílio Odebrecht, que conhecera Lula por intermédio de Mário Covas, foi um dos primeiros a apostar no petista. E passou a financiar suas campanhas, ainda que com valores menores do que os que destinava a candidatos de legendas como PSDB, PMDB e PFL.[31]

Esse tipo de apoio era um campo minado no PT. Após a eleição de 1994, vazou a informação de que a Odebrecht doara recursos para campanhas petistas. Àquela altura, a empresa era sinônimo de corrupção. Aloizio Mercadante chegara a dizer que, no caso da Odebrecht, "de cada três crimes, eles estão envolvidos em quatro".[32] O financiamento recebido pelo partido era 10% do valor que a empreiteira doara ao PSDB naquele ano, mas, ainda assim, os opositores foram para cima, acusando o PT de hipocrisia.

Nas eleições seguintes, o PT seguiu recebendo financiamento da construtora. Com o favoritismo de Lula nas eleições de 2002, a aceitação do partido entre o empresariado cresceu. Emílio Odebrecht teve papel ativo nesse processo. A "Carta ao povo brasileiro", em que a campanha de Lula fazia sinais de moderação e diálogo com o mercado, contribuiu para reduzir a desconfiança. A partir de então, o PT seria um partido que disputaria o jogo assumidamente com as mesmas armas dos demais.[33]

A cobrança da Odebrecht veio já no primeiro ano do governo Lula. E o assunto era a Petrobras. A empreiteira queria retomar o negócio do polo petroquímico de Paulínia, que fora interrompido no governo FHC. Ocorre que o presidente da Petrobras no governo Lula era José Eduardo Dutra, que fizera oposição ao esquema de Paulínia quando era senador. Na Diretoria de Abastecimento da petrolífera estava Rogério Manso, um servidor de carreira. Nem ele nem Dutra estavam dispostos a privilegiar a Odebrecht no ramo da petroquímica.

O domínio das empreiteiras 89

O desenrolar do caso ilustra o modus operandi do lobby empresarial junto à classe política na Nova República. Depois de diversas tentativas frustradas de convencer Dutra e Manso a atenderem a seus propósitos, os executivos da Odebrecht começaram a trabalhar pela substituição de Manso por alguém alinhado aos esquemas. Para isso, procuraram José Janene, um político que fora base no governo FHC e depois liderou um movimento em seu partido, o PP, para integrar o governo petista — em troca de cargos, claro.

A postura da Petrobras não estava incomodando somente a Odebrecht. Políticos de outros partidos, que atuavam próximos a grupos com interesses na estatal, tinham reclamações similares. Janene articulou então uma rebelião entre os partidos fisiológicos da base, trancando a pauta da Câmara. E foi até José Dirceu, então ministro-chefe da Casa Civil, pedir a cabeça do diretor de Abastecimento. Com o governo paralisado, Dirceu capitulou, levando a demanda até Lula, que ordenou que a troca fosse feita. No lugar de Manso entraria Paulo Roberto Costa, que alguns anos depois se tornaria conhecido por operacionalizar esquemas de corrupção.[34]

Essa foi uma das primeiras vitórias do grande empresariado no governo Lula. E esteve longe de ser a única. As grandes empresas trataram de encontrar maneiras para manter e ampliar práticas que as favoreciam. O esquema era o mesmo que operara desde a ditadura, porém ia se tornando mais sofisticado. Dois aspectos, no entanto, marcariam a nova fase. O primeiro era o crescimento substantivo da atividade econômica, dos investimentos e das obras de infraestrutura, o que faria escalar os montantes envolvidos. O segundo era a passagem do PT para a situação, o que produziria um vácuo na oposição aos esquemas de corrupção.

4. Muros no condomínio do poder

UMA MULTIDÃO SAIU às ruas naquela tarde de 16 de abril no Vale do Anhangabaú, em São Paulo. O ano era 1984, e a ditadura brasileira acabava de fazer vinte anos. Acontecia o maior comício da campanha "Diretas Já", que pedia o retorno das eleições para presidente da República. No palanque, estavam líderes de diversos partidos, como Fernando Henrique Cardoso, Lula, Leonel Brizola e Ulysses Guimarães. Também figuravam músicos como Martinho da Vila, Chico Buarque e Fafá de Belém. Nas ruas, o povo vestido de amarelo cantava "Um, dois, três, quatro, cinco, mil, queremos eleger o presidente do Brasil!".

Um homem alto, magro e barbudo chegou ao microfone. Era Sócrates, maior craque e líder do Corinthians. Ao seu lado estavam atletas do clube, como Casagrande e Wladimir. Juntos eles haviam criado a Democracia Corintiana, um experimento de autogestão que era um assombro para a ditadura militar. Nas assembleias, o grupo tomara decisões como extinguir a concentração nas vésperas das partidas e distribuir os bônus pelas vitórias por todos os profissionais — não somente os jogadores. Nas eleições para governador de 1982, o Corinthians estava sem patrocinador e entrou em campo com o texto "Dia 15 Vote" no uniforme.[1]

Quando subiram no palanque, os jogadores ficaram espantados com a massa sem fim de gente nas ruas. O comício reuniu 1 milhão de pessoas. Sócrates foi então chamado ao microfone.[2] O jogador, que integrava a seleção brasileira, vinha sendo sondado para jogar no Fiorentina, da Itália. Alguns veículos de imprensa já noticiavam como certa a contratação. De supetão, o atleta afirmou para a multidão: "Caso a Emenda Dante de Oliveira passe na Câmara dos Deputados e no Senado, eu não vou embora do meu país!". Em seguida repetiu: "Eu não vou embora do nosso país!".

A comoção, no palanque e nas ruas, foi arrebatadora. As pessoas se abraçavam, choravam, gritavam o nome do jogador. Naquele momento de comoção, depois de um mês de comícios lotados em tantas capitais, "ninguém imaginava que teriam coragem de negar esse direito à gente", relembrou a cantora Fafá de Belém.[3] A votação no Congresso da emenda proposta pelo jovem deputado Dante de Oliveira, do PMDB do Mato Grosso, seria na semana seguinte.

A última semana de abril de 1984 assistiu a uma verdadeira caravana com destino a Brasília. Políticos, artistas e militantes de diversas regiões lotaram as galerias e jardins do Congresso Nacional no dia 25, naquela que foi uma das sessões mais movimentadas da história da casa. Seriam necessários dois terços dos votos para a aprovação da emenda, o que, apesar da mobilização popular, não foi alcançado. Mais de cem deputados não compareceram à sessão e faltaram 22 votos para a aprovação. Após o término da sessão, já na madrugada, uma multidão estava às lágrimas no Congresso. Deram-se as mãos e cantaram o hino nacional.[4]

A derrubada da Emenda das Diretas foi o ato inaugural de uma série de práticas que marcaram a redemocratização brasileira. Como vimos, a Nova República foi caracterizada pelo progressivo muramento das cidades e fechamento da elite em enclaves. O sistema político realizou um movimento similar: com a derrocada do regime, a elite política tratou de erguer muros para controlar o acesso ao condomínio do poder. A transição para a democracia foi morna, lenta e gradual.

Sem eleições diretas, o novo presidente foi escolhido pelo Colégio Eleitoral no Congresso, em 1985. A disputa se deu entre Tancredo Neves, do PMDB, e Paulo Maluf, do PDS. O último fora um político do regime, enquanto o primeiro fizera oposição moderada. O vice de Tancredo era José Sarney, prócer da ditadura que migrara para o PMDB. O único partido que se recusou a participar da votação indireta foi o PT. Novo na cena, o partido denunciava o acordo operado por cima pela elite política.

A chapa do PMDB não teve dificuldades para vencer a votação indireta, realizada em janeiro de 1985. Foi uma lavada: Tancredo obteve 480 votos, contra 180 de Maluf. Na véspera da posse, no dia 14 de março, o novo presidente foi hospitalizado às pressas. O que parecia ser uma apendicite veio a ser identificado como um tumor no intestino. Tancredo passou por sete cirurgias e acabou morrendo por falência múltipla dos órgãos no dia 21 de abril.[5]

O desfecho da história é melancólico. Sócrates foi jogar no Fiorentina, o que deu fim ao experimento da Democracia Corintiana. Na Itália, não se adaptou bem e sua carreira começou a declinar. Após a morte de Tancredo, Sarney, que havia assumido a Presidência interinamente, efetivou-se no cargo. A Presidência da República não foi ocupada por nenhum dos políticos que discursavam nos palanques contra a ditadura. Ao contrário, ficou a cargo de um político que fora governador do Maranhão pela UDN e senador pela Arena, partidos da base do regime, presidir o país na transição para a democracia.

A disputa pela Constituinte

Nos anos seguintes intensificaram-se os debates sobre a Assembleia Nacional Constituinte, que iria elaborar o texto da nova Constituição. Havia duas teses em disputa. Uma era a da Constituinte exclusiva, eleita especialmente para redigir a Carta, e que se encerraria após o trabalho. A outra era a do Congresso Constituinte, em que representantes partidários seriam eleitos como deputados e senadores, elaborariam a Constituição e seguiriam seus mandatos. Na Constituinte exclusiva, caberiam candidaturas de pessoas não vinculadas a partidos. Esta era a proposta de organizações sociais, defendida por importantes nomes da sociedade brasileira.[6] Uma Constituinte mista era defendida por deputados do PMDB.

Nessa queda de braço entre o sistema político e a sociedade, o primeiro venceu mais uma vez: foi definido o Congresso Constituinte, em que os partidos existentes no final do regime tornaram-se o filtro pelo qual passariam as candidaturas. Além disso, a eleição dos parlamentares constituintes, em novembro de 1986, ocorreu simultaneamente à eleição de governadores. As disputas para os governos estaduais acabaram por capitanear o debate eleitoral, o que favoreceu os maiores partidos.[7]

Aos 487 deputados e 49 senadores eleitos em 1986 somariam-se 23 senadores eleitos em 1982, que não haviam sido escolhidos para a Constituinte, mas que foram ali colocados por proposta de José Sarney. O PMDB, que havia absorvido muitos políticos da base do regime militar, conquistou a maior bancada da Constituinte, com 298 deputados e senadores. Partidos de esquerda (PDT, PT, PSB, PCB e PCdoB) somavam 58 eleitos, enquanto 217 tinham passagem pela Arena ou pelo PDS, partidos de apoio à ditadura. Em suma, era a velha oligarquia brasileira, aquela que sustentara o regime, que ocupava a maior parte dos assentos.

Ainda assim, o condomínio da elite política começou a ver rachaduras nos muros quando teve início a Assembleia Nacional Constituinte, em fevereiro de 1987. O acúmulo de energia social para a participação era enorme depois de mais de duas décadas de ditadura. Foi um choque de mundos. De um lado, a maioria de deputados da elite política e econômica trabalhando pela preservação do status quo. De outro, uma sociedade mobilizada, com grupos, movimentos, organizações e atores que desde sempre haviam sido excluídos dos espaços de decisão. Nos termos de Luiz Maklouf Carvalho, as audiências das comissões "encheram a Constituinte de povo".[8] Do embate entre essa democracia plural que emergia da participação popular e a oligarquia política que prevalecia entre os constituintes resultou a Carta Magna promulgada em 1988. Os deputados do campo progressista eram minoritários, mas contaram com a pressão popular em favor de avanços democráticos e de direitos.

As audiências públicas nas comissões temáticas no primeiro semestre de 1987 receberam nada menos do que 11 mil propostas de vários segmentos sociais. A aceitação de uma proposta feita pelo Plenário Pró-Participação Popular na

Constituinte permitiu a inclusão de emendas populares no texto da Constituição, desde que elas tivessem pelo menos 30 mil assinaturas e três associações propositoras.[9] Esse procedimento resultou na apresentação de 122 emendas populares, com 12 milhões de assinaturas recolhidas — número equivalente a quase 10% da população do país naquele momento.

A resposta do velho sistema político a tamanha "falta de cerimônia" da população foi imediata. Insatisfeito com o texto que saía da Comissão de Sistematização ao final de 1987, um grupo de deputados achou por bem mostrar à população com quem ela estava falando e mudar as regras durante o jogo. Nascia assim o Centrão, em um lance político que o então presidente da Ordem dos Advogados do Brasil (OAB), Márcio Thomaz Bastos, acusou de "golpismo de direita".

Com apoio e articulação de José Sarney e Antônio Carlos Magalhães formou-se maioria para alterar o regimento. A mudança fez com que o projeto prioritário para ir a plenário passasse a ser o do Centrão, elaborado nos bastidores. Assim, inverteu-se o ônus do quórum: se fosse seguido o regimento, o projeto saído das comissões seria levado a votação, e alterá-lo demandaria maioria absoluta; com o golpe do Centrão, essa maioria absoluta passava a ser necessária para se recuperar as propostas mais progressistas saídas das comissões.

Tudo isso refreou o avanço do texto constitucional. Propostas foram eliminadas; outras, alteradas para terem seus efeitos reduzidos. A Constituição promulgada em 1988 resultou num documento híbrido — progressista e democrático nas palavras, mas bem menos efetivo do que seria necessário para alcançar as intenções almejadas.

Pemedebismo e partidos políticos

O nascimento do Centrão, em 1987, daria forma à resistência da oligarquia brasileira à democratização efetiva do país. Esse modo de atuação se desdobrou naquilo que o filósofo Marcos Nobre denominou "pemedebismo", em referência ao PMDB, partido que foi a principal oposição à ditadura e que se tornou uma espécie de colchão de amortecimento da redemocratização. O pemedebismo é uma forma política um tanto particular, que visa retardar as mudanças por meio de um sistema de travas operado nos bastidores do poder.[10]

Nobre identifica características específicas desse modelo, difíceis de se encontrar de forma combinada em outras democracias. A primeira delas é o governismo — a presença constante do bloco pemedebista no poder, seja de qual matiz for o governo. Na Nova República brasileira, isso resultou no seguinte arranjo: a disputa presidencial se polarizou entre PT e PSDB, mas esses partidos invariavelmente compunham governo com uma massa de siglas fisiológicas. Na formulação de FHC, PT e PSDB disputavam "quem é que comanda o atraso".[11]

A segunda característica do pemedebismo seria a produção de supermaiorias parlamentares que garantiriam a governabilidade do Executivo. A terceira marca seria operar por um sistema de vetos em que propostas políticas são mortas no nascedouro. Este aspecto funciona junto de outro: a atuação nos bastidores, que evita ao máximo que as disputas cheguem ao debate público. Por fim, o pemedebismo se caracterizaria pelo esforço constante de impedimento à entrada de novos membros e pela preservação dos mesmos grupos no poder.

Esta última característica marcou a política brasileira na

Muros no condomínio do poder

Nova República, resultando na forma de funcionamento dos partidos — um sistema peculiar que combina multiplicidade de partidos no Parlamento e pouca abertura para renovação. Como vimos, o tema das candidaturas avulsas havia marcado as disputas pela Assembleia Nacional Constituinte. As forças democráticas reivindicavam o direito a candidaturas fora dos partidos, mas essa possibilidade foi vetada. A Constituição, promulgada em 1988, colocou os partidos como filtros obrigatórios para a disputa eleitoral. Essa limitação é uma exceção — 91% dos países democráticos do mundo permitem candidaturas fora dos partidos.[12]

Não satisfeita em impedir a disputa política dos sem partido, a oligarquia brasileira atuou para dificultar ao máximo a entrada de novos sócios no seleto clube dos com partido. A Lei dos Partidos Políticos, de 1995, tornou a criação de legendas uma tarefa hercúlea. "Não tenho notícia de outro país em que seja tão árdua", afirmou o cientista político Jairo Nicolau.[13] Mas a lei de 1995 também garantia a recompensa para os que chegassem lá: acesso ao Fundo Partidário e a tempo de rádio e televisão, mesmo para os partidos desprovidos de expressão eleitoral.

A combinação desses fatores deu uma enorme zona de conforto para os partidos existentes. De um lado, criava-se uma forte barreira para novos entrantes: recolher cerca de meio milhão de assinaturas em um terço das unidades federativas e validá-las em cartórios eleitorais. De outro, garantia-se para quem já estava dentro, mesmo sem força eleitoral, acesso a vultosos recursos públicos. Aumentava-se o muro e chutava-se a escada, enquanto um helicóptero jogava sacos de dinheiro dentro do condomínio do poder.

Ocorre que a barreira burocrática, no mundo real capitalista, é financeira. Meio milhão de assinaturas custam alguns milhões de reais em empresas contratadas para coletá-las. De modo que o poder econômico criou suas legendas sem problemas enquanto a cidadania teve dificuldade ou foi barrada na porta. Um político como Gilberto Kassab fez brotar o PSD em seis meses. Já uma liderança nacional como Marina Silva levou dois anos e meio para criar a Rede Sustentabilidade. A Unidade Popular, registrada recentemente, levou cinco anos para ser viabilizada e representa uma exceção — talvez seja o único partido criado no país sem lideranças nacionais e a partir da base da sociedade.

A excrescência a que se chegou pode ser resumida assim: a alta barreira cartorial, que é financeira, impede a cidadania mas não o poder econômico; o acesso a recursos públicos mesmo sem representatividade eleitoral torna a criação de partidos um negócio com retorno garantido. Além disso, a ausência de cláusulas de barreira por desempenho eleitoral gerou grande fragmentação nos parlamentos.

Quando se tomam como princípios importantes da literatura da ciência política a competitividade e a não fragmentação, é notável que o sistema brasileiro tenha produzido exatamente o contrário: alta fragmentação nos parlamentos e partidos na zona de conforto. Por isso os partidos no Brasil se tornaram burocráticos, distantes da sociedade, vivendo à sombra do Estado, como formulou Jairo Nicolau.[14]

Vale notar que essas características não são casuais. Elas serviram bem ao propósito de manter uma porta estreita de acesso ao condomínio do poder e de operar os partidos como negócios particulares. Mas sua outra face foi o afastamento da sociedade, que fez com que o Brasil tivesse uma das menores taxas de confiança nos partidos políticos do mundo.[15] Essa desconfiança mostraria sua cara nas Revoltas de Junho de 2013.

O modelo de negócios da política

O modelo descrito não funciona apartado da economia. Ao contrário, trata-se de um arranjo em que as elites política e econômica trabalham para o fortalecimento mútuo. Aqui, nota-se a confluência entre a consolidação do modelo peme-debista e a ampliação do poder econômico das construtoras visto no capítulo anterior. Empresas que nasceram construindo rodovias e barragens durante a ditadura tornaram-se, no século XXI, holdings com investimentos em áreas das mais diversas. As práticas pouco republicanas permaneceram.

A conjunção da blindagem política com o poderio desse empresariado criou uma engrenagem poderosa, em que o dinheiro passou a ter cada vez mais força nos governos. É o que mostra uma série de dados compilados pelo pesquisador Bruno Carazza em seus estudos sobre a influência econômica na política brasileira. O total de doações eleitorais saltou de 959 milhões de reais, em 1994, para 4,9 bilhões em 2014, descontada a inflação. A maior parte desse crescimento se deu pelas doações das empresas — estas saltaram de 750 milhões de reais para 3,7 bilhões no período.[16]

Esse crescimento se deu de forma concentrada em poucos doadores. Nas eleições de 2014, apenas 483 agentes foram responsáveis por três quartos do total investido nas campanhas. Na verdade, a concentração é ainda maior, já que muitas das empresas doadoras fazem parte dos mesmos grupos. As cinco maiores financiadoras das eleições de 2002 a 2014 são construtoras: Andrade Gutierrez, OAS, Camargo Corrêa, UTC e Queiroz Galvão. A Odebrecht fica em nono lugar, mas quando as suas doações são somadas às da Braskem, que pertence ao mesmo grupo, salta para a sexta posição. Além disso, a empreiteira baiana usava outras empresas, por exemplo a Cervejaria Petrópolis, como laranjas em suas doações.[17]

As empreiteiras foram as principais financiadoras da política na Nova República. O setor da construção civil foi o que mais realizou doações nas eleições de 2014, respondendo por cerca de 27% delas. O mesmo setor, entretanto, respondia por apenas 7% do PIB. O aumento do dinheiro nas eleições fez elevar o custo dos votos. Em 2002, cada voto para deputado federal "custou" cerca de cinco reais, enquanto cada voto dado em candidatos à Presidência "custou" pouco mais de dois reais. Nas eleições de 2014, esses valores passaram para cerca de treze e nove reais, respectivamente. Ou seja, conquistar votos ficou de três a cinco vezes mais caro — o que significa menos chances para aqueles com poucos recursos.

O investimento eleitoral não é concentrado apenas na ponta da oferta, mas também na da demanda — poucas empresas doam muito dinheiro para poucos políticos. Na legislatura de 2003 a 2006, a média do montante recebido de empresas por líderes partidários era somente um pouco abaixo da média recebida pelos demais deputados. Na legislatura de 2011 a 2014, os líderes passaram a receber quase o dobro dos demais.[18]

O resultado de tamanha concentração foi a baixa renovação. Desde a redemocratização, ampliou-se a participação popular nas eleições. O percentual de votantes, que era de cerca de 40% no início dos anos 1970, chegou a quase 80% no início do século XXI. Mas essa maior participação não levou a maior diversidade das representações. Ao contrário, o que aconteceu foi uma redução gradativa do índice de renovação dos parlamentos. Desde 1980 a taxa de votos em candidatos eleitos só aumentou, enquanto a taxa de votos em perdedores caiu continuamente.[19]

A taxa de reeleição, que cresceu com a ditadura militar, foi ainda mais alta durante a Nova República. Ou seja, apesar de a sociedade ter se tornado mais plural e participativa no período, a blindagem da classe política impediu que essa pluralidade adentrasse os parlamentos. Ao contrário, a renovação foi sendo paulatinamente reduzida.

Claro que a participação das empresas no financiamento das eleições não é desinteressada. Após investirem nas campanhas, elas passam a cobrar a conta em leis, emendas e projetos que as favoreçam. E a pressionar para que parlamentares, ministros, secretários e diretores de estatais e órgãos públicos atendam a suas demandas. O Congresso é um ator central para que essa pressão seja exercida. Vimos alguns exemplos disso no capítulo anterior.

O funcionamento do esquema pode ser verificado quando se observam os instrumentos de atuação parlamentar, como a relatoria de medidas provisórias, as MPS, e a apresentação de emendas. Na legislatura de 2003 a 2006, 36% dos relatores de MPS tiveram suas campanhas financiadas por empresas do setor interessado na medida. Na legislatura de 2011 a 2014, esse índice passou para 61%.[20] As emendas parlamentares que favorecem grupos econômicos específicos foram propostas, majoritariamente, por deputados financiados por empresas dos setores interessados. O mesmo ocorre nas comissões.

Tudo isso evidencia que o modelo de negócios da política brasileira funciona a contento para seus operadores. O sistema gerou, ao longo do tempo, aumento dos recursos investidos em campanhas, concentração desses recursos em alguns candidatos e, por consequência, concentração de votos em políticos com mais poder. Além disso, produziu uma crescente incidência desses mesmos políticos em assuntos de interesse de seus financiadores — mecanismo essencial para que o dinheiro investido em campanhas retorne. Só um ator ficou de fora da equação: a sociedade.

Acomodação no lulismo

Na década de 1990 esse modelo político enfrentava uma oposição com musculatura e capacidade de ação. O PT, que ganhara escala com a ida de Lula ao segundo turno em 1989, liderou a oposição aos governos Collor e FHC. Em sua estratégia oposicionista estava o enfrentamento ao pacto operado pela elite política e econômica, denunciando conluios, reivindicando a ética na política e vocalizando a crítica social.

Com a chegada de Lula à Presidência, em 2003, esse polo opositor deixou de existir. Nos primeiros anos de governo, o PT tentou negociar no varejo o apoio parlamentar. Com a emergência do escândalo do Mensalão, em 2005, o governo Lula jogou a toalha e aderiu de vez ao modelo pemedebista. Esse movimento levou a uma forte hegemonia da blindagem política, já que não havia força que fizesse oposição de forma

Muros no condomínio do poder   103

contundente e estruturada. Ao aderir a um arranjo ao qual o PT havia historicamente se oposto, Lula acabou ajudando a consolidá-lo.

Por outro lado, o governo Lula promoveu um incremento inédito dos órgãos de controle e combate à corrupção. A agenda do governo nesse sentido foi significativa. A Polícia Federal foi fortalecida, com maiores salários e investimentos em tecnologia. Foi criada a Controladoria-Geral da União, a partir da Corregedoria-Geral da União, o que aumentou o controle interno sobre as ações do governo. O Ministério Público foi mantido independente, com indicação do procurador mais votado na lista tríplice durante os governos Lula e Dilma — prática que seus antecessores (e sucessores) não realizaram.[21] Esse conjunto de ações transformou profundamente o Estado brasileiro. Se a corrupção era uma prática alastrada e corria impune até os anos 1990, os novos mecanismos criariam o primeiro contraponto robusto na história do país a esse estado de coisas.

Vê-se, aqui, como os governos petistas acabaram por acentuar tendências conflitantes, que em breve iriam se chocar. De um lado, aderiu ao modus operandi dominante na política brasileira, que ganhou escala por meio do crescimento econômico e de investimentos do período. De outro, fortaleceu os mecanismos de fiscalização e controle.

No fim do segundo governo Lula, apareceram na imprensa denúncias de nepotismo e de favorecimento a familiares de José Sarney, então presidente do Senado. Jornalistas identificaram uma série de "atos secretos" realizados pela presidência da casa, que contrariavam o princípio legal da publicidade da gestão pública. Aumentos salariais e contratações de familiares e amigos do presidente do Senado foram algumas das medidas tomadas sem publicação no *Diário Oficial*.

As denúncias geraram grande comoção. Houve pressão para que Sarney renunciasse à presidência da casa. Uma decisão judicial impediu que o jornal *O Estado de S. Paulo* seguisse publicando denúncias das investigações.[22] O presidente do Senado teve o apoio do governo, e Lula chegou a dizer que Sarney "tem história no Brasil suficiente para que não seja tratado como se fosse uma pessoa comum".[23] A velha distinção entre os cidadãos de primeira e de segunda classe voltava a aparecer na defesa que o presidente fazia do aliado.

Apesar do clamor social, Sarney safou-se e foi reeleito presidente do Senado em 2011. Ele seria sucedido, no início de 2013, por Renan Calheiros, que em 2007 tivera que renunciar à presidência da casa, acossado por denúncias de corrupção, mas conseguira manter o mandato e agora dava a volta por cima. Estes e outros fatos produziram grande indignação, mas ela foi represada pelos arranjos operados no andar de cima. Assim como a elite econômica nos territórios urbanos, a elite política estava protegida por muros intransponíveis. Até que viessem as inesperadas Revoltas de Junho de 2013.

5. Avanços e impasses na reforma urbana

A REUNIÃO ATRAVESSOU AQUELE dia de outono, da manhã
à noite, na capital federal. Na sala, havia representantes de
dezenas de entidades, de diversas regiões do país. Durante
doze horas, debateram formas de promover o acesso à moradia e a reforma das cidades. A perseverança do grupo tinha
uma razão: precisavam apresentar no dia seguinte uma proposta consensual de emenda à Assembleia Nacional Constituinte. Foi com esse sentido de urgência que ocorreu a
reunião de fundação do Movimento Nacional pela Reforma
Urbana, o MNRU, em 5 de maio de 1987.[1]

A Subcomissão de Questão Urbana e Transporte da Constituinte fora instituída em abril e realizara uma série de audiências públicas. Seu presidente era Dirceu Carneiro, um
arquiteto e urbanista eleito senador pelo MDB de Santa Catarina. Carneiro tinha no currículo uma gestão exemplar como
prefeito de Lages, em que promoveu uma série de políticas
urbanas com participação popular.[2] O debate sobre a democratização do acesso à terra estava sob intensa disputa na Subcomissão. A avaliação das entidades era de que, para fazer as
propostas avançarem, era preciso unir forças.

No dia seguinte a sua fundação, o MNRU apresentou à Subcomissão sua proposta de emenda à Constituição. O texto
certamente não era aquele que cada um dos especialistas

escreveria, mas foi o consenso possível. Dezessete representantes defenderam a proposta na reunião, que era assinada
por 63 entidades. Não se chega a uma coalizão como esta
de um dia para o outro. O movimento foi resultado de uma
longa articulação entre setores atuantes na questão urbana,
em diferentes regiões e com variadas abordagens. Remete a
movimentações realizadas nos anos 1950 e 1960, que culmi-
naram em um importante seminário, realizado em 1963, em
que foi debatida a crise social vivida nas cidades do Brasil e
as reformas necessárias para reduzi-la.

Com o golpe de 1964, toda essa movimentação foi estancada. Começou a retomar espaço em meados dos anos 1970,
por meio de iniciativas articuladas entre entidades técnicas e
aquelas de cunho mais social. Tiveram papel relevante nessa
conjuntura as Comunidades Eclesiais de Base, ligadas à Igreja
católica, que davam a liga entre setores profissionais e movimentos populares. Foram muito ativas no período as Pastorais Urbanas, as Pastorais da Favela e as Pastorais da Terra.

Enquanto isso, setores da classe média se viam às voltas
com a dificuldade para pagar o financiamento de suas casas
ao Banco Nacional da Habitação, o BNH. Com a inflação nas
alturas, a sensação era de que "quanto mais se pagava ao BNH,
mais se devia".[3] As prestações da casa própria eram atualiza-
das pela correção monetária, mas os salários, não. A indignação aumentava pelas recorrentes denúncias de corrupção no
sistema de financiamento do BNH. Tudo isso levou à criação
do Movimento dos Mutuários, que foi expressivo na primeira
metade da década de 1980.

Da articulação desses diversos grupos, cozida em fogo
lento, formou-se a coalizão que resultou no MNRU. Após a

apresentação da emenda popular à Subcomissão da Constituinte, em maio de 1987, tudo se passou muito rápido. Em 15 de julho foi formalizado o primeiro projeto da Constituição, resultante do trabalho nas comissões. A partir daí, abriu-se espaço para a proposição de emendas populares ao texto, desde que tivessem mais de 30 mil assinaturas. Pouco mais de um mês depois, o MNRU entregou caixas e caixas de papelão que continham mais de 131 mil assinaturas em defesa da Emenda Popular da Reforma Urbana, protocolada como Emenda nº 63, de 1987.

A proposta abordava um problema já bastante grave no país, que passara por um dos processos de urbanização mais acelerados do mundo. Em janeiro de 1988, ela foi defendida no plenário da Constituinte pela arquiteta e urbanista Erminia Maricato. A professora da USP enfatizou que o encaminhamento de soluções para a vida comum nas cidades era urgente, e ressaltou como o debate urbano foi negligenciado por décadas no Brasil. Seu diagnóstico era confirmado pelo baixo quórum de parlamentares na sessão: apenas três constituintes estavam presentes.[4]

O texto da emenda era ousado e extrapolava o escopo da Constituição. Se implementada, poderia dar condições para a redução da alta desigualdade territorial do país. Após um trâmite longo, foi aprovada no plenário e inserida na Carta promulgada em outubro de 1988. Os artigos nº 182 e nº 183 reconheciam pela primeira vez na Constituição brasileira a função social do solo urbano, com instrumentos para sua aplicação. Uma vitória, mas uma vitória parcial.

Como visto, o Centrão atuou na Constituinte para arrefecer os avanços progressistas do texto. Não foi diferente com a

Emenda da Reforma Urbana. A estratégia foi criar obstáculos que atrasassem ou impedissem a implementação dos instrumentos. As mudanças do Centrão obrigaram à promulgação de uma lei federal para regulamentar os artigos n$^{\circ}$ 182 e n$^{\circ}$ 183 — o que atrasou a implementação da proposta em treze anos, até que fosse aprovado o Estatuto da Cidade.

Alguns dos principais problemas que se buscava enfrentar eram a dificuldade de acesso à terra urbana, a alta concentração fundiária e a intensa especulação imobiliária nas cidades brasileiras. Os instrumentos propostos pelo MNRU possibilitariam, por exemplo, que imóveis desocupados ou subutilizados fossem sobretaxados, ou desapropriados e destinados à habitação social. As alterações realizadas pelo Centrão fizeram com que o texto constitucional deixasse de exigir dos municípios a aplicação dos instrumentos, tornando-a facultativa. Com isso, até hoje os instrumentos mais importantes são pouquíssimo implementados.

Tirando a eficiência de leis que poderiam reduzir a desigualdade urbana, o Centrão atuou para manter os privilégios do andar de cima — proprietários de imóveis, especuladores, setor da construção civil. A lei foi aprovada, mas sua efetividade foi minada. A democratização das cidades, cujo caos sempre proveu negócios para a elite do país, nunca foi levada a cabo. Isso cobraria seu preço quando uma série de fatores transformaram a crise urbana em verdadeira bomba-relógio.

O municipalismo petista

Promulgada a Constituição, a pressão popular sobre o Congresso arrefeceu. A regulamentação dos artigos da Reforma Urbana passaria por um longo périplo, de mais de uma década. O MNRU, tornado Fórum Nacional de Reforma Urbana (FNRU), foi o principal ator a exercer pressão pela regulamentação da lei. Enquanto isso, uma outra linha de atuação do mesmo campo alcançava resultados concretos nos territórios. A década de 1990 foi marcada por importantes administrações progressistas em prefeituras, muitas delas com liderança do PT. As gestões com "participação popular e inversão de prioridades", mote utilizado pelo PT no período, foram uma grande novidade.

Em 1988, o partido deu um salto eleitoral. Passou de menos de meia dúzia de prefeitos para mais de trinta, que passaram a governar cerca de 10% da população brasileira.[5] A segunda geração de prefeitos petistas assumia três capitais (São Paulo, Porto Alegre e Vitória) e algumas cidades médias. O partido vivia uma transição, deixando de ser uma alternativa radicalizada para se tornar o principal polo da esquerda.

Com a segunda geração de prefeitos, as políticas participativas do PT ganharam escala. Essas administrações funcionaram como um funil, experimentando e filtrando propostas, e deixando para trás as que não funcionavam bem. Foi em Porto Alegre, na gestão de Olívio Dutra (1989-92), que se consolidaram os instrumentos que caracterizaram o "modo petista de governar". Um deles seria, por muito tempo, a principal marca do partido — o Orçamento Participativo.

A política já fora testada em outras capitais, como Recife e Fortaleza, mas essas experiências não prosperaram. Assim, Porto Alegre ficou conhecida como precursora do método.[6] A arquitetura institucional a que se chegou fez do programa um triunfo político, já que garantia a participação popular, bandeira dos partidos progressistas, ao mesmo tempo que entregava resultados concretos para a população. Além disso, difundia-se na população a consciência da limitação dos recursos públicos e driblava-se o clientelismo dos vereadores, acostumados a barganhar por obras públicas.

Veio então o resultado eleitoral. Tanto Porto Alegre quanto Belo Horizonte, capitais que implementaram de forma consistente o Orçamento Participativo, assistiram à vitória sequencial, em quatro eleições, de coligações de esquerda. A distribuição territorial dos orçamentos participativos produzia a "inversão de prioridades" prometida pelo partido, contribuindo para remediar o déficit de investimento nas periferias urbanas. Por tudo isso, o instrumento foi majoritariamente bem avaliado nas cidades em que foi implantado e se espalhou mundo afora.

O municipalismo de esquerda dos anos 1990 foi talvez o período de maior avanço de políticas urbanas no Brasil. Embora a legislação federal que daria instrumentos para mudanças mais robustas seguisse travada, aguardando a promulgação do Estatuto da Cidade, muito foi feito em nível municipal. Foi um período rico em regularização de vilas e favelas, provimento de infraestrutura nos bairros, implantação de restaurantes populares, criação de espaços públicos de lazer e de políticas culturais.

Tudo isso resultou no reconhecimento do PT como ator capaz de governar e entregar resultados. Essa mudança de status contribuiu para que o partido finalmente elegesse um presidente da República, em 2002, com a vitória da candidatura de Lula. Mas muitas políticas que haviam elevado o patamar do partido foram deixadas em segundo plano quando se conquistou o governo federal. Isso será abordado mais adiante

— antes, cumpre analisar uma das propostas mais radicais do municipalismo petista: a tarifa zero no transporte público.

O ensaio de tarifa zero em São Paulo

Não é trivial para um governo colocar uma proposta polêmica na mesa. Quanto mais se ela não tiver sido testada em outras praças. O bom senso indica escolher entre uma de duas opções: ou uma proposta inédita, mas pouco conflituosa; ou uma proposta controversa, mas já experimentada. No ano de 1990, na maior cidade da América Latina, a prefeita Luiza Erundina, do PT, apostou suas fichas em uma política nunca testada e um tanto polêmica.

A prefeita havia vencido uma eleição difícil, em que não era favorita nem nas prévias do próprio partido, quando bateu Plínio de Arruda Sampaio. Na disputa municipal, concorreu com Paulo Maluf e José Serra. Em uma época em que não havia segundo turno nas eleições municipais, Erundina venceu com 37% dos votos válidos, e se tornou a primeira prefeita mulher da capital paulista. Pego de surpresa, o PT passou a encarar o desafio de gerir uma megalópole e de transpor ideias radicais para a gestão pública.

Na Secretaria de Transportes, a situação era de crise. A primeira responsável pela pasta, a geógrafa e vereadora Tereza Lajolo, ficou menos de um ano no cargo. Foi substituída por Adhemar Giannini, ligado à corrente Articulação do PT. Este tampouco durou, e sua substituição gerou um impasse político. A pasta era cobiçada por diversas correntes, mas era difícil encontrar quem topasse geri-la no caos que era a circulação em São Paulo. Solução provisória, Erundina nomeou Lúcio Gregori, engenheiro que comandava a Secretaria de Serviços e Obras, como secretário interino de Transportes. Ele acumularia as duas secretarias até que se achasse outra solução para a pasta.

Na Secretaria de Serviços e Obras, Gregori administrava a coleta de lixo. A lógica do serviço baseou sua proposta de gestão do transporte urbano. Os custos da coleta de lixo são dimensionados a partir de estimativas de frota, quilômetros rodados, pessoal e toneladas de lixo coletado. O morador que tem o lixo coletado em casa não paga sua tarifa no momento da coleta: ao contrário, o serviço é pago de forma indireta, por taxas cobradas aos imóveis. Gregori transpôs essa lógica para o transporte urbano: assim como seria irracional e pouco eficiente que o serviço de lixo fosse pago no momento do uso, a cobrança da tarifa de ônibus era ineficiente, custosa e representava um impedimento no acesso à cidade.[7]

Cobrar a tarifa no momento do uso tornava o sistema mais lento, gerando aumento de custo e tempo de viagem. O sistema de cobrança, com espaço para o trocador e a catraca, ocupava de dois a quatro assentos nos ônibus. A equipe da Secretaria calculou que eliminar o sistema de cobrança liberaria de 300 mil a 600 mil lugares nos ônibus de São Paulo. E estimou que o sistema de arrecadação, que demandava funcionários e gestão financeira, representava quase 20% de todo o custo do transporte.[8]

A pouca racionalidade se somava a outros aspectos. A tarifa é um impedimento no acesso à cidade para parte da população e uma forma regressiva de financiamento de um serviço que beneficia a todos. Eliminá-la promoveria a democrati-

Avanços e impasses na reforma urbana   113

zação do acesso aos espaços urbanos, compartilharia o ônus do serviço com os mais ricos e aqueceria a economia, com o aumento da circulação e do consumo. Além disso, resolveria um problema político, já que a alta inflação obrigava a aumentos constantes, o que gerava desgastes para os prefeitos.

Lúcio Gregori era um outsider no PT. Não pertencia a nenhuma corrente e havia sido chamado para o governo por sua experiência na burocracia pública. Em meados de 1990, após se tornar secretário interino de Transportes, ele apresentou a proposta de tarifa zero à prefeita. Seria necessária uma reforma tributária para custear o serviço. O secretário imaginava que veria a proposta recusada, por sua radicalidade, mas Erundina a recebeu com entusiasmo e propôs que fosse exposta aos demais secretários. Paul Singer, que era à época secretário de Planejamento da prefeitura, narra assim o evento:

> Lúcio defendeu com ardor e competência as vantagens da tarifa zero. Não deixou dúvida de que a população a ser beneficiada seria a de renda mais baixa, que passaria a economizar a quantia gasta com a condução e ganharia a possibilidade de usufruir todo o espaço da cidade, inclusive o acesso à totalidade de seus serviços. Se o custo da tarifa zero fosse coberto por recursos tributários retirados das empresas capitalistas ou dos moradores de renda acima da média, o resultado seria uma ponderável distribuição de renda.[9]

A proposta teve recepções distintas. Apareceram dúvidas sobre a adequação de se concentrarem tantos recursos em um serviço, já que outras áreas careciam de investimentos.

Na reunião comentou-se também que a gratuidade poderia levar a abusos e depredações — um curioso senso comum que persiste ainda hoje, mesmo que sem evidências. Vieram, por fim, apontamentos sobre a falta de tempo para desenvolver a contento os estudos necessários para a proposta. Nada disso convenceu Erundina, que apostou na tarifa zero como nova bandeira, em um momento em que a busca por conter o déficit fiscal havia colocado a gestão na defensiva.

Assim, a proposta foi levada ao debate público. A primeira resistência veio do partido da prefeita — técnicos da pauta de transportes ligados ao PT fizeram uma série de ressalvas à extinção da tarifa. Segundo relato de Gregori, o próprio Lula se colocou contra, afirmando que "o trabalhador não precisa de ônibus de graça, trabalhador precisa ganhar bem para pagar um sistema de transporte decente".[10] No caso dos vereadores petistas, houve uma divisão entre apoio incondicional ao projeto e apoio com ressalvas.

Sem unanimidade dentro do campo em que era formulado, o projeto foi levado à sociedade paulista. A imprensa cobria com visão crítica, explicitando sobretudo as questões fiscais e replicando o senso comum sobre depredação. Os proponentes participavam de debates em entidades, universidades e programas de TV e rádio. A prefeitura foi para a ofensiva, mobilizando movimentos sociais e fazendo uma campanha publicitária, com peças veiculadas na TV e nos jornais.

A mobilização surtiu resultados. No final de 1990, uma pesquisa de opinião feita em São Paulo apontou que 65,3% dos moradores eram a favor da proposta, enquanto 27,6% eram contra. Além disso, 82,4% sabiam que a medida demandaria aumento do IPTU. Ou seja, a grande maioria não achava que se tratava de almoço grátis. Sabiam que a medida tinha custos e aprovavam o subsídio público.[11] Apesar da avaliação positiva, o projeto nem sequer foi votado na Câmara de Vereadores. O governo Erundina havia perdido maioria parlamentar, e a oposição bloqueou a discussão.

Mas o debate sobre a tarifa zero pressionou os vereadores a se mexerem, já que os ônibus ainda eram objeto de insatisfação. Assim, em 1991, governo e oposição chegaram ao consenso de levar adiante uma proposta menos transformadora: a municipalização. A medida não significava a conversão da frota em propriedade municipal, mas uma mudança na forma de licitação e gestão. Até aquele momento, as empresas realizavam a gestão dos recursos da tarifa, em uma confusão entre custo e receita. O formato estimulava a lotação, já que as empresas recebiam o valor pago pelos passageiros à revelia do número de veículos circulantes.

Com a municipalização, as empresas passavam a receber pelo serviço prestado, sem vinculação com a receita. A lei foi aprovada em maio de 1991 e promulgada em julho do mesmo ano. O novo sistema foi implementado em janeiro de 1992, o que ocorreu em concomitância com o aumento da frota, de 8 mil para 10 mil ônibus. Tudo isso fez com que a idade média dos ônibus caísse e a circulação aumentasse em 25%, o que reduzia a espera nos pontos. O número de passageiros por metro quadrado no interior dos coletivos passou à metade em relação a 1989.[12]

O resultado foi uma melhoria da avaliação do transporte pela população.[13] Todo esse processo foi realizado com certa celeridade, e não sem contratempos. Os críticos apontavam que ônibus circulavam vazios em alguns momentos — um cenário possível em contexto de reajuste de oferta, que exige constante adaptação. As mudanças, de todo modo, duraram pouco. A eleição seguinte seria ganha por Paulo Maluf, que começaria a desvirtuar a forma de contratação e a reduzir a oferta. A pá de cal na municipalização seria dada na gestão de Marta Suplicy, também do PT, quando se retornou ao modelo de remuneração por passageiro transportado.

A tentativa de implementação da tarifa zero na maior cidade da América Latina teve um espírito revolucionário. No início da década de 1990, praticamente inexistiam experiências de subsídio integral ao transporte. Chama a atenção, nos argumentos dos proponentes, a consciência dos impactos da política em diversos aspectos da vida social. Com exceção da questão climática, que ainda fazia parte de um debate de nicho, todos os outros aspectos atualmente debatidos na gratuidade do transporte são tratados nos textos e entrevistas do período.

Luiza Erundina teve o papel, raro entre gestores públicos, de alargar o campo do possível. Isso talvez só tenha sido viável por características do PT naquele momento: um partido em formação, cuja dinâmica interna abria espaço para ousadias. É possível enxergar a proposição da tarifa zero no mesmo contexto do Orçamento Participativo, que foi a política de maior sucesso do PT durante uma década. Ambos foram experimentos de um partido que buscava realizar transformações dentro dos marcos da ordem. O subsídio integral ao transporte, por não ter sido provado em São Paulo, ficaria ainda algumas décadas cozinhando em fogo lento, até explodir como pauta nas ruas de Junho de 2013.

A promessa do Ministério das Cidades

Poderíamos ver a luta pela reforma urbana nas décadas de 1980 e 1990 como dois rios que correm em uma planície extensa. Cada rio tem seu curso, mas canais transversais promovem a troca de águas. Um rio é o esforço por incidência em leis federais. O outro, a experiência prática nas cidades. Com grande força nos anos 1980, e com mais dificuldades nos anos 1990, correu a luta do Movimento Nacional pela Reforma Urbana, incidindo nos marcos normativos em nível nacional. Iniciando-se de maneira mais lenta e ganhando robustez nos anos 1990, fluíram as experiências das prefeituras populares, que experimentaram na prática a implantação de políticas públicas. Em muitos momentos, as águas de um rio abasteceram o outro.

No início do século XXI, o rio da disputa nacional retomou embalo. Em 2000, a moradia foi inserida como direito social na Constituição, pela Emenda Constitucional nº 26. No ano seguinte foram finalmente regulamentados os artigos nº 182 e nº 183, com a aprovação no Congresso do Estatuto da Cidade. O resultado de décadas de luta era finalmente alcançado. Os limites impostos pelo Centrão em 1988 não foram superados, mas a regulamentação detalhava os instrumentos e apontava para um horizonte de possibilidades de aplicação.

Essas vitórias seriam coroadas em 1º de janeiro de 2003, quando um migrante nordestino que chegara criança à periferia de São Paulo na década de 1950 assumiu a Presidência da República e criou, no primeiro dia de governo, o Ministério das Cidades. O Ministério era uma proposta do FNRU que já havia sido incorporada nos programas de governo presidenciais do PT em eleições anteriores. Então os dois rios finalmente confluíram. O ministro das Cidades nomeado por Lula foi Olívio Dutra, prefeito de Porto Alegre quando a cidade implantou o Orçamento Participativo.

O Ministério das Cidades foi estruturado em quatro secretarias (Habitação, Saneamento, Mobilidade Urbana e Programas Urbanos) e tinha como missão "garantir o direito à cidade, promovendo a universalização do acesso à terra urbanizada e à moradia digna, à água potável e ao ambiente saudável, e assegurar a mobilidade urbana com segurança, por meio da gestão participativa".[14] Havia ali a promessa de sanar mazelas históricas das cidades brasileiras e de promover justiça socioespacial, amparada por um marco normativo progressista, o Estatuto da Cidade.

O Ministério das Cidades surgia já tardio, "ocupando um vazio institucional inexplicável para um país maciçamente urbanizado e que apresentou nos últimos cinquenta anos uma das maiores taxas de urbanização do mundo", nos termos de Erminia Maricato, que ocupou a primeira Secretaria Executiva da pasta.[15] Na literatura sobre o assunto, abundam afirmações nessa mesma linha, reiterando o vácuo histórico e a importância da pasta para estruturar políticas de combate à crise urbana.

No entanto, a agenda almejada não se concretizou. O Ministério não foi capaz de remediar os graves problemas das cidades, e os mecanismos de participação não resultaram em avanços significativos em mobilidade, habitação, saneamento, planejamento. Mais do que isso, "a vida nas cidades brasileiras piorou muito a partir dos últimos anos da década passada", como afirmou a mesma Maricato já depois das revoltas de 2013.[16]

Eis que o rio, abastecido pelas águas das duas experiências de luta, ao invés de tornar-se mais caudaloso, refluiu. Os processos que fizeram com que uma promessa que parecia prestes a se realizar se esvaísse como poeira merecem um aprofundamento analítico que ainda não foi feito. Aqui, interessa destacar como a carência de políticas urbanas em um momento de crescimento levou à deterioração das cidades e à acentuação de nosso déficit de vida democrática, o que contribuiu para ferver o caldeirão das manifestações de Junho de 2013.

O Ministério das Cidades foi comandado por Olívio Dutra até 2005, quando o governo Lula enfrentava a crise política do Mensalão e negociou o comando da pasta com o PP, partido liderado por próceres da ditadura civil-militar. O acordo teria sido de troca do ministro e manutenção dos secretários, mas naquele contexto a secretária-executiva se desligou da pasta.[17] As demais secretarias foram mantidas por um par de anos. É consensual entre pesquisadores que a troca implicou significativa mudança de rumo na política urbana do governo.

É curioso constatar que a questão urbana nunca foi uma agenda central dos governos Lula e Dilma, apesar do histórico de atuação do PT na área. Mesmo durante a primeira composição, as ações mais significativas do Ministério das Cidades foram estudos, conferências, marcos normativos e campanhas. Alguns avaliaram que Dutra não assumia com ênfase a disputa pelo tema urbano dentro do governo.[18] Esse período coincidiu com a política de austeridade fiscal do primeiro governo Lula. Boas formulações geraram poucos investimentos nessa fase.

A partir de 2007, porém, a política econômica do governo se alterou. As restrições fiscais ficaram para trás e os investimentos públicos foram para o centro da agenda. Quando a torneira se abriu, já prevalecia no Ministério das Cidades uma visão pautada pelos interesses de grandes atores econômicos. E as diretrizes estabelecidas a duras penas pelos amplos processos participativos ficaram escanteadas.

Políticas de participação giram em falso

Em 1º de janeiro de 2009, o urbanista brasileiro Nabil Bonduki pegou um avião para o Marrocos, onde foi encontrar amigos e familiares que estavam no país africano desde o Natal. O professor da USP atrasou sua viagem de férias porque estava terminando um trabalho importante: o Plano Nacional de Habitação. Ele coordenava a equipe técnica de um consórcio que ganhara a licitação para o desenvolvimento do plano em 2006.[19]

O trabalho, iniciado em 2007, tomou quase dois anos. Houve um longo processo participativo, com audiências públicas, conferências e seminários. Bonduki terminou de revisar o documento no avião e enviou o arquivo assim que desembarcou em Rabat, a capital marroquina. O plano fora contratado para pautar a política habitacional do governo no segundo mandato de Lula, mas nunca saiu do papel. No segundo semestre de 2008, começaram a correr notícias de que uma política de moradia estava sendo concebida junto às grandes construtoras. As pastas que estavam à frente da iniciativa eram a Fazenda, a Casa Civil e o Planejamento. O Ministério das Cidades tinha papel secundário no processo.

Enquanto a equipe coordenada por Bonduki fazia seu trabalho, o núcleo do governo seguia se reunindo com as empreiteiras. Três meses depois da entrega do Plano Nacional de Habitação, o governo lançava o Minha Casa, Minha Vida (MCMV), que guardava poucos elementos do que vinha sendo planejado no processo participativo. O Ministério das Cidades conseguiu incidir pontualmente na política, conquistando o subsídio público da habitação de baixa renda.

Para os urbanistas que se opuseram à ditadura civil-militar, o MCMV tinha gosto amargo. O programa replicava muitos aspectos dos projetos financiados pelo BNH, durante o regime. Uma das principais críticas ao programa da ditadura era de que os conjuntos habitacionais eram feitos nas bordas das cidades, em áreas sem infraestrutura, serviço e comércio, resultando no que se chamou de "segregação socioespacial planejada".[20]

O MCMV, desenhado junto às mesmas construtoras que atuavam na ditadura, tinha problema idêntico. Estabelecia valores similares por unidades habitacionais, independentemente da localização. Assim, gerou estímulo para que as incorporadoras construíssem nas franjas das cidades, em regiões sem infraestrutura. Foi um "desastre do ponto de vista urbano", nos termos do arquiteto Guilherme Wisnik.[21] Grandes loteamentos foram instalados nas lonjuras, gerando grande estigma, paisagens monótonas, territórios segregados — carentes de transporte, equipamentos básicos, comércio e serviços.[22]

Além disso, o MCMV não foi capaz de reduzir o déficit habitacional, em um contexto de aumento de aluguéis. Embora o programa tenha construído mais de 1 milhão de moradias nos anos de 2009 e 2010, nesses anos o crescimento do déficit habitacional foi de 1,5 milhão de casas.[23] Em um balanço posterior, Raquel Rolnik apontou que "o programa Minha Casa, Minha Vida construiu mais de 4 milhões de unidades habitacionais em sete anos, mas produziu finalmente poucos efeitos na redução das necessidades de moradia". O déficit habitacional no período, segundo a Fundação João Pinheiro, passou de 5,8 milhões para 6,2 milhões de unidades.[24]

Para muitos autores aqui analisados, um dos problemas das políticas habitacionais nos anos petistas foi o abandono da disputa fundiária. Sem democratizar o acesso à terra e sem implementar mecanismos de combate à especulação imobiliária, a construção de novas unidades foi uma forma de enxugar gelo. Os pobres eram empurrados para áreas sem infraestrutura, enquanto os centros urbanos permaneciam coalhados de imóveis abandonados ou subutilizados.

As soluções para esses problemas, que passam pela implementação de mecanismos que conferem função social à propriedade urbana, já estavam regulamentadas pelo Estatuto das Cidades. Elas eram debatidas nos fóruns de participação, pautaram documentos como o Plano Nacional de Habitação, mas não transbordaram para as políticas efetivas. Os processos participativos do governo tiveram graus distintos de incidência nas políticas implementadas. Programas com muitos recursos, como o MCMV e o Programa de Aceleração do Crescimento, o PAC, corriam por fora dos processos participativos, assim como outras "áreas blindadas".[25]

O descolamento entre os investimentos concretos e as diretrizes debatidas nas conferências destoa dos Orçamentos Participativos pelos quais o PT ficou conhecido. O vínculo entre processo participativo e entrega concreta de resultados, que Tarso Genro, outro ex-prefeito de Porto Alegre, havia avaliado como fundamental para as experiências municipais,[26] quebrou-se na esfera federal. O drible que os Orçamentos Participativos procuravam dar no clientelismo dos vereadores não foi alcançado na esfera federal. Os deputados prevaleciam nas decisões sobre a destinação do orçamento do Ministério das Cidades e de outras pastas.

Transpor o "modo petista de governar" para o âmbito federal não era, por certo, tarefa fácil. A replicação do Orçamento Participativo no âmbito do governo estadual, no Rio Grande do Sul, já havia apresentado desafios. O governo Lula parece ter apostado em ampliar as instâncias de participação, mas reduzindo — ou suprimindo — sua capacidade de incidência nas políticas reais. O Orçamento Participativo em nível nacional, uma proposta da candidatura de Lula em 2002, desapareceu do "vocabulário petista sobre participação" quando o governo teve início, como rememora Carla Bezerra.[27]

Mesmo em âmbito municipal, os Orçamentos Participativos perderam força na década de 2000. Estabelecido em Porto Alegre em 1989, premiado pela ONU-Habitat em 1996, o programa alcançou mais de cem municípios no Brasil no início dos anos 2000. Foi replicado em países como Argentina, Uruguai, Equador, Colômbia, Portugal, Itália, Alemanha, Espanha e França, em mais de 1500 cidades. A forte ascensão foi seguida de uma queda difícil de explicar. A partir de 2005 o número de municípios que adotavam o programa tornou-se menor que o de municípios que o abandonavam.[28]

Há certa controvérsia entre pesquisadores sobre a razão do declínio. Alguns o creditam à redução do interesse do PT no mecanismo após a conquista do governo federal. Isso teria feito com que a prática saísse da agenda nos municípios governados pelo partido, reduzindo também o interesse de prefeitos de outras legendas, que buscavam competir com o PT.[29] Outros apontam que os constrangimentos gerados pela Lei de Responsabilidade Fiscal, legislação promulgada em 2000 que limitou os gastos públicos, tornaram o instrumento ineficaz, já que as obras escolhidas passaram a sofrer atrasos ou não ser entregues à população.[30] As duas hipóteses parecem complementares.

É notório que a redução da efetividade da participação popular ocorreu quando os investimentos nas cidades se avolumaram, com obras ligadas ao PAC e a megaeventos. Quando os recursos investidos nas cidades ganharam corpo, a população ficou mais uma vez alijada dos processos decisórios. A promessa de reforma urbana com participação, que se dava pela perspectiva de confluência dos rios, foi minada. Em seu lugar ficou um conjunto de obras duvidosas, algumas de cunho rodoviarista, outras higienistas, muitas delas desconectadas das demandas sociais e geradoras de impactos que aqueceram o caldeirão de insatisfações que entornaria nas ruas em junho de 2013.

6. Fordismo à brasileira

DE UM LADO, empresários da indústria automotiva; de outro, sindicalistas que lideravam uma baita greve. A mesa de negociação termina em acordo. Na despedida, há um constrangimento entre atores que estavam em lados opostos no ringue. Abordado por um empresário, um sindicalista afirma que "vamos continuar a eterna luta entre o capital e o trabalho". O empresário rebate, dizendo que "não é uma luta, é uma associação de interesses, nem sempre divergentes, nem sempre convergentes". Vem então a tréplica do sindicalista: "Não falemos em convergência aqui"— possivelmente uma alusão à Convergência Socialista, uma tendência radical de esquerda da época. Todos riem e se despedem.[1]

O ano era 1979. O episódio assinalava o desfecho da maior greve ocorrida até então no regime militar. Marcava também o início de uma nova fase da política brasileira, em que entrava em cena um novo trabalhismo. Estádios abarrotados mostravam a força que emergira no movimento sindical. A liderança do movimento era Luiz Inácio da Silva, cujo apelido, Lula, ecoava amplamente entre os trabalhadores.

A implantação da indústria automobilística no Brasil fora feita com base na precariedade e na expropriação da força de trabalho, junto à intensa urbanização. Quando os migrantes que acorriam às cidades chegavam às portas das fábricas, deparavam com condições de trabalho precárias, jornadas extenuantes e salários insuficientes. Viviam ainda a ausência de políticas de bem-estar social. Tudo isso gerou um forte ciclo de mobilizações nos anos 1950 e início dos anos 1960.[2]

O golpe civil-militar de 1964 fechou sindicatos, proibiu greves, prendeu lideranças e espalhou o terror. Aplacou, de cima para baixo, o conflito distributivo. O resultado veio em seguida. Enquanto a remuneração dos trabalhadores subiu cerca de 37% entre 1966 e 1974, a produtividade do trabalho quase dobrou no mesmo período.[3] A classe trabalhadora passava a reduzir sua participação no bolo enquanto este crescia. As empresas, por sua vez, capturavam fatias cada vez maiores.

A longa estagnação pela qual passou a economia brasileira a partir da metade da década de 1970 provocou um baque na indústria automotiva. A produção, que havia saltado da casa de 200 mil veículos anuais em 1967 para mais de 900 mil em 1974, viveria duas décadas de estagnação.[4] No chão das fábricas as coisas se moviam rápido. A repressão seguia existindo, mas com menor capacidade de controlar a insatisfação. Tudo isso levou ao maior ciclo de greves da história do país, ocorrido entre 1979 e 1981.

Mesmo com dificuldades para conquistar as reivindicações, os movimentos do chamado ABC Paulista, onde se concentravam as montadoras de veículos, tiveram grande repercussão. Construíram um caminho político por meio da criação da Central Única dos Trabalhadores, a CUT, e do Partido dos Trabalhadores. Lula tornou-se uma liderança nacional, capaz de agitar multidões e de negociar com os patrões, trazendo algum resultado para a base. O Brasil respirava ares de re-

Fordismo à brasileira　　　　127

democratização; artistas e intelectuais abraçavam a luta dos trabalhadores.

A situação da indústria ficou mais crítica no governo Collor. As medidas de combate ao "tigre da inflação" brecavam a economia e reduziam o poder de compra da população. Além disso, iniciou-se um processo de abertura comercial. Até 1989, a indústria brasileira estava protegida da concorrência externa por tarifas altas e outras barreiras. Isso desmoronou junto com o Muro de Berlim. No caso dos veículos, as alíquotas de importação caíram de 85%, em 1990, para 59,5%, em 1991, e chegaram a 34,3% em 1994.[5]

A recessão e a abertura repentina causaram um baque na indústria. Somente na base metalúrgica do ABC, os doze meses transcorridos entre fevereiro de 1990 e fevereiro de 1991 assistiram à perda de 20 mil postos de trabalho.[6] Nesse contexto, sindicatos e empresários, que haviam protagonizado disputas enérgicas na década anterior, sentaram-se à mesa de negociação, visando estabelecer acordos para aumentar as vendas. Assim foram articuladas as câmaras setoriais, espaços sob coordenação do Ministério da Economia com participação de outros órgãos do governo.

Houve certa resistência por parte das forças sindicais a integrar a mesa. O congresso da CUT, em setembro de 1991, deliberou contra. Em novembro, o presidente do Sindicato dos Metalúrgicos de São Bernardo do Campo, Vicente Paulo da Silva, que depois seria deputado pelo PT, confirmou o ingresso na Câmara Automotiva. A visão pragmática de que trabalhadores se beneficiariam do aumento das vendas está no centro da mudança de postura. Esse mesmo entendimento desembocaria nas políticas industriais do governo Lula.

A Câmara Setorial da Indústria Automobilística foi mais produtiva do que se esperava. Nos dois acordos pactuados, em 1992 e 1993, os elos da cadeia se dispuseram a reduzir suas fatias do bolo para que ele crescesse. Foram cortados impostos e margens de lucro. Os acordos previam ainda medidas de proteção aos trabalhadores, como correção de salários e manutenção do nível de emprego nos meses subsequentes. Como resultado, os preços dos veículos caíram cerca de 40% em menos de um ano.

Veio então uma escalada nas vendas. Saindo de pouco mais de 1 milhão de unidades em 1992, a produção ultrapassou 2 milhões em 1997. Foi o primeiro crescimento sustentado desde o "milagre automobilístico" de 1968-73. Todos pareciam ganhar: as empresas aumentavam seu faturamento de forma espetacular, os trabalhadores deixavam de perder empregos e os governos viam crescer a arrecadação de impostos, já que as alíquotas menores eram compensadas por mais vendas. Os ganhos, claro, não foram equivalentes. Enquanto a indústria praticamente dobrou sua produção, os níveis de emprego se mantiveram estáveis. Ainda assim, o experimento durou pouco. Após superado o fundo do vale que foi o governo Collor, as montadoras entenderam que não precisavam mais andar de mãos dadas com os sindicatos e os demais elos da cadeia.

Desindustrialização seletiva

O setor de autopeças que se desenvolveu a partir dos anos 1940 foi essencial para a instalação da indústria automotiva

Fordismo à brasileira

no Brasil — constituiu tanto as bases produtivas quanto as bases políticas desse processo. A burguesia industrial que apoiou o projeto de Juscelino Kubitschek tinha na indústria de autopeças um importante segmento. O setor era composto por uma extensa rede de empresas pequenas e médias, e se desenvolveu em concomitância com as montadoras de capital transnacional que se instalaram no país desde o final dos anos 1950. Esses dois segmentos andaram juntos por trinta anos. Responderam a momentos de crescimento da demanda e à longa estagnação que se iniciou com a crise internacional do petróleo.

Já durante o período das câmaras setoriais, empresas de autopeças começaram a sentir o impacto da abertura, uma vez que as montadoras se abasteciam mais de fornecedores internacionais.[7] O Novo Regime Automotivo, estabelecido em 1995, acentuaria a tendência de "enorme favorecimento de um único elo, o das montadoras".[8] A diferença de alíquotas de importação era gritante: para automóveis, 70%; para autopeças, 2,5%; para os insumos necessários à fabricação de autopeças, 1,5%. Além de perder mercado, o setor de autopeças passou por um processo de concentração que extinguiu parte das empresas pequenas e médias. Para analistas da área, esse desmonte poderia ter sido evitado, caso as políticas industriais fossem outras.[9]

A escolha por privilegiar as montadoras em detrimento das autopeças dificilmente se sustenta pela perspectiva do trabalho. Para se ter uma ideia, em 1990 os dois setores tiveram um faturamento similar no Brasil — cerca de 13 bilhões de dólares cada —, mas as montadoras sustentaram cerca de 117 mil empregos, enquanto as autopeças empregaram mais de 285 mil pessoas.[10] Já o setor de revendas empregou quase 380 mil, e as oficinas de reparos, mais de 1,2 milhão de pessoas no mesmo ano. Ou seja, embora capitalizem a força do setor, as montadoras geram poucos empregos. Em 1990, respondiam por cerca de 6% deles.

O automóvel majoritariamente fabricado no Brasil, uma condição imposta pelo governo JK nos anos 1950, passou a ter mais e mais participação de peças importadas, até deixar de existir, nos anos 1990. O período criou a tendência que se intensificaria nas décadas seguintes: incentivou a implantação de montadoras no país, beneficiadas por políticas de isenção e regras protecionistas; e induziu à redução progressiva da participação da indústria nacional de peças nos veículos. Como resume Alexandre Comin, "houve uma guerra nos anos 1990, e os trabalhadores perderam, em emprego e em salário".[11]

A desindustrialização que veio em seguida foi seletiva. No ramo automobilístico, a seletividade andou na contramão dos interesses do país: os setores mais intensivos em mão de obra e com grande peso na balança comercial foram abandonados e entraram em um processo de perda de participação na economia. As montadoras, de capital transnacional e pouco intensivas em empregos, restaram como um dos poucos segmentos protegidos e com grande poder de barganha em suas reivindicações.

Guerra fiscal

A transição da ditadura para a democracia foi também a de um governo centralizador para uma estrutura federativa com maior autonomia de estados e municípios. Esse modelo, instituído com a Constituição de 1988, fomentou processos decisórios mais próximos aos públicos impactados e apontava para maior democratização. No entanto, essa distribuição de poder criou situações que demandavam regulação do governo federal — cuja ausência levou à situação que se costuma chamar de "guerra fiscal".[12]

O oferecimento de incentivos para atrair investimentos não é novo no país, mas a dinâmica política e econômica impediu que isso se tornasse um problema relevante durante a maior parte do século xx. Foi a partir de 1994 que teve início uma robusta guerra fiscal no Brasil. À frente dela estavam as montadoras de veículos, que passaram a se valer da ausência prática de regulação para angariar vantagens dos estados. Além da redução ou da isenção do ICMS, os governos estaduais começaram a oferecer benefícios como a cessão de terrenos públicos, obras de infraestrutura, crédito subsidiado, descontos em contas de água e luz.

A forma de obter essas vantagens seguiu roteiro similar. Geralmente, as empresas anunciavam a possibilidade de implantação de seus projetos em diferentes estados e passavam a utilizar da competição entre estes para barganhar boas condições. Analisando processos do tipo na década de 1990, Maria Abadia Alves identificou o mesmo padrão em três diferentes empreendimentos. Em todos eles, outras cidades foram aventadas como competidoras de maneira a forçar os estados a concederem mais benefícios.[13]

Segundo cálculos da economista, os incentivos oferecidos aos empreendimentos totalizaram 1,8 bilhão de reais, enquanto a soma de investimentos das empresas foi de cerca

1,65 bilhão. Isso sem considerar os incentivos federais. Dividindo o total de incentivos pelo número de empregos gerados, Alves chega à estimativa de custo de 327 mil a 400 mil reais por emprego — dez a doze vezes maior do que o custo por mecanismos de fomento ao empreendedorismo.

Um caso icônico da guerra fiscal nos anos 1990 ocorreu no Rio Grande do Sul. A Ford e a General Motors haviam recebido uma série de benefícios do governo gaúcho durante a gestão de Antônio Britto, do PMDB. O governo que se iniciou em 1999, comandado pelo petista Olívio Dutra, decidiu rever essas vantagens. Nos termos de Dutra, os volumosos incentivos faziam com que os acordos fossem "uma insanidade".[14] Após as negociações, a General Motors aceitou uma redução.

Já a Ford optou por se instalar na Bahia, após um arranjo mais favorável. Uma articulação feita pelo senador Antônio Carlos Magalhães e o governo de Fernando Henrique Cardoso reabriu o Regime Automotivo, dando à empresa benefícios extintos havia dois anos.[15] Em janeiro de 2007, a Ford ampliou ainda mais suas vantagens. A compra da pequena fábrica cearense Troller seria uma operação normal, não fosse um detalhe. Poucos dias antes, no apagar das luzes de 2006, fora aprovada uma lei que previa a transferência de incentivos fiscais a compradores de montadoras. Assim, a Ford herdou os benefícios da lei de 1997 que oferecia descontos no IPI para a produção no Nordeste.

As vantagens conquistadas pela multinacional se encerrariam em 2011, mas uma terceira manobra as prolongou até 2015. A articulação foi feita junto ao governador baiano Jaques Wagner e ao presidente Lula, ambos do PT. Os be-

Fordismo à brasileira 133

nefícios foram prorrogados outras vezes, inclusive em 2019, já no governo de Jair Bolsonaro. Três meses depois dessa última prorrogação, a Ford fechou sua unidade de São Bernardo no Campo e concentrou a produção em Camaçari, na Bahia, onde desfrutava de incentivos. Em janeiro de 2021 a companhia anunciou o fechamento de suas unidades no Brasil. Estima-se que tenha obtido cerca de 20 bilhões de reais em vantagens nas duas últimas décadas.[16]

O caso é ilustrativo da operação das montadoras na Nova República. A conquista de vultosos benefícios foi regra, assim como a capacidade de ampliá-los e estendê-los no tempo. Trata-se de um tipo de chantagem com o Estado, já que as empresas se beneficiam de isenções que outros setores não têm. O impacto da chantagem pode ser medido pela forma com que Olívio Dutra ficou marcado como o governador que "mandou a Ford embora" do Rio Grande do Sul. Em 2016, um acordo judicial obrigou a empresa a ressarcir 216 milhões de reais aos cofres do estado pela quebra de contrato.

O caso mostra também como a prática atravessou espectros políticos. Dutra é uma exceção nesta história, em que governos da direita à esquerda atuaram de forma similar. Quando a Ford deixou o país muitos se lembraram da afirmação de Olívio Dutra, de que "essa empresa quer incentivos fiscais que as nossas não têm. O dia em que achar que o Brasil não serve mais, vai embora e não dá nem tchau".[17] Na verdade, outras montadoras gozaram de vantagens similares, que ganharam escala quando o PT chegou ao governo federal.

O trabalhismo automobilista

Lula não foi somente um líder político nascido das greves do ABC. O projeto lulista — sua base social, seu núcleo duro e as organizações que ele estruturou — é originário do contexto de acentuação do Estado de mal-estar social brasileiro. O arranjo produzido durante o período populista e intensificado na ditadura produziu o solo em que o novo trabalhismo emergiu. A industrialização parcial, a precarização a que eram submetidos os trabalhadores, o inchaço das cidades, a carência das periferias e a ênfase automobilística estão no centro disso.

A visão de luta de classes presente no novo trabalhismo não era revolucionária, mas pragmática. Não se tratava de eliminar o grande capital, tampouco de substituir empresas por cooperativas, mas de barganhar melhorias para a classe operária. As direções sindicais necessitavam da existência dos dois atores — trabalhadores e capitalistas — para entregar aquilo que propunham: melhorias incrementais para os primeiros em troca de garantia de controle e estabilidade para os últimos.[18]

O episódio que abre este capítulo marca o embrião desse modo de operar. Depois daquela negociação, em 1979, muitos trabalhadores ficaram insatisfeitos com o acordo — que trazia de fato poucos ganhos. Foi preciso uma grande assembleia para que Lula, ao microfone, convencesse a multidão a aceitar o "acordo péssimo", mas que mantinha o sindicato funcionando e possibilitava lutas futuras.[19] O enfrentamento com os empresários foi dando lugar a uma postura mais dialogal, que se consolidou com as câmaras setoriais dos anos 1990.

Fordismo à brasileira 135

Quando Lula disputou a eleição presidencial de 2002, os sindicatos do ABC apresentaram para sua campanha sete metas. Dentre elas, estavam: o redimensionamento do carro popular, visando ao aumento das vendas; incentivos para exportações; a atração de novas empresas; e um programa de renovação da frota.[20] A expansão da indústria e o crescimento das vendas, uma demanda normalmente das empresas, tinha se tornado uma pauta de setores organizados da classe trabalhadora.

No segundo governo Lula, o setor deu um salto. A migração de dezenas de milhões de pessoas para a classe C ampliou o mercado consumidor de veículos no país. A alta das vendas se deu junto ao crescimento econômico impulsionado pela expansão das commodities, pelo aumento de investimentos públicos e pela expansão do crédito. No caso da indústria automobilística, um quarto impulso foi dado pelas desonerações fiscais, que ganharam escala a partir de 2008.

A opção do governo Lula por privilegiar o transporte individual motorizado batia de frente com marcos normativos e diretrizes estabelecidas no Ministério das Cidades. Estes visavam privilegiar o transporte coletivo e a mobilidade ativa como formas mais justas e sustentáveis de deslocamento urbano. No entanto, a escolha do governo parece natural quando se analisa a perspectiva de lideranças sindicais do ABC, para quem o crescimento da indústria automotiva resultaria em aumento de empregos, salários e fortalecimento de sua base.

A visão de ascensão social do presidente inclui, há muito, a compra de um automóvel. Habitando a periferia de São

Paulo desde a infância, Lula viveu na pele a longa espera pelos ônibus nos pontos, a superlotação nos horários de pico, as extensas caminhadas a pé pelos bairros industriais à procura de emprego. A indústria automotiva não é vista por ele somente como possibilidade de ofertar empregos, mas como provedora de um item de consumo que geraria melhoria de vida.

Em discurso para empresários do setor automotivo em 2010, o ex-presidente afirmou que "esse que acha que tem carro demais deve ter uns três ou quatro na garagem. Porque tem aí pelo menos uns 70% dos brasileiros, ou 80%, que ainda têm como sonho ter o seu primeiro carro".[21] A crítica ao excesso de automóveis ganha — para quem conhece de perto a imobilidade da maioria da população em metrópoles espraiadas e carentes de transporte público — um caráter elitista, enquanto a universalização do automóvel é vista como uma possibilidade de conquista de cidadania. As contradições aí presentes serão analisadas adiante.

Aqui, interessa enfatizar que as políticas de favorecimento às montadoras tiveram seu auge quando um ex-sindicalista que liderou as maiores greves da história do país, contra a indústria automotiva, se tornou presidente da República. "Nunca houve um presidente como Lula para a indústria automobilística", diria um jornalista especializado no segmento.[22]

De fato, o crescimento das vendas no período petista foi estrondoso. O licenciamento de novos veículos, que era da ordem de 1,5 milhão de unidades anuais em 2003, chegou a 3,4 milhões em 2012. Esse também foi um período de grande lucro para as montadoras, que em 2008 enviaram o maior volume de recursos a suas matrizes na série histórica: 5,6 bilhões de dólares. Entre 2005 e 2013, essas remessas superaram em quase 20 bilhões de dólares os investimentos realizados no país. Um estudo aponta que a margem de lucro praticada no Brasil era, em geral, três vezes maior que a de outros países. Durante a crise iniciada em 2008, a lucratividade das filiais brasileiras compensou as perdas das matrizes do Norte Global.[23]

A explosão das vendas e da lucratividade foi em parte sustentada pelos incentivos. Somente as desonerações de IPI alcançaram 10,5 bilhões de reais entre 2009 e 2013.[24] Um levantamento calculou em 69,1 bilhões de reais os incentivos fiscais concedidos pela União às montadoras entre 2000 e 2021.[25] Isso sem contar os benefícios dados pelos estados e outras formas de estímulo, como as isenções fiscais para a gasolina e o álcool.

O boom não se refletiu em crescimento relevante de empregos. Embora a produção nacional de veículos tenha crescido em quase quatro vezes entre 1990 e 2013, o emprego no setor de montadoras ficou relativamente estável no período.[26] A indústria de autopeças, ainda que tenha se recuperado de sua forte perda de empregos da década de 1990, não chegou a gerar aumento de ocupação proporcional ao crescimento das vendas.[27]

A situação da indústria brasileira na Nova República pode ser resumida assim: a abertura comercial inaugurou uma tendência de desindustrialização, que foi acentuada nas décadas seguintes; a participação da indústria de transformação no PIB caiu durante todo o período, saindo de cerca de 25% no início dos anos 1990 para aproximadamente 12% em 2013. Mas alguns segmentos atravessaram esse intervalo de tempo sob um abrigo protegido e recheado de benefícios.

Foi o caso da indústria automobilística, que aumentou sua participação no PIB industrial de 10,6% em 1990 para 18,7% em 2012. As políticas industriais não foram capazes de reverter a tendência de desindustrialização, exceto em setores específicos, como o das montadoras. Usando os termos de Mario Schapiro, as políticas industriais na Nova República "têm conformado um Estado 'pastor', e não propriamente um Estado 'parteiro'". Ou seja, elas se orientaram mais para proteger segmentos estabelecidos do que para fomentar a inovação e a formação de novos setores.[28]

Tudo isso acabou por produzir um teto baixo para o modelo de ascensão do lulismo. A carência de empregos de maior produtividade jogou milhares de jovens com formação superior em trabalhos precarizados e mal remunerados no setor de serviços. Como as montadoras são pouco intensivas em mão de obra, seu crescimento em quase nada contribuiu para a geração de empregos qualificados — assim como, diga-se de passagem, a mineração e o agronegócio, pilares da economia no período.

Os recursos públicos abocanhados pelo setor, se investidos em serviços públicos de saúde, educação e mobilidade urbana, poderiam ter provido melhorias de vida para toda a população. Mas subsidiaram o boom automobilístico, que, ao contrário, além de não produzir aumento de empregos de alta produtividade e remuneração, gerou uma aguda deterioração da qualidade de vida nas cidades, prejudicando sobretudo os mais pobres.

A economia do automóvel

A indústria automobilística costuma ser vista pelos impactos que gera na atividade econômica. As montadoras, embora respondam por uma parte pequena dos empregos do setor, têm concentrado os benefícios das políticas industriais no Brasil. Mesmo que se considere que o favorecimento a esse segmento é injustificado, seria possível argumentar que a indústria como um todo beneficia a sociedade, por seus efeitos na economia.

É difícil contestar esse argumento quando se analisam os aspectos produtivos e financeiros. Ocorre que eles são apenas parte da equação, que possui elementos que vão além de empregos e atividades de compra e venda. A filósofa Nancy Fraser coloca a questão nos seguintes termos: as sociedades capitalistas operam pela separação entre a economia e suas condições de fundo, necessárias para sua operação. Essas condições de fundo são a natureza, a reprodução social e os serviços públicos estatais.

Sem o que se chama de reprodução social, ou seja, as atividades que conformam a vida cotidiana, não há trabalhadores com saúde e disposição. Sem os Estados não há o que garanta a base normativa dos negócios, tampouco as políticas necessárias para a reprodução social, a infraestrutura logística etc. Sem os recursos extraídos do "mundo natural", não há atividade produtiva nenhuma. Embora a dependência seja constitutiva, esses elementos são tratados como "brindes gratuitos". Ao sugar valor de condições de fundo sem o repor, o capitalismo acaba por desestabilizá-las. Por isso ele tende a "crises socirreprodutivas recorrentes", nas palavras de Fraser.[29]

Ao se pôr as condições de fundo na conta, tem-se um olhar mais completo para a economia do automóvel. Do lado da natureza são incluídos os impactos do extrativismo, a energia gasta na fabricação, os resíduos, os gases emitidos na queima de combustíveis fósseis, que poluem o ar e contribuem para o aquecimento do planeta. No âmbito da reprodução social são adicionados os congestionamentos, o espaço roubado das cidades pelas vias, a indução ao espraiamento, a degradação dos centros, os ferimentos e mortes gerados no trânsito. Na esfera dos serviços públicos são consideradas as intervenções para minimizar esses problemas e seus impactos. Todos esses são aspectos inerentes à fabricação e ao uso de veículos, mas eles não estão contabilizados nos balanços do setor.

Há um campo de estudos da economia voltado para esse tipo de situação. O conceito utilizado é o de externalidade. Trata-se do impacto, positivo ou negativo, sobre terceiros não diretamente envolvidos em uma atividade.[30] A bibliografia mais completa indica dezessete externalidades do transporte, a maior parte gerada por carros e motocicletas. Há certa dificuldade em calcular esses impactos, já que muitos deles não são "de mercado". Ainda assim, estudos apontam que os custos externos dos veículos individuais podem estar bem acima dos benefícios financeiros trazidos pelo setor.[31]

Os poucos estudos que temos no Brasil chegam a conclusões parecidas. Analisando apenas poluição do ar, ruído e acidentes, um relatório elaborado pela Associação Nacional de Transportes Públicos (ANTP) estima em 154 bilhões de reais os custos sociais oriundos do transporte motorizado no ano de 2016 — 90% gerados por automóveis e motocicletas.[32] No entanto, estes responderam por apenas 29% das viagens feitas

Fordismo à brasileira

no país naquele ano, enquanto o transporte coletivo respondeu por 28% delas. Ou seja, realizando praticamente a mesma quantidade de viagens, o transporte individual motorizado produziu nove vezes mais impactos que o transporte público.

Outro estudo acrescentou a esses custos estimativas do tempo perdido no trânsito e da manutenção da infraestrutura viária. A conclusão foi de que, considerando-se os cinco fatores, os veículos individuais motorizados produzem custos sociais anuais entre 199,8 bilhões (baixa estimativa) e 400,3 bilhões de reais (alta estimativa), o que representaria de 3% a 6% do PIB do Brasil.[33] Para se ter uma ideia, os impostos arrecadados junto às montadoras somaram 19,21 bilhões de reais no ano de 2013 — ano de maior venda de automóveis da história do país.[34] Segundo a Associação Nacional dos Fabricantes de Veículos Automotores (Anfavea), toda a cadeia da indústria automobilística teria gerado 56,6 bilhões de reais em tributos naquele ano, enquanto outros 121,9 bilhões teriam sido arrecadados na pós-produção, incluindo manutenção e impostos sobre combustíveis.[35] Mesmo com esse escopo ampliado, o valor total arrecadado (178,5 bilhões de reais) fica abaixo da estimativa mais baixa relativa a cinco de dezessete externalidades geradas por veículos particulares.

Quando é aplicada a média aferida pelo compilado internacional mais completo sobre o tema,[36] vê-se que os cinco custos para os quais há estimativas no Brasil correspondem a 38% do total de custos externos gerados por automóveis e motocicletas. Se os outros doze custos que não foram inseridos na estimativa nacional fossem computados, e se a participação percentual dos custos no Brasil corresponder à média internacional, as externalidades do transporte motorizado no país estariam entre 500 bilhões e 1 trilhão de reais para o ano de 2016.

Há ainda os impactos cuja conversão monetária não faz sentido, com consequências que o dinheiro não pode reverter. O maior deles, sem dúvida, são as vidas perdidas em acidentes de trânsito e devido à poluição do ar. Entre os anos de 2011 e 2016 morreram, em média, 41 269 pessoas por ano no trânsito brasileiro — 113 vidas ceifadas por dia, segundo dados do Datasus. Mais de 50% das vítimas têm menos de quarenta anos.[37] Segundo a OMS, em 2016 aconteceram 51 821 mortes no país pela poluição do ar, a maior parte desta produzida por veículos individuais.

E existem também outros fatores difíceis de mensurar. O fluxo de veículos afeta as interações cotidianas e a vida pedestre. Pesquisas apontam que um maior trânsito de veículos reduz os contatos de vizinhança.[38] Como calcular o valor financeiro de se conversar menos com vizinhos — os impactos no empobrecimento da vida cotidiana e na perda de coesão social?

Se a conta do carro não fecha para a relação entre atividades produtivas e impactos sociais, ela tampouco é sustentável na perspectiva dos gastos privados, especialmente na periferia do capitalismo. Os custos de manutenção e financiamento de veículos podem facilmente chegar ao piso da renda familiar da classe C no Brasil.[39] Não por acaso, a compra do carro foi identificada, em pesquisa de 2012, como "principal razão do alto endividamento da classe C", representando quase 30% das compras a prazo do segmento.[40] Para os milhões de brasileiros que seguiram nas classes D e E, seria impossível arcar com esses valores.

Fordismo à brasileira

Aqui há um paradoxo evidente. Os preços dos veículos teriam que ser muito mais baixos para que pudessem ser universalizados em países da periferia do capitalismo. No entanto, como vimos, esses mesmos preços teriam que ser muito mais altos para que se pudesse "internalizar" ao menos parte dos impactos sociais por eles gerados.

Por fim, outro ponto a ser ressaltado explicita a contradição da ênfase automobilística da parte de governos de esquerda. Os mais impactados pelas externalidades dos automóveis são os mais vulneráveis. As mortes no trânsito no Brasil estão concentradas entre pedestres e motociclistas — ambos com participação majoritária da base da pirâmide. Quem mais respira o ar poluído são os que passam mais tempo no trânsito, se deslocam de ônibus ou a pé. Além disso, a massificação de automóveis produz grande deterioração do transporte coletivo, prejudicando sobremaneira os mais pobres, que dependem desse modo de deslocamento. Veremos adiante como essa deterioração foi acentuada no período lulista e levou às revoltas contra os aumentos tarifários em 2013.

7. O círculo vicioso

"A ESTRADA DA VIDA ENSINA LIÇÕES que a gente nunca esquece. Clésio começou a trabalhar muito cedo. Enquanto as outras crianças aproveitavam a inocência da idade para jogar bola e se divertir, Clésio, um dos sete filhos de uma família humilde, já encarava a vida de frente. Aos onze anos já tinha de enfrentar o batente como trocador de ônibus." A trilha sonora cresce enquanto a voz em off avança na história. O tom é de altivez e superação. Ao fundo, um garoto se levanta da cama, lava o rosto na bacia, veste camisa social, gravata e sapato, e sorri com a xícara de café nas mãos.

A peça publicitária conta a história de Clésio Andrade e seus feitos no mundo dos negócios, das associações patronais e da política. A abertura do vídeo, transcrita acima, narra sua infância na pequena cidade de Juatuba, na região metropolitana de Belo Horizonte. Aos onze anos, o filho de Oscar Soares de Andrade começou a trabalhar como trocador. Não faltava ao trabalho e atuava "com muito carinho e dedicação", rememora o pai.[1] Rapidamente o garoto ascendeu na empresa. Tornou-se fiscal e depois chefe de operações. Aos dezesseis anos já era diretor.[2]

O ingresso do pequeno Clésio no ramo dos transportes coincide com um momento de inflexão do setor. Até a metade do século xx, a forma de operação do transporte urbano no

O círculo vicioso 145

Brasil foi similar à de outros países da América Latina. A primeira fase desse processo foi marcada pela oferta de bondes elétricos em regimes de monopólio operados por empresas de capital internacional. Como vimos, o espraiamento urbano e o aumento do trânsito contribuíram para precarizar o serviço dos bondes. Chegou então a concorrência dos ônibus, em boa parte clandestinos.

A essa época, os ofertantes de ônibus urbanos operavam de forma um tanto artesanal. Bastava ter um veículo e saber dirigir para prestar o serviço. Os operadores eram mecânicos, proprietários de postos de combustível ou policiais, e utilizavam os horários de folga para ganhar uma grana extra. Faziam as vezes de motorista e cobrador, cuidavam das contas e da manutenção. Esse modo de operação costuma ser chamado de "produção simples" ou "autoprodução".

Quando Clésio Andrade começou a trabalhar como trocador, nos anos 1960, o setor principiava a tomar um caminho distinto daquele do restante do continente. Nos outros países da América Latina prevaleceram empresas pequenas e médias, geralmente organizadas em cooperativas. No Brasil, formaram-se grandes grupos de capital concentrado, com forte caráter familiar. No resumo dos pesquisadores Romulo Orrico Filho e Enilson Santos, "o núcleo familiar constituiu, desde o início, a base das empresas de transporte por ônibus no Brasil. Todo o seu processo de crescimento se baseou na propriedade familiar, com irmãos, tios e filhos ocupando os postos-chave nas empresas".[3]

Os autores apontam razões para a especificidade brasileira. Primeiro, as prefeituras passaram, nos anos 1950, a fazer licitações que demandavam veículos padronizados e tamanho mínimo das empresas. Contribuiu também a entrada da indústria automotiva no país, que favoreceu a padronização de veículos e a profissionalização. Além disso, contou o intenso crescimento urbano, que resultou em metrópoles espraiadas, dificilmente atendidas por uma miríade de pequenos operadores. Por fim, os autores notam que os empresários de transporte no Brasil eram em grande parte originários da imigração de países europeus — e relacionam esse fato com a constituição de empresas familiares que buscavam a autoproteção para a inserção social.

Essas empresas familiares passariam, nas décadas seguintes, da "produção simples" para o que se chama de "reprodução ampliada da atividade". Nessa nova fase, os empresários deixaram de atuar na operação dos serviços e passaram a cuidar da administração. Essa transição se deu entre os anos 1960 e 1980, quando as cidades brasileiras tiveram um crescimento vertiginoso, estruturado em torno de rodovias e estradas, que levou às alturas a demanda por transporte. Políticas da ditadura — que ampliaram, por exemplo, os requisitos de frotas mínimas para prestação do serviço — contribuíram para a concentração de capital.

Como vimos, o golpe civil-militar aplacou as revoltas pelo transporte no país. A calmaria duraria uma década. Com o choque do petróleo de 1973, e a crise econômica decorrente, voltaram os motins. O país vivera uma explosão de carros, o que impactou o transporte coletivo. Com o aumento do preço dos combustíveis e a redução do poder de compra da população, formou-se o contexto para uma nova onda de rebeliões. O economista André Veloso catalogou 34 revoltas relativas a ônibus e trens entre 1974 e 1981, nas regiões metropolitanas de

O círculo vicioso   147

Belo Horizonte, Rio de Janeiro, Brasília, São Paulo e Salvador. O gatilho gerador das rebeliões variava entre aumentos tarifários, lotação, atrasos, acidentes e interrupção dos serviços.[4] Por trás dos motins estavam um acúmulo de insatisfações e a deterioração das condições de vida, somados à agonia da ditadura.

O período assistiu também à retomada do transporte sobre trilhos nas cidades. Os bondes elétricos estavam praticamente sepultados, mas a crise energética colocou a diversificação das matrizes na ordem do dia. Intensificaram-se as ações de planejamento de metrôs, que resultaram na implantação do sistema em algumas capitais nas décadas seguintes. Mas o investimento foi muito menor do que seria necessário para suprir a demanda. No ano de 2009, os quinze sistemas metroferroviários existentes no país transportavam apenas 6% dos passageiros de transporte coletivo urbano.[5]

Voltando a meados dos anos 1970, a crise fez com que o empresariado de ônibus se movesse. Com a concentração de capital e a escalada da demanda por transporte, o segmento vinha aumentando sua força política. Já em 1974, empresários do Rio Grande do Sul formularam uma proposta de subsídio para o diesel a fim de reduzir os custos dos ônibus urbanos. O grupo apresentou a ideia a Delfim Netto, então ministro da Fazenda e figura poderosa dos governos da ditadura.

O encontro não foi exatamente produtivo. Após ouvir a explanação, Delfim teria afirmado que "a viúva não pode pagar a conta". Enquanto os empresários buscavam contra-argumentar, o ministro foi retirado da sala por assessores.[6] Os cofres da viúva, que financiavam a conta do crescimento automobilístico, por meio da construção de estradas e de isenções para as montadoras, ainda não estavam disponíveis para um setor em consolidação do empresariado nacional.

Um esparadrapo chamado vale-transporte

Após saírem da reunião com Delfim de mãos abanando, os empresários do transporte seguiram na busca de soluções. No início dos anos 1980, suas ideias confluíram com a de uma entidade técnica — a ANTP. O contexto era de intensificação da crise. Na virada para os anos 1980 ocorreu o segundo choque do petróleo. A inflação escalava e apenava os mais pobres. A proposta das entidades foi encaminhada em um projeto de lei de autoria de Victor Faccioni, deputado da Arena, partido de sustentação do regime. Protocolado em 1981, o projeto estabelecia a obrigatoriedade do pagamento do transporte dos trabalhadores pelas empresas.[7]

O projeto perambulou pela Câmara, mas não foi priorizado. Em 1985, a ideia ganhou o endosso do então ministro dos Transportes, Afonso Camargo, e da Rede Globo, que lançou propagandas a favor da medida nos televisores país afora. Nesse contexto o anteprojeto de Camargo acabou sendo vetado pelo presidente José Sarney. A justificativa para o veto foi de que o benefício aumentaria os custos das empresas e teria impacto inflacionário.

Os interesses em jogo eram evidentes. De um lado, empresários do transporte buscavam criar uma fonte estável e robusta de receita para seus negócios, além de aplacar as revoltas populares; com eles, entidades sindicais enxergavam o vale-transporte como uma conquista para a classe

O círculo vicioso 149

trabalhadora. De outro, os demais setores do empresariado viam no instrumento um aumento de custos. No round inicial, a queda de braço foi vencida pelos últimos, com o veto de Sarney. Como solução de consenso, aprovou-se um novo projeto de lei, que estabelecia o auxílio facultativo para as empresas. Mas a lei não levaria à consolidação da política, já que a maioria das empresas resistia em aderir.

Seria necessária uma nova investida para a aprovação de uma lei impositiva do mecanismo. Essa foi a primeira batalha travada pela Associação Nacional das Empresas de Transportes Urbanos, a NTU. Fundada em julho de 1987, a associação significou um passo importante na organização patronal do setor. Seu primeiro presidente havia começado a trabalhar como trocador aos onze anos. Sim, Clésio Andrade. Nos anos 1980, ele já era dono de uma grande empresa e presidente do Sindicato das Empresas de Transporte de Passageiros de Belo Horizonte.

Em 1987, ao fundar e assumir a presidência da NTU, o mineiro subia um importante degrau em sua escalada de poder. Alguns anos depois ele assumiria a direção da Confederação Nacional do Transporte, cargo no qual ficaria por um longo período. Seria ainda vice-governador de Minas Gerais, entre 2003 e 2006, e senador da República. A trajetória de Andrade é emblemática da fusão, que marcaria os anos seguintes, entre empresariado e política no ramo dos transportes. O acúmulo de força fez com que os empresários do transporte vencessem o segundo round. A lei que tornava o pagamento obrigatório foi aprovada em setembro de 1987, e promulgada em seguida.

O arranjo foi uma solução parcial — um esparadrapo sobre uma gangrena. O recurso passou a garantir uma receita relevante e recorrente para as empresas de ônibus, aliviando o círculo vicioso que se acirrava. Em contexto de inflação alta, a antecipação da receita era um belo benefício para o fluxo de caixa das companhias. Além do mais, as revoltas em torno do transporte sempre foram protagonizadas pelos que necessitavam do serviço para chegar ao trabalho. O vale-transporte desmobilizou esses trabalhadores.

Os técnicos que se envolveram na discussão do subsídio tinham como referência o modelo criado na França, em 1971, chamado Versement Transport. Mas o desenho da política brasileira foi bastante distinto do original. O modelo francês arrecada recursos para fundos públicos por meio de taxas pagas pelas empresas. Os recursos são geridos pelas prefeituras e governos regionais, que mantêm o controle sobre os custos dos serviços. As empresas prestadoras de serviços, quando operam, não têm vinculação direta com esses recursos.[8]

De maneira distinta, o vale-transporte brasileiro foi criado como uma compra antecipada de bilhetes. Em um contexto de regulação fraca e de formas de licitação permissivas, a administração desse recurso, na maior parte das vezes, é entregue às operadoras privadas. O Estado ficou, salvo em raros casos de licitações mais criteriosas, apenas assistindo ao processo. A legislação permitiu que os empregadores descontassem o valor gasto com o vale-transporte da remuneração dos empregados, até o limite de 6% do salário. Isso sobrecarregou os trabalhadores, que chegam a arcar com 80% do subsídio em algumas situações.[9] Na queda de braço entre empresários, vê-se que no desenho final da lei nenhum deles saiu perdendo. Tampouco a viúva pagou a conta, como temia Delfim.

O círculo vicioso

No arranjo brasileiro, a contribuição dos trabalhadores e das empresas para os sistemas de transporte é vinculada ao valor da tarifa. Ou seja, quanto mais eficiente for a política tarifária, menor será a arrecadação com o vale-transporte. O modelo estimula o crescimento das tarifas, já que quanto mais altas elas forem, maior será a arrecadação do subsídio. O mecanismo é engenhoso: ao colocar a maior parte da contribuição na conta do trabalhador, desonera as empresas; ao colocar o valor excedente ao percentual de 6% dos salários na conta das empresas, desengaja o trabalhador da luta contra o aumento.

Tudo isso difere do Versement Transport francês, em que as taxas pagas pelas empresas independem do valor das tarifas e são vinculadas a fatores como número de empregados e tamanho das cidades. Além disso, no modelo francês os trabalhadores não têm parte das taxas descontadas de seus salários. O Versement Transport permite que algumas cidades promovam a gratuidade no transporte público e, ainda assim, continuem a receber seus recursos.

O vale-transporte produziu um período de calmaria nas ruas, mesmo com a oferta de um serviço precário. O transporte público urbano seguiu em espiral de degradação durante a Nova República, com perda contínua de usuários. Enquanto isso, os empresários do setor foram aumentando seu poder político, elegendo deputados, senadores, governadores, prefeitos e vereadores. Não por acaso, Clésio Andrade via na promulgação do vale-transporte a primeira grande conquista da NTU.[10]

O ano de 1987 foi curioso. Foi nele que o empresariado do transporte criou sua associação patronal e conquistou uma política que daria margem folgada para seus negócios. Foi também o ano de instalação da Assembleia Nacional Constituinte — ponto de inflexão da redemocratização e de grande expressão das forças progressistas da sociedade. A coincidência histórica explicita o fortalecimento de tendências opostas, uma democratizante e outra de preservação do status quo, no alvorecer da Nova República. Não tardaria para que elas viessem a se chocar.

Mobilidade no lulismo

Entre 1995 e 2004, as tarifas de ônibus nas principais capitais brasileiras cresceram cerca de 200%, cerca de 60% a mais que a inflação medida pelo INPC.[11] No mesmo período, o número de usuários caiu mais de 40% e os ônibus passaram a circular menos. Eis o círculo vicioso do transporte sem subsídio: a motorização individual expulsa usuários e gera perda de receita do transporte coletivo; esta é compensada por aumento das tarifas e redução de linhas e horários; o que, por sua vez, afasta mais usuários, realimentando o círculo. Tudo isso gera um acúmulo de insatisfações.

O vale-transporte funcionou como colchão de amortecimento desse processo, pois garantia para as empresas uma receita estável e, ao mesmo tempo, reduzia o incômodo da classe trabalhadora com os aumentos. O fim da estabilidade do arranjo coincidiu com a chegada da esquerda ao governo federal. No ano de 2003, uma série de manifestações reacendeu as revoltas pelo transporte no Brasil. Veremos na parte II como elas se deram. Aqui, cabe apontar que o novo ciclo de revoltas aumentava a pressão sobre uma situação que já era crítica.

O círculo vicioso 153

A queda de passageiros e o aumento dos custos já vinha preocupando gestores públicos. Uma reunião da Frente Nacional de Prefeitos, a FNP, em Salvador em 2003, colocou a urgência do tema na mesa. Como síntese do encontro, foi produzido um documento, chamado Carta de Salvador, que propunha a redução do preço do óleo diesel pelo governo federal e a destinação dos recursos da Contribuição de Intervenção no Domínio Econômico, a Cide, para um fundo nacional de transporte.

No mesmo ano foi criado o Movimento Nacional pelo Direito ao Transporte Público de Qualidade para Todos, o MDT, que congregava organizações do setor. O MDT articulou ainda um espaço de atuação na política institucional, com a criação da Frente Parlamentar do Transporte Público na Câmara dos Deputados. Nesse contexto, o governo federal criou, em novembro de 2003, o Grupo de Trabalho de Transporte Urbano, ligado à Casa Civil e composto por integrantes de diversos ministérios e entidades. Mas as propostas do grupo não foram aprovadas pelo governo. Várias delas diziam respeito a desonerações e busca de fontes extratarifárias para o custeio do transporte público.

O tempo passava, e o problema persistia. O círculo vicioso seguia em operação, expulsando usuários, reduzindo receitas, resultando no aumento das tarifas e da insatisfação popular. Em 2005, a FNP realizou outro encontro, que chegou a um novo conjunto de propostas, formuladas à Secretaria Nacional de Transporte e Mobilidade Urbana do Ministério das Cidades, a Semob. As propostas incluíam subsídio tarifário com recursos da União, renúncias fiscais sobre o óleo diesel e linhas de financiamento para obras.[12]

As propostas foram apresentadas ao presidente Lula em agosto de 2005, em reunião com a participação de alguns ministros. O encontro terminou com promessas de que o assunto seria encaminhado. Mas, apesar da boa articulação política, do empenho das entidades e do endosso da Semob, isso não se efetivou. O governo federal parecia replicar, trinta anos depois, a frase proferida por Delfim Netto aos pioneiros empresários — "A viúva não pode pagar a conta".

As propostas de subsídio ao transporte, assim como outros investimentos, eram vetadas no Ministério da Fazenda, comandado por Antonio Palocci. O primeiro governo Lula exercia política fiscal contracionista, o que era motivo de insatisfação para setores do governo e do PT. No ano seguinte, a Semob ensaiaria mais uma formulação para subsídio tarifário, publicada na "Proposta de barateamento das tarifas do transporte público urbano". O documento elencava um novo rol de soluções para o problema. A resposta do governo foi um encaminhamento preliminar: criar um projeto-piloto em alguma região metropolitana para testar as medidas apresentadas. O piloto nunca existiu.

O governo ensaiou ainda alguns passos para trás. Em fevereiro de 2006, foi editada uma medida provisória que alterava alíquotas do imposto de renda, na qual foi inserido um artigo que permitia o pagamento do vale-transporte em dinheiro. A medida tenderia a reduzir a receita do transporte público e a induzir ao maior uso de veículos particulares. Se o vale-transporte era um arranjo precário e favorável ao empresariado, a ausência dele implicaria a escalada da crise. Entendendo a medida como um golpe nos trabalhadores, as centrais sindicais foram contra, assim como parlamentares de esquerda. Dez

O círculo vicioso   155

dias depois o governo editou uma nova medida provisória, revogando o artigo.[13]

A resistência do governo em criar fontes de financiamento para o transporte urbano tinha suas razões. Avaliava-se que os recursos poderiam ser pouco efetivos, "dada a precariedade dos mecanismos de gestão, regulação e controle da maioria das administrações municipais brasileiras", como resumiu Alexandre de Ávila Gomide, que estava na Semob à época.[14] O temor não era sem fundamentos. O contexto regulatório brasileiro tem fragilidades, e a própria experiência do vale-transporte mostra como subsídios podem ser capturados por interesses privados.

Pode-se argumentar, porém, que essas dificuldades demandavam um esforço de maior regulação, e não a ausência de ação. Afinal, na experiência internacional, o subsídio público do transporte é comum e recorrente — havendo, portanto, práticas de referência. Além do mais, esse mesmo rigor do governo com a eficiência na alocação de recursos para o transporte público não ocorreu nas situações em que foram oferecidas isenções fiscais à indústria automobilística, muitas delas com pouca ou nenhuma contrapartida de interesse coletivo.

Respostas lentas ou na contramão

A primeira resposta do governo federal para a crise do transporte veio em 2007. Foi como combater um incêndio contratando um projeto de reforma da casa. Em encontro da FNP, em São Paulo, o governo apresentou o projeto de lei da Política Nacional de Mobilidade Urbana, que seria encaminhado ao Congresso. A legislação, embora trouxesse diretrizes alinhadas a uma visão avançada de mobilidade urbana, não apresentava soluções concretas e de curto prazo para o principal problema do transporte no país: a carência de uma fonte de financiamento pública.

Abro aqui um parêntese, para que se possa compreender a relevância desse ponto. O financiamento do transporte pela tarifa paga pelos usuários, como acontece no Brasil, é marginal nos sistemas de referência internacionais. Neles, o financiamento público configura parte relevante das receitas. Na maioria das capitais europeias, o transporte público é subsidiado em mais de 40% por recursos públicos, havendo casos de mais de 70%.[15] Em Buenos Aires, apenas 36% do custeio do transporte é coberto pelas receitas tarifárias.[16]

O financiamento público é essencial para evitar o círculo vicioso. Se financiado somente pela tarifa, o equilíbrio entre receita e qualidade do serviço se torna instável, tendendo a produzir o processo em que a fuga de usuários é compensada por piora da oferta ou aumentos tarifários. O subsídio bem aplicado, por sua vez, é capaz de tornar o transporte público atrativo, tanto em preço quanto em qualidade. Nesses casos, o círculo vicioso da tarifa é substituído por um círculo virtuoso: as tarifas mais baixas e a maior qualidade atraem usuários; isso demanda aumento da oferta; com mais veículos circulando, diminui a espera nos pontos; isso atrai ainda mais usuários; e assim por diante.

No Brasil, são raras as políticas de subsídio da tarifa de ônibus. Há incentivos para alguns metrôs e para a aquisição de ônibus, mas eles totalizam, segundo cálculo do Ipea, cerca de 10% do total de subsídios dados ao transporte no Brasil.[17] Os outros 90% são destinados aos automóveis, na

O círculo vicioso   157

forma de desonerações fiscais e gratuidade de vagas de estacionamento. O financiamento do transporte coletivo majoritariamente pela tarifa torna-se uma barreira para os deslocamentos da camada mais pobre da população. No ano de 2010, os excluídos do deslocamento cotidiano passavam de 30 milhões no país.[18]

A aprovação da Política Nacional de Mobilidade Urbana, em 2012, contribuiu para melhorar o ambiente regulatório, mas teve pouco efeito sem uma política de financiamento.[19] Além disso, diretrizes não saltam do papel para o mundo real se não forem acompanhadas de mecanismos de incentivo ou imposição. Ideias como "priorização de projetos de transporte público" ou "modicidade tarifária", apresentadas na peça legislativa, não se tornaram realidade na maioria das cidades brasileiras.

Houve ainda uma outra resposta buscada pelo governo federal. Em 2007, após o envio do projeto de lei para o Congresso, o ministro das Cidades substituiu o secretário nacional de Mobilidade Urbana, José Carlos Xavier, que estava na pasta desde o início da gestão de Olívio Dutra e defendia propostas de subsídio e priorização do transporte público. Após o desligamento do secretário, o ministro anunciou um novo programa: o PAC da Mobilidade Urbana, que seria composto por uma série de obras.

Inaugurava-se uma nova fase do governo Lula, em que as políticas contracionistas davam lugar a vultosos investimentos públicos. A era Palocci ficara para trás, e agora quem dava o tom da política econômica eram Guido Mantega, no Ministério da Economia, e Luciano Coutinho, no BNDES, ambos atuando junto ao PAC, liderado por Dilma Rousseff, na Casa

Civil. No período 2006-10, o investimento público cresceu nada menos do que 27,1% ao ano no Brasil.[20]

A essa altura, todo o secretariado original do Ministério das Cidades havia sido substituído. Quando o dinheiro chegou, já não havia quem tivesse voz para defender políticas de subsídio e priorização do transporte público, restrições a automóveis ou princípios de mobilidade ativa. A tônica passou a ser a execução de obras, que teriam, em tese, como objetivo melhorar as condições de circulação nas cidades e de acesso a equipamentos esportivos.

O PAC da Mobilidade Urbana se somou à preparação para a realização de eventos internacionais no país e acabou ficando muito concentrado nas cidades-sede da Copa. Embora alguns bilhões de reais tenham sido investidos, a literatura sobre o tema aponta que a efetividade desse investimento foi baixa. Três aspectos são destacados: o tempo de execução das obras, sua distribuição territorial e sua efetividade na melhoria do transporte público e da mobilidade ativa.

Uma análise dos contratos firmados pelo governo federal para o PAC da Mobilidade Urbana[21] oferece um panorama do programa. Dos 690 contratos de fato levados adiante, quase metade foi iniciada depois de 2014 — foram 321, contra 369 iniciados até aquele ano. Em dezembro de 2017, dez anos após o anúncio do programa, apenas 27,8% dos contratos tinham obras concluídas. Destaca-se ainda a concentração dos investimentos em poucas capitais, como São Paulo (cerca de 23 bilhões de reais), Rio de Janeiro (cerca de 16 bilhões), Salvador (quase 5 bilhões), Belo Horizonte, Fortaleza e Brasília (de 3 a 4 bilhões de reais em cada). A região Sudeste recebeu 68,38% dos recursos, a maior parte deles em São Paulo e Rio de Janeiro.

A lentidão das obras — algo comum em processos complexos do setor público — e a concentração territorial evidenciam os limites de se tomar o PAC da Mobilidade Urbana como resposta para os problemas da mobilidade urbana. Para um problema urgente, trata-se de uma resposta lenta. Para um problema estrutural e distribuído, trata-se de uma resposta parcial — além de concentrada em poucas cidades, ela atendeu a territórios específicos dentro delas, nem sempre ligados às maiores demandas.

A esses dois aspectos é preciso acrescentar, ainda, uma avaliação do conteúdo dos projetos. Afinal, obra não é sinônimo de melhoria de circulação. Ao contrário, abundam exemplos em que obras rodoviárias resultaram em impactos negativos nos deslocamentos e contribuíram para o aumento dos veículos. No caso do PAC da Mobilidade Urbana, há muitos indícios de que isso possa ter sido a regra.

Uma análise do programa implementado em Belo Horizonte aponta que as obras do BRT (sigla para Bus Rapid Transit, sistema de ônibus com corredores exclusivos e estações de embarque fechadas) foram utilizadas como pretexto para ampliação da infraestrutura para carros. As duplicações de avenidas e construções de viadutos inseridos no projeto são dificilmente justificáveis da perspectiva do transporte coletivo, já que inexistem nos projetos de referência de BRTs. Mais do que isso, esses elementos tornaram a obra onerosa, de modo que o investimento de mais de 2 bilhões de reais resultou em somente 23 quilômetros de pistas exclusivas.[22]

Além de onerarem os custos, as obras rodoviaristas atreladas pioraram as condições de circulação a pé, ao ampliar distâncias com a criação de áreas ermas e perigosas. Como o usuário do transporte público complementa seus trajetos a pé, ele foi o principal prejudicado por essa degradação no entorno dos corredores exclusivos. Estudos apontam ainda que a instalação do BRT não aumentou a velocidade dos deslocamentos na capital. Ganhos de performance que possam ter ocorrido com as pistas exclusivas parecem ter sido compensados pelas empresas com a redução da oferta. Tampouco houve redução de preços, permanecendo a capital mineira com uma das tarifas mais altas do país. As obras viárias, além disso, foram utilizadas como pretexto para remover moradores pobres das proximidades do estádio Mineirão.

O tipo de projeto implementado em Belo Horizonte, que mescla corredores de transporte público com ampliação da malha viária, não foi exceção. Analisando as obras de mobilidade nas doze cidades-sede da Copa do Mundo, o urbanista Juciano Martins Rodrigues notou que todos os projetos de BRT implantados no Brasil vieram acompanhados de viadutos ou alargamento de avenidas.[23] Essas obras chegam a 40% dos gastos de projetos de mobilidade urbana na rubrica da Copa do Mundo. Além disso, 27,6% dos recursos gastos com as obras foram para intervenções exclusivamente viárias. Em resumo, quase 68% dos gastos nas obras de "mobilidade urbana" nas cidades-sede da Copa contemplaram ampliação de pistas e construção de viadutos.

Um estudo das obras realizadas no Rio de Janeiro entre 2012 e 2017 aprofunda a compreensão dos impactos das intervenções. Conduzida pelo pesquisador Rafael Pereira, a pesquisa analisou o tempo gasto pela população carioca em seus deslocamentos cotidianos. Os resultados mostram que as obras não geraram melhorias no tempo de acesso a em-

O círculo vicioso

pregos e serviços públicos, já que houve redução da oferta de transporte, em consequência da crise econômica. Ainda que não tivesse ocorrido a redução, as melhorias de deslocamento promovidas pelas obras estariam concentradas nas classes mais altas.[24]

O conjunto das respostas do governo federal ao problema da mobilidade pode ser resumido em três pontos. A resposta normativa, via Política Nacional da Mobilidade Urbana, foi a mais alinhada com as práticas de referência. No entanto, para produzir efeitos, ela precisaria ser tomada como o primeiro de uma série de passos — que nunca chegaram a ser dados. O estabelecimento de uma fonte de financiamento para o transporte urbano, algo crucial para o bom funcionamento do sistema, foi negado. Nem mesmo após os protestos de 2013, quando o prefeito de São Paulo, Fernando Haddad, buscou um acordo para promover o subsídio, a coisa andou. A única resposta do governo que envolveu dispêndio de recursos, o PAC da Mobilidade Urbana, foi controversa: atrasada e concentrada em poucas cidades, há indícios de que seus resultados foram regressivos.

A ausência de soluções cobrou seu preço. Entre 2000 e 2013, as tarifas de ônibus cresceram em média 192%, 67 pontos acima do IPCA (Índice de Preços ao Consumidor Amplo).[25] Durante parte desses anos, o aumento real do salário mínimo garantiu usuários, mas, no geral, o número de passageiros sofreu queda. Em todo o período cresceu o uso do transporte individual motorizado e o tempo dos deslocamentos nas cidades, prejudicando sobremaneira os mais pobres.

É possível dizer que o governo federal contribuiu para alimentar o problema, tanto pelo incentivo à motorização individual quanto pelas obras que, realizadas em conjunto com as prefeituras, degradaram a vida pedestre e produziram remoções de moradores de áreas com bom acesso a serviços. A forma como ocorreram as remoções, com diversas denúncias de desrespeito a direitos humanos, esquentaram o caldeirão de insatisfações que já borbulhava nas ruas.

Sem financiamento público, o transporte coletivo continuou a se deteriorar e a produzir incômodos cotidianos, o que foi se expressando de forma difusa, embora permanente e continuada, nas depredações de ônibus em diversas cidades brasileiras.[26] Quando tudo isso explodiu nas Revoltas de Junho, muita gente foi pega de surpresa. Mas o problema estava lá. Escondido sob o manto do otimismo, ele crescia ano após ano.

8. Ventos rebeldes do Norte

EM SETEMBRO DE 2008, o fim da história chegou ao fim. Até aquele momento, seguia hegemônica a ideia de que a sociedade ocidental acertara o passo com o capitalismo neoliberal, necessitando apenas realizar eventuais ajustes de rota. Tudo isso começou a acabar quando o banco de investimentos Lehman Brothers quebrou e gerou um efeito dominó. Em poucos dias, seguradoras e instituições financeiras de diversos países anunciaram perdas colossais.

Para o sociólogo alemão Wolfgang Streeck, o processo que levou à crise de 2008 remete a quarenta anos antes. Em sua perspectiva, o conflito distributivo do capitalismo, anunciado pelas agitações grevistas do final dos anos 1960, foi continuamente adiado por medidas paliativas que, ao final, desembocaram na crise. O autor define essa estratégia como "compra de tempo" da parte do capitalismo neoliberal.[1] Entre 1985 e 2005, cresceu a desigualdade de renda em países como Estados Unidos, Inglaterra, Itália, Japão, Alemanha e Suécia. No mesmo período, aumentou consideravelmente a fatia de riqueza de que o 1% mais rico se apropria.[2] Isso ocorreu simultaneamente ao desmonte dos sindicatos e à redução quase a zero do número de greves nesses países.

Essa "revolução neoliberal", nos termos de Streeck, foi operada politicamente por meio daquilo que Chantal Mouffe chamou de "consenso de centro".[3] Trata-se de uma alternância formal entre centro-direita e centro-esquerda nos governos, mas com manutenção da mesma política econômica. De um lado estava o neoliberalismo, de outro, o que Nancy Fraser denominou "neoliberalismo progressista" — partidos à esquerda que traziam pautas progressistas nos costumes, sem deixar de aderir à agenda econômica neoliberal.[4]

A ausência de alternativas políticas acabou por reduzir o interesse pelas eleições. Entre os 22 países da OCDE (Organização para a Cooperação e Desenvolvimento Econômico), o comparecimento às urnas caiu de uma média de 84,1% na década de 1960 para 72,5% na década de 2000.[5] A submissão das democracias aos mercados não resultou em incremento das economias. Ao contrário, os países ricos tiveram taxas de crescimento tímidas nos últimos quarenta anos, bem menores do que aquelas das décadas do pós-guerra. A estratégia de comprar tempo por meio do crédito farto atingiu seu limite com a crise hipotecária nos Estados Unidos em 2007, que derivou na crise financeira internacional de 2008.

A resposta à crise agravou o problema. A grande alocação de recursos públicos para salvar bancos produziu um salto no endividamento dos Estados. As taxas de desemprego, pobreza e desigualdade foram às alturas. O controle dos Estados pelos mercados se acentuou com a intervenção do Banco Central Europeu na escolha de governantes em países como a Itália e a Grécia. A cereja do bolo seria o pagamento de bônus aos executivos de bancos que foram recuperados com a injeção de vultosos recursos públicos[6] — quase uma provocação às populações empobrecidas que assistiam à situação descrentes da política eleitoral. Tudo isso deixou o céu carregado em muitos lugares.

E a tempestade veio, soprada por ventos fortes e imprevistos. Começou na Tunísia e na Islândia. Tornou-se um ciclone que atravessou o mundo árabe, onde grandes desigualdades são sustentadas por regimes ditatoriais. Chegou à Europa em países como Espanha, Grécia, Itália e Portugal, que sentiam de forma mais aguda os efeitos da crise. Atravessou o oceano e desabou no coração internacional do dinheiro e das relações de controle dos mercados sobre a democracia: Wall Street, a rua de oito quadras no centro de Nova York onde estão instaladas as principais empresas de finanças do planeta. Dali o temporal irradiou em trovoadas, com protestos e ocupações em centenas de cidades do mundo.

A rapidez e a força com que as revoltas percorreram o planeta desafiaram interpretações. Muito se falou sobre o papel da internet como plataforma de comunicação aberta, que permitiu aos manifestantes se conectarem e se articularem. Isso fica nítido quando se compara a Primavera Árabe, de 2011, com revoltas ensaiadas nos anos anteriores. Embora tenham se iniciado com força, estas últimas não conseguiram contornar a repressão policial. No final da primeira década do século XXI, muitos dos países árabes já tinham forte cultura de blogs e estavam conectados a redes sociais como Facebook e Twitter — e aí foi mais difícil reprimir a insurreição popular.

Na visão do sociólogo Manuel Castells, revoltas iniciam-se quando a raiva e a frustração são canalizadas em indignação, a partir de alguma fagulha jogada na esfera pública. Na Tunísia ela se deu em 17 de dezembro de 2010, quando um vendedor ambulante de 26 anos, chamado Mohamed

Bouazizi, decidiu atear fogo ao próprio corpo. A autoimolação expressava o desespero com a situação de penúria agravada pela recorrente extorsão policial. O ato foi filmado e viralizou na internet, provocando comoção dentro e fora do país.[7]

A indignação converteu-se em ação. Milhares de pessoas foram para as ruas das cidades em protestos cada vez maiores. A repressão foi enorme e produziu mais de três centenas de mortos. Mas a divulgação instantânea da violência policial acabou por ampliar a indignação, fazendo crescer aquela que ficou conhecida como Revolução de Jasmim. Mohamed Bouazizi dificilmente imaginaria que, menos de um mês depois de seu suicídio, o ditador Ben Ali e sua família deixariam a Tunísia, fugidos após a retirada de apoio do exército e do governo francês, e que alguns meses adiante seu país voltaria a ter eleições democráticas, dissolveria a polícia política e libertaria presos políticos.

Na Islândia, um país de pouco menos de 320 mil habitantes e com uma das médias de renda per capita mais altas da Europa, ao final de 2008 sentiam-se os efeitos da crise, com brutal queda da atividade econômica, enquanto o Banco Central do país trabalhava para salvar os bancos. A fagulha para a indignação foi mais lúdica: em frente ao Parlamento, o cantor Hördur Torfason empunhou seu violão e gravou uma canção de protesto contra o conluio entre banqueiros e políticos. O vídeo do ato viralizou e as manifestações se iniciaram. No ano seguinte o governo renunciou e, nas novas eleições, venceu uma coalizão progressista, que levou adiante a proposta de elaborar uma Constituição a partir de uma constituinte popular escolhida por sorteio.

As diferenças entre Tunísia e Islândia são consideráveis. De um lado, uma ditadura violenta, fome, corrupção policial, desespero, autoimolação, protestos irados, sangue nas ruas, fuga do ditador, instauração de uma frágil democracia. De outro, um país pequeno e rico, uma das democracias mais antigas da Europa, um cantor e seu violão, manifestações razoavelmente respeitadas, impacto eleitoral e tentativa de radicalização democrática. Em comum, esses países compartilham o fato de terem sido os primeiros palcos de revoltas contra situações decorrentes da crise de 2008 — e de os protestos terem conquistado resultados relevantes.

O ponto inicial de um movimento de protesto é o sentimento generalizado de injustiça social e política que, devido a um evento-chave, se converte em indignação. Mas a indignação não basta para alavancar a mobilização. As pessoas se engajam por esperança, projetando no futuro um resultado de mudança a partir da ação. Nas revoltas de 2011, as lutas razoavelmente bem-sucedidas da Tunísia e da Islândia ofereceram esperança às populações de outros países. Quando teve início a revolta no Egito, os manifestantes evocavam a Tunísia em suas palavras de ordem, enquanto os Indignados espanhóis cantavam que a Islândia era a solução.

Para se passar da indignação à ação, é necessário superar um outro sentimento: o medo. E isso se dá quando as pessoas se juntam. As ferramentas de comunicação na internet, junto à ocupação dos espaços públicos, formaram o espaço híbrido necessário para a superação coletiva do medo. Em um caso ilustrativo, no Egito o governo ditatorial tentou abafar a revolta em 2011 tirando do ar os servidores de internet — ação que acabou interrompida por prejudicar as atividades econômicas no país.

Superado o medo, ocorre o que Castells chama de "big bang de um movimento social", que é quando "emoções positivas assumem o controle, à medida que o entusiasmo ativa a ação, e a esperança antecipa as recompensas por uma ação arriscada".[8] Não por acaso, a resposta dos governos é a repressão violenta, que produz a dispersão nos espaços públicos. Para que o medo e a ansiedade voltem a prevalecer, é preciso separar as pessoas, atomizá-las em suas casas. Também por isso os espaços públicos urbanos têm papel central nas democracias. É neles que se tece a coesão social necessária para que a população possa se expressar.

O 15M espanhol e o anarcopopulismo

Para além do empobrecimento e da indignação com a servidão das democracias às elites financeiras, há outro elemento comum entre os países que compuseram o ciclo de revoltas de 2011: a alta taxa de desemprego entre jovens. Como aponta o antropólogo David Graeber, especialistas em contrainsurgência sempre souberam que o alto desemprego da população universitária — "jovens cheios de energia, com muito tempo disponível, com acesso a toda a história do pensamento radical e com todos os motivos do mundo para estarem furiosos" — é prenúncio de revolta.[9]

Em fevereiro de 2011, a Espanha registrava 20,5% de desempregados, taxa que chegava a 44% entre jovens. Naquele ano, o governo espanhol, conduzido pelo Partido Socialista Obrero Español, o PSOE, força tradicional da esquerda, descumpriu sua promessa eleitoral de 2008 e promoveu cortes profundos nos serviços públicos. O governo espanhol foi mais um entre outros de partidos de centro-esquerda que executaram políticas econômicas à direita no período — exemplo do "consenso de centro" e do "neoliberalismo progressista".

Sem contar com a esquerda na política institucional, o coro dos descontentes espanhóis se organizou em diversos grupos, de origens díspares: dos movimentos remanescentes das lutas antiglobalização da virada do milênio aos novos movimentos por moradia e emprego. Essas movimentações acabaram confluindo em uma plataforma on-line, chamada Democracia Real Ya (Democracia Real Já), formada por grupo no Facebook, fórum, blog e lista de e-mails.

Em março de 2011, dois meses antes das eleições municipais, o grupo convocou um protesto para o domingo anterior ao pleito. Antevendo uma eleição em que o sistema político não apresentaria alternativas à crise, o chamado para a manifestação de 15 de maio afirmava que não somos "produtos de mercado" nas mãos de políticos, empresários e banqueiros. O manifesto da convocatória falava de pessoas comuns, que se levantam "pela manhã para estudar, trabalhar ou buscar trabalho" e que trabalham "duro todos os dias para viver e dar um futuro melhor aos que nos rodeiam", mas que não são escutadas pela classe política.[10]

O manifesto instaurava uma linha política nova, que pautaria os movimentos e se consolidaria, alguns meses depois, do outro lado do Atlântico. Trata-se da ideia de que o embate não se dava mais entre direita e esquerda, mas entre a maioria da população — os 99%, como veremos logo adiante — e uma elite econômica e política que havia tomado o controle do Estado. Os partidos tradicionais da esquerda e da direita espanhola, PSOE e PP, foram fundidos no manifesto do 15M em uma só sigla (PPSOE) que atenderia "apenas às ordens dos grandes poderes econômicos" e encabeçaria "uma ditadura plutocrática", surda às demandas sociais.

As rebeliões de 2011 não foram as primeiras a desafiar a ordem neoliberal, mas aportaram uma narrativa política nova para o enfrentamento. Uma década antes, tinham feito barulho os protestos organizados pelo movimento por Justiça Global, que levaram centenas de milhares às ruas de Seattle e outras cidades estadunidenses durante o encontro da Organização Mundial do Comércio, em novembro de 1999. A forte mobilização resultou no cancelamento da Rodada do Milênio, um encontro que visava aprofundar regras liberais no comércio internacional, e acabou dando um impulso importante para organizações de viés autonomista ao redor do planeta.[11]

O ciclo de revoltas seguinte teria a presença de pessoas e coletivos vindos desse campo — no entanto, a rede seria mais ampla e plural do que no período anterior. Àqueles oriundos da tradição anarquista somavam-se setores desiludidos da esquerda, movimentos de bairro, organizações populares diversas. Por isso a articulação política e a narrativa se alteraram: perdeu ênfase o outro mundo possível do anarquismo e ganhou proeminência a narrativa das pessoas comuns, que são maioria e almejam um mundo digno e justo para viver.

O sociólogo italiano Paolo Gerbaudo percebeu nessa ampliação a principal característica dos movimentos de 2011 e dedicou-se a destrinchar as diferenças em relação às manifestações da virada do milênio. Em síntese, os movimentos autonomistas antiglobalização eram compostos principalmente por ativistas; produziam uma comunicação voltada para setores mais politizados; utilizavam softwares livres, de propriedade intelectual aberta; ocupavam espaços distantes dos centros urbanos; nomeavam como adversários agências multilaterais e organizações liberais. De outro lado, as *acampadas* dos anos 2010 tinham base social ampla e plural; visavam se comunicar com as pessoas comuns (os 99%); utilizavam redes sociais de uso amplo como Facebook e Twitter; ocupavam e protestavam nas áreas centrais das cidades; nomeavam como adversários as oligarquias políticas e econômicas.[12]

Por esse apelo ao senso de justiça das pessoas comuns contra uma elite que lhes rouba direitos, Gerbaudo enxerga nas revoltas de 2011 um forte elemento de "insurreição populista", no sentido que o termo carrega para teóricos como Ernesto Laclau, Chantal Mouffe e Francisco Panizza. De acordo com essa linha, o populismo se caracteriza pela articulação política de demandas sociais não respondidas, canalizadas em torno de um significante vazio, contra um inimigo ligado ao poder — a monarquia, a casta política, o establishment, os marajás etc. Assim, o termo não diz respeito a conteúdos políticos (podendo haver populismos de direita ou esquerda).[13]

A conjugação dessa construção política antielites com a tradição do autonomismo gerou a síntese das rebeliões de 2011, que Gerbaudo caracterizou como "anarcopopulistas". A indignação das pessoas comuns não tomou as formas populistas clássicas, baseadas em líderes carismáticos, mas se utilizou das práticas anarquistas: recusa a lideranças oficiais, decisões por assembleias, horizontalidade, coletividade, desconfiança em relação ao sistema político estabelecido — práticas e princípios que deram potência às manifestações mas também marcaram seus limites, como veremos.

Foi nesse modo híbrido que estourou o movimento dos Indignados na Espanha. A convocatória para o 15 de maio de 2011 levou dezenas de milhares às ruas de Madri, Barcelona e outras cidades. Ao fim daquele dia, os manifestantes decidiram seguir nas praças, em experimentos de ocupação de espaços públicos que alteravam a forma de manifestação política dominante.

Os acampamentos cresceram muito rapidamente. Brotaram comissões das mais distintas, para prover alimentação, organizar o lixo, viabilizar internet, garantir segurança, estruturar as assembleias. As propostas que estariam ausentes das eleições municipais de 22 de maio eram debatidas e se tornavam objetos de estudo de comissões. A um sistema democrático fechado e cada vez mais controlado pela elite financeira, as ocupações de praças contrapunham-se como possibilidade de radicalização democrática na prática.

Essa democracia de alta intensidade experimentada nos espaços públicos canalizou a energia de milhares de jovens bem formados e desempregados. A produção ativista era intensa. Depois de confrontos com a polícia e de diversos desgastes, os acampamentos perderam força, mas manifestações expressivas ainda tomaram as ruas de Barcelona e Madri naquele ano. A energia do 15M foi também multiplicada no fortalecimento de espaços autogeridos, em experimentos práticos de gestão comunitária de hortas, parques, praças, teatros abertos, especialmente em Madri.[14]

Occupy Wall Street e os 99%

Nos Estados Unidos, nuvens se formavam no verão de 2011. A população jovem endividada e desempregada era expressiva.

Ventos rebeldes do Norte

A esperança de solução pela via institucional fora frustrada. A campanha de Barack Obama, em 2008, mobilizara a juventude do país prometendo mudanças. Após a crise, no entanto, sua administração optou por injetar bilhões nos bancos para salvar o sistema financeiro, enquanto a população assistia à queda da atividade econômica, à falta de horizontes para quitar dívidas e à perda das casas hipotecadas. As notícias das revoltas no mundo árabe e na Europa entusiasmavam os círculos ativistas.

Em julho, a revista *Adbusters* publicou uma chamada para que manifestantes ocupassem Wall Street, em protesto contra a cooptação da democracia pelo sistema financeiro. Deixaram a chamada no ar, para que movimentos e organizações se apropriassem dela. Somente a data e o local ficaram definidos: 17 de setembro, em Wall Street. O mote dos 99% surgiu depois, nas conversas do coletivo que passou a organizar o protesto. Ele se inspirava em um debate nascido a partir de um artigo publicado em maio pelo economista Joseph Stiglitz, que demonstrava que uma parte pequena da elite se apropriava cada vez mais da riqueza do país, enquanto a maioria da população seguia estagnada ou perdia renda.[15] "O que mais me impressionou no argumento de Stiglitz foi a conexão entre riqueza e poder", relembra David Graeber, já que o 1% dos mais ricos era formado por aqueles que tinham forte influência sobre o sistema político.[16]

O grupo organizador do Occupy Wall Street conjugava anarquistas experientes, socialistas e liberais desiludidos com a administração Obama e pessoas de diversas organizações sociais — em suma, o híbrido "anarcopopulista" a que se refere Gerbaudo. Os desafios para ocupar o centro das finanças em Nova York eram enormes. Lembrava-se a truculência policial em protestos anteriores e imaginava-se o quanto ela escalaria em um local como Wall Street. Depois de idas e vindas, acabou-se decidindo ocupar o Zucotti Park, a algumas quadras do lugar original. Estava tudo preparado, mas uma dúvida pairava no ar: quantas pessoas apareceriam?

Em 17 de setembro, reuniram-se cerca de 2 mil pessoas no parque. O número não era um vexame, tampouco um grande sucesso. Algumas centenas ficaram para dormir e iniciaram a ocupação. Foi a violência policial que, alguns dias depois, atiçou a indignação e fez o movimento crescer. Viralizou um vídeo em que um policial arbitrariamente jogava spray de pimenta em duas jovens e, em seguida, saía caminhando como se nada tivesse ocorrido.

A disseminação desse tipo de denúncia produz pressão sobre a imprensa. Mesmo veículos que poderiam não cobrir os protestos acabam por fazê-lo quando todos passam a tratar do assunto na internet. Como resultado, o público na ocupação passou de milhares para dezenas de milhares. Centenas de ocupações brotaram em cidades dos Estados Unidos, com grande respaldo popular. Muitas delas passaram a receber diariamente caixas e caixas de pizzas, enviadas por meio de serviços de delivery por apoiadores em todo o país. Como se vê, existe almoço grátis.

Em 15 de outubro de 2011 — menos de um ano depois do início da revolta na Tunísia, cinco meses depois da ocupação das praças espanholas e menos de um mês depois do início do Occupy Wall Street —, nasceu uma rede global de movimentos Occupy. Centenas de milhares de pessoas saíram às ruas em 951 cidades de 82 países, utilizando o mote "Unidos pela mudança global". Algumas dessas ocupações aconteceram em cidades brasileiras, mas naquele momento elas ficaram restritas aos círculos autonomistas.

Após o auge que foram as ocupações de outubro, o movimento começou a decair. As revoltas nos países árabes que não conseguiram reestabelecer a democracia assistiram ao endurecimento de regimes totalitários ou mesmo a situações de guerra civil. Na Espanha e nos Estados Unidos, as ocupações minguaram, a partir de um processo em que a repressão foi bem-sucedida em atingir os pontos frágeis dos movimentos — limites da horizontalidade, precariedade de infraestrutura, problemas com pessoas em situação de rua etc.

As manifestações brasileiras de 2013 têm muitos pontos em comum com os ciclos de revoltas de 2011: a composição híbrida, que juntava anarquistas, setores da esquerda partidária e da juventude; a fagulha da violência policial que acendeu a indignação; os expedientes autonomistas de horizontalidade, assembleias e recusa a lideranças; a refutação do sistema político e a ideia difusa de que seriam necessárias transformações amplas. No entanto, no Brasil de 2013 não havia ainda recessão econômica, tampouco jovens desempregados ou empobrecimento das faixas médias. Por isso, termômetros que se ativessem aos índices econômicos não poderiam prever que as tempestades globais desabariam, dois anos depois, no maior país da América do Sul.

PARTE II

Durante

9. Piso alto, teto baixo

A MULTIDÃO MUNIDA DE PAUS, pedras e escudos improvisados coloca a cavalaria para correr. O grupo adentra a pista sob o viaduto a passos largos. O avanço é seguido de recuo e desorientação. Bombas explodem ininterruptamente. O cinegrafista não sustenta a câmera firme, e a tela treme. O gás lacrimogêneo penetra nas narinas, nos olhos. Um corpo em queda passa pelo primeiro plano da tela e desce rumo ao chão.

Era 22 de junho de 2013, nos arredores do estádio Mineirão, em Belo Horizonte. Ali terminava uma das maiores manifestações de rua da história da cidade, com 125 mil pessoas estimadas.[1] A Lei Geral da Copa privatizara o acesso às áreas públicas no entorno do estádio. A Polícia Militar cumpria o papel de guardiã do "território da Fifa". Os grandes protestos da capital mineira pareciam atraídos por essa interdição — saíam do centro da cidade e atravessavam oito quilômetros até desaguarem na praça de guerra que os arredores do estádio se tornavam.

Isso era na esquina da avenida Antônio Carlos com a Abrahão Caram, próximo ao campus da Universidade Federal de Minas Gerais. Do outro lado da avenida, uma vila popular fora removida no pacote das "obras para a Copa". As cerca de setenta famílias que residiam na Vila Recanto UFMG tiveram suas casas demolidas para dar lugar à alça de um viaduto. Dentre as pessoas removidas estava Anita Santos, que estivera em situação de rua e se tornou ativista pela população sem-teto, e que sonhava em ver a filha estudando na universidade do outro lado da rua. Com a remoção, elas foram morar em Ribeirão das Neves, a 25 quilômetros dali.[2] O viaduto fez parte de uma série de elevados construídos com as obras do BRT — um caso de inserção de elementos rodoviaristas em projetos que deveriam privilegiar o transporte público.

O corpo que passou em queda livre pela câmera era de Luís Felipe Aniceto de Almeida. Ele estava na parte de cima do viaduto, que não tinha passagem para pedestres. Fugindo dos tiros e bombas da polícia, o rapaz de 22 anos tentou saltar de uma pista para a outra. Caiu no vão entre elas e agonizou no meio da pancadaria. Faleceu depois de vinte dias no hospital, com traumatismo craniano, fratura exposta nos dois braços e perfuração no pulmão.

Luís Felipe morava na periferia de Ribeirão das Neves, mesma cidade em que foi parar Anita Santos após a remoção. O jovem negro acabara de terminar o curso de mecânica de aeronaves e trabalhava como atendente de telemarketing. Tinha uma filha de um ano e estava procurando emprego na área em que se formara. Fora aos protestos porque "tinha um sonho de justiça", nas palavras de sua mãe, que trabalhava como agente de combate a endemias — profissional que passa de casa em casa verificando as condições dos quintais e os riscos de proliferação de doenças como a dengue.[3]

Essa fotografia de uma tragédia no meio do turbilhão de Junho retrata o Brasil que se transformava. A queda de Luís Felipe foi registrada não pela imprensa, mas pelos celulares e câmeras de manifestantes. A cena pode ser vista no projeto Os Brutos, que reuniu horas e horas de registros feitos por cinegrafistas ativistas, parte deles transmitidos na internet.[4] Luís Felipe não foi o único a morrer no viaduto: quatro dias depois foi a vez de Douglas Henrique de Oliveira, que também despencou no vão entre as pistas. Tinha 21 anos, trabalhava como metalúrgico e planejava retomar os estudos no ano seguinte. Sua mãe era empregada doméstica.[5]

Luís Felipe e Douglas representavam os filhos da classe C que ascendera nos anos anteriores. Moravam em bairros periféricos e usavam o transporte público em seus deslocamentos diários. Estavam nas ruas "lutando por um país melhor", como escreveu Douglas no Facebook poucas horas antes do acidente.[6] Eram exemplos típicos de uma geração que avançara de forma inédita em relação a seus núcleos familiares, tendo mais acesso à educação que os pais e passando a aspirar a um futuro distinto. Na raiz disso estavam políticas levadas a cabo pelos governos petistas.

Inclusão econômica

No meio do século xx, o índice de Gini brasileiro figurava acima de 0,50, número que, na classificação de Thomas Piketty, corresponderia a sociedades de "desigualdade acentuada".[7] Durante a ditadura civil-militar, a desigualdade se acentuou ainda mais, e o índice chegou a 0,60. Nesse patamar ele ficou por mais de vinte anos. Foi no segundo governo de Fernando Henrique Cardoso (1999-2002) que o Gini começou a cair no Brasil, de forma modesta. A curva de queda só se acentuaria nos governos Lula e no primeiro governo de Dilma Rousseff, chegando a 0,518 em 2014.[8]

O período de redução do Gini brasileiro coincidiu com o crescimento econômico impulsionado pelo mercado internacional de commodities, mas isso não é suficiente para explicar a queda. Mesmo porque durante o "milagre econômico" do início dos anos 1970 a desigualdade de renda aumentou no país. É um tanto consensual entre pesquisadores que políticas que ganharam corpo nos governos petistas contribuíram para a redução da pobreza na base da pirâmide no Brasil.

Analisando os impactos do Bolsa Família no primeiro governo Lula, o economista Marcelo Neri nota como essa política teve efeitos similares à estabilização econômica propiciada pelo Plano Real, resultando no que ele chamou de "O Real do Lula". Ambas as políticas resultaram na redução significativa, em poucos anos, da pobreza extrema no país.[10] A diferença entre os dois governos é que o Bolsa Família foi sucedido por outras políticas efetivas de inclusão econômica, como o aumento real sequencial do salário mínimo e a expansão dos empregos. Foram pelo menos dez anos de ininterrupta redução da pobreza, o que resultou em números expressivos de migração entre os estratos de renda.

O cientista político André Singer divide esse processo em três etapas.[10] A primeira, ocorrida entre 2003 e 2005, teve foco na criação do Bolsa Família e em políticas voltadas para regiões vulneráveis, como a ampliação da eletrificação rural e a construção de cisternas no semiárido. Essas políticas foram estabelecidas junto com a manutenção de medidas macroeconômicas ortodoxas, herdadas do governo FHC. No fim do primeiro mandato de Lula iniciou-se a segunda fase, marcada pela retomada dos investimentos públicos e pela política de aumento real (ou seja, acima da inflação) do salário mínimo. Essa medida, geralmente menos debatida, teve um impacto relevante no crescimento da renda de parte significativa da população.[11]

Além de reduzir a pobreza, tais políticas contribuíram para ativar o mercado interno, permitindo que setores historicamente excluídos passassem a acessar itens básicos. Singer identifica na melhoria de vida dessa fração de classe — o subproletariado —, em simultâneo à conciliação com a ordem política e econômica vigente, o éthos do lulismo, denominado por ele "reformismo fraco". As raízes da desigualdade brasileira geraram uma massa miserável, cuja precariedade passou a ser um impeditivo para a participação nas atividades econômicas. As políticas dos governos Lula ensejaram a primeira ocasião em que uma parte relevante dessa massa moveu-se uma casa adiante.

E o movimento foi significativo. As classes D e E passaram de cerca de 96 milhões de pessoas em 2003 para cerca de 63 milhões em 2011. Como resultado, a classe C cresceu de cerca de 66 milhões de pessoas em 2003 para cerca de 105 milhões em 2011.[12] Esse grande incremento da classe C criou o espaço para a terceira fase do lulismo. Nela, o governo enfrentou a crise econômica mundial de 2008 com medidas contracíclicas, com ênfase no estímulo às indústrias automobilística e da construção civil. Os estágios anteriores, que retiraram milhões de pessoas das classes D e E, foram cruciais para que fosse "possível apresentar aos capitalistas a perspectiva de vender carros e casas para uma classe C ampliada no Brasil", como argumentou Singer.[13] Para o autor, esse "novo ciclo de consumo popular" seria "uma espécie de Segundo Real do Lula", equivalente em impacto ao Plano Real e ao Bolsa Família.

Da perspectiva da atividade econômica, o arranjo foi um sucesso. O país entrou numa espiral positiva em que, quanto mais gente ascendia, mais aumentava a demanda pelo consumo, o que fazia crescer as vendas e a produção na indústria. Impulsionada pela expansão do crédito, por um momento positivo do mercado internacional e pelo crescimento dos investimentos públicos, a economia brasileira parecia decolar. Entre 2006 e 2010, o PIB do país cresceu, em média, 4,5% ao ano, a maior taxa sustentada em muitas décadas.[14]

Esse período contribuiu para transformar a sociedade, de maneira complementar à difusão da cultura e da internet. Mais e mais pessoas migraram da pobreza para estratos intermediários e passaram a aspirar a um futuro distinto para seus filhos. As privações absolutas foram deixando de ser o centro das aflições para uma fatia cada vez maior da população. As novas gerações colocariam outras preocupações na mesa, e elas seriam orientadas pelo mundo no qual essa juventude passava a viver — contato com manifestações culturais, com discursos críticos dos mais variados, com tendências que circulavam pela internet, com o ambiente universitário.

Inclusão educacional

O escândalo do Mensalão, em 2005, abriu para Fernando Haddad uma oportunidade dificilmente imaginável alguns anos antes. Com uma carreira acadêmica, ele tinha tido uma

Piso alto, teto baixo 185

passagem pela prefeitura de São Paulo, na gestão de Marta
Suplicy, como chefe de gabinete da Secretaria de Finanças e
Desenvolvimento Econômico. Deixou a função no início de
2003, e esperava ser chamado para o novíssimo governo Lula
— mas o convite não veio. Depois de se encontrar em uma
festa com Guido Mantega, então ministro do Planejamento,
foi convidado para uma assessoria na pasta. O cargo era de
pouca importância, com quase nenhum subordinado.[15]

No edifício vizinho na Esplanada dos Ministérios, as coisas
não andavam bem. Cristovam Buarque, primeiro ministro da
Educação do governo Lula, conduzia uma gestão confusa. O
presidente o demitiu por telefone após um ano de mandato,
e colocou em seu lugar Tarso Genro, ex-governador do Rio
Grande do Sul. Como Haddad fazia um bom trabalho no
Planejamento, Genro o convidou para ser seu secretário-executivo, em 2004. Assim que chegou à pasta, Haddad propôs ao
ministro construir uma política que colocaria 400 mil alunos
na universidade. E sem custos para o governo.

As universidades privadas não cumpriam uma regra, estabelecida na Constituição de 1988, que as obrigava a oferecer bolsas em troca das isenções de que desfrutavam. A
proposta de Haddad parecia simples: bastaria fazer cumprir
a lei e regulamentar a forma de concessão das bolsas. Mas a
implementação era desafiadora. Seria necessária muita força
política e capacidade de negociação para fazê-la avançar. Nos
anos 1990, uma proposta similar havia sido apresentada ao então ministro da Educação, Paulo Renato Sousa,[16] que avaliou
que não havia condições para levar a ideia adiante. Em 2004,
com o endosso do presidente, Haddad e Genro conduziram
as negociações que levaram à criação do ProUni.

Um ano depois, com a eclosão do escândalo do Mensalão, Tarso Genro foi apagar o incêndio na presidência do PT e deixou o Ministério da Educação. Indicou para o cargo seu secretário-executivo. O governo estava nas cordas, apanhava diariamente da imprensa, e muitos consideravam que Lula era carta fora do baralho para as eleições do ano seguinte. Ao saber da nomeação, a mãe do novo ministro lhe telefonou e indagou: "Mas, meu filho, você vai aceitar ser ministro com o governo nessas circunstâncias?". Ao que Haddad respondeu: "Mãe, se não fossem essas as circunstâncias, nunca me ofereceriam o Ministério".[17]

A participação do setor privado no ensino superior no Brasil vinha tendo crescimento relevante desde os anos 1990. Nos governos de FHC foi autorizada a criação de muitos novos cursos, de modo que as vagas em faculdades particulares saltaram de escala. Críticos desse processo apontavam que os métodos de avaliação dos cursos eram frágeis, que as novas vagas seguiam restritas às classes mais altas e que as universidades não ofereciam contrapartidas pelas isenções de que se beneficiavam.[18]

As gestões de Genro e Haddad no Ministério da Educação abordaram, mesmo que parcialmente, essas três questões. Ainda em 2004, o Ministério trabalhou pela aprovação da lei que estabelecia o Sistema Nacional de Avaliação do Ensino Superior, o Sinaes. Dois anos depois, criou um decreto que regulamentava as formas de fiscalização e punição dos cursos que estivessem fora das normas. A literatura sobre o assunto indica que o sistema significou um avanço em relação à situação anterior, mas que não foi suficiente para garantir a qualidade dos milhares de cursos operantes no país.[19]

Com a criação do ProUni, em 2004, o governo cobria uma lacuna de dezesseis anos — desde 1988 as instituições de ensino superior privadas sem fins lucrativos (que representavam 85% das matrículas) desfrutavam de isenções fiscais sem regulação ou contrapartida. O número de bolsas, o valor do desconto, os cursos em que seriam ofertadas — tudo isso era decidido pelas faculdades. Com o ProUni, foram estabelecidas regras para a concessão de bolsas, que deveriam ser disponibilizadas para todos os cursos.

Fato é que o programa significou uma expressiva inclusão no ensino superior. Para se obter uma bolsa integral, era preciso ter renda de até 1,5 salário mínimo por pessoa na família. Começando com cerca de 95 mil bolsistas, em 2005, o programa chegou a quase 750 mil em 2010. Quase metade dessas bolsas foi ofertada para pessoas negras, mesmo sem política afirmativa racial. Com isso, a desigualdade racial na educação caiu. Em 2003, a taxa de escolaridade de pessoas brancas era quatro vezes maior que a de pessoas negras; em 2009, essa relação tinha caído para 2,6 vezes.[20]

A inclusão no ensino superior privado seria impulsionada, ainda, por mudanças realizadas no Fundo de Financiamento Estudantil (Fies), programa de crédito para a educação superior, que resultaram em maior adesão. Em seguida foi realizada a expansão das universidades federais, a partir do segundo governo Lula. Foram criados novos campi universitários em regiões desassistidas, e universidades já estabelecidas abriram cursos noturnos, atendendo a alunos de renda mais baixa. O país saltou de 45 universidades federais em 2003 para 59 em 2010, e quase dobrou o número de vagas.[21]

188 *Durante*

Ainda que com problemas na fiscalização dos cursos e no endividamento dos estudantes, veio um crescimento significativo do acesso à graduação. Em 2003, havia no país pouco menos de 4 milhões de matrículas no ensino superior. Dez anos depois, esse número já ultrapassava 7 milhões. O setor privado aumentou percentualmente sua participação, passando de cerca de 70% das vagas, em 2003, para quase 75%, em 2013.[22] Esse aumento dava consequência às aspirações de ascensão social que a inclusão econômica fomentava. Famílias de origem pobre que ingressavam na classe C passavam a ver seus filhos ingressarem nas faculdades — a maior parte no setor privado. A promessa de ascensão do lulismo parecia se concretizar.

Inclusão digital e cultural

Em novembro de 1994, uma reportagem no *Jornal do Brasil* contabilizava 28 websites hospedados no país. Os que tinham acesso à rede para visualizar essas páginas eram uma parte ínfima da população. Pouco mais de uma década depois, em 2006, o Brasil possuía o segundo maior número de acessos ao YouTube em todo o mundo, mais de 20 milhões de usuários ativos no MSN e uma das maiores comunidades do Orkut de que se tinha notícia.[23] Em 2012, eram 94 milhões de usuários de internet.[24]

Aquele foi um momento de entusiasmo com as possibilidades abertas pelas tecnologias da informação e comunicação. Emergia a cultura de blogs, que alterava radicalmente a dinâmica de produção de conteúdo. O modelo de broadcasting, da

Piso alto, teto baixo

mídia tradicional, vinha sendo desafiado pela comunicação em rede. Em vez de um canal difusor e uma plateia passiva, um emaranhado de atores que são, ao mesmo tempo, emissores, veiculadores e receptores das mensagens.

Com essa acelerada transformação nos modos de produção, troca e acesso à informação, vieram as políticas culturais do governo Lula, comandadas pelo então ministro Gilberto Gil. Conhecido internacionalmente por seu trabalho musical, Gil já havia sido vereador em Salvador, entre 1989 e 1992, e era filiado ao Partido Verde. Em seu discurso de posse como ministro, em 2003, apontou o desafio de "tirar o Ministério da Cultura da distância em que ele se encontra, hoje, do dia a dia dos brasileiros" e fazer com que ele passasse a estar "presente em todos os cantos e recantos de nosso país".[25]

O diagnóstico tinha base factual. Embora o governo federal tenha criado instituições culturais desde meados do século XX, o Ministério da Cultura só surgiu na redemocratização. A criação da pasta era uma proposta de Tancredo Neves, que morreu às vésperas da posse. José Sarney, assumindo em seguida, colocou o Ministério de pé — mas de forma "desastrosa", segundo a pesquisadora Lia Calabre, já que a Cultura foi emancipada do Ministério da Educação mas não passou a receber os recursos necessários para a implementação de políticas.[26]

Nesse contexto de escassez financeira surgiu a primeira lei de incentivo cultural, chamada de Lei Sarney. Criada em 1986, ela permitia que empresas investissem no setor e deduzissem o investimento de seus impostos. Foi o embrião da Lei Rouanet, que seria estabelecida em 1991, no governo Collor, e consolidada nos mandatos de Fernando Henrique Cardoso.

Comandado pelo sociólogo Francisco Weffort, o Ministério da Cultura de FHC cunhou o slogan "Cultura é um bom negócio". As políticas culturais no país, até o início do século XXI, se apoiavam sobretudo nesse mecanismo, que pode ser visto como uma forma de interferência privada no destino de recursos públicos — já que os recursos "investidos" pelas empresas são deduzidos de impostos.

Era esse o contexto a que se referia Gilberto Gil. O desafio de fazer as políticas culturais chegarem "em todos os cantos e recantos do país" não era pequeno. Até aquele momento, elas estavam restritas a setores da elite e da classe média. Assim que assumiu o Ministério, Gil convidou o sociólogo Juca Ferreira para comandar a Secretaria Executiva da pasta. Não há exagero em dizer que a dupla liderou uma verdadeira revolução nas políticas culturais no Brasil.

Mas nenhuma grande transformação ocorre em linha reta. Havia disputa de poder e de visões de mundo dentro do próprio governo também na área da cultura. Uma dessas disputas antecedeu o programa de maior destaque da gestão — o Cultura Viva, cuja principal ação foram os Pontos de Cultura. Até 2004, a política que vinha sendo desenhada previa a construção de espaços físicos nas periferias das cidades. Chamados de Bases de Apoio à Cultura, ou BACS, esses edifícios construídos em estrutura pré-moldada seriam espalhados país afora, com o objetivo de fomentar atividades culturais.

Em 2004, houve uma crise na Secretaria de Cidadania Cultural, que comandava esse projeto, e os gestores foram substituídos. A nova equipe, liderada pelo historiador Célio Turino, alterou a proposta. Na avaliação da nova gestão, um programa focado na construção de espaços físicos não

Piso alto, teto baixo

abordava o principal problema. Afinal, como a população se apropriaria desses espaços? Como seriam financiados? Turino apresentou então a proposta do Cultura Viva, que fomentava, de maneira distribuída, as atividades de grupos já atuantes. O ministro aceitou prontamente — "Cultura é fluxo e fluxo é vida", teria dito Gil.[27]

Tendo começado de forma modesta, os Pontos de Cultura foram ganhando escala. Ainda em 2004, foi firmado um convênio com 72 pontos. Em 2007, já eram 526. Esse crescimento veio com um aumento significativo de dotação orçamentária — de pouco mais de 4 milhões de reais empenhados em 2004 para mais de 126 milhões em 2007.[28] No ano de 2010, já eram mais de 2500 pontos espalhados pelo país, com projetos dos mais diversos. Eles recebiam um recurso mensal do governo, além de verba para compra de equipamentos, e participavam de uma rede de intercâmbios de experiências.

Simultaneamente ao Cultura Viva, vieram outras políticas, com editais para fomento a atividades em diversas áreas. Muitos desses editais atendiam a projetos pequenos, em um esforço evidente de descentralização, e partiam de uma percepção ampliada de cultura. Segmentos populares historicamente excluídos do financiamento do setor passavam a acessar recursos. Tudo isso ocorreu de forma simultânea ao crescimento da Lei Rouanet, cujos recursos passaram a oscilar em torno de 1 bilhão de reais anuais.

Somando-se à atuação do governo federal, multiplicaram-se iniciativas em governos estaduais e prefeituras, o que criou um ambiente de fomento à cultura inédito no país. Na prática, isso significou uma quantidade expressiva de agentes sociais aprovando projetos, realizando espetáculos, exposições, seminários, festivais, publicações, encontros. O Circuito Fora do Eixo é mais um dos muitos exemplos de redes tecidas durante o período. Diversas outras surgiram, cada uma com impactos diferentes em seus campos. O somatório delas reverberou profundamente no tecido social, contribuindo para transformar uma geração que chegava à vida adulta.

Piso alto, teto baixo

As três vertentes de inclusão levadas a cabo pelos governos petistas operaram de forma complementar. Como vimos, a inclusão econômica permitiu que dezenas de milhões de famílias saíssem de situações de vulnerabilidade e adentrassem o universo do consumo. Essas pessoas passaram a se preocupar menos com privações extremas e a almejar um futuro diferente para seus filhos. O incremento das vagas nas universidades, mais as políticas de inclusão, permitiu que a nova geração desse o passo seguinte. Os filhos dos pedreiros e das empregadas domésticas estavam cursando a educação superior.

Com a maior difusão do acesso à produção e fruição da cultura, impulsionada por políticas do Ministério da Cultura, mas também pelo crescimento da Lei Rouanet e por políticas dos governos estaduais e prefeituras, criou-se um caldo crítico e imaginativo para essa sociedade cujo patamar se elevava. E tudo isso se somou à ampla difusão da internet, que permitia que as pessoas entrassem em contato com discursos contra-hegemônicos dos mais variados e que a sociedade brasileira se tornasse mais permeável a tendências globais.

Piso alto, teto baixo

Também contribuiu para a transformação social durante o período a maior mobilidade internacional. Como resultado da estabilização econômica, de taxas de câmbio favoráveis e da ampliação de programas de intercâmbios universitários, setores cada vez mais amplos passaram a vivenciar sociedades com modelos de organização distintos. O programa Ciências sem Fronteiras, iniciado em 2011, ampliou essa mobilidade para a graduação, ao fornecer mais de 100 mil bolsas para que estudantes realizassem parte de seus cursos fora do país.[29]

Nas cidades onde faziam seus intercâmbios, os jovens brasileiros viviam um choque de mundos. Habituados a cidades segregadas, entregues ao trânsito motorizado e com espaços públicos abandonados, passavam a experimentar outras formas de vida — cidades com uso intenso e razoavelmente democrático dos espaços públicos, sistemas de transporte público efetivos e funcionais, ciclovias e bicicletas compartilhadas, serviços públicos de qualidade. Essas experiências eram divididas com os colegas, contribuindo para a criação de um caldo aspiracional de mudança.

Não tardaria para que essa nova geração entrasse em choque com o modelo de desenvolvimento hegemônico brasileiro — o mesmo que sustentara o arranjo lulista. E percebesse que esse modelo tinha teto baixo. Em suas três vertentes de inclusão — econômica, educacional e cultural —, o modelo de transformação vigente começou a apresentar limitações, que passaram a configurar uma barreira para que as aspirações de futuro tivessem continuidade. O lulismo fizera a sociedade brasileira subir alguns degraus, em uma escala inédita na história do país. Mas, de repente, o alçapão sobre a escada se fechou, e o movimento de subida cessou.

A redistribuição de renda no período se deu por meio daquilo que André Singer denominou "pacto conservador", em que a parcela mais rica da população praticamente não foi afetada. Para que tal operação fosse possível, foram necessários dois elementos: o papel de "figura arbitral" assumido por Lula, que operou como conciliador das classes;[30] e o crescimento econômico, impulsionado pelo mercado de commodities, que contribuiu para que o incremento da renda da parcela mais pobre se desse sem que essa renda fosse retirada dos mais ricos.

De todo modo, a redistribuição de renda na base da pirâmide durante os governos petistas não se deu sem perdedores. Como pode ser visto nos dados organizados pelo economista Marc Morgan, a metade mais pobre da população brasileira aumentou sua participação na renda total de 12% para 14% entre 2001 e 2015, enquanto os 10% mais ricos subiram de 54% para 55% — dentro dessa faixa, o 1% mais rico viu sua parcela da renda crescer de 26% para 28%. Já o meio da pirâmide, onde está 40% da população, viu sua participação na renda decair de 33% para 31% no período. Em uma estrutura econômica desigual como a brasileira, esse miolo que perdeu renda é, comparativamente a outros países, pobre.[31]

Além disso, a migração de amplos setores para a classe C não foi acompanhada de políticas públicas que garantissem aquilo que o economista Amartya Sen chama de "expansão das capacidades" de maneira sustentável. Ao contrário, a aposta na inclusão pelo consumo via ampliação do crédito deu um teto baixo ao arranjo. Por um lado, onerava-se excessivamente um estrato econômico de poder aquisitivo limitado com gastos privados em transporte, saúde, educação, moradia etc.; e, por outro, gerava-se uma série de impactos na coletividade derivados da ampliação de soluções de cunho exclusivista.

O primeiro dos efeitos sufocava a própria classe C emergente, que alguns chamavam de "nova classe média". A inclusão econômica significava, para muitos, a libertação de serviços públicos precários. Ante os transportes coletivos de péssima qualidade, compravam-se carros e motocicletas a prestações; ante a morosidade no avanço da educação pública, optava-se pela escola particular; as dificuldades com o sus incentivavam a contratação de planos de saúde; a carência de espaços públicos de recreação e lazer induziam ao uso de opções privadas etc. Esses e outros serviços e produtos privados cresceram durante os governos petistas, e, junto com eles, o endividamento das famílias.

Os gastos privados em educação, saúde, transporte e segurança eram significativos para aqueles que chegavam à classe C — cujo rendimento familiar mensal estava mais próximo do piso que do teto do estrato econômico. Quando a atividade econômica refreou, diante da redução dos investimentos públicos, da deterioração fiscal causada pelas desonerações e das políticas erráticas na economia do governo de Dilma Rousseff, o endividamento tornou-se um limite para o consumo das famílias, contribuindo para a retração da demanda. Tudo isso levou à recessão econômica iniciada em 2015.

Já o segundo efeito da ampliação das soluções privadas sufocou toda a sociedade. Faixas relevantes da classe média e da elite brasileira optaram, desde muito, por soluções privatistas cuja universalização significaria a nulidade de seus objetivos, ou até mesmo efeitos contrários aos desejados. A lógica dos condomínios residenciais, dos shoppings e dos automóveis particulares, que explodiram nas cidades brasileiras, faz com que os problemas que eles se propõem a resolver se ampliem para a maioria, pelos efeitos gerados por sua adoção. Como, na Nova República, não houve políticas consistentes para reverter essa tendência, o crescimento da classe C derramou água no moinho das soluções privatistas. A massificação de soluções não universalizáveis tornou-se um tormento.

Esse conflito, que marcou a ascensão da classe C no lulismo, fica explícito na questão do transporte. Desde muito, os pobres foram jogados em transportes públicos precarizados, enquanto os ricos circulavam com certa velocidade e conforto em seus carros. Quando chegava a vez de parte dos historicamente excluídos adquirirem seus automóveis, a massificação desse meio havia tornado o trânsito pior para todos, com grande impacto no tempo de deslocamento, na poluição sonora e do ar e na degradação dos centros urbanos. O aumento das frotas de veículos particulares é um dos principais fatores de piora do transporte coletivo. Por isso, a adesão ao automóvel por parte da nova classe C agravou ainda mais a vida dos que não ascenderam ao novo padrão de consumo.

De outro lado, o boom visto na indústria automotiva não gerou incremento dos empregos de qualidade. A concentração dos incentivos às montadoras privilegiou um setor de baixa ocupação, enquanto segmentos mais intensivos em mão de obra se desnacionalizavam. A desindustrialização seletiva pela qual o país passou resultou em queda dos empregos de maior remuneração e qualidade. Isso fez com que o cômodo da classe C, além do teto baixo, tivesse uma porta de saída pequena. Embora tenha havido migração para as classes A e

Piso alto, teto baixo

B, ela não chegou a 25% do total de pessoas que ingressaram na C entre 2003 e 2011.[32]

Tudo isso criou um conflito para os milhões de jovens que passaram a acessar o ensino superior. Com o diploma em mãos, a maior parte não encontrava emprego à altura das expectativas. Como resume o economista Marcio Pochmann, que presidiu o Ipea no segundo governo Lula, 95% das vagas de emprego formal criadas entre 2004 e 2010 foram de até 1,5 salário mínimo. Boa parte desses empregos foi gerada no setor de serviços, na área de telemarketing e outros segmentos de baixa remuneração.[33]

Um paradoxo marcou a questão do trabalho durante os governos petistas. Embora tenha havido crescimento da formalização, e o país tenha atingido níveis de pleno emprego no início da década de 2010, isso se deu às custas de baixos salários, terceirização e precarização. O número de trabalhadores terceirizados saltou de cerca de 3 milhões, em 2003, para 12,7 milhões, em 2013. Esses trabalhadores recebiam quase 25% menos que os não terceirizados, além de enfrentarem jornadas maiores e taxas de rotatividade altíssimas.[34] Ou seja, a classe C emergente no período lulista foi majoritariamente formada por trabalhadores precarizados.

Se o Brasil não tinha uma população jovem desempregada e com alta escolaridade quando eclodiram as Revoltas de Junho, como fora o caso nas revoltas globais de 2011, por aqui havia milhões de jovens cuja promessa de ascensão vinha sendo frustrada por empregos ruins e carência de serviços e espaços públicos urbanos. E essa geração havia elevado seu patamar de aspirações graças às políticas de inclusão econômica, educacional e cultural dos governos petistas.

Revoltas não ocorrem apenas quando as coisas vão mal. Aparecem também quando avanços sociais que vinham tomando embalo são refreados. Ou quando esses avanços não são acompanhados por mudanças institucionais, criando um descompasso entre as aspirações da sociedade e o que os governos são capazes de entregar. O historiador francês Alexis de Tocqueville notou, já no século xix, como a Revolução Francesa fora fruto de um momento de melhora das condições de vida na França, sem que houvesse mudança institucional no mesmo rumo — em seus termos, a prosperidade inédita do reinado de Luís xvi "apressou a Revolução".[35]

No Brasil do século xxi, deu-se um arranjo parecido. De um lado, uma nova geração empoderada, que passava a demandar formas de vida democráticas e baseadas em ideais de direitos. De outro, um modelo social engessado, privatista, incapaz de absorver a ascensão social em curso e as aspirações de mudança. O choque entre essas duas tendências marcaria as Revoltas de Junho de 2013. Mas um olhar atento permite perceber que os conflitos começaram a emergir antes, desde o final do segundo governo Lula. Por isso, abordaremos as revoltas de 2013 como um ciclo expandido, que se inicia já em meados de 2010.

10. Da Copa eu abro mão

O CLIMA ERA DE TENSÃO naquela tarde de outubro de 2010. Famílias acampadas em um pátio acimentado aguardavam ansiosas a chegada de uma visitante. A Polícia Militar marcava presença, ostentando agressividade. Havia um mês que o edifício conhecido como Torres Gêmeas, na região leste de Belo Horizonte, fora desocupado pela polícia após um incêndio em um dos apartamentos. O edifício abrigava uma ocupação antiga, iniciada após o abandono da obra pela construtora. Com a desocupação, os moradores construíram um acampamento no pilotis do prédio, sem acesso a seus bens pessoais e sem alternativa de realocação.

Pelo final da tarde, a aguardada visitante chegou. Era Raquel Rolnik, urbanista e professora da USP, que àquela época era relatora especial da ONU pelo direito à moradia. Acionada pelos movimentos sociais, ela conseguiu uma audiência com o prefeito de Belo Horizonte. As notícias, entretanto, não eram boas. "O prefeito não apresentou nenhuma solução, nenhuma proposta para a situação que está sendo vivida aqui", ela relatou para moradores e ativistas.[1] Após o encontro, a urbanista se reuniu com movimentos sociais e colocou na pauta uma questão: estava preocupada com o aumento das remoções nas capitais brasileiras, no contexto da realização de obras para megaeventos internacionais.

O histórico de atuação de Rolnik expressava um descompasso abordado no capítulo 5. Ela integrou a primeira equipe do Ministério das Cidades, na gestão de Olívio Dutra. Assumiu a Secretaria de Programas Urbanos, responsável, dentre outros projetos, pela campanha para que os municípios realizassem planos diretores participativos. Após a saída de Olívio, ela ainda seguiu por dois anos à frente da Secretaria, buscando incidir sobre as políticas do governo em um contexto desfavorável. Jogou a toalha em 2007 e voltou para as salas de aula.

No mesmo ano, o Brasil vivia a expectativa de uma definição importante: o país seria confirmado para sediar a Copa do Mundo de 2014. A divulgação oficial seria em Zurique, na Suíça, onde fica a sede da Fifa. A avaliação era de que a realização do megaevento internacional no país, depois de 64 anos, seria um grande trunfo político. Membros do governo desenhavam estratégias para que Lula fosse percebido como "patrono" da Copa. O presidente estava em seu segundo mandato e planejava passar o bastão para o sucessor em 2010. Dizia-se que ele poderia voltar a se candidatar em 2014. Como a Copa seria realizada naquele ano, a ideia era colar sua imagem à do evento.[2]

A cerimônia em Zurique foi repleta de políticos e celebridades. Junto ao presidente, figuraram no palco outros políticos, o técnico da seleção brasileira, Dunga, o ex-jogador Romário e o escritor Paulo Coelho. Doze governadores integraram a comitiva, dentre eles Aécio Neves e José Serra, do PSDB, Sérgio Cabral, do PMDB, Eduardo Campos, do PSB, e Cid Gomes, do PDT, entre outros. Cada um buscava, à sua maneira, exercer influência para favorecer suas regiões.[3] Os jogos da

Copa ocorreriam em doze capitais, que receberiam obras de infraestrutura e teriam seus estádios reformados. Em tese, isso seria benéfico.

Três anos depois, quando Rolnik se reuniu com os movimentos de moradia de Belo Horizonte, outra face do processo começava a se explicitar. A relatora de habitação da onu estudara as remoções de moradores pobres no contexto da preparação da Copa da África do Sul. E passou a chamar a atenção dos movimentos sociais brasileiros para a pauta. A ida a bh foi uma das muitas viagens feitas por ela no período. Rolnik articulou, junto aos movimentos sociais, a criação de uma rede nacional voltada para os impactos sociais da Copa do Mundo.

O pontapé oficial dessa rede se deu um mês depois da conversa realizada na capital mineira. Em novembro de 2010, ocorreram em São Paulo e no Rio de Janeiro dois encontros em que se debateu de forma mais sistematizada aquilo que havia sido sugerido na reunião de bh. Foi a primeira vez que coletivos de diversas cidades brasileiras se reuniram para tratar do tema.[4] Falou-se das remoções na África do Sul, do legado deficitário dos Jogos Olímpicos na Grécia, das remoções e violações de direitos humanos que já se avizinhavam no Brasil.

Nascia ali uma rede de atores que cresceria em importância nos anos seguintes e que estaria no olho do furacão das Revoltas de Junho de 2013. Eles replicariam, nas doze cidades-sede, um modelo de organização que já vinha sendo experimentado em Fortaleza: os Comitês Populares da Copa, ou Copacs. Estes eram coalizões de movimentos sociais dedicados a acompanhar a transformação das cidades e os impactos sobre os mais vulneráveis. A rede nacional dos comitês ganharia o nome de Articulação Nacional dos Comitês Populares da Copa, ou Ancop.

Em suma, as conversas dos grupos chegaram a dois diagnósticos. O primeiro era de que as obras para os megaeventos produziriam violações de direitos humanos, as quais demandavam organização para serem combatidas. O segundo era de que a realização de jogos no país poderia ser objeto de protestos, como havia ocorrido na África do Sul. Os ativistas presentes passaram a se organizar para incidir sobre o primeiro ponto e para fazer o segundo acontecer. Criar caldo para realizar protestos passou a ser um dos objetivos. Naquele momento, a meta poderia parecer distante ou utópica.

A Copa da Fifa

Nas últimas décadas, o maior torneio de futebol do mundo passou por uma migração geopolítica, ligada ao momento econômico mundial. De 1982 a 2006, a Copa foi realizada em países do Norte Global. A exceção foi a edição no México, em 1986. Espanha, Itália, Estados Unidos, França, Japão (junto com Coreia do Sul) e Alemanha sediaram o evento nos demais anos. A partir de 2010, o torneio migraria para países do chamado "mundo em desenvolvimento". África do Sul, Brasil, Rússia e Catar seriam os anfitriões dessa nova fase. Para alguns críticos, a mudança serviu também para evitar o controle social mais rigoroso das democracias mais robustas e ampliar as facilidades obtidas pela Fifa em jovens democracias ou países autoritários.[5]

A Federação Internacional de Futebol não é caracterizada exatamente pela prática democrática. Durante 24 anos, entre 1974 e 1998, ela teve um único presidente. João Havelange estacionou na cadeira mais importante da entidade em um momento de expansão para novos membros e de aumento da atratividade financeira dos campeonatos. Incluindo países da África e da Ásia, Havelange foi aumentando sua base de apoio. Os vultosos recursos que passaram a envolver a transmissão de jogos, com a consolidação da televisão pelo planeta, financiavam a manutenção desse apoio.[6]

Com isso, a Fifa construiu um poder político e econômico colossal. E o ciclo de torneios em países do Sul Global coincidiu com o ápice desse poderio. Nos 28 anos que separam a Copa de 1982, na Espanha, e a de 2010, na África do Sul, o faturamento da Fifa com o evento saltou de 82 milhões para 3,8 bilhões de dólares. No Brasil, em 2014, esse valor chegou a nada menos do que 5 bilhões de dólares.[7] Esse grande crescimento foi alavancado pelos patrocínios e direitos de transmissão. A venda de ingressos tornou-se uma receita irrisória para a entidade. O papel das arquibancadas passou a ser produzir belas imagens para a TV.

A combinação entre escalada no faturamento e baixas transparência e democracia interna fez da Fifa uma torneira de dinheiro — para alguns poucos. Até 2016, 24 pessoas compunham o comitê executivo da entidade e auferiam por volta de 50 mil dólares por mês. Ao que parece, o secretário-geral recebia o dobro disso. A remuneração do presidente não é conhecida, apesar dos esforços de jornalistas para descobri-la. Esses dirigentes sempre gozaram de hotéis cinco estrelas, automóveis de luxo com motorista, diária de quinhentos euros em viagens e outras benesses do tipo. Esse *petit comité* raramente se renova — os dirigentes ficam décadas nos cargos.[8]

As regalias são a ponta do iceberg de uma série de esquemas de corrupção protagonizados pela entidade nas últimas décadas. As denúncias incluem recebimento de propinas de patrocinadores, compra de votos em eleições, sonegação de impostos e suborno de agentes públicos. João Havelange recebeu da empresa de marketing ISL 1,5 milhão de dólares em suborno, em troca de dar à empresa o direito de transmissão de Copas do Mundo. Ricardo Teixeira, o presidente da Confederação Brasileira da Futebol (CBF), que era genro de Havelange, levou 12,5 milhões de dólares.[9]

Após um quarto de século à frente da Fifa, Havelange migrou para a cadeira de "presidente de honra" e emplacou seu sucessor, Joseph Blatter. O suíço fora secretário-geral por anos e sabia operar os esquemas. Depois que o contrato de publicidade das Copas de 2002 e 2006 foi entregue à ISL, um pagamento secreto de 1 milhão de francos suíços caiu por engano na conta da Fifa. Consta que Blatter ordenou que o dinheiro fosse transferido para um dirigente da entidade, que seria o destinatário original da propina. Esta é somente uma das diversas situações indecorosas narradas pelo jornalista da BBC Andrew Jennings, que passou anos investigando os negócios da federação.[10] O avanço das investigações de corrupção obrigou Havelange e Blatter a deixarem seus cargos, em 2013 e 2015, respectivamente.

As somas envolvidas na realização da Copa do Mundo fizeram da Fifa não somente uma organização corrupta, mas também com poder de corromper os países. Na Copa da África do Sul, em 2010, uma série de leis e regras foram flexibilizadas de maneira arbitrária em prol da Fifa. O governo teve que bancar a reforma dos estádios, investindo bilhões de dólares em algo que não deveria ser a prioridade em um país coalhado de carências. Para que os operários de uma dessas obras pudessem ter instalações satisfatórias, uma escola pública foi desalojada, e as crianças passaram a ter aulas em contêineres improvisados.[11]

Não faltaram situações do tipo no Brasil. A exigência de adequação das regras vigentes no país ao "caderno de encargos da Fifa" gerou uma situação de estado de exceção sem precedentes na Nova República. A Lei Geral da Copa, firmada em 2012 para atender à realização da Copa das Confederações, em 2013, e à Copa do Mundo, no ano seguinte, formalizou a arbitrariedade. Um dos pontos mais polêmicos da lei foi a criação do "território Fifa", que limitou uma série de atividades no perímetro de dois quilômetros dos estádios e das "Fan Fests". Comerciantes já estabelecidos nesses locais tiveram de interromper suas atividades. O livre acesso a logradouros públicos, base do funcionamento democrático nas cidades, foi sumariamente interrompido.

A lista de normas constitucionais que foram suspensas é extensa. O Estatuto da Criança e do Adolescente foi descumprido com a permissão do trabalho infantil nos estádios, prática proibida no Brasil desde 2004. O direito à meia-entrada nos estádios, também vigente no país, foi ignorado. O Código de Defesa do Consumidor foi desconsiderado, com o abandono dos critérios para compra, cancelamento, devolução e reembolso dos ingressos.[12]

Em suma, regras seguidas rotineiramente no Brasil foram suprimidas para que uma organização internacional conhecida pela concentração de poder, pelos privilégios dos dirigentes e por casos de corrupção pudesse realizar a Copa do Mundo mais lucrativa de sua história. O sentimento de injustiça resultante dessa situação não foi pequeno e contribuiu para a fervura do caldeirão que transbordou em junho de 2013. Mas a corrupção da Fifa e a ingerência nas leis brasileiras seriam apenas uma parte do conjunto de insatisfações geradas pela megaevento.

A Copa das empreiteiras

Quando foi anunciada a realização da Copa do Mundo no Brasil, políticos e cartolas afirmavam que as reformas dos estádios seriam financiadas exclusivamente pela iniciativa privada. O presidente da CBF, Ricardo Teixeira, disse as seguintes palavras: "A Copa do Mundo será melhor quanto menos dinheiro público for investido".[13] O ministro dos Esportes, Orlando Silva, chegou a afirmar que "não haverá um centavo de dinheiro público para os estádios".[14] A palavra do momento era "legado". Políticos, da esquerda à direita, evocavam os benefícios que o país herdaria do evento.

O entusiasmo se ancorava em um senso comum, de que megaeventos geram oportunidades de atrair recursos e realizar obras que não ocorreriam de outra maneira. Embora esta seja uma ideia recorrente, ela não vence a prova dos fatos. É o que demonstram o economista Stefan Szymanski e o jornalista Simon Kuper, que examinaram os torneios realizados em diversos países para verificar os benefícios gerados pelo turismo, a origem dos investimentos e a adequação das obras. Concluíram que, via de regra, o investimento público excede em muito o privado, o incremento de turistas é pouco relevante e as obras realizadas raramente atendem às prioridades locais. Ou seja, sairia mais barato para os países fazer investimentos em infraestrutura sem sediar torneios.[15]

Realizar uma Copa talvez não seja um grande benefício econômico para a sociedade, mas pode ser para alguns poucos. Após sua saída da relatoria de direitos humanos da ONU, Raquel Rolnik produziu um livro sobre as disputas pela terra urbana a que assistiu em diversos países. Para ela, os megaeventos esportivos propiciam um ambiente político que blinda as obras do "escrutínio democrático-burocrático do dia a dia da gestão pública".[16] Eles criam uma situação de anormalidade que faz com que projetos tramitem de forma mais rápida, impactos sejam subestimados e os mecanismos democráticos de questionamento, enfraquecidos. Assim, tornam-se uma oportunidade para agentes econômicos com muito poder viabilizarem investimentos que dificilmente seriam priorizados em outro contexto.

A urbanista aponta como interesses de grupos econômicos distintos têm se articulado nas cidades em torno de grandes projetos de transformação urbana, em que avenidas, túneis, pontes e canalizações "financiam o custo das obras propostas pelas empreiteiras, abrindo simultaneamente novas frentes para a extração de renda e alimentando a máquina de financiamento das campanhas".[17] Os megaeventos servem ao esquema para aplicar uma camada de euforia e legitimação em torno das obras.

A combinação, no auge do lulismo, entre a criação desse clima de euforia, a blindagem do sistema político e o poderio das construtoras criou uma situação de acentuada privatização dos benefícios da Copa no Brasil. Uma profusão de obras foi realizada, gerando dezenas de bilhões de reais em negócios para as empreiteiras. Não por acaso, as que mais foram capazes de capturar esses ganhos foram as grandes, que cresceram durante a ditadura e seguiram com suas práticas pouco lícitas ao longo da Nova República. No Rio de Janeiro, por exemplo, as "quatro irmãs" — Odebrecht, OAS, Camargo Corrêa e Andrade Gutierrez — dominaram os consórcios das dez maiores obras de infraestrutura.[18]

E a promessa de que não haveria dinheiro público nos estádios não prosperou. Muito pelo contrário, a iniciativa privada respondeu por somente 7% dos investimentos nas reformas.[19] Os governos estaduais arcaram com as obras de dez estádios, que totalizaram quase 5 bilhões de reais.[20] Houve ainda o aporte de crédito subsidiado do BNDES e de bancos públicos. Após a reforma com recursos públicos, os estádios foram concedidos para a iniciativa privada. Em alguns casos, foram mesmo consórcios liderados por empresas pertencentes às holdings das grandes empreiteiras que assumiram a gestão das "arenas".

Por exemplo o Maracanã. A reforma do estádio estava prevista em 600 milhões de reais, mas custou o dobro disso. A obra foi paga pelo governo do estado, que se endividou com o BNDES. As executoras da obra foram a Odebrecht e a Andrade Gutierrez. Já em 2014, o Tribunal de Contas do Estado do Rio de Janeiro apontou o superfaturamento de 67,3 milhões de reais na empreitada. Após a reforma ser concluída, um consórcio com participação da Odebrecht ganhou a concessão e passou a administrar o estádio e a receber os recursos de ingressos, estacionamento e publicidade. Em contrapartida, pagava 7 milhões de reais anualmente ao governo do estado. Mas o valor não chega a um terço dos juros que este passou a pagar pelo financiamento feito para bancar a reforma.[21]

Situações similares ocorreram Brasil afora. Em Manaus, um estádio desenhado pelo arquiteto Severiano Porto, singular por sua inserção na paisagem urbana, foi demolido para dar lugar a outro estádio que comportava o mesmo público.[22] Em Belo Horizonte, a reforma do Mineirão foi financiada pelo BNDES, que emprestou 400 milhões de reais a juros subsidiados ao consórcio de empreiteiras que assumiu o estádio. O governo teve de assumir pagamentos à concessionária durante os 27 anos seguintes. Em 2022, esses pagamentos já haviam atingido 1 bilhão de reais. Pelo contrato, não há risco de a empresa ter perdas: se o faturamento em determinado mês for pequeno, o repasse do governo compensa a perda.[23]

Esse processo foi acompanhado pela elitização dos estádios, com o aumento do preço dos ingressos. Essa pedra já era cantada por especialistas e dirigentes esportivos à época da preparação da Copa do Mundo. Dizia-se que os gastos dos torcedores nos estádios poderiam ser potencializados e que seria necessário reservar espaços, "com menos visibilidade e preços menores", para as camadas populares.[24] De fato, o país assistiu a um boom do preço dos ingressos após a reforma dos estádios. Quem foi a um clássico do futebol carioca em 2013 pagou 65% menos do que quem foi assistir a uma partida do tipo em 2010.[25]

Em Belo Horizonte, o preço médio do ingresso saltou de dezoito reais, em 2010, para mais de cinquenta reais, em 2013. Em 2014, caiu para cerca de 45 reais. Nos anos seguintes, com a crise econômica, os preços continuaram em queda, mostrando que houve uma escalada após as reformas. Essa explosão foi sentida principalmente pela população mais pobre, excluída da experiência de futebol à qual estava habituada. Essa exclusão, gerada a partir de reformas em que foram investidos bilhões de dinheiro público, foi mais um dos fatores a gerar a indignação que explodiu nas ruas em 2013.

A Copa das remoções

Os ativistas que fundaram os Comitês Populares da Copa em 2010 acertaram no diagnóstico. Nos anos seguintes, iniciaram-se as remoções de famílias pobres nas capitais que receberiam os jogos. A justificativa era a realização de obras que atenderiam ao evento, grande parte delas rodoviárias. O expediente é antigo no país — remete às obras levadas a cabo por Pereira Passos no Rio de Janeiro em 1904. A razão de fundo, cem anos depois, não havia mudado: tratava-se de adequar as cidades brasileiras a supostos padrões internacionais e empurrar as zonas de pobreza para fora da vista.

Mas, dessa vez, a prática das remoções se contrapunha a um movimento que ocorrera em outro sentido. Desde os anos 1980, a sociedade brasileira criou uma série de mecanismos institucionais para a proteção do direito à moradia. Isso se iniciou com a inserção dos capítulos sobre a reforma urbana na Constituição de 1988, avançou com a promulgação do Estatuto da Cidade, em 2001, e com a implementação de planos diretores municipais nos anos seguintes. O resultado foi um conjunto de normas, com diferentes estratégias para

Da Copa eu abro mão

a proteção da moradia. As obras da Copa colocaram esse conjunto em suspensão, ou reduziram seus efeitos.[26]

A violência institucional foi regra nas remoções, de Porto Alegre a Fortaleza, do Rio de Janeiro a Cuiabá. A falta de informações e de transparência deixava os moradores no escuro, em momento de grande tensão. A realização de pinturas sobre as paredes das casas que seriam removidas produzia estigmatização social. A demolição ágil das casas com remoção autorizada criava uma paisagem de guerra nos bairros. A falta de alternativas justas de realocação, que respeitassem padrões estabelecidos de garantia de mudança para a mesma região, produziam prejuízos muito concretos para as famílias.

Protocolos desse tipo seriam inimagináveis em bairros de classe média ou alta, mas foram recorrentes no período em outras áreas. De modo que a prática de exclusão que marcou a história do Brasil, em que parte da sociedade é vista como desprovida de direitos, não foi eliminada com os avanços sociais, econômicos e políticos da Nova República. Segundo o dossiê realizado pela Ancop, mais de 250 mil pessoas foram expulsas de suas casas por obras ligadas à Copa do Mundo e às Olimpíadas. Segundo a contabilidade do governo federal, o número seria a metade disso. Seja como for, trata-se de centenas de milhares de pessoas obrigadas a deixar seus lares e que tiveram a vida impactada.[27] Grande parte delas viu sua casa demolida para dar lugar a uma pista extra de avenida ou a uma alça de viaduto.

Houve situações, ainda, em que os projetos utilizados como justificativa para as remoções não foram levados adiante. Foi o caso do Loteamento São Francisco, um bairro consolidado na cidade de Camaragibe, próximo ao novo estádio na região metropolitana do Recife. Em teoria, as casas deveriam ser retiradas para dar lugar a obras de mobilidade urbana. Os moradores mais antigos viviam ali há mais de quarenta anos, conformando redes de vizinhança e afeto. A perspectiva da eliminação do bairro produziu uma série de adoecimentos na população, com registros de casos de AVC, infarto e depressão.[28]

Após as remoções, a obra prevista não foi realizada. As novas pistas e a ampliação de um terminal de ônibus, cujo projeto nunca foi apresentado publicamente, não saíram do papel. No lugar das casas, ruas, praças, árvores, lojas, bares e quintais, ficou um terreno abandonado que depois passou a ser utilizado como garagem por uma empresa de ônibus. Como resumiu uma ex-moradora, "a sensação é [de] que tiraram a gente pra nada, pra no fim das contas botar aquele terreno na mão da especulação imobiliária".[29] Situação semelhante ocorreu em Porto Alegre, com a remoção de centenas de famílias da Vila Dique e da Vila Nazareth — o objetivo seria dar lugar à ampliação do aeroporto, mas a obra não saiu do papel.[30]

Essas são situações-limite de uma prática que afetou centenas de milhares de pessoas. Mesmo quando as obras foram realizadas, a percepção de injustiça era recorrente. A realização de remoções com pouca transparência e as negociações no limite da chantagem deixaram as pessoas reféns, o que invertia o papel do Estado. Em vez de mediador imparcial e aparato de reivindicação da cidadania, a percepção comum entre os removidos era de que o Estado servia a interesses obscuros, de grupos com força política e econômica. A visão não era desprovida de razão.

Diante desse processo, os Copacs tornaram-se espaços de articulação relevantes, produzindo relatórios, contribuindo para a informação de moradores, articulando campanhas e manifestações, mediando negociações institucionais. Grande parte da resistência às remoções contou com a participação dos comitês. Ao produzirem relatórios e veiculá-los nas mídias e redes, eles davam visibilidade a um problema que tenderia a ser invisibilizado. Ao atuarem em diálogo com os moradores, os comitês os ajudavam a lidar com a burocracia estatal e a organizar a resistência. Ao mediarem negociações com o Estado, buscavam melhorias objetivas ou redução de danos para os afetados. Ao articularem campanhas e manifestações, tentavam evitar que remoções fossem levadas adiante.

Como seria de esperar, a maior parte dessas ações não foi capaz de frear os projetos ou impedir as remoções. A atuação do Comitê Popular da Copa de Pernambuco não conseguiu impedir que o Loteamento São Francisco fosse destruído para dar lugar a um terreno baldio. A campanha "Chave por chave", articulada pelo Comitê Popular da Copa de Porto Alegre nas remoções do bairro Cristal, geradas pela duplicação de uma avenida, propunha que os moradores só deixassem "suas casas quando tivessem a chave da casa nova em mãos".[31] A campanha fez com que o estado comprasse terrenos no entorno, mas a realocação não ocorreu. Os movimentos no Rio de Janeiro conseguiram produzir uma vitória judicial contra a remoção da Vila Autódromo, mas o estado acabou por retirar os moradores utilizando outras estratégias.[32]

Em alguns casos, os comitês obtiveram vitórias parciais. Por exemplo em Fortaleza, onde os movimentos de resistência às remoções geradas pela obra do VLT fizeram o governo alterar o projeto e reduzir as áreas impactadas. Ainda assim, por volta de 5 mil famílias foram removidas.[33] Em Belo Horizonte, as casas de cerca de setenta famílias da Vila Recanto UFMG foram removidas para dar lugar à alça de um viaduto. O Copac tentou impedir a remoção e não foi bem-sucedido, mas acabou conseguindo negociar o reassentamento para um conjunto habitacional nas proximidades.

Em suma, os comitês populares tiveram poucas vitórias absolutas, muitas derrotas e algumas vitórias parciais. A luta era árdua, contra interesses econômicos e políticos fortes, e a atuação dos grupos foi capaz de dar visibilidade às situações, reduzir danos e produzir rachaduras no consenso que se construía em torno dos benefícios dos megaeventos. Além do mais, quando se trata da vida de pessoas que estão na base da pirâmide social, cada pequena melhoria nas condições de reassentamento tem impacto direto em redução de prejuízos e sofrimento.

Mas houve um outro tipo de resultado alcançado pelos comitês: a articulação de grupos de luta, sua organização em frentes de atuação e a difusão de discursos contra-hegemônicos. Ante a adesão dos movimentos sociais da geração anterior à institucionalidade, no contexto dos governos petistas, os comitês da Copa representaram um importante esforço da nova geração de movimentos em torno da moradia. Quando chegaram as revoltas de 2013, esses grupos estiveram no front da convocação de protestos em muitas cidades, se somando a outras lutas que eclodiam no período.

11. Fissuras na hegemonia

DILMA ROUSSEFF BATEU À PORTA da Casa Fora do Eixo, em São Paulo. O ano era 2011, e a presidenta iniciava seu mandato. O Fora do Eixo, rede de coletivos culturais que vinha se articulando desde 2006, chegara à capital paulista havia pouco. Um colega avisou a Pablo Capilé que a presidenta o esperava no portão. Ele desceu as escadas e custou a acreditar no que viu. Dilma preferiu não entrar e convidou o rapaz para tomar um refrigerante no bar da esquina. Ela queria conversar sobre o Ministério da Cultura. E trouxe logo uma boa nova: "Pode ficar tranquilo, meu filho, a Ana de Hollanda não vai durar nada no governo". Antes que pudesse comemorar, Capilé acordou.

O sonho do ativista do Fora do Eixo ocorreu em meio a uma forte tensão em torno das políticas culturais do governo federal.[1] Gilberto Gil saíra do Ministério da Cultura em 2008, após cinco anos à frente da pasta. Foi sucedido pelo seu secretário-executivo, Juca Ferreira. Nos oito anos do governo Lula, as políticas apontaram para o mesmo lado. Na transição para o primeiro governo de Rousseff, abriu-se uma disputa. Segmentos ligados à classe artística tradicional acabaram emplacando seu nome: Ana de Hollanda, cantora, tradutora, gestora cultural e irmã do músico Chico Buarque.

Uma das primeiras ações da nova gestão foi retirar o rótulo "Creative Commons" do site do Ministério. A polêmica foi grande — artistas, coletivos e intelectuais passaram a denunciar a guinada na orientação das políticas. A superação do regime de propriedade intelectual por formas mais abertas de distribuição de conteúdo era um dos pilares da visão de cultura que emergia no país. Eis um exemplo da elevação de patamar das aspirações ocorrida durante o lulismo: se a guinada se desse em 2004, possivelmente passaria batida; em 2011, tornou-se um cavalo de batalha.

A mudança de diretriz veio ao mesmo tempo que outras rupturas com o trabalho desenvolvido no Ministério da Cultura. Políticas exitosas como a Cultura Viva deixaram de receber recursos e incentivos. Os Pontos de Cultura minguaram país afora. Integrantes da gestão anterior falavam em "desmonte".[2] Para muitos que acompanhavam as políticas culturais, era como se tivesse sido eleito um governo de oposição, e não de continuidade. Os grupos atuantes na área passaram a denunciar os retrocessos e pedir a demissão da ministra. O Fora do Eixo foi um dos articuladores disso.

Essa não foi a primeira cisão de grupos de esquerda com os governos petistas. Situações anteriores tiveram dinâmica similar. Em meados de 2004, insatisfeitos com a reforma da Previdência recém-aprovada, um grupo de deputados petistas se desfiliou do partido e criou o PSOL. Em 2008, após sucessivas derrotas nas disputas contra projetos de hidrelétricas, Marina Silva deixou o Ministério do Meio Ambiente — sua saída foi um ponto de inflexão na ruptura de lideranças ambientalistas e dos povos originários com o governo. Em 2010, como vimos, ativistas descontentes com as políticas urbanas se organizaram para se contrapor a remoções e convocar manifestações, por meio dos Comitês Populares da Copa.

Os setores ligados à cultura talvez fossem a peça que faltava para que o coro dos descontentes ampliasse seu alcance. Os grupos anteriores sabiam fazer atos de rua ou críticas em manifestos. A chegada da turma da cultura ao campo crítico trazia inovações de performance que seriam centrais para a etapa que se iniciava. Os atos de rua ganhariam nova cara. A fusão entre eventos festivos nos espaços públicos e reivindicações políticas passaria a marcar a nova cena pública do país.

Em São Paulo, naquele 2011, essa cena estava em ebulição. Em maio, uma decisão judicial proibiu a realização da Marcha da Maconha, manifestação que vinha crescendo em organização. Em protesto contra a censura, coletivos da cidade convocaram a Marcha da Liberdade, que reivindicava a liberdade de expressão e manifestação. Esse foi um evento diverso, em que pautas das mais variadas foram colocadas na avenida — do feminismo ao vegetarianismo, dos direitos LGBT ao ambientalismo, passando pela rejeição ao preço das tarifas de ônibus, à grande imprensa, à opulência do sistema bancário e à "ditadura da chapinha", como escrito num cartaz exposto na rua.[3]

Esse conjunto de pautas expressava um tipo de agenda comum em momentos históricos de superação de mazelas econômicas. Trata-se da disputa por aquilo que a filósofa alemã Rahel Jaeggi caracteriza como formas de vida. Na elaboração da autora, formas de vida são conjuntos de práticas coletivas que constituem a vida cotidiana, marcadas por inércia e, ao mesmo tempo, por transformações ao longo do tempo. Por dizerem respeito a como se organiza a ordem social, elas são objeto e resultado de disputas. Por isso, "conflitos que são muitas vezes erroneamente classificados como 'choques de culturas' ou como crises nas bases dos sistemas morais" podem ser "compreendidos como conflitos sobre a integridade e a constituição de formas de vida", em suas palavras.[4]

Esses conflitos costumam também produzir o alargamento das formas das manifestações. Diferentemente das disputas que se situam dentro da economia capitalista, que assumem as feições clássicas de greves, discursos, marchas etc., as lutas por mudanças nas formas de vida costumam ser marcadas pela experimentação performática. Os movimentos de 1968 foram icônicos nesse sentido. Em meio às barricadas de Paris, as frases pichadas nos muros reivindicavam "A imaginação no poder". A expressão criativa e o atravessamento com práticas culturais são centrais quando se reivindicam outros modos de organização da existência cotidiana.

Outro evento marcante desse tipo de experimentação ocorreu ainda naquele maio de 2011 em São Paulo. Seu nome já dava o tom da irreverência — Churrascão da Gente Diferenciada, um protesto de deboche realizado no bairro de Higienópolis, tradicional reduto da elite paulistana. O ato questionava o exclusivismo brasileiro e reivindicava a convivência diversa nos espaços públicos. A notícia de que seria criada uma estação de metrô no bairro fora motivo de insatisfação de alguns moradores, que organizaram um abaixo-assinado contra a obra, ao qual aderiram cerca de 3,5 mil pessoas. Em uma entrevista, uma moradora chegou a dizer que a estação de metrô atrairia "gente diferenciada". A fala gerou indignação nas redes, e um protesto foi convocado pelo Facebook. Conta-se ter havido

Fissuras na hegemonia 219

50 mil confirmações em seis horas. No dia do evento, estiveram presentes pouco menos de mil pessoas. Para o jornalista Bruno Torturra, que àquela época trabalhava na revista *Trip*, o Churrascão significou "uma mudança completa na estética e no ativismo de São Paulo, um momento muito importante, que abriu um campo para pessoas como eu, que não se sentiam seduzidas pelas manifestações, apesar de frequentá-las", já que "no Churrascão havia humor, ironia, constrangimento da política, festa, memes".[5]

No ano seguinte, a fusão entre festa e reivindicação política daria as caras outra vez por ações articuladas pelo Fora do Eixo durante as eleições municipais de São Paulo. No primeiro turno, com a expressiva intenção de votos nas pesquisas para a prefeitura do apresentador de tv Celso Russomanno, coletivos realizaram a ação #AmorSimRussomannonoNÃO, que veiculava críticas ao político nas ruas e redes. Acabaram contribuindo para que ele perdesse força e ficasse de fora do segundo turno.

Com a disputa afunilada entre Fernando Haddad, do pt, e José Serra, do psdb, os grupos realizaram o ato #ExisteAmorEmsp, que ocupou a praça Roosevelt com uma ampla programação poucos dias antes do segundo turno. Artistas da cena emergente como Criolo, Emicida e Gaby Amarantos se apresentaram no palco improvisado, montado sem autorização oficial. Cerca de 20 mil pessoas compareceram. O festival ia além das apresentações artísticas, veiculando uma série de discursos em torno do direito à cidade e à cidadania, do meio ambiente e do combate aos preconceitos.

Esquerda praiana em BH

Mal haviam começado as rimas, os MCs foram interrompidos pela polícia. Eles já imaginavam que isso poderia acontecer. Afinal, eram jovens de classe média ou baixa, boa parte deles negros. Não havia nenhuma ilegalidade em improvisar rimas de rap em uma praça pública, sem equipamento de som e em grupos pequenos. Mas fazer isso em uma das principais praças da cidade, que fora recém-reformada, foi demais para os protocolos elitistas locais. Os rapazes foram convidados a migrar o encontro para uma rua lindeira, com menos visibilidade.

O ano era 2007, e o local era a praça da Estação, em Belo Horizonte. O encontro era um desdobramento de uma competição nacional de rap, ocorrida na cidade pouco antes. Realizada em casas de espetáculos, a competição consistia no duelo entre MCs, cada um respondendo ao outro com rimas de improviso. Após a edição, alguns amigos decidiram estender a ação no espaço e no tempo. Ou seja, transformar um evento esporádico realizado em lugares fechados em um encontro cotidiano nos espaços públicos. Vetada a praça da Estação, o grupo aceitou a solução da rua lateral, onde passou a fazer encontros semanais de batalhas de rimas.

Nos dias de chuva, a turma migrava para um anfiteatro sob o viaduto Santa Tereza, elemento icônico da paisagem e da história da capital. Este acabou se tornando o local definitivo do Duelo de MCs, definido após uma enquete realizada na rede social Orkut, àquela altura a mais popular no país.[6] O uso desse expediente para referendar uma tomada de decisão naquele momento teve caráter pioneiro e se tornaria recor-

Fissuras na hegemonia

rente em uma geração que buscava formas de democratização de suas práticas.

Ocorrendo às sexta-feiras à noite, o Duelo de MCs tornou--se um ponto de encontro crescente de jovens da cidade. A localização no hipercentro era estratégica, já que a maioria das linhas de transporte coletivo passava pela região. Além de um espaço de festa e lazer, tornou-se uma ágora pública de debate e proliferação de ideias sobre a vida cotidiana. A violência, a pobreza, a desigualdade, as abordagens policiais, o transporte público, a carência de espaços de lazer, entre outros, eram temas das batalhas de rap, encenadas com ataque e defesa em tempos cronometrados. Os vencedores de cada round eram definidos pela manifestação do público.

Desde os anos 1970, os centros urbanos brasileiros assistiram a um progressivo esvaziamento e degradação. O processo ocorreu por meio de um círculo vicioso: o boom de veículos produzia degradação ambiental, isso induzia à fuga dos centros, as ruas esvaziadas tornavam-se inseguras e, assim, intensificava-se a evasão. Durante décadas, os espaços públicos das áreas centrais foram compreendidos por uma chave ambígua: embora fossem tomados como áreas residuais, destinadas aos despossuídos e marginalizados, recebiam eventualmente reformas voltadas para a valorização de suas imagens — mas não de seu uso.

Uma das transformações profundas geradas pela revolução geracional ocorrida durante os governos petistas disse respeito à percepção dos espaços públicos. Estes passaram a ser compreendidos como elementos essenciais da vida cotidiana — lugares do encontro, de manifestações culturais e da vida política. A intercessão entre cultura e política que vimos ter ocorrido em São Paulo se deu também em diversas capitais, e sua essência era a ocupação dos espaços públicos. Em Belo Horizonte, é importante ressaltar que esse movimento partiu de jovens de periferia, com a criação do Duelo de MCS em 2007. Em seguida, outros grupos se somariam à tendência.

No ano seguinte, Belo Horizonte elegeu um prefeito cuja gestão seria marcada por ações elitistas. Tendo participado da luta contra a ditadura quando estudante, Márcio Lacerda se tornara um empresário bem-sucedido do setor das telecomunicações, com um patrimônio milionário. Em 2008, foi escolhido pelo então governador Aécio Neves, do PSDB, e pelo então prefeito Fernando Pimentel, do PT, para ser um candidato de consenso dos dois partidos, antagonistas históricos, na sucessão para a prefeitura. A esquerda encerrava dezesseis anos de gestão municipal, com boa avaliação, passando o bastão a um personagem sem histórico na política, que nem mesmo residia na cidade.

Ao final do primeiro ano de sua gestão, Lacerda acendeu sem querer o pavio da nova cena da esquerda da capital mineira. Após conflitos em torno do uso da praça da Estação, o prefeito editou um decreto em que proibia "eventos de qualquer natureza" no local. A compreensão do espaço urbano pelo gestor parecia reafirmar a lógica de sua vida no condomínio: nela não prevalecia a mediação do conflito pela negociação, mas a interdição paternalista operada pelo síndico.[7] O problema é que quem não está acostumado a negociar tampouco tem o hábito de ser alvo de manifestações. E a resposta foi contundente.

Em protesto contra a interdição do uso da praça, foi convocada a Praia da Estação, um encontro em que jovens em

Fissuras na hegemonia

trajes de banho se esbaldavam na árida esplanada contígua ao edifício da estação ferroviária. A irreverência do ato não era pequena. Diferentemente de cidades litorâneas, a capital mineira não estava habituada a assistir a moças de biquíni e rapazes de calção de banho nos espaços públicos. Muito menos a rapazes de maiô e moças sem sutiã, como também começou a acontecer. A Praia pegou — quanto mais a prefeitura tentava reprimir, com investidas policiais ou mesmo com o desligamento das fontes da praça, mais o encontro crescia e se firmava como a principal arena da oposição ao prefeito.

Em seu início, a Praia da Estação era composta por um amálgama de autonomistas, militantes da esquerda partidária e ativistas ligados à cena cultural, majoritariamente de classe média. Por diversas razões, os últimos acabaram por se destacar, e a Praia ficou conhecida como ponto de encontro de uma nova geração política, apelidada de "esquerda festiva" — que remetia à esquerda festiva dos anos 1960 e 1970 e sua investida pelas transgressões de hábitos e costumes.

Naquele momento, setores desse grupo iniciavam um outro experimento, que ganharia mais importância de forma surpreendente em poucos anos: a retomada do Carnaval de rua, que estava esvaziado na capital havia décadas. Em uma cidade que, assim como São Paulo, já foi conhecida por ser o "túmulo do samba", o ativismo pela ocupação dos espaços urbanos e pela convivência democrática ganhou escala pelo viés da praia e do Carnaval.

O sentido de ação pelo direito à cidade no Carnaval de rua pode soar pouco convincente para quem se habituou a ver os grandes cortejos de trios elétricos, abadás e áreas VIPs. No entanto, para quem viveu desde o início a construção de um

Carnaval de rua auto-organizado em uma cidade marcada pelo esvaziamento da vida pública, salta aos olhos o aspecto contra-hegemônico da folia, provocador de outras formas de vida. A ocupação dos espaços públicos, a retomada da cidade como lugar de convívio, a liberdade de deslocamento, os trajes — tudo isso produzia sentidos em muito distintos dos habituais nas metrópoles brasileiras.

Em 2009, três blocos de Carnaval saíram às ruas na capital mineira, rompendo com o vazio profundo que prevalecia na cidade no período do Carnaval. A experiência deu certo, e foi crescendo nos anos seguintes. Cinco blocos em 2010, doze em 2011 e assim por diante. Em 2014, já eram mais de duzentos. A transgressão fundamental era a retomada das ruas em uma cidade entregue ao trânsito motorizado. Esse ponto era comum em muitos relatos do período — o caráter ao mesmo tempo simples e transformador de se ocupar o centro das ruas com os corpos.[8]

Além de constituir um espaço de convivência em que era necessário "olhar no olho do outro",[9] o Carnaval das Alterosas desenvolveu uma vertente de conexão direta com as lutas urbanas. Alguns blocos passaram a organizar seus cortejos em territórios em disputa, como ocupações urbanas, bairros periféricos carentes de saneamento, terrenos abandonados, áreas verdes visadas pela especulação imobiliária. Em alguns casos, o evento carnavalesco ajudava a ativar a solidariedade com os territórios, resultando em ações ativistas que transbordavam o período de folia.[10]

Toda essa cena lúdica ganhou coesão política com o movimento Fora Lacerda, uma articulação construída pelos movimentos sociais de oposição ao prefeito. O Fora Lacerda

Fissuras na hegemonia 225

conectava os círculos do novo ativismo, de caráter festivo e irreverente, com organizações mais tradicionais. Assim, banhistas da Praia da Estação passaram a construir atos com os rappers do Duelo de MCs, militantes da luta pela moradia, vizinhos de áreas verdes ameaçadas, membros de coletivos autonomistas e dirigentes de sindicatos e partidos de esquerda. Isso criou a liga que resultou na atuação conjunta desses grupos nas revoltas de 2013, por meio da Assembleia Popular Horizontal, e que faria com que a capital mineira mantivesse um sentido mais claramente à esquerda nos atos.

Lei seca, viadutos e espigões no Recife

Aquele final de 2011 foi quente na capital pernambucana. Em calor e também em polêmicas. No início de dezembro, foi aprovado em primeira instância o projeto de lei da então vereadora Marília Arraes, do PT, que proibia o consumo de bebidas alcoólicas à noite nos espaços públicos da cidade. A proposta recebeu forte oposição nas redes. A vereadora participou do debate por meio de seu perfil no Facebook, o que elevou o interesse pela polêmica. Ao final, os argumentos dos opositores tiveram mais força e fizeram com que a proposta fosse derrubada. Talvez tenha sido a primeira vez no Recife que uma discussão em redes sociais fez cair um projeto de lei.[11]

À mesma época, um grupo de amigos — alguns participantes da mobilização contra a Lei Seca — identificou um projeto de quatro viadutos em uma avenida importante da cidade. A Agamenon Magalhães era marcada por grande vitalidade urbana, e tinha espaços públicos, lojas, supermercados, igrejas e edifícios residenciais em seu entorno. Os viadutos integravam o projeto de um corredor de transporte público que fazia parte das obras para a Copa do Mundo. Percebendo que a intervenção viária produziria degradação no local e que não possuía estudos de impacto sobre a vizinhança, o grupo acionou o Ministério Público.[12]

As duas mobilizações produziram o encontro e a troca entre atores com interesses comuns. A coesão social aí produzida acabou se tornando a semente do coletivo Direitos Urbanos, que atuaria em diversas frentes no Recife nos anos seguintes. A mais conhecida delas foi o movimento Ocupe Estelita — mas não foi, nem de longe, a única. O Direitos Urbanos se envolveu em debates sobre o Plano Diretor, sobre leis de acesso à informação, sobre ameaças a áreas de preservação ambiental, sobre o abandono de bens patrimoniais, entre outros.[13]

Os viadutos da Agamenon Magalhães, assim como a duplicação da avenida em Porto Alegre, são casos de desvirtuação de princípios básicos de mobilidade urbana. Trata-se de situações em que políticas rodoviaristas — que privilegiam e estimulam o uso de veículos particulares — são inseridas em meio a obras que deveriam favorecer o transporte público e a mobilidade ativa. Como vimos, esse rodoviarismo camuflado ocorreu amiúde no período. Dois terços das obras de "mobilidade urbana" nas cidades-sede da Copa contemplaram ampliação de pistas para carros e construção de viadutos.[14]

Após a ação protocolada no Ministério Público, uma audiência pública foi chamada em março de 2012, na qual representantes de entidades e especialistas criticaram a ênfase automobilística dos viadutos e cobraram estudos de impacto.

Fissuras na hegemonia

O governo do estado, visando aplacar os ânimos sem mudar o rumo do projeto, apresentou pequenas alterações, como a inserção de passarelas e mudança na topografia de uma rua. O discurso do governo era de que a decisão já estava tomada. Poucas semanas depois, o Crea (Conselho Regional de Engenharia e Agronomia) e o IAB (Instituto de Arquitetos do Brasil) de Pernambuco publicaram notas se opondo à construção dos viadutos, criticando sua elaboração sem ouvir a sociedade, seus impactos no tecido urbano e sua ineficácia para o trânsito.[15]

A pressão obrigou o governo de Pernambuco a ajustar sua rota. Em junho daquele ano, a Secretaria das Cidades realizou um pregão para contratação de estudos de impacto ambiental e de vizinhança dos viadutos. Em vez de subsidiarem a decisão sobre fazer ou não a obra, os estudos técnicos obrigatórios foram contratados seis meses após o anúncio dela. Para muitos ativistas, a situação evidenciava a posição tendenciosa do governo.[16]

Em agosto, grupos de oposição ao projeto realizaram um protesto, chamado de Ocupe Agamenon. Contando com a presença de coletivos de ciclistas, de ativistas do Direitos Urbanos e de outros movimentos da cidade, o evento reuniu uma ou duas centenas de manifestantes. Houve atividades como rodas de conversas, oficinas infantis e exposição de cartazes sobre mobilidade em uma praça na região que seria impactada pelas obras.[17]

Em fevereiro de 2013 o secretário das Cidades do governo do estado, Danilo Cabral, veio a público afirmar que os estudos de impacto haviam sido concluídos e que não havia nenhum impedimento para a obra. O governo, no entanto, se recusava a tornar públicos os estudos. O grupo Direitos Urbanos entrou com um pedido de acesso à informação, solicitando a divulgação dos relatórios dos estudos de circulação e de impacto ambiental e na vizinhança.[18]

Ao que parece, o secretário blefava. Dois meses após afirmar que tinha estudos favoráveis, Danilo Cabral anunciou a suspensão da construção dos viadutos. Em suas palavras, "o corredor Norte/Sul será construído da mesma forma que tinha sido anunciado, apenas com a ausência dos viadutos".[19] A afirmação, que parecia visar dar normalidade à mudança e evitar a percepção de derrota do governo, tinha também um outro sentido: o de que o corredor de transporte público poderia funcionar normalmente sem os viadutos, que seriam acessórios. Este foi, aliás, o principal argumento das entidades e especialistas. A justificativa para a desistência foi de que as obras dos viadutos tornariam o trânsito na cidade caótico, e o projeto seria adiado. Na realidade, ele nunca foi retomado.

A vitória do movimento não foi um feito pequeno, dados os interesses políticos e econômicos em jogo e o empenho do governo em realizar a obra. Ainda mais porque o governador era Eduardo Campos, um político hábil, bem-avaliado e conhecido por sua capacidade de convencimento. O grupo Direitos Urbanos foi sagaz em acionar instâncias judiciais e entidades no momento certo e em deixar evidentes as fragilidades do projeto. Assim, obteve uma vitória que foi singular no contexto — diversas obras similares foram levadas a cabo no Recife e em outras capitais brasileiras no período.

A próxima batalha travada pelo grupo seria mais difícil. O Cais José Estelita já fora um ponto vibrante da economia pernambucana. Nele era armazenado muito do açúcar pro-

Fissuras na hegemonia

duzido nos engenhos do estado, que chegava ali pela estrada de ferro, uma das primeiras do país. Dos galpões, as sacas do produto eram levadas para os navios, rumo a outros países. As edificações remanescentes remetiam ao século XIX e à primeira metade do século XX. No início do século XXI, a maior parte delas estava abandonada.[20] Os capitais da elite pernambucana, historicamente oriundos da economia açucareira, haviam se diversificado — um de seus ramos era o setor imobiliário, que enxergou nos galpões uma oportunidade.

Em 2008, a Rede Ferroviária Federal colocou os mais de 100 mil metros quadrados do Cais José Estelita à venda. Um consórcio imobiliário formado por quatro construtoras foi o único concorrente do leilão e pagou 55,4 milhões de reais pela área. O local foi arrematado por 554 reais o metro quadrado, cerca de dez vezes menos do que o valor praticado em áreas similares da cidade.[21] O consórcio formado pelas quatro empreiteiras ganhou o nome de Novo Recife, e pretendia construir doze torres residenciais e comerciais de alto luxo no local, além de estacionamentos para veículos. À época, houve algum debate na imprensa sobre a proposta, e depois o assunto esfriou.

No final de 2011, quando a cidadania recifense começava a se articular pela internet, voltaram a aparecer notícias do Novo Recife. E percebeu-se que a tramitação do projeto estava avançada, embora não cumprisse uma série de obrigações legais. Em março de 2012, graças à pressão da sociedade, foi convocada uma audiência pública sobre o tema. Pessoas que haviam se conhecido pelo Facebook na resistência ao projeto da Lei Seca mobilizaram-se para a reunião, na qual muitas delas se encontraram presencialmente pela primeira vez (e no dia seguinte fundaram o grupo Direitos Urbanos).[22] Na audiência, a promotora Belize Câmara apontou uma série de irregularidades no projeto do Novo Recife e arrancou aplausos efusivos ao final de sua fala.

Os debates sobre o tema seguiram intermitentes naquele ano de 2012 e perderam força no período eleitoral. No final do ano, veio o golpe. O Conselho de Desenvolvimento Urbano da prefeitura aprovou o projeto no dia 28 de dezembro, em um momento em que as atenções da opinião pública estavam dispersas. A sessão, realizada no apagar das luzes da administração do prefeito João da Costa, do PT, ampliou a indignação social. Com a aprovação do projeto pela prefeitura, as ações do coletivo Direitos Urbanos, que tinham foco institucional, tornaram-se insuficientes para a disputa.

O caso explicita uma questão já mencionada: muitos dos mecanismos de participação criados desde a Constituição de 1988 tinham passado a girar em falso, descolados dos processos de decisão concretos do poder público — estes ocorriam em proximidade com o poder econômico. Com o crescimento dos investimentos e as intervenções urbanas ligadas a megaeventos internacionais, a situação se acirrou. Para um participante do Direitos Urbanos, o trabalho do grupo tratava de "desconstruir uma série de teatros de participação popular que a prefeitura criava".[23]

Logo no início de 2013, uma ação do Ministério Público foi acatada pela Justiça e resultou na suspensão da aprovação do projeto Novo Recife. Nesse momento, o assunto estava na boca do povo, e havia cada vez mais gente envolvida na resistência. Na semana seguinte, a promotora de Defesa do Meio Ambiente, Belize Câmara, responsável pela ação, foi afastada do cargo no Ministério Público. Evidenciava-se uma situação de extrema blindagem, em que a maior parte das forças do estado parecia servir aos interesses das construtoras.

No campo político, eram poucos aqueles a quem a população podia recorrer. As forças progressistas, cuja maior expressão em Pernambuco eram o PT e o PSB, estavam do outro lado do balcão. Revezavam-se nos governos municipal e estadual, e atuavam de forma bastante alinhada com o empresariado em projetos como o do Novo Recife. O contexto tinha muito de "pós-democracia", termo usado por Chantal Mouffe para tratar do processo de captura dos Estados pelo poder econômico nos países do Norte Global.[24]

No Recife, a resposta a esse estado de coisas foi expressiva. Cada vez mais gente se somou à luta do Direitos Urbanos. Assim nasceu o movimento Ocupe Estelita, que passou a ser integrado por ativistas de diversas áreas, cineastas, coletivos autonomistas, militantes da esquerda partidária, movimentos populares de bairro etc. O Ocupe Estelita bebia dos expedientes performáticos e festivos das experiências anteriores em outras capitais brasileiras, mas o fazia em torno de uma pauta de grande mobilização, com forte capacidade de comunicação e de atuação na luta institucional.

As frentes se retroalimentavam. Os encontros, festivais, shows e ocupações no Cais José Estelita serviam para aumentar a visibilidade e criar coesão entre os participantes. A disputa institucional, como as ações do Ministério Público, produzia resultados de curto prazo e aumentava a percepção da possibilidade de vitória — algo essencial para o engajamento. A boa capacidade de comunicação nas redes e a produção de vídeos de grande impacto amplificavam o alcance da questão. A participação de atores da cena audiovisual de Pernambuco, que floresceu estimulada por políticas públicas, teve papel central na disputa — mais um exemplo de como políticas culturais e educacionais elevam a capacidade de ação da sociedade.

O Ocupe Estelita talvez tenha sido o mais expressivo dos movimentos em torno do direito à cidade no Brasil no período, e deu visibilidade a um tipo de luta que se replicaria em outras cidades. Revelaria também algumas fragilidades comuns aos movimentos, como a complexidade das tomadas de decisão em estruturas horizontais e porosas; os conflitos entre membros de distintas origens e visões; e as dificuldades de participar da política como ator negociador. Essas dificuldades cobrariam seu preço no momento em que a disputa se intensificou. Apesar de toda a força, o Ocupe Estelita não conseguiu vencer o consórcio empresarial, estatal e policial que atuou pelo projeto Novo Recife.

A luta contra os carros em Porto Alegre

A previsão era de chuva naquela sexta-feira de fevereiro de 2011. Os organizadores da Massa Crítica em Porto Alegre estavam preocupados se haveria quórum para a edição daquele mês. O evento chegara à capital gaúcha um ano antes, quando meia dúzia de ciclistas saíram pelas ruas da cidade numa noite de verão. Nos meses seguintes, a participação nas pedaladas foi aumentando. Em dezembro de 2010, já havia mais de duzentos ciclistas no encontro.[25]

Fissuras na hegemonia

Criada em 1992 em San Francisco, na Califórnia, a Massa Crítica consiste na realização de bicicletadas nos centros urbanos. Elas configuram oportunidades de usufruir das cidades sobre duas rodas e, ao mesmo tempo, reivindicar mudanças nas políticas de mobilidade urbana. Nos anos seguintes, as bicicletadas se espalharam pelo mundo, articuladas por grupos de orientação autonomista. Essencial para isso foi a difusão da internet e da cultura de blogs, que contribuiu para disseminar debates sobre formas de vida alternativas.[26] No Brasil, não foi diferente — pela ação de grupos envolvidos na luta antiglobalização, a primeira Massa Crítica chegou a São Paulo, em março de 2002, e por meio da internet que a experiência se espalhou para outras cidades do país.[27]

O tempo ruim não inibiu os ciclistas naquela sexta-feira de fevereiro na capital gaúcha. Cerca de 150 saíram às ruas com suas bicicletas. A Massa Crítica ocorria normalmente, até que o pior aconteceu. Um motorista atacou os ciclistas de forma criminosa, avançando com seu carro para cima do grupo. Muitos se machucaram gravemente e foram levados às pressas para o hospital. Os que restaram tentaram acionar a polícia, mas o criminoso não foi preso. Alguns acharam que seria o fim da Massa Crítica em Porto Alegre, mas aconteceu o contrário. No domingo seguinte, mais de duzentos ciclistas se reuniram para debater como responder à situação. A participação do segmento nos debates sobre a cidade estava apenas começando.

Naquele ano, Porto Alegre começava a se preparar para a Copa do Mundo. Como em outras capitais, houve uma defasagem entre promessas e realidade nas obras do megaevento. As promessas eram de metrô, melhoria do transporte público e revitalização do Centro. A realidade era marcada por propostas, como a do secretário de Indústria e Comércio da prefeitura, de transformar um largo histórico da região central em estacionamento. O largo Glênio Peres, localizado em frente ao também histórico Mercado Público, era um lugar diverso e amplamente utilizado, que abrigava feirantes, artesãos independentes e músicos de rua.

Logo que a proposta do estacionamento veio a público, a prefeitura editou um decreto que proibia manifestações artísticas e feiras de rua sem autorização prévia, o que na prática impossibilitava as ações de diversos grupos. Rapidamente o largo foi se tornando de fato um estacionamento, já que motoristas começaram a parar seus carros ali ao final da tarde. A proposta da gestão municipal parecia ser tornar a região do mercado mais atrativa para a elite, que não estava disposta a usar transporte público para ir ao Centro.

Em resposta, ativistas convocaram um evento de ocupação do largo, que, parodiando a intervenção em Higienópolis em maio, foi chamado de Farofada da Gente Desqualificada. O nome não pegou, mas a ocupação, sim — em algum tempo, ela foi rebatizada de Largo Vivo. A ocupação era organizada por grupos de esquerda e coletivos diversos, dentre eles os cicloativistas. Embora inicialmente não fosse volumoso, o encontro manteve regularidade semanal e foi crescendo aos poucos, especialmente quando bandas locais se apresentavam. Em setembro de 2012, a prefeitura deu aos manifestantes o mote que faltava, ao instalar no meio do largo um boneco inflável do mascote da Copa do Mundo, o Fuleco. "Aquilo foi tomado como provocação deliberada por parte da prefeitura", relembram ativistas envolvidos na movimentação.[28]

Os movimentos sociais logo convocaram um protesto, em frente à prefeitura, chamado Defesa Pública da Alegria, para o dia 4 de outubro.[29] Em seguida, parte da manifestação rumou para o largo. Se calhasse, pretendiam derrubar o Fuleco. O que ocorreu mesmo foi uma repressão violenta da Polícia Militar, que não economizou em seus expedientes protocolares para expulsar os manifestantes. No dia seguinte, os principais veículos de imprensa aplaudiram a ação policial. O poder econômico, a mídia corporativa e as forças de segurança estavam alinhadas com os propósitos da prefeitura. A coalizão em defesa da Copa do Mundo e das obras de transformação da cidade mostrava sua coordenação.

O fato, entretanto, deu força ao movimento Largo Vivo. O Fuleco tornou-se um oponente simbólico, que representava a entrega de um patrimônio coletivo a interesses privados. Diversos grupos da cidade se solidarizaram com os manifestantes que apanharam da polícia e foram presos arbitrariamente. Como resultado, o movimento se expandiu, extravasando o círculo ativista e agregando novos públicos. O largo tornou-se palco de manifestações culturais e sociais as mais diversas. A opinião pública virou a favor de sua preservação. Sentindo a mudança de ventos, a prefeitura jogou a toalha e desistiu do estacionamento.

Muitas das pessoas envolvidas nas movimentações sociais de Porto Alegre enxergam a luta do Largo Vivo como central para a coesão de diversos grupos sociais. Nesse sentido, ela teve um papel similar ao da Praia da Estação e do movimento Fora Lacerda em Belo Horizonte. Trata-se de lutas que foram capazes de expandir os círculos de mobilização inicial e que se tornaram elementos simbólicos de oposição a um certo estado de coisas. No fazer cotidiano desses movimentos, pessoas se encontram, conexões se estabelecem, afetos são produzidos. No caso do Largo Vivo, tudo isso gerou a liga necessária para as movimentações que emergiram na capital gaúcha em 2013. E elas seriam, mais uma vez, ligadas à mobilidade urbana.

Em abril de 2013, um grupo de ativistas decidiu realizar um protesto de formato novo para os padrões locais. Em lugar de uma passeata, marcha ou mesmo de um festival cultural como o do Largo Vivo, fizeram um acampamento. A prática remetia aos acampamentos realizados nas praças espanholas e dos Estados Unidos em 2011. Em Porto Alegre, ela visava evitar a eliminação de 115 árvores no centro da capital, que dariam lugar à duplicação de uma avenida.

A obra, também justificada no contexto da Copa do Mundo, desvirtuava princípios básicos de mobilidade urbana. Ampliava o espaço para veículos particulares e tornava mais árdua a vida dos pedestres, sem trazer melhorias para o transporte público. Esses pontos foram apresentados em documento do IAB do Rio Grande do Sul, em que eram enumeradas catorze razões para se opor à duplicação da avenida. Dentre os argumentos estavam os prejuízos causados ao deslocamento dos moradores de uma comunidade vizinha e o aumento da velocidade e dos acidentes, com especial prejuízo para crianças, idosos, mulheres grávidas e pessoas com deficiência. Por fim, o documento sugeria que a prefeitura investisse os recursos em melhorias do transporte público.[30]

O acampamento dos ativistas foi capaz de impedir o avanço da obra por mais de um mês. Se as máquinas viessem, eles prometiam subir nas árvores para impossibilitar seu corte.

Fissuras na hegemonia

Mas, por várias razões, o grupo não alcançou força social para vencer a disputa. Após mais de quarenta dias de acampamento, a ocupação foi desfeita por uma ação truculenta da Brigada Militar, realizada de madrugada, e que envolveu uma série de violações de direitos humanos.[31] Os ativistas foram conduzidos à delegacia ilegalmente — já que não cometeram nenhum crime — e a prefeitura iniciou o corte das árvores às seis horas da manhã, "limpando" o caminho para a realização da obra.

O Ocupa Árvores não teve o mesmo sucesso do Largo Vivo. Mas o abril de 2013 em Porto Alegre não foi só de derrotas. Uma luta pela redução da tarifa dos transportes, vitoriosa naquele mesmo mês, deu início aos movimentos que explodiriam em junho em São Paulo.

12. A revolta dos centavos

ENTRE A CIDADE BAIXA e o bairro do Rio Vermelho, em Salvador, levam-se quarenta minutos em transporte público. Naquele agosto de 2003, Daniel Caribé levou o dia inteiro. Estudante de graduação em administração pública e atuante no movimento estudantil, ele visitava sua mãe, na cidade de Valença, quando foi avisado que eclodira uma rebelião na cidade. O motivo era o aumento de vinte centavos na tarifa de ônibus. Caribé arrumou a mochila e regressou à capital. Quando desembarcou do catamarã, viu que não havia ônibus para ir para casa, já que a cidade estava bloqueada pelos protestos. Fez o trajeto de mais de seis quilômetros a pé, e foi parando em cada foco de rebelião que encontrava nas portas das escolas.[1]

Quebrava-se um período de quinze anos de calmaria das lutas pelo transporte no Brasil. A criação do vale-transporte, em 1987, arrefecera as mobilizações contra aumentos tarifários. Mas o mecanismo não foi capaz de levar a melhorias estruturais nos serviços, e deixava de fora aqueles que não tinham emprego em regime de CLT. Trabalhadores informais, desempregados e estudantes eram afetados pela alta das tarifas, que cresceram acima da inflação no período.

A Revolta do Buzu, como ficou conhecida a rebelião de Salvador, foi liderada por estudantes, que, ainda que pagassem meio passe nos dias letivos, eram impactados pelos aumentos. Além disso, muitos expressavam preocupações com os gastos familiares com transporte. Entre os manifestantes nas ruas, eram recorrentes afirmações de que "minha família não tem condição de pagar um preço desses", porque "quem ganha salário mínimo não tem condições de pagar isso tudo".[2]

A capital baiana não via manifestações daquela envergadura desde o quebra-quebra de agosto de 1981, que começara após um aumento de 64% na passagem dos ônibus e extravasara a questão do transporte, já que fora acompanhado por saques e depredações de mercados e lojas. Se o protesto de 1981 replicava a fúria incontrolável das rebeliões populares no Brasil desde o final do século XIX, o de 2003 tinha contornos distintos, marcantes da nova geração de revoltas.

O país era outro. Ainda havia muita pobreza, mas a situação era em muito diferente da carestia aguda vivida pela base da sociedade ao longo do século XX. Além do mais, a ampliação do acesso à educação na Nova República produzira uma juventude mais politizada. Por tudo isso, a Revolta do Buzu deixou para trás alguns aspectos daquilo que Eric Hobsbawm denominou turba urbana. Arrefeceu-se o caráter excessivamente destrutivo e inconsequente, e fortaleceu-se a objetividade da pauta — no caso, a redução da tarifa de ônibus.

De todo modo, alguns traços dos levantes anteriores prevaleceram. Em sua caminhada de mais de seis horas pelos focos da Revolta do Buzu, Daniel Caribé conta ter se impressionado com a fúria da população que se organizava nas portas das escolas. O sentimento de direito usurpado pelo aumento de um serviço público de uso cotidiano era patente, assim como a disposição para o enfrentamento nas ruas a fim de reverter a situação. A Revolta do Buzu acabou por replicar também algumas dificuldades dos ciclos anteriores, como a pouca organização e a relação conflituosa com setores da esquerda.

Esses dois últimos aspectos foram marcantes e terminaram por acentuar uma clivagem que se perpetuaria nas lutas pelo transporte nos anos seguintes. Depois de dias de mobilização — que parava o trânsito da cidade, incomodava o poder político e obtinha apoio da opinião pública —, a prefeitura resolveu negociar com os manifestantes. Para isso, articulou-se uma comissão formada por entidades estudantis e outras lideranças. O problema é que essa comissão não representava todos os grupos nas ruas, tampouco fora escolhida por eles.

A comissão chegou a um acordo com o governo, que resultava na ampliação do meio passe estudantil. Ficava de fora, porém, a maior pauta da mobilização — a revogação do aumento de vinte centavos. Na reunião, membros da comissão prometeram dar fim às manifestações após o acordo. O poder político e econômico tentou, pelo atendimento da pauta estudantil, desmobilizar as ruas sem atender à demanda de maior impacto orçamentário. A aposta era de que as ruas morreriam. Não foi bem assim.

A rejeição ao acordo foi forte entre os que estavam fora da sala. Para muitos, não adiantaria melhorar a circulação dos estudantes se seus familiares pagassem uma tarifa cara. Novas manifestações foram chamadas e novas assembleias destituíram a comissão de negociação, que não havia sido instituída em fórum coletivo. As pautas do movimento foram reafirmadas com clareza, dando ênfase à redução da tarifa. Os protestos se seguiram, ainda expressivos, mas já menos densos. A imprensa noticiava o acordo, e a polícia se sentiu mais à vontade para reprimir. A segunda onda da Revolta do Buzu não foi capaz de alcançar nenhuma vitória objetiva.[3]

Teve sabor agridoce, como se vê, o evento que marcou a retomada das revoltas pelo transporte no Brasil. De um lado, a ampla mobilização popular mostrou que o dique do vale-transporte estava cheio de furos. As conquistas obtidas pela comissão de negociação evidenciaram que havia força para alcançar melhorias na disputa com o poder público. Mas a baixa organização cobrou seu preço, e a principal pauta das ruas não foi atendida.

Mais do que isso, a Revolta do Buzu ampliaria um racha entre movimentos autonomistas e aqueles ligados à esquerda institucional. Nos anos seguintes, vídeos e textos que analisavam a instrumentalização da revolta por organizações ligadas a partidos circularam pelo país. Evitar que os movimentos fossem cooptados por interesses político-partidários passou a ser uma questão recorrente, quase uma obsessão, nos círculos autonomistas. As posturas adotadas para que isso não acontecesse acabariam levando a formas de atuação que marcariam as Revoltas de Junho de 2013 e seus desdobramentos.

Do passe livre estudantil à tarifa zero

Era para ser um momento solene, mas as condições atmosféricas não ajudaram. A plenária atravessou o dia naquele sábado de verão em Porto Alegre. O bafo quente pesava o ambiente, o suor pregava os corpos nas cadeiras de plástico. Duas centenas de jovens passaram longas horas sob uma tenda no gramado de um parque próximo ao rio Guaíba. Apesar dos momentos de maior tensão, com direito a bate-boca e saída abrupta de um grupo de descontentes, conseguiu-se pelo meio da tarde chegar à redação da carta de princípios.[4]

Os termômetros marcavam 32 graus quando o texto resultante da reunião foi lido ao microfone. A essa altura, muitos dos presentes estavam sem camisa, outros de pé ou estirados no chão. "O Movimento Passe Livre é um movimento autônomo, independente e apartidário — e não antipartidário. Nossa disposição é de frente única, mas com os setores reconhecidamente dispostos à luta pelo passe livre estudantil e pelas nossas perspectivas estratégicas." Aplausos e alívio. Pronto, estava fundado o Movimento Passe Livre, ou MPL, uma federação nacional de núcleos locais que passaria a articular as lutas pelo transporte público no Brasil.[5]

A fundação do MPL, em janeiro de 2005, era um desdobramento dos acontecimentos dos anos anteriores. Após a Revolta do Buzu, em Salvador, o tema do transporte reacendeu país afora. Emergiram coletivos de luta pelo transporte, focados em impedir aumentos tarifários e em reivindicar o passe livre estudantil. O próximo quebra-quebra ocorreria em junho de 2004, em Florianópolis, contra o aumento de 15% nas tarifas de ônibus da cidade. Desta vez o ciclo foi vitorioso. Resultou na revogação do aumento e na aprovação de um projeto que garantia transporte gratuito aos estudantes. Superando o trauma de Salvador, o movimento da capital catarinense mostrava que era possível conjugar processos de luta abertos e horizontais com resultados concretos.[6]

O entusiasmo com a vitória dos florianopolitanos se espalhou pela juventude de esquerda país afora. A recente difusão da internet permitia a troca ágil de informações, e os grupos

A revolta dos centavos 243

de luta pelo transporte passaram a se conectar e a organizar encontros presenciais. Já em julho daquele ano, a cidade abrigou um encontro com ativistas de outras cidades, em que se discutiu a criação de uma Campanha Nacional pelo Passe Livre. A turma passou três dias em um camping na região norte da ilha, enfrentando o vento frio do inverno e pensando maneiras de fortalecer as mobilizações.[7] Seis meses depois, em 29 de janeiro de 2005, houve a fundação do MPL no Fórum Social Mundial.

Conforme vimos, o ano de 2005 abrigou eventos marcantes de tendências conflitantes que colidiriam em pouco tempo. O ano em que Olívio Dutra foi destituído do Ministério das Cidades, que passou a ser comandado por um político alinhado às elites econômicas, foi também o da criação de um movimento nacional decisivo para a pauta do direito à cidade. Não deixa de ser simbólico que o MPL tenha sido fundado na mesma Porto Alegre que sediou as políticas municipalistas do PT nos anos 1990, quando Dutra fora prefeito.

O MPL se estabelecia a partir dos princípios de "autonomia, independência, horizontalidade e apartidarismo", como colocado no manifesto de fundação. Os expedientes eram os do autonomismo que ganhara a cena nos protestos de Seattle na virada do milênio. A partir desse momento, a luta pelo transporte no Brasil teria uma organização nacional, articulada pela federação de núcleos locais e que passou a servir como fórum de compartilhamento de experiências e incentivo às mobilizações.

Em Florianópolis, em maio de 2005, a gestão que se iniciava na prefeitura tentou reeditar o aumento da tarifa. A resposta popular foi contundente. Quatro semanas de protestos massivos derrubaram o aumento. A vitória dos manifestantes foi, mais uma vez, comemorada nos círculos estudantis e da esquerda país afora, dando força ao recém-criado MPL, que crescia em diferentes regiões. Em julho daquele ano, aconteceu o segundo encontro nacional do movimento, desta vez em Campinas.

Mas o evento que mudaria a história do MPL ocorreria no ano seguinte. Foi em julho de 2006, na Escola Nacional Florestan Fernandes, no acampamento do Movimento Sem Terra (MST) em Guararema, no estado de São Paulo, que um encontro intergeracional transformou a pauta do movimento. Lúcio Gregori, que já havia participado de encontros internos da organização, integrou uma mesa pública em que discorreu sobre a proposta de tarifa zero ensaiada na gestão de Erundina.

Havia um evidente contraste de mundos no encontro. O ex-secretário já era um sexagenário e falava para uma juventude com princípios autonomistas. Lúcio emanava um ar de funcionário público zeloso. Seus interlocutores vestiam, em sua maioria, calça jeans, tênis e camiseta. Quem visse a cena talvez não imaginasse que era o velho engenheiro quem tinha a visão mais radical sobre o tema. Enquanto o MPL defendia o passe livre para estudantes, Gregori foi ao encontro argumentar pela gratuidade universal do transporte urbano.

Após relatar a experiência ensaiada na prefeitura de São Paulo — quando boa parte dos presentes ainda estava na primeira infância —, Lúcio passou a defender a política com o entusiasmo que lhe é característico. Argumentou sobre a democratização do acesso à cidade, os benefícios econômicos da medida e as distorções geradas pelo passe livre estudantil

— já que as gratuidades segmentadas acabam sendo repassadas para os demais usuários, onerando a tarifa.[8] Ao final, convenceu parte dos militantes a alterar a pauta da organização. Outros seguiram ainda adeptos do passe livre estudantil, por motivos táticos. Com o tempo, a organização acabou abraçando a agenda da tarifa zero.[9]

A partir desse momento, o movimento passou a concatenar duas agendas. Para engajar a população, convocava manifestações contra os aumentos tarifários. A demanda imediata era simples e inequívoca: revogar o aumento e restabelecer o valor anterior da tarifa. Mas a pauta da tarifa zero também era colocada como perspectiva e aparecia nos protestos em frases como "Por um mundo sem catracas". A pauta urgente chamava o povo para a rua; a de longo prazo ia colocando no horizonte o "outro mundo possível" tão reivindicado pelo anarquismo.

O transporte vira problema público

Enquanto a crise do transporte se acirrava na primeira década do século XXI, a pauta foi extravasando os círculos ativistas e chegando a públicos mais amplos. Esse movimento ocorreu com diversas agendas no Brasil no período e foi impulsionado pela elevação de patamar da sociedade. A ampliação do acesso à educação, à cultura, à internet e à mobilidade internacional produziram uma nova geração com visões de mundo e aspirações um tanto distintas da anterior.

A história das lutas pelo transporte no Brasil mostra que o tema nunca fora tratado como problema público, mas como distúrbio — para usar uma distinção proposta por filósofos pragmatistas. Nessa concepção, o distúrbio diria respeito a incômodos que não são compreendidos e abordados por parte significativa da comunidade afetada. Passar a problema público demanda a construção de uma rede de atores, dispositivos simbólicos, pedagógicos, midiáticos e institucionais que colocam a questão no foco da atenção pública.[10]

Há, portanto, uma dimensão reflexiva na construção de problemas públicos. É preciso que uma comunidade seja afetada por determinado distúrbio, e que uma série de ações (mensurações, pesquisas, publicações de artigos, matérias na imprensa, conversas, debates) seja capaz de impor a questão ao centro de atenção da sociedade. Essa elevação do debate costuma ser crucial para que a ação que visa a mudança — um abaixo-assinado, uma manifestação, a criação de um movimento social — ganhe escala.

As fissuras na hegemonia tratadas no capítulo anterior dizem respeito a distúrbios que se tornaram problemas públicos no Brasil. Ainda na primeira década do século xxi, era dada pouca atenção a questões como o uso dos espaços públicos urbanos, os impactos de projetos rodoviaristas e a definição dos rumos da cidade. De repente, estas tornaram-se preocupações capazes de reverberar no debate social e mobilizar a cidadania.

Da mesma maneira, embora o transporte público tenha sido motivo de uma série de revoltas esporádicas ao longo do século xx, o tema demorou a alcançar o status de problema público. A base da sociedade via aumentos tarifários ou redução de linhas como direito usurpado, mas isso não fazia com que a mobilidade urbana fosse identificada como problema relevante por parte de uma comunidade ampla disposta a se engajar em sua transformação, com instrumentos críticos capazes de ajudar a enxergar as causas do problema e com informações difundidas acerca das alternativas possíveis.

Para que esse status fosse alcançado, foi necessário um conjunto de ações voltado para a mudança das mentalidades. As políticas culturais foram essenciais para a dinâmica. Projetos que se propunham a formular e difundir discursos contra-hegemônicos eram cada vez mais recorrentes com o crescimento de editais culturais. Esse era o caso da revista *Urbânia*, que promoveu o debate sobre cidades com participação de Lúcio Gregori em 2010. Estavam presentes no encontro os editores da revista *Piseagrama*, recém-aprovada em um edital do Ministério da Cultura, que previa distribuição nos Pontos de Cultura do país.

Os editores da publicação não conheciam Gregori, tampouco a história da proposição da tarifa zero em São Paulo. Logo em seguida à mesa, encomendaram ao ex-secretário um artigo para o primeiro número da revista. O aceite foi imediato. Com o título "A iniquidade da tarifa", o texto recapitulava a experiência do governo Erundina e tecia argumentos favoráveis ao subsídio completo do transporte. Integrou a primeira edição da *Piseagrama*, que teve 10 mil exemplares impressos distribuídos gratuitamente Brasil afora.

Esse é um exemplo, dentre tantos outros no período, das conexões geradas em um momento de forte vibração social. Políticas como as do Ministério da Cultura iam muito além do que geralmente se compreende como cultura. Impactavam o tecido social e o debate público de forma ampla, produzindo discursos críticos e visões de mundo alternativas. Cada ação, sozinha, podia ter impacto limitado. Mas o exemplo acima mostra que elas operavam em cadeia — a ação de um ator impactava outros nós da rede, o que gerava novas ondas de difusão, em um processo sem controle.

A ausência de respostas para a espiral de deterioração do transporte coletivo urbano durante os governos petistas criou uma bomba-relógio, que acabaria por explodir. Mas a bomba talvez não explodisse se a tendência contra-hegemônica não fosse capaz de extravasar suas limitações de partida e alcançar um caldo social mais amplo. Ou seja, não seria possível ter revoltas expressivas nas ruas se as críticas à forma de operação do transporte e os anseios pelo direito à mobilidade ficassem restritos a círculos da juventude autonomista e de partidos situados à esquerda do PT.

Revoltas do busão às vésperas de Junho

Revoltas contra aumentos tarifários pipocaram durante os governos petistas em quase todas as capitais.[11] No primeiro governo Dilma, as mobilizações foram ficando mais expressivas. Isso era resultado do choque entre o piso alto e o teto baixo do lulismo. Havia uma nova geração na rua com aspirações que o país não entregava. No caso do transporte, cada vez mais gente se importava com um serviço que piorava ano a ano.

As revoltas de 2013 ficaram nacionalmente conhecidas pelas manifestações de junho, iniciadas em São Paulo, mas uma dinâmica similar já acontecera no início do ano em Porto Alegre. Embora a capital gaúcha tenha sido sede da fundação do

MPL, em 2005, não havia nela um núcleo ativo do movimento. As lutas pelo transporte na cidade passaram a ganhar força em 2011, quando entidades estudantis, sindicatos e outros grupos de esquerda se uniram no Comitê Contra o Aumento das Passagens. Este seria o embrião do Bloco de Lutas pelo Transporte Público, que esteve à frente das mobilizações nos anos seguintes.[12]

Esse conjunto de movimentos tinha interseção com outras lutas travadas na capital gaúcha no período. A batalha contra a instalação do mascote da Copa no largo Glênio Peres, em setembro de 2012, é vista por muitos como um ponto de inflexão na trajetória que levou às revoltas de 2013. A repressão policial violenta catalisou a energia ativista, o que acabou resultando em vitória do movimento Largo Vivo. A força social daí resultante desembocaria no empenho contra o aumento da passagem de ônibus.

No início de 2013, o Bloco de Lutas era composto por uma gama de organizações que iam do anarquismo à esquerda do PT, passando por movimentos estudantis e de moradia e chegando a entidades com foco na questão indígena e quilombola. O envolvimento de um amplo conjunto de organizações mostra que a questão do transporte havia mudado de patamar. E o coletivo resolveu se antecipar chamando um ato em 21 de janeiro, antes mesmo que a prefeitura anunciasse o aumento.

NÓS NÃO VAMOS ACEITAR MAIS UM AUMENTO DE PASSAGEM!
Somos um bloco apartidário, autônomo, sem representantes, sem líderes, que estimula a democracia direta organizando-nos de forma plural com vários coletivos e indivíduos, discutindo estratégias e decidindo acordos por consenso.

O texto do chamado do ato no Facebook reproduzido acima mostra o tom em que a disputa se dava. Embora composto também por organizações partidárias de esquerda, o bloco se colocava como apartidário, sem representantes e sem líderes — o que evidenciava a prevalência do método autonomista e dos receios de cooptação. Alguns dos protestos tinham concentração no largo Glênio Peres, marcando uma conexão com o movimento do ano anterior. Após duas manifestações em janeiro, o grupo convocou um ato em 18 de fevereiro, que foi maior que os anteriores.

Nesse momento, os ativistas perceberam a presença de manifestantes com perfil distinto do habitual. Apareciam cada vez mais cartazes individuais, carregados por jovens desconhecidos. Alguns deles não usavam os mesmos códigos da esquerda. O jornalista Alexandre Haubrich se lembra de ao menos dois rapazes que exibiam símbolos patriotas — "um com a camiseta da seleção brasileira de futebol, outro com o rosto pintado de verde e amarelo". Na observação do autor, esse perfil cresceria ao longo do ciclo à medida que aumentava o número de manifestantes avulsos.[13]

Em março, outros assuntos entraram em cena, e a luta refluiu. Até que a prefeitura finalmente anunciou o aumento da tarifa, no dia 25. Aí, as ruas voltaram a ganhar corpo. No protesto seguinte, o secretário de Governança da prefeitura, César Busatto, saiu de seu gabinete e foi até a rua conversar com os manifestantes. A resposta não foi exatamente cordial — o secretário recebeu um banho de tinta vermelha.

Em seguida, a mídia passou a relatar o ocorrido na chave do vandalismo. E o caso repercutiu bastante. A notícia parecia favorável à prefeitura, já que os manifestantes haviam perdido a razão contra um secretário que se mostrara disposto ao diálogo. Mas esta não foi a avaliação de boa parte da população. O burburinho, em vez de enfraquecer o movimento, o impulsionou: o próximo ato, realizado no dia 1º de abril, saltou de quinhentos para mais de 5 mil manifestantes. Começava o Junho de Porto Alegre.

O salto na escala do público se dava pelo aumento de pessoas avulsas, sem participação em movimentos sociais ou debutantes em ações políticas. Elas passaram a trazer outras pautas para as ruas, que não eram construídas em coletivos. "Os cartazes tornaram-se um rio, depois um mar", resumiu Haubrich, que lista algumas das mensagens escritas nas cartolinas que se multiplicavam pela avenida:

"Nós somos a realidade que atormenta sua vida", "Ou me alimento ou pago a passagem", "As pessoas não utilizam esse prefeito, Corte Já!", "RBS mente!", "Policial, tua família também paga passagem", "Redução da passagem", "Aqui morreram meus direitos", "Lasier, me empresta 3,05?" (referência a Lasier Martins, então comentarista do grupo RBS), "R$ 3,05 é roubo!", "Desistam, corruptos! É o poder popular que tá na rua!".[14]

A explosão de cartazes individuais seria uma marca das revoltas do mês de junho. Para muitos, eles expressaram a chegada de manifestantes situados à direita, convocados pela mídia nacional.[15] O caso de Porto Alegre mostra algo diferente. Não houve convocatória da imprensa para o dia 1º de abril — ao contrário, houve forte rechaço aos protestos. Ao que parece, a pauta do transporte extravasou os círculos militantes e passou a mobilizar um perfil de manifestante de baixa politização, que enxergou ali um espaço propício para a expressão de outras agendas.

O protesto daquele dia foi também potencializado por uma expectativa, que acabou por se concretizar: a de que o aumento poderia ser revogado na Justiça, a partir de ação protocolada pelos vereadores do PSOL Fernanda Melchionna e Pedro Ruas. Já na largada da manifestação, a decisão favorável aos manifestantes foi proferida. Foi como um gol em final de Copa do Mundo — as pessoas se abraçavam, pulavam, gritavam. A essa altura, o Bloco de Lutas já não tinha nenhum controle da multidão na avenida.

Como costuma ocorrer em mobilizações bem-sucedidas, a disputa institucional e a das ruas se complementaram. A perspectiva de uma possibilidade real de vitória, pela via judicial, produziu esperança e fortaleceu as manifestações. Os protestos massivos aumentaram a pressão sobre o Judiciário. Por fim, a prefeitura decidiu não recorrer da decisão judicial, e o aumento foi definitivamente revogado. Foi a primeira vitória das lutas pelo transporte da história de Porto Alegre, e a primeira do ciclo de 2013.

Embora as manifestações da capital gaúcha não tenham ganhado ampla visibilidade nacional, notícias sobre elas circularam entre os movimentos de esquerda. Matheus Gomes, liderança estudantil da capital gaúcha atuante no Bloco de Lutas, conta ter viajado por outras cidades brasileiras em abril e maio e compartilhado com ativistas sobre a experiência. Um encontro em Juiz de Fora e outro em Goiânia abrigaram estudantes de todo o país — e ali membros do movimento de Porto Alegre colocaram na roda relatos sobre os atos de março e abril.[16]

A ideia de "repetir Porto Alegre" passou a se difundir país afora. Assim como na Primavera Árabe, em que a revolta bem-sucedida na Tunísia inspirou outros países a se insurgirem, a vitória em Porto Alegre oferecia esperança a ativistas de outras cidades brasileiras. Em maio, foi a vez de Goiânia ter protestos contra o aumento da tarifa de ônibus, também articulados por uma frente ampla de movimentos, que acabaram por resultar na suspensão do aumento em 10 de junho.[17] Dali, o quebra-quebra viajaria para São Paulo, e então se espalharia pelo país de uma forma que nenhum ativista seria capaz de prever.

A explosão

Geralmente, reajustes tarifários no transporte urbano são realizados nos primeiros dias do ano. A prática serve também para reduzir as mobilizações contrárias aos aumentos, já que janeiro é mês de férias escolares e de certo vazio nos grandes centros. Em 2013, foi diferente. Muitos reajustes foram postergados, a pedido do governo federal. Por meio da medida, a equipe econômica pretendia segurar a inflação, que começava a dar sinais de descontrole. O adiamento foi solicitado diretamente pela presidenta da República a prefeitos de grandes capitais.[18]

Fernando Haddad, então prefeito de São Paulo, estranhou a proposta. "Não se produz estabilidade macroeconômica por intervencionismo microeconômico", ele argumentou. Em artigo publicado após deixar o cargo, o ex-prefeito não economizou em críticas às medidas que vinham sendo adotadas pela equipe econômica de Dilma Rousseff. Em suas palavras, "não se pensa em controlar a inflação de um país continental pelo represamento de uma tarifa municipal sem atravessar estágios intermediários e sucessivos de uma compreensão equivocada".[19]

O adiamento, de todo modo, foi acatado pelos prefeitos. Movimentos sociais já avaliavam que os megaeventos poderiam gerar mobilizações expressivas como as que tinham se passado na África do Sul. Mas a possibilidade parecia não preocupar o governo. Os aumentos das tarifas, que vinham gerando protestos cada vez maiores, foram jogados para o mesmo período da Copa das Confederações, cujas obras urbanas produziam uma profusão de insatisfações. Buscando conter a inflação por métodos duvidosos, o governo federal acabou por colocar gasolina e fósforo nas ruas no mês das festas de São João.

Como se sabe, o fogaréu partiu de São Paulo, onde a tarifa teve um aumento de vinte centavos no dia 1º de junho. O MPL iniciou pequenos fechamentos de vias já no começo do mês. Habituado a convocar atos na cidade desde 2005, e tendo realizado uma forte campanha em 2011, o grupo estava no auge de sua capacidade de disputa. Assim, foi feito um planejamento que implicava uma execução complexa e o envolvimento de uma série de atores. Não foi por acaso que os atos de junho de 2013 em São Paulo ganharam escala — por trás havia um trabalho exaustivo e sistemático.[20]

Os oito anos de atuação do grupo contaram. O principal trabalho de base do MPL costuma ser feito em escolas secundaristas. Pessoas que haviam sido mobilizadas pelo grupo no meio da década anterior haviam se formado e se tornado professores, e abriam suas salas para os militantes panfletarem. As convocações para os atos eram feitas no corpo a corpo, em escolas e ocupações, além das redes sociais. A primeira manifestação de maior porte foi no dia 6. Bebendo da experiência bem-sucedida de outras cidades, o MPL fez protestos em vias importantes da região central em dias quase consecutivos, de forma a criar um incômodo continuado na capital.[21]

A tática deu certo. Quando os protestos ganharam escala, foram atacados por parte da imprensa, que se apressou em tachar os manifestantes de vândalos e solicitar às forças policiais que restaurassem a ordem.[22] Nesse contexto de pedidos explícitos dos jornais e do governador por maior dureza, a Polícia Militar abusou da pancadaria, prendeu inadvertidamente e sufocou os ares com bombas de gás lacrimogêneo. Alguns dos gravemente feridos eram jornalistas atuantes em grandes veículos.

A forma de organização da polícia no Brasil é um resquício da ditadura, que atrelou o policiamento cotidiano ao Exército. A prática é incomum em regimes democráticos, já que desvirtua os objetivos da polícia — assegurar direitos — e reforça uma dinâmica truculenta em que parte da cidadania é vista como inimiga.[23] Durante a Assembleia Nacional Constituinte, houve pouca mobilização social em torno da pauta. O então presidente da OAB, Márcio Thomaz Bastos, foi um dos poucos que discursou, na subcomissão que tratava do tema, pela desvinculação entre polícia e Forças Armadas. Ao final, prevaleceu a visão dos grupos militares, que foram majoritários nos debates.[24]

Assim, a Carta Magna de 1988 manteve o funcionamento militar da polícia, com texto próximo ao da Constituição de

1967. O policiamento, em vez de se organizar para melhor realizar a mediação de conflitos, seguiu funcionando sob uma lógica de forte hierarquia e obediência a comandos do topo, como se o país estivesse em guerra. O resultado é uma das polícias mais violentas do mundo, que mata e morre em grande medida. Treinados com práticas inadequadas e truculentas, muitos dos policiais replicam esses hábitos em suas condutas cotidianas.[25] No dia 13 de junho de 2013, alguns deles levaram para o centro de São Paulo aquilo que estavam habituados a fazer nas periferias: bater e atirar primeiro — e perguntar depois.

Reprimir protestos é uma faca de dois gumes. Pode desmobilizá-los ou inflamá-los. Naquele 13 de junho de 2013, o resultado foi o segundo. A solidariedade com os manifestantes de São Paulo foi instantânea, e as imagens da violência policial ganharam as redes. Foi crucial para isso uma experiência que debutava no país: a da cobertura em tempo real de protestos de ruas por meio de streaming nas redes sociais. Quem estava por trás dessa iniciativa eram os rapazes do Fora do Eixo, que, com o jornalista Bruno Torturra, criaram a rede Narrativas Independentes, Jornalismo e Ação, a Ninja, que depois se tornaria Mídia Ninja.[26]

A transmissão simultânea foi uma grande novidade e alterou as condições do debate público. A televisão e os jornais deixavam de ter o monopólio da difusão da informação. Os ativistas e jornalistas que faziam a cobertura pela Ninja e outras redes muitas vezes adotavam o olhar dos manifestantes. Testemunharam tiro, porrada, bomba, violência policial, prisões arbitrárias, atropelamentos, brigas, desmaios, idas para hospitais e tudo o mais que ocorreu nas ruas naqueles dias.

E contribuíram para ampliar a indignação com a repressão policial. Com a opinião pública favorável às ruas, a grande imprensa correu atrás. Já no dia seguinte, veículos que antes criminalizavam os protestos passaram a publicar visões mais ponderadas e a tecer críticas à violência policial.

Iniciava-se uma segunda fase da abordagem dos meios de comunicação. De súbito, ampliou-se a tolerância da imprensa com as manifestações. Foi feito um esforço de separação entre manifestantes "de bem" e "baderneiros". Aumentaram também as matérias sobre o transporte, que passavam a mostrar — de forma tardia — a gravidade do problema no país. Em seguida, alguns veículos iniciariam um movimento de convocação para os protestos e de ampliação de pautas.[27]

Os fatos de 13 de junho produziram uma comoção nacional, trazendo o ingrediente que faltava para a explosão das manifestações. Em meio ao aumento de tarifas e à realização de jogos internacionais cuja submissão aos interesses da Fifa produzia sentimentos de injustiça, veio a indignação contra a violência policial e o cerceamento ao direito de protestar. Quando o vento virou para o lado dos manifestantes, a situação escalou numa velocidade avassaladora. Já no dia seguinte, cidades como Curitiba e Vitória assistiram a manifestações expressivas, a última com cerca de 20 mil pessoas presentes.[28]

A virada do dia 13 pode ser medida pela situação vivida em Belo Horizonte. Três dias antes, uma reunião convocada pelo Copac para preparação do primeiro ato contra a Copa das Confederações, que teria início no dia 15, juntou cerca de sessenta pessoas. Eram todos militantes escaldados. Embora as manifestações de São Paulo começassem a ganhar escala, ninguém ali achava que haveria multidões nas ruas de BH. O receio era o protesto ficar com cara de vazio. Prevendo algumas centenas de manifestantes, decidiram chamar um ato no formato de festa junina, o "1º Avancê do Copac".

A partir do dia 13, os movimentos sociais teriam que atualizar seus parâmetros de avaliação. O Avancê fora convocado para o dia 17, mas dois eventos realizados no dia 15, sábado, que prometiam ter proporções modestas, mostraram que a escala já era outra. O Copac organizou uma "Copelada", uma partida de futebol de rua. Outro encontro no mesmo local foi chamado pelo Facebook para discutir o aumento da tarifa de ônibus na capital mineira. O que seria uma ocupação lúdica do espaço público e uma reunião de ativistas, normalmente contabilizados em dezenas, tornou-se uma manifestação com mais de 8 mil pessoas.[29]

Já com a situação em outro patamar, o Copac marcou uma reunião de urgência no domingo, dia 16. Além de redimensionar o ato do dia seguinte, o movimento convocou uma assembleia para a terça-feira. A proposta era um encontro "sem lideranças, autogestionado, em que se pudesse debater os rumos do movimento".[30] A Assembleia Popular Horizontal, APH, ocorreria embaixo do viaduto Santa Tereza, mesmo espaço que era ocupado às sextas-feiras pelo Duelo de MCs. A criação da APH seria essencial para os rumos das Revoltas de Junho na capital mineira — onde os movimentos foram capazes de disputar as ruas, evitar ataques a bandeiras partidárias e manter um sentido progressista mais nítido.

A manifestação do dia 17, cuja escala havia sido prevista na casa das centenas, tornou-se, já de início, uma das maiores manifestações da história da capital. Cerca de 30 mil pessoas caminharam da praça Sete de Setembro, no centro

A revolta dos centavos

da cidade, rumo ao Mineirão — estádio que recebia uma partida da Copa das Confederações. Dentro do estádio, uma elite que pudera pagar caro pelos ingressos assistia aos jogos. Do lado de fora, uma multidão era barrada pela polícia com métodos violentos, transformando os arredores em cenário de guerra civil.

Cinco dias depois deu-se aquela que foi talvez a maior manifestação da história da cidade, com 125 mil pessoas estimadas. Um bandeirão vermelho que reproduzia a arte gráfica criada um ano antes pela revista *Piseagrama* com a frase #ÔnibusSemCatraca ocuparia a avenida em meio à multiplicidade de bandeiras e cartazes. O salto de escala que se dera em Belo Horizonte seria regra no país. A partir do início da Copa das Confederações, no dia 15, manifestações cada vez mais expressivas se multiplicariam pelas capitais e se desdobrariam em cidades pequenas e médias, em velocidade e força que pegariam todos de surpresa.

Essa escalada teve duas consequências para a pauta do transporte público. A primeira foi que ela ganhou força em cidades em que não ocupava o centro da agenda. O resultado seria a revogação do aumento das tarifas de ônibus em mais de uma centena de cidades, algo que nunca havia sido visto na história do Brasil. E o crescimento trouxe também outras pautas para as ruas, diluindo o debate sobre transporte e mobilidade urbana. As ruas passaram a ser disputadas de uma forma que tampouco seria imaginável poucos dias antes.

Como vimos, os quebra-quebras por condições do transporte público ocorreram amiúde na história do Brasil, sempre marcados por erupções súbitas e violentas após períodos de certa calmaria. Apesar da contundência de eventos anteriores, o Brasil nunca tinha vivenciado algo das dimensões do que se viu em 2013. Contou para isso uma série de mudanças na sociedade, a começar pela constituição de uma arena pública em torno do tema da mobilidade urbana, que criou um caldo social de debate inédito.

A pauta estava mais difundida na sociedade e diversos agentes se organizavam em torno dela. Mas esse avanço não prescindiu do aspecto "turba urbana" dos protestos — ao contrário, os grupos que organizavam as lutas apostaram no — e se beneficiaram do — levante espontâneo que a questão do transporte urbano é capaz de gerar. Se é verdade que as revoltas não teriam a mesma força se estivessem restritas à juventude de esquerda, é também verdade que não bastaria somente sua ampliação para grupos mais politizados que passaram a se preocupar com o problema.

Em suma, foi necessário contar com a presença de pessoas menos politizadas, manifestantes avulsos com pouca formação política, que de alguma maneira foram tocadas pela revolta e decidiram dela participar. Os movimentos foram capazes, quisessem ou não, de instrumentalizar a indignação popular que historicamente emergiu em torno do transporte, para fortalecer as mobilizações.

Mas a proliferação de agendas reivindicativas e o sentimento de indignação que se espalhava em torno da realização de megaeventos internacionais transformaram o que seria o uso tático da indignação popular em uma situação que escapou ao controle dos movimentos. As características, contradições e efeitos dessa perda de controle serão analisados a seguir.

13. Multidão de avulsos na avenida

TEMPESTADES PODEM DEMORAR a se formar. É preciso que a água evapore, que ventos conduzam as nuvens para regiões de baixas temperaturas, que elas se acumulem e se condensem até que a chuva torrencial caia na terra. Em condições climáticas favoráveis, tempestades colossais podem desabar de uma hora para a outra. A repressão violenta aos atos liderados pelo MPL de São Paulo na antevéspera da abertura da Copa das Confederações — tudo isso em um contexto mais amplo de acirramento de choques entre formas de vida — criou a tempestade torrencial de Junho de 2013.

A partir de 13 de junho, o país se transformou completamente em poucos dias. Os ares da revolta, que havia pouco eram imperceptíveis, estavam nas mentes, nos corações, nas ruas, redes, nos televisores e páginas de jornais. O Brasil que dera certo, que combatera a pobreza, incluíra milhões e despontava como *player* global, desapareceu repentinamente. Em seu lugar estava um país cheio de problemas, com serviços públicos precários, um sistema político fechado, corrupção resiliente e uma polícia violenta.[1] As duas versões eram faces da mesma moeda, mas é como se antes de 13 de junho o país só olhasse para uma delas e, depois, apenas para a outra.

As mudanças na cobertura da mídia se davam com o crescente endosso às manifestações. O tema passou a dominar o debate na internet, com as hashtags #mudabrasil, #change-brasil e #ogiganteacordou liderando as menções em redes sociais no final de semana. Protestos já pré-marcados pelos Copacs, ou chamados a partir da comoção nacional gerada pela violência em São Paulo, tomaram as ruas na segunda--feira, 17, em dezenas de cidades brasileiras. Nos dias seguintes eles ocorreriam em 27 cidades do mundo, em solidariedade ao Brasil.[2]

Artistas também passaram a se manifestar. A cantora Elza Soares gravou um vídeo, em que adaptava a canção "Opinião", de Zé Kéti, criticando o aumento da tarifa que rapidamente viralizou nas redes. O fotógrafo Yuri Sardenberg lançou uma campanha chamada "Dói em Todos Nós", em que personalidades conhecidas eram fotografadas com os olhos maquiados de roxo em referência à jornalista Giuliana Vallone, da Folha de S.Paulo, que fora atingida por um disparo policial no olho no protesto do dia 13. Com as fotografias foram publicados depoimentos que começavam a indicar uma tendência que se acirraria: a dispersão das pautas.

Na edição de quarta-feira, 19 de junho, que começou a circular no fim de semana anterior, a revista Veja fez uma longa matéria sobre os protestos que tinha já na capa a seguinte manchete: "A Revolta dos Jovens: Depois do preço das passagens, a vez da corrupção e da criminalidade?". Ao longo da matéria, a revista de maior tiragem do país sugeria que os jovens que estavam nas ruas não andavam de ônibus, mas que pediam redução da passagem para suas empregadas domésticas. E buscou, sem muito rigor jornalístico, inserir as pautas da corrupção e da criminalidade na agenda dos protestos.

No mesmo dia 19, o grupo Anonymous Brasil lançou um vídeo em que propunha que, após a derrubada das tarifas de ônibus, o movimento deveria focar em cinco causas. (O Anonymous é uma rede internacional de hackers e ativistas surgida em 2003. Atuando de forma descentralizada, a rede apoiou acontecimentos como o vazamento de dados Wikileaks e as revoltas árabes de 2011. No caso do Brasil, havia dezenas de páginas do Anonymous nas redes, com orientações distintas. O vídeo das cinco causas foi postado pela maior delas, a Anonymous Brasil.)[3]

As causas defendidas pelo grupo eram o arquivamento da PEC 37, que limitava os poderes de investigação do Ministério Público; a saída imediata de Renan Calheiros da presidência do Senado; investigação e punição de desvios produzidos nas obras da Copa; a criação de uma lei que transformasse corrupção em crime hediondo; e o fim do foro privilegiado para políticos. O vídeo teve mais de 1 milhão de visualizações.[4] Convocações para protestos com pautas das mais diversas passaram a ser realizadas pela internet, grande parte sem conexão com movimentos organizados.

A disputa das ruas intensificou uma tendência de dispersão que já aparecia em Porto Alegre em abril. Nesse contexto emergiu uma frase que passou a pipocar em cartazes, depoimentos, matérias de jornais e postagens nas redes sociais: "Não é por vinte centavos". A afirmação adquiria sentidos distintos, a depender do contexto em que era veiculada. Ante a surpresa por uma revolta que eclodira pelo aumento de poucos centavos nas tarifas de ônibus (que, da perspectiva da classe média, pareciam irrelevantes), alguns passaram a utilizar esse mote para dar validade aos protestos. Para esses, os vinte centavos eram apenas a ponta do iceberg de questões que precisavam avançar no país, ligadas aos serviços públicos e ao funcionamento do Estado. Essa era uma linha progressista, que poderia ser resumida pela frase "Não é por centavos, é por direitos".

De outro lado, a afirmação também aparecia para desqualificar a pauta do transporte, ao sinalizar que o aumento da tarifa seria pouco importante — e que os protestos teriam outras razões. Para o debate da mobilidade urbana, a frase ganhava ainda um terceiro significado, pouco percebido: a tarifa de ônibus opera como um nó do mecanismo de exclusão da mobilidade, de modo que aqueles que lutam pela redução da tarifa lutam também por uma ampliação e efetivação do direito à cidade que vai muito além de centavos.

Festa estranha, com gente esquisita

A virada ocorrida após 13 de junho foi o principal ponto de inflexão das revoltas de 2013. O evento saltou para uma escala antes inimaginável, e, ao mesmo tempo, as ruas tornaram-se múltiplas, conflitivas e sob disputa. Os movimentos de esquerda, embora estivessem no auge de sua articulação e força, ficaram pequenos em relação ao tamanho da multidão que passou a conviver nas avenidas.

Essa perda de controle tinha a ver com os métodos dos movimentos, que se valiam majoritariamente de repertórios do campo autonomista, sendo avessos a palanques, caminhões de som e lideranças explícitas. O fato de operarem de modo mais aberto e horizontal teve dois resultados. De um lado, fez a rua mais convidativa para pensamentos divergentes, já que as principais agendas não eram protagonistas todo o tempo e as lideranças não se destacavam. De outro, tornou mais árduo para os movimentos, assim que a coisa cresceu, manter o controle sobre as ruas.

O ato em São Paulo no dia 13 de junho, fortemente reprimido pela polícia, reuniu cerca de 6500 pessoas. O protesto seguinte, quatro dias depois, teve a presença de 65 mil somente na concentração, segundo o Datafolha.[5] Esse foi o salto de escala gerado pela comoção com a pancadaria policial e com o cerceamento ao direito de manifestação, amplificados nas redes e na imprensa. O auge do ciclo foi no dia 20, quando 388 cidades de todas as regiões do país assistiram a manifestações, que, no total, reuniram cerca de 3 milhões de pessoas nas ruas.[6]

A turma da esquerda rapidamente estranhou os novos convivas — alguns disseram se tratar de "gente esquisita".[7] Como acontecera em Porto Alegre, de repente brotaram manifestantes de uma cepa diferente. Muitos exibiam o verde e amarelo da bandeira em camisetas ou pinturas no rosto. Seus cartazes expressavam ingenuidade, despolitização ou uma graça fora de lugar. Cantavam o hino nacional e entoavam gritos de "Sem vandalismo". Alguns pediam para baixar as bandeiras dos partidos políticos; outros partiam para a violência contra militantes partidários.

A chegada da multidão de avulsos significou uma fase nova das manifestações. Até o dia 13, elas estavam restritas ao campo da esquerda. Quando explodiram, as ruas ficaram misturadas. Em meio à profusão de símbolos patriotas, de mensagens despolitizadas ou à direita, alguns acharam que poderia estar em curso um golpe para derrubar a presidenta Dilma Rousseff. Nasceu aí um certo lugar-comum sobre Junho: a ideia de que as manifestações teriam se iniciado à esquerda, ficado mais diversas em seguida e terminado mais à direita. A partir de entrevistas, relatos, pesquisas de opinião e dados diversos, examinaremos essa tese nas próximas páginas.

Nova direita em 2013

A comoção social gerada a partir de 13 de junho chamou a atenção dos coordenadores do Estudantes pela Liberdade. Até aquele momento, como a maior parte do país, eles não estavam dando bola para os protestos do MPL em São Paulo. Quando a onda da revolta explodiu, decidiram fazer algo. Buscaram agir rápido e com criatividade, a fim de aproveitar a oportunidade de mobilização para disputar ideias na cena pública.

O Estudantes pela Liberdade fazia parte de um novo ecossistema de organizações do campo da direita no país. Com o final da ditadura e a Constituição de 1988, a palavra "direita" passou um tempo em baixa. A maior parte dos atores desse campo não tinha muito a ganhar usando o termo que ficara associado ao regime. Ao longo do primeiro governo Lula, a situação começou a mudar. O escândalo do Mensalão deu combustível para a oposição, justamente quando novos pensamentos de direita começavam a se disseminar pelas então novíssimas redes sociais.

A difusão da internet, que vimos ter sido fundamental para o fortalecimento de visões de mundo contra-hegemônicas à esquerda, serviu também para que grupos à direita se forta-

Multidão de avulsos na avenida   267

lecessem. A rede social Orkut, que teve entre os brasileiros um de seus maiores públicos, constituiu o espaço de encontro e trocas sobre as novas vertentes do liberalismo. Ao mesmo tempo que servia para que rappers de periferia fizessem enquetes sobre o local de seu encontro semanal, permitia que jovens liberais debatessem novas tendências de seu campo, articulassem encontros e produzissem redes de ação. Em resumo, a internet fomentava o surgimento de contrapúblicos — termo cunhado pela filósofa Nancy Fraser para se referir às esferas públicas alternativas e dissidentes — nos diversos campos políticos.[8]

Foi assim que um número cada vez maior de pessoas deparou com o pensamento de um filósofo que radicalizava suas ideias, Olavo de Carvalho. E passaram a ter contato com uma bibliografia também mais radical, para a qual o neoliberalismo social-democrata que o PSDB exercia era um tanto moderado. Essa turma começou a colocar de pé organizações novas, muitas delas inspiradas em entidades similares nos Estados Unidos. Assim emergiu uma rede de *think tanks* voltados para difundir ideias pró-mercado, financiados por empresários ou pela filantropia internacional.[9]

Uma dessas organizações foi o Estudantes pela Liberdade, criado em 2009 como uma replicação no Brasil do Students for Liberty dos Estados Unidos. Seu fundador era o gaúcho Fábio Ostermann, que frequentara os fóruns digitais desde o Orkut e se conectara com organizações internacionais. Em 2012, o Estudantes pela Liberdade passou a ser dirigido por Juliano Torres, outro frequentador dos círculos da nova direita e que participava do esforço de fundação de um partido político chamado Líber.

Quando explodiu a revolta de 2013, Ostermann, Torres e outros colegas começaram a discutir como atuar naquele contexto. Avaliaram que as ruas não tinham agenda, eram apenas um repositório de indignações. Em suas visões, os protestos não abordavam a razão principal da crise de transporte nas cidades: o monopólio regulado pelo Estado, que daria margem às empresas prestarem serviços ruins e caros, sem concorrência. Mais do que isso, achavam que o Brasil precisava avançar em outras áreas, a partir da premissa da redução do controle estatal e da maior liberdade econômica.[10]

Por fim, avaliaram que o Estudantes pela Liberdade, por suas características institucionais e de financiamento, não deveria ser utilizado politicamente. E por isso criaram, em um final de semana, um nome, uma marca e uma página no Facebook que passaram a utilizar para divulgar ideias liberais e relacioná-las aos protestos. Nascia o Movimento Brasil Livre, o MBL.[11] Assim, enquanto o MPL postava em suas redes chamados para atos de rua, denúncias de violência policial e materiais que colocavam o transporte como direito, o novíssimo MBL fazia postagens sobre a desregulamentação do transporte e a redução do papel do Estado. A diferença de engajamento, entretanto, era significativa. Enquanto a primeira página alcançava centenas ou milhares de curtidas em seus posts, a segunda ficava na escala das dezenas.[12]

A turma do MBL também convocou atos na última semana de protestos, visando disputar as ruas por dentro. Em cidades como Porto Alegre, fizeram cartazes e panfletos, que distribuíram nas ruas.[13] Conseguiram mobilizar algumas dezenas de manifestantes. No final do mês de junho, a página do MBL havia chegado a 10 mil seguidores — número que não era

Multidão de avulsos na avenida 269

irrelevante, mas muito menor do que seria necessário para de fato disputar a narrativa naquele contexto.

Outros grupos de direita tentaram competir pelos protestos, principalmente em São Paulo. O empresário Marcello Reis aproveitou seu porte de lutador para atacar militantes com bandeiras partidárias nas manifestações. Flagrado pela TV, tornou-se conhecido e impulsionou sua página no Facebook, chamada Revoltados Online, que até aquele momento teria o propósito de combater a pedofilia. Em provocação aos manifestantes de esquerda, em um dos atos Reis estendeu uma faixa, em frente à do Movimento Passe Livre, que pedia a prisão de Lula. Causou tumulto, e a faixa de Reis foi retirada. A partir de então, a página tornou-se um expoente importante da extrema direita raivosa.[14]

De forma mais pacífica, pessoas que atuavam na construção do partido Líber convocaram manifestações na avenida Paulista. Elas ficavam paradas no vão do MASP, com bandeiras e cartazes, enquanto as ondas de pessoas passavam. Assim como o MBL, a turma do Líber defendia a desregulamentação do transporte, com ideias como a do transporte por aplicativo, que à época ainda não havia despontado no Brasil. Os cerca de cem militantes do partido em criação, por portarem bandeiras partidárias, foram também hostilizados pelos manifestantes da onda do "sem partido".[15] A intolerância antipartidária não se restringiu às bandeiras da esquerda — mas, como elas eram muito mais numerosas, eram também mais atacadas.

A maior expressividade da direita nas ruas ocorreu em alguns atos puxados contra a PEC 37 em São Paulo. Ao que consta, o maior deles chegou a reunir 30 mil pessoas na ave-

nida Paulista, no sábado 22 de junho.[16] Esse foi possivelmente
o maior resultado, em 2013, da direita organizada, que soube
colocar na rua uma pauta que ecoou entre os manifestantes
avulsos. Um dos organizadores do protesto era um rapaz
chamado Renan Santos, que atuava no mercado publicitário
e tinha ambições de revolucionar a política à direita. Àquela
altura, ele ainda não era do MBL.

O saldo da direita e o enigma dos patriotas

Uma das dificuldades de avaliação do ciclo de 2013 diz respeito
à convivência entre atores de campos diferentes nas ruas. Em
interpretações à esquerda, a presença dos grupos de direita
significou uma espécie de mácula nos protestos. Para uns,
haveria uma orquestração golpista, que teria manipulado os
atos desde o início. Para outros, a direita tinha se apropriado
dos protestos, após sua massificação. A primeira tese não se
sustenta por nenhum parâmetro; a segunda merece ser exa-
minada. Para isso, interessa avaliar se os grupos de direita
foram capazes de capturar e alterar majoritariamente o sentido político das ruas. Ou se, ao contrário, fizeram um esforço
que não esteve à altura do necessário para ganhar a disputa.

A avaliação dessa disputa política passa pela compreensão de três questões. A primeira é sobre os estratos sociais
que acorreram às ruas. Difundiu-se um senso comum de que
aqueles teriam sido protestos de "classe média", a qual estaria, portanto, do lado mais favorecido da luta de classes. A
segunda avaliação é sobre o impacto alcançado pelos grupos
de direita organizados que foram às ruas. Qual o tamanho

Multidão de avulsos na avenida

de seus atos, que alcance tiveram nas redes e na disputa de narrativa. A terceira é sobre a inclinação política da multidão de manifestantes avulsos e os sentidos dos símbolos patriotas que utilizavam.

Primeiro, a ideia de que os protestos teriam tido adesão massiva da classe média não encontra base nos dados. Pesquisas realizadas em diversas cidades mostraram uma combinação de estratos sociais, marcada pela decalagem entre a alta escolaridade dos manifestantes e a presença relevante de pessoas com renda familiar mensal entre dois e cinco salários mínimos. A grande presença de jovens com alta escolaridade e baixa remuneração indica que parte significativa das ruas era composta por aqueles cujas famílias haviam ascendido na era lulista, que tinham acessado o ensino superior, mas estavam insatisfeitos com suas condições de vida.

Pelo perfil econômico, quase metade dos presentes nas ruas se encaixava nos estratos que tenderiam a trabalhar como "balconista, professor de ensino fundamental, auxiliar de enfermagem, auxiliar de escritório, recepcionista, motorista, garçom, barbeiro, cabeleireira e manicure", como sumarizou o cientista político André Singer.[17] Isso não quer dizer que a classe média não tenha estado também nas ruas, mas que ela não prevaleceu nas manifestações, como ficou fixado no senso comum.

Sobre a atuação da direita organizada, os dados e registros mostram que ela não chegou, em nenhum momento, a ser majoritária — nem mesmo em São Paulo. Os grupos violentos, alguns de inspiração neonazista, eram compostos por poucas dezenas de pessoas. As manifestações do MBL ou do Líber juntaram uma ou duas centenas. Mesmo a ação mais expressiva, os atos contra a PEC 37, chegaram no seu auge a 30 mil pessoas, quando as manifestações no país já eram contadas na escala das centenas de milhares. E, na maior parte das cidades, não houve registros de grupos organizados como os que se mobilizaram na capital paulista.

Esse foi o caso de Belo Horizonte, onde a presença da direita nas ruas foi objeto de pesquisa da cientista política Letícia Birchal Domingues. A partir de entrevistas e análise de dados, a autora avaliou que boa parte dos manifestantes de fora da esquerda na cidade foi às ruas de modo independente. Eles não se organizaram para disputar os protestos, nem usaram o verde e amarelo a partir de alguma convocação de grupos de direita. Nas palavras da autora, esses atores parecem ter sido mobilizados pela "lógica do enxame e da necessidade individual de participação em um evento histórico".[18]

Este último elemento aparece recorrentemente na pesquisa. Os entrevistados se viam impelidos a participar de algo que consideravam histórico, embora não concordassem com todas as pautas, participassem de forma inorgânica e criticassem os organizadores. Mesmo aqueles dentre os entrevistados que já atuavam na política antes de 2013, ligados ao PSDB ou a um movimento da juventude tucana que se chamou Turma do Chapéu, não foram capazes de assumir protagonismo nas manifestações de Junho — ao contrário, um deles conta ter sido hostilizado na avenida. Pelo que pode ser visto em pesquisas, relatos e no acervo de cartazes (que será analisado no próximo capítulo), o caso de Belo Horizonte parece mais próximo de outras cidades do que de São Paulo.

Por fim, resta o enigma da multidão de manifestantes avulsos, que foram às ruas de forma independente, e que alguns chamaram de "patrioteens" — jovens, alguns com o rosto pintado de verde e amarelo, outros enrolados na bandeira nacional, que rapidamente foram associados à direita política. Uma das abordagens que mais desenvolveu essa relação foi a da socióloga Angela Alonso, que dividiu os protestos de Junho de 2013 em São Paulo em três fases: a primeira, convocada por uma organização autonomista; a segunda, em que entram em cena os grupos socialistas; e a terceira, com forte presença do setor patriota. Sobre este último, Alonso afirma:

> O setor patriota ia do liberalismo (a favor do Estado enxuto e eficiente "padrão Fifa") ao conservadorismo (pró-ditadura militar), com foco no rechaço a instituições políticas, políticos e partidos, e na identificação do PT com a corrupção, via Mensalão ("corruptos").[19]

Duas observações podem ser feitas quanto ao argumento da autora. A primeira é que o olhar excessivamente focado em São Paulo pode ter feito perder de vista elementos que ocorreram de forma distinta país afora. Por exemplo, a convocatória inicial dos protestos somente por uma organização autonomista é mais exceção do que regra. Como vimos, muitas das manifestações pelo transporte público eram convocadas por frentes, enquanto os protestos contra os impactos dos megaeventos eram chamados pelos Copacs — tanto uns quanto outros compostos por entidades dos campos autonomista e socialista. Mas isso talvez seja um detalhe frente ao ponto central — e mais problemático — da leitura de Alonso: a identificação do repertório patriota com um conteúdo político à direita, baseado na anticorrupção e no Estado mínimo, e de oposição ao PT.

A própria autora, em artigo publicado com a socióloga Ann Mische, já apontava que o repertório patriota pode ser preenchido por conteúdos políticos distintos, como ocorrera nos ciclos anteriores. Enquanto as manifestações pelas Diretas Já em 1984 se valiam do verde e amarelo para reivindicar uma agenda de democratização e ampliação de serviços públicos, o mesmo repertório foi mobilizado no ciclo de protestos do Fora Collor em torno da agenda anticorrupção.[20]

O que parece ter acontecido em 2013 é uma espécie de síntese dos dois ciclos anteriores. Ou seja, o repertório patriota serviu tanto a manifestantes que se mobilizavam contra a corrupção e criticavam a Copa do Mundo quanto àqueles que demandavam melhores serviços públicos e mais democracia. Em muitos casos, o mesmo manifestante pedia todas essas coisas.

Vinte de junho foi o dia de maiores manifestações no país. Foi também o dia com forte presença do verde e amarelo em que muitos enxergaram uma virada à direita. Uma pesquisa realizada pelo Ibope nesse dia entre manifestantes de oito capitais — São Paulo, Rio de Janeiro, Belo Horizonte, Porto Alegre, Recife, Fortaleza, Salvador e Brasília — mostrava que melhorias no transporte público e redução das tarifas eram o principal motivo de manifestação para 37,6% dos entrevistados. Em seguida vinham transformações no ambiente político, com 29,9%, sendo a pauta anticorrupção o principal item desse conjunto (24,2%). O terceiro motivo eram melhorias na saúde pública, com 12,2% das menções.[21]

A redução de impostos, que Alonso apontou como agenda importante do repertório patriota, era prioridade para 0,5% dos entrevistados. Quase metade dos participantes ia a uma manifestação pela primeira vez, 62% se informavam sobre os

Multidão de avulsos na avenida 275

atos pelo Facebook e 94% acreditavam que as reivindicações seriam atendidas. A imensa maioria não se sentia representada por nenhum político (83%) e por nenhum partido (89%). Em uma interpretação curiosa, Alonso associou os pedidos de "Educação padrão Fifa" a uma defesa do Estado mínimo. Não faz muito sentido. O que se demandava era maior investimento e maior qualidade da educação pública, o que aparece tanto nas pesquisas de opinião quanto nas mensagens que exigiam 10% do PIB para educação. Aliás, cartazes que pediam "Educação padrão Fifa" já apareciam em protestos estudantis em abril e maio de 2013 em São Paulo. Os secundaristas da periferia da cidade, em apoio a seus professores em greve por melhores salários, não reivindicavam Estado mínimo, e sim mais investimentos em educação.[22]

Tudo isso torna difícil sustentar a tese de que as manifestações de 2013 teriam tido, em algum momento, maioria de direita, antipetista, de discurso anticorrupção e a favor do Estado mínimo. Obviamente, houve mudanças na composição dos protestos com a massificação. De início com um viés claramente à esquerda, as ruas se tornaram mais múltiplas a partir da segunda quinzena.

Não custa relembrar que isso já havia se dado em Porto Alegre, mesmo sem convocação da mídia e de atores da direita — o que mostra que uma adesão de manifestantes avulsos, pouco politizados e com repertório patriota estava no ar. Tudo isso parece dar razão a Marcos Nobre quando este afirmava que "o rótulo apressado e genérico 'de direita' aos novos manifestantes parece antes susto e medo diante de massas que não tiveram oportunidade de formação política democrática substantiva".[23]

Anticorrupção é de direita?

Desde 2011, protestos anticorrupção vinham ganhando corpo no país. Parte deles era convocada por entidades apartidárias, como a Ordem dos Advogados do Brasil, a Conferência Nacional de Bispos do Brasil e o Movimento Contra a Corrupção Eleitoral. Alguns desses atos tiveram presença de alguns milhares de manifestantes, que se vestiam de preto e pintavam o rosto de verde e amarelo. Eles articulavam um rechaço à corrupção de forma ampla, tendo como alvo figuras da esquerda ou da direita, e mesmo de fora da política.

Em 2012, com o julgamento do Mensalão, a pauta do combate à corrupção ganhou maior ênfase na oposição ao PT. Mas seria incorreto afirmar que ela ficou restrita a isso. Atos anticorrupção no período vocalizaram críticas à absolvição da deputada Jaqueline Roriz, do PMN, aos atos secretos no Congresso, a casos de corrupção que haviam despontado no governo de Dilma Rousseff e ao presidente da CBF, Ricardo Teixeira, e manifestaram apoio à Lei da Ficha Limpa.[24]

Um olhar para a história mostra que a bandeira do combate à corrupção tende a ser mais característica da oposição do que de um determinado campo político — o PT, nos anos 1990, mobilizava o debate pela ética na política de forma contundente. Os dados encontrados em pesquisas e na análise de cartazes não apontam um endereço partidário específico para as mensagens anticorrupção de 2013 — as referências ao PT e ao mensalão não se destacaram no conjunto.

O que esses dados apontam é que a agenda anticorrupção em 2013 se voltava contra o sistema político como um todo. Desde que o PT — que até 2002 canalizava a indignação so-

Multidão de avulsos na avenida

cial contra os esquemas do andar de cima — assumira o governo federal, a sociedade ficou sem ator institucional para abordar sua insatisfação. Os casos de corrupção, entretanto, não deixaram de existir: foram muito marcantes, no período anterior a 2013, escândalos como aqueles que envolveram os senadores José Sarney e Renan Calheiros. Estes, por sua vez, conseguiram se blindar e saíram ilesos. A insatisfação social, represada nestas e em outras situações, explodiria como revolta difusa em Junho.

Após 2013, os movimentos anticorrupção, que haviam atuado de forma mais ou menos unificada desde 2011, acabaram se separando. Alguns se colocaram mais à direita, outros mais ao centro ou à esquerda, a depender de quem via.[25] Algumas lideranças que emergiram nos anos seguintes no campo da direita atuaram nesses protestos desde o início. É o caso, por exemplo, de Carla Zambelli, que depois se elegeu deputada federal como apoiadora fiel do extremista Jair Bolsonaro.

A maior visibilidade de casos de corrupção se deu, também, graças a políticas de fortalecimento de órgãos de controle e investigação promovidas no governo Lula, como vimos no capítulo 4. Também nesse sentido, vê-se como a proeminência que a questão da corrupção ganhou no período se deu pelo choque entre tendências opostas fortalecidas pelo lulismo: de um lado o avanço significativo da capacidade estatal de controlar e investigar, de outro a acentuação de práticas patrimonialistas ancestrais no Brasil, que ganharam escala com o boom econômico e deixaram de ter oposição política articulada.

É preciso ainda lembrar a relação entre as bandeiras anticorrupção e as duas principais lutas articuladas pela nova geração de esquerda naquele momento: a do transporte público e aquela ligada à realização dos megaeventos internacionais. Como vimos, as empresas de ônibus no Brasil constituíram verdadeiros baronatos do transporte, concentrando grande poder político e econômico, em um contexto de regulação fraca. A enorme influência política que exerceram se converteu, em muitos momentos, em corrupção, formação de cartéis, licitações fraudulentas, planilhas secretas e aumentos de tarifa sem transparência. Desse modo, a luta contra os aumentos tarifários e por "abrir a caixa-preta do busão" foi discursivamente marcada pelo rechaço à corrupção.

Do mesmo modo, a realização da Copa do Mundo no país, evento que envolveu um conjunto de obras urbanas demandando dezenas de bilhões de reais, beneficiou atores historicamente conhecidos por práticas pouco republicanas: entidades do futebol e empreiteiras. A Fifa e a CBF, capturadas por interesses particulares, se tornaram organizações blindadas, com grande concentração de poder e dinheiro na mão de poucos dirigentes com regalias e supersalários. As regras para a realização do megaevento, muitas delas geradoras de prejuízos para a sociedade e em prol da organização internacional, eram vistas como práticas de corrupção, ainda mais quando se consideravam as obras urbanas.

Os bilhões de reais investidos em avenidas, viadutos e reformas de estádios foram mais uma vez capturados por construtoras com influência política, que, como vimos, emergiram durante a ditadura civil-militar. As denúncias de corrupção em torno dessas obras fizeram parte também da luta do campo progressista no período.

Os cinco atores de Junho

A explosão repentina dos protestos alterou tanto os sentidos internos quanto os externos das ruas. Internamente, o espaço público passou a estar em disputa, com a chegada de uma multidão de participantes pouco politizados e alguns grupos organizados à direita. Assim, quem olhava de dentro via uma multiplicidade de pautas sem coesão e sem liderança. Externamente, as manifestações ganharam um sentido de rejeição ao sistema político e ao estado geral das coisas, na linha do que havia ocorrido na Espanha e nos Estados Unidos em 2011.[26] Uma frase expressiva dessa visão, presente em muitos cartazes de Junho, dizia: "Vandalismo é o Estado".

A compreensão dessa polarização externa não exclui a possibilidade de caracterizar diferenças internas aos protestos. A pesquisa aqui apresentada permite resumir os grupos nas ruas de 2013 em cinco atores: 1) a esquerda, composta por tendências autonomistas e socialistas, que esteve presente desde o início dos protestos; 2) os manifestantes avulsos, que chegaram às ruas quando elas ganharam visibilidade, com pouca formação política e visões de mundo sob disputa; 3) os grupos de direita, que se organizaram para disputar as manifestações democraticamente; 4) os grupelhos fascistas; 5) e os adeptos da tática black bloc, cuja performance de violência marcou aquele momento.

O grupo 1 foi majoritário no início dos protestos, enquanto o grupo 2 prevaleceu numericamente a partir de 14 de junho. O grupo 3 participou em algumas cidades, mas não teve capacidade e articulação para ganhar as ruas. O grupo 4 esteve presente em cidades como São Paulo e Rio de Janeiro, e, embora fosse contado em poucas dezenas, exerceu protagonismo pela brutalidade. O grupo 5 foi uma novidade, e, apesar de numericamente limitado, se espalhou pelo país e ocupou papel de destaque na maior parte dos embates com a polícia.

Sobre aqueles que se valiam da tática black bloc, vale chamar a atenção para a composição social desses jovens que se vestiam de preto, cobriam o rosto com panos, quebravam vidraças, viravam carros, incendiavam concessionárias e agências bancárias. Embora houvesse a participação de estratos socioeconômicos variados entre os adeptos da tática, a antropóloga Esther Solano, que realizou uma extensa pesquisa com esses jovens, afirma que,

> se tivéssemos que traçar um perfil comum dos adeptos que tiveram mais presença nas ruas [...], poderíamos dizer que são filhos daquela "classe C", "classe consumidora", que começou a ter poder de compra depois do lulismo. Jovens cujos pais viveram uma situação econômica complicada, mas já eles (os jovens) puderam ter acesso à universidade (geralmente particular), trabalhando para pagá-la ou aderindo a programas como o Fies ou ProUni. Jovens que não nasceram no berço esplêndido prometido pela história, mas tampouco nas sombras do sistema. Estudam, trabalham desde os catorze, quinze anos, sabem o que é uma vida esforçada, mas ao mesmo tempo têm acesso ao estudo, à informação e à crítica.[27]

Segundo esse resumo, o black bloc viria do mesmo grupo social de parte significativa dos manifestantes: jovens de alta escolaridade e baixa remuneração, moradores de periferias, usuários do transporte público, cuja aspiração de vida se descolava da realidade que encontravam em suas jornadas triplas de estudo e trabalho, enfrentando as precariedades das metrópoles brasileiras e a violência policial recalcitrante. A raiva contra o sistema, a rotina opressora, a desigualdade e a captura da política por interesses econômicos são expressos nos depoimentos dados a Solano.

Esse grupo também se conforma pelo conflito entre a elevação de piso promovida durante o lulismo e a manutenção do teto baixo, em que a ascensão social no modelo privatista passou a ter um custo inalcançável para muitos, e as condições de vida nos grandes centros se deterioraram a olhos vistos, sem melhorias significativas nos serviços públicos e nas formas de inclusão baseadas em direitos.

A presença dos black blocs foi decisiva para o enfrentamento da violência policial e para a transformação das ruas brasileiras em praças de guerra. Eles produziram novos imaginários de manifestação e acentuaram a percepção de descontentamento da juventude, disposta a colocar a própria vida em risco nos protestos. Após a comoção de Junho, os black blocs foram exaustivamente explorados pela imprensa, com conotação negativa, o que acabou por contribuir para minar os movimentos. De todo modo, em 2013 eles eram contados às dezenas, no máximo em poucas centenas, em manifestações que chegaram a ter centenas de milhares de participantes.

Para uma compreensão mais apurada desse momento de explosão e das disputas internas que passaram a vigorar nas revoltas de 2013, é importante olhar para a massa pouco politizada que ocupou o meio das avenidas — com seus cartazes, suas mensagens mais ou menos contraditórias, suas adesões a certos imaginários de participação na política.

14. Cidadania incipiente, grafias precárias

UM OLHAR PARA AS FOTOGRAFIAS das manifestações pelas Diretas, em 1984, revelará a centralidade do direito ao voto para presidente e da redemocratização na agenda das ruas. Um olhar para as imagens das passeatas do Fora Collor, em 1992, mostrará a rejeição ao presidente e o pedido de impeachment. Nos dois ciclos de protestos houve outras pautas, mas elas foram secundárias.

As manifestações de 2013 em São Paulo, até o dia 13 de junho, tinham a mesma característica: a redução da tarifa e a melhoria do transporte público estavam no centro das demandas, embora outras já começassem a aparecer. Com a explosão dos protestos e o início da Copa das Confederações, pautas diversas invadiram as avenidas, formando um conjunto que não estava articulado em torno de uma agenda unificada. Por isso, as ruas de 2013 são mais complexas, controversas e difíceis de interpretar do que as anteriores.

A comparação das imagens dos ciclos permite ressaltar de imediato uma diferença: a grande quantidade de cartazes individuais no último ciclo. Embora esse tipo de expressão tenha tido presença também nos protestos anteriores, foi com intensidade menor. Em 2013, como colocou Alexandre Haubrich sobre os protestos de abril em Porto Alegre, "os cartazes tornaram-se um rio, e depois um mar".

Na avaliação de Eugênio Bucci, em junho de 2013, "as pessoas comuns tinham se tornado aptas a pensar e se manifestar sem depender de caudilhos ou de caciques".[1] Se o professor de comunicação da USP estiver certo, a evidência primária de seu argumento talvez seja o gesto desse manifestante avulso que escreveu uma frase sobre um papel para erguer no meio da rua. A mudança de patamar da sociedade brasileira, somada à maior difusão de discursos contra-hegemônicos e à então nova cultura das redes sociais, teria contribuído para que todos tivessem uma opinião a dar sobre o país.

Esse é o copo meio cheio, mas ele pode ser observado pela parte vazia. Não é difícil enxergar a emergência desses cartazes também como a expressão de uma cultura imediatista, em que a política é entendida como algo voluntarista por manifestantes que não compreendem os processos de construção coletiva e negociação da prática democrática. Nessa linha, a filósofa Marilena Chaui enxergou um "pensamento mágico" dos manifestantes que acorreram às ruas após a massificação, convocados pelas redes sociais.[2] Se, ao contrário, quem estiver certa for a filósofa, uma das evidências primárias de seu argumento está também nos cartazes colocados na avenida pela massa de manifestantes.

A proliferação de cartazes individuais em 2013 não deixa de ser uma forma de replicação, no espaço público, da dinâmica das redes sociais. Há aí um paralelo entre protestos e mídias. Nas mídias preponderantes no século XX, como televisão e rádio, poucos emissores concentravam a produção de mensagens para as massas de espectadores. A mudança produzida pela internet fez a passagem do broadcasting para a comunicação em rede, em que cada nó é ao mesmo tempo receptor e potencial emissor.

O ciclo de revoltas do início da década passada, fortemente baseado nas redes sociais, foi além da instrumentalização desses meios. As ruas acabaram por espelhar a forma de funcionamento das redes, em uma dinâmica de retroalimentação. Foi o que percebeu a socióloga Carolina Figueiredo, ao notar que as mensagens das ruas de 2013 se relacionavam de várias maneiras com aquelas veiculadas nas redes sociais. Em suas palavras, "os cartazes foram pensados não apenas para serem vistos ao vivo, mas para serem fotografados, filmados e compartilhados".[3]

A autora identifica discursos e hashtags que eram veiculados na internet e nos cartazes — de modo que a mensagem "Saímos do Facebook", que pipocou nas ruas, seria parcialmente verdadeira: os manifestantes continuavam almejando incidir, performar e reverberar nas redes sociais. Os algoritmos das plataformas, que estimulam os usuários a produzirem conteúdos com maior potencial de engajamento e viralização, contribuíram para conformar também o léxico das manifestações. Muitos almejavam, por meio de palavras provocativas ou irônicas, de humor ou indignação, de revolta ou "lacração", ganhar visibilidade nas ruas e nas redes. Essa dinâmica foi ainda intensificada pela imprensa, que passou a publicar matérias com os "cartazes mais criativos" ou "irreverentes" das manifestações.[4]

Grafias de Junho

Visando contribuir para jogar luz sobre Junho, iniciei em 2018 a construção de um acervo de catalogação das fotografias de cartazes expostos nas manifestações. Por meio de um financiamento coletivo, foi estruturada uma equipe que passou

Cidadania incipiente, grafias precárias

a vasculhar nas redes, em acervos públicos e privados, em veículos jornalísticos e qualquer lugar em que houvesse fotografias de Junho de 2013. Não imaginávamos que, ao final da empreitada, chegaríamos a 4128 fotografias tiradas em mais de quarenta cidades, nas quais apareciam 6183 cartazes. E que esse seria o maior e mais sistemático registro das imagens daquele período, somando-se a outras iniciativas de análise das mensagens das ruas que veremos adiante.

A coleta de imagens não teve nenhum filtro. Os critérios para entrada na base de dados eram somente a realização da fotografia durante o mês de junho de 2013, a presença de algum tipo de mensagem escrita na imagem e a informação sobre o local em que foi registrada. Dessa forma, o acervo acabou recebendo imagens de mais de quarenta cidades, embora tenha havido um esforço maior de coleta em algumas capitais. A distribuição territorial reflete isso — além da minha inserção pessoal em Belo Horizonte, o que contribuiu para que essa cidade tenha o maior número de cartazes da base de dados.

Cada cartaz foi marcado com uma ou mais etiquetas. Uma etiqueta pode se referir tanto a uma demanda (tarifa, hospitais, PEC 37) quanto a um repertório formal (patriotismo, anarquismo) ou a uma personalidade (políticos, figuras públicas, bandas de música). Elas foram agrupadas em categorias, que, por sua vez, foram reunidas em grupos temáticos: Serviços públicos; Questões urbanas; Política e democracia; Anticorrupção; Direitos, costumes e ambiente; e Copa do Mundo. A esses seis grupos foi adicionado um sétimo, que reúne cartazes relativos às próprias manifestações, denominado Protesto. A quantidade de mensagens encontrada em cada um desses grupos e nas categorias que os compõem, bem como a lista de tags utilizadas em cada um deles, pode ser vista no Quadro 1.

QUADRO I

Tema	Quantidade	Categoria	Quantidade	Tags utilizadas
Serviços públicos	853	Saúde	494	Saúde, sus, ato médico, hospitais
		Educação	527	Educação, escolas
		Segurança	115	Segurança pública
		Outros	18	Serviços públicos
Questões urbanas	936	Mobilidade	840	Tarifa zero, carros, metrô, tarifa, transporte público, mobilidade urbana, bicicleta, empresas de ônibus
		Moradia	58	Moradia, população de rua
		Outros	67	Espaços públicos, direito à cidade, obras urbanas
Política e democracia	1447	Política institucional	817	Antipartido, reforma política, pró-partido, impeachment, eleições, governo, Congresso, Judiciário, políticos
		Economia	50	Impostos, inflação, crise econômica
		Mídia	157	Mídia, Rede Globo, revista *Veja*, Rede Bandeirantes
		Justiça social	139	Desigualdade / pobreza, justiça
		Democracia	402	Democracia, antiditadura, antifascismo, Estado laico
Anticorrupção	885	Corrupção	625	Anticorrupção
		PEC 37	278	PEC 37
		Impunidade	140	Punitivismo

Número de cartazes por tema e por categoria catalogados no banco de dados Grafias de Junho. Como alguns cartazes podem ter mais de uma categoria (por exemplo, educação e saúde), o total dos temas não equivale à soma dos números nas categorias.

Cidadania incipiente, grafias precárias   287

Tema	Quantidade	Categoria	Quantidade	Tags utilizadas
		Feminismo	145	Pró-aborto, feminismo, antimachismo
		Antirracismo	19	Desmilitarização da PM, antirracismo
		LGBTQIA+	198	Cura gay, LGBTQIA+
		Drogas	22	Legalização das drogas
Direitos, costumes, e ambiente	643	Direitos trabalhistas	80	Direitos trabalhistas, salário de servidores públicos, salário mínimo, trabalho escravo
		Direitos indígenas	23	Direitos indígenas
		Direitos sociais	106	Direitos sociais (reivindicação difusa de direitos)
		Meio ambiente	47	Amazônia, Código Florestal, meio ambiente, Belo Monte
		Direito dos animais	16	Direitos dos animais
		Outros	58	Direitos humanos (outros), antidiscriminação
Copa do Mundo	639	Copa do Mundo	459	Copa, estádios, remoções, ambulantes
		Fifa	152	Fifa
		Futebol	88	Futebol
Protesto	1679	Convocatória	834	Convocatória (Vem Pra Rua etc.)
		Direito à manifestação	348	Direito à manifestação
		Violência policial	476	Violência policial
		Sem violência	132	Sem violência / vandalismo
		Otimismo	245	Otimismo

Um olhar para o Quadro 1 evidencia quatro grandes temas bem definidos: Serviços públicos, principalmente de educação e saúde (853); Questões urbanas, como transporte e moradia (936); Críticas à corrupção (885); Críticas aos impactos da Copa do Mundo (639). Já Direitos, costumes e ambiente (643) reúne reivindicações variadas de direitos humanos e sociais, ligadas à agenda ambiental, feminista, antirracista, LGBTQIA+, de direitos trabalhistas etc., e, embora tenha amplitude maior de pautas, possui um nítido viés progressista. Por sua vez, Política e democracia (1447) tem uma orientação menos definida, já que reúne desde críticas a políticos, ao governo, ao Congresso e ao Judiciário, até críticas à mídia, reivindicações por justiça e funcionamento da democracia. Por fim, o tema Protesto (1679) reúne mensagens relativas às próprias manifestações, como convocações para as pessoas estarem nas ruas, indignação com a violência policial e sinalização de otimismo com os possíveis resultados alcançados pelas manifestações.

Quando se analisam os cartazes por data da manifestação, forma-se um gráfico em formato de V invertido, com grande concentração em 17 e 20 de junho de 2013, dias da explosão das manifestações no país, após a comoção com a violência em São Paulo e o início da Copa das Confederações. Isso pode ser visto no Gráfico 1, cujos contornos são similares aos de outros gráficos de periodização dos eventos de junho de 2013.[5]

As cinco cidades com maior número de cartazes coletados são Belo Horizonte (1799), São Paulo (1311), Rio de Janeiro (644), Brasília (290) e Salvador (190). Buscando compreender como a distribuição territorial se relaciona com a presença das pautas,

GRÁFICO 1. Número de cartazes coletados por dia de junho de 2013

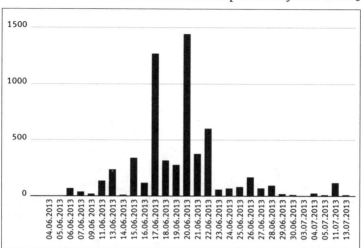

Elaboração do autor

foi feita uma avaliação dos temas mais presentes em cada uma dessas cidades. Conforme mostra o Gráfico 2, há uma distribuição razoavelmente similar. A partir dessa base comum, explicitam-se as especificidades locais, como a maior presença de questões urbanas em São Paulo (23%), a maior presença de questões relativas a direitos e costumes em Brasília (22,5%), a maior presença de críticas à Copa do Mundo em Belo Horizonte (14%) e a maior presença de reivindicação de serviços públicos em Salvador (19,5%). Os cartazes anticorrupção oscilam entre 11% (Belo Horizonte) e 18% (Brasília) das mensagens.

A presença dos temas ao longo do tempo joga luz sobre o desenvolvimento dos protestos, evidenciando questões que ganharam ou perderam força com o correr dos acontecimentos. Esta análise é importante para avaliação da questão abordada no tópico anterior, sobre como a explosão dos protestos

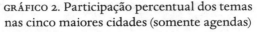

GRÁFICO 2. Participação percentual dos temas nas cinco maiores cidades (somente agendas)

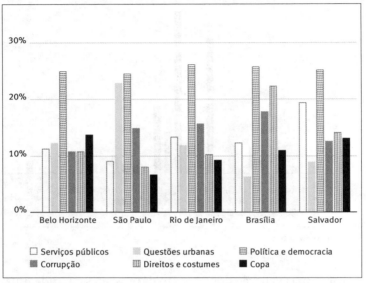

Elaboração do autor

alterou a agenda das ruas. Conforme mostra o Gráfico 3, a primeira semana de junho conta com expressiva maioria de mensagens sobre questões urbanas, grande parte relativa à tarifa de ônibus. À medida que os protestos aumentaram, essa pauta perdeu peso proporcional.

Mesmo na semana de explosão, entre 17 e 23 de junho, as questões urbanas mantiveram-se entre as médias dos grupos, respondendo por cerca de 12% dos cartazes. Uma vez que essa foi a semana de massificação das manifestações, ela concentrou 56% dos cartazes sobre questões urbanas, mostrando que o crescimento fez também com que a pauta se ampliasse.

Cidadania incipiente, grafias precárias

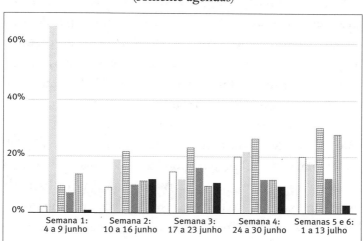

GRÁFICO 3. Participação percentual dos temas nas semanas (somente agendas)

Elaboração do autor

Como se vê, a única semana em que os protestos se articularam em torno de uma pauta única foi a primeira — nas demais, o Gráfico 3 explicita a disputa entre grupos temáticos.

Direita e patriotas nos cartazes

A análise dos cartazes contribui para a compreensão de dois pontos que foram debatidos na seção anterior: o conteúdo político das mensagens de teor patriótico e a presença de pautas de direita. Iniciando pela última, foram selecionadas cinco etiquetas que poderíamos objetivamente relacionar à direita política. A primeira contém as mensagens pedindo redução de impostos ou que afirmam que os impostos são altos demais, totalizando 28 cartazes, ou seja, 0,45% do total (percentual similar ao encontrado na já mencionada pesquisa Ibope). A segunda diz respeito às mensagens críticas ao PT ou a seus líderes, como Lula e Dilma Rousseff, que totalizam 92 cartazes, ou seja, 1,5% do total.

Em seguida estão as mensagens punitivistas — ou seja, aquelas que, dentro das críticas à corrupção, pediam explicitamente maior punição para políticos corruptos. Este grupo chegou a 143 cartazes, ou seja, 2,3% do total. Por fim, há ainda os discursos de ódio (oito cartazes) e as teorias conspiratórias (cinco cartazes). Somando os cartazes que, segundo esses critérios, poderiam ser relacionados à direita política, chega-se a 267, o que equivaleria a 4,3% do total.

Isso não quer dizer que a presença de pessoas identificadas com a direita tenha sido tão pequena. Uma pesquisa realizada pelo Datafolha na avenida Paulista em 20 de junho resultou em 10% dos manifestantes que se identificavam com a direita e 11% com a centro-direita. Mensagens acionadas por membros desses grupos podem ter se misturado a outras. Mesmo que considerássemos todos os cartazes anticorrupção como sendo do campo da direita — o que seria arbitrário, já que, como vimos, as críticas à corrupção eram abordadas em contextos variados, como as críticas às empresas de ônibus e aos gastos com a Copa do Mundo — e os somássemos às demais pautas da direita, chegaríamos a algo em torno de 15% do total de mensagens.

O segundo ponto diz respeito à emergência do repertório patriota ou nacionalista, que, na visão de alguns analistas,

Cidadania incipiente, grafias precárias 293

estaria conectado a uma agenda de direita. Dos cartazes com mensagens explicitamente patrióticas encontradas no acervo, cerca de 30% faziam críticas à corrupção e nenhum deles pedia redução de impostos. A maioria tratava de temas como o aprimoramento da democracia, a melhoria dos serviços públicos e os gastos com a Copa do Mundo.

O repertório patriota foi ainda além desses cartazes, já que mensagens variadas eram erguidas nas ruas por pessoas com os rostos pintados de verde e amarelo, o que não foi inserido na catalogação, dada a dificuldade de identificar símbolos usados pelos manifestantes nas fotografias. De todo modo, um olhar para o acervo permite encontrar uma boa quantidade de manifestantes com mensagens de viés progressista, ou híbrido, se valendo do repertório patriota.[6]

Outro ponto reforçado pela análise dos cartazes é que as críticas aos políticos não chegaram a ser, em nenhum momento de junho de 2013, majoritariamente antipetistas. Ao contrário, nota-se que elas foram distribuídas pelo espectro político, focando-se sobretudo nos ocupantes de cargos executivos.

Na seara dos políticos locais, os mais citados foram o então governador do Rio de Janeiro Sérgio Cabral (33 cartazes, ou 5% dos do Rio de Janeiro); o então prefeito de Belo Horizonte Márcio Lacerda (33 cartazes, ou 2% dos de Belo Horizonte); o então governador de São Paulo Geraldo Alckmin (28 cartazes, ou 2% dos do estado de São Paulo); e o então prefeito de São Paulo Fernando Haddad (25 cartazes, ou 1,9% dos da capital paulista). Entre os políticos nacionais, destacaram-se três figuras: a então presidenta Dilma Rousseff (165 cartazes, ou 2,6% do total); o deputado federal Marco Feliciano (143 cartazes, ou 2,5% do total); e o então presidente do Senado Renan Calheiros (quarenta cartazes, ou 0,7% do total).

Feliciano é o único deputado federal com presença expressiva nas mensagens, sendo criticado de norte a sul do Brasil por seu projeto de "cura gay". As mensagens contra a proposta são das mais irreverentes, como "Feliciano, doente é você" e "O sus não tá curando nem virose, quanto mais viadagem". Renan Calheiros aparece nos cartazes invariavelmente vinculado à questão da corrupção.

Já as mensagens sobre Dilma Rousseff tinham teor variado. Dos 165 cartazes com referência à então presidenta, 66 eram explicitamente de oposição, com críticas ou pedidos de #ForaDilma — entre os quais quatro veiculavam discursos de ódio. A maior parte tinha um tom de diálogo ou reivindicação: convocatórias para que ela estivesse nas ruas, pedidos de veto a projetos de lei aprovados no Congresso, demandas por maior investimento em educação.[7]

A análise dos cartazes reforça o que pôde ser percebido em pesquisas de opinião: a direita esteve nas ruas de 2013 de forma pouco organizada e minoritária, embora não irrelevante. A truculência de grupelhos fascistas em São Paulo e no Rio de Janeiro deu visibilidade a uma direita autoritária, mas diminuta. Entre a massa de manifestantes, a agenda de direita não prevaleceu. Longe disso, os dados mostram a prevalência de uma agenda progressista, embora articulada muitas vezes em símbolos pouco habituais no campo da esquerda. Em vez de classes e ideologias cruzadas, como argumentou André Singer, a multidão de Junho foi marcada por conteúdos e repertórios embaralhados, que tornaram mais difícil a compreensão do ciclo. Esse embaralhamento se caracterizou

Cidadania incipiente, grafias precárias 295

tanto pela adoção difundida do repertório patriota quanto pelo grande número de cartazes que abordavam mais de um tema, como se vê no Quadro 2.

QUADRO 2

	Serviços públicos	Questões urbanas	Política e democracia	Corrupção	Direitos, costumes e ambiente	Copa do Mundo
Serviços públicos	-	98	137	101	64	293
Questões urbanas	98	-	76	104	70	52
Política e democracia	137	76	-	156	162	112
Corrupção	101	104	156	-	29	64
Direitos, costumes e ambiente	64	70	162	29	-	26
Copa do Mundo	293	52	112	64	26	-
Total sem intercessão	286	599	951	595	405	214
Total com intercessão	567	337	479	290	238	425
Total do tema	853	936	1430	885	643	639

A intercessão entre agendas é considerável — cerca de 43% dos cartazes abordam mais de um tema. Os grupos Serviços públicos e Copa do Mundo têm cerca de dois terços dos cartazes em intercessão com outro grupo — o que resulta de um tipo de mensagem, muito presente nas ruas, que pedia "Educação e saúde padrão Fifa", ou que afirmava "Da Copa eu abro mão. Quero dinheiro pra saúde e educação", ou que parodiava uma canção ao gracejar: "Era um país muito engraçado, não tinha escola, sobrava estádio". Essas mensagens não reivindicavam a redução do Estado, mas o contrário: diante dos gastos com obras para megaeventos e das carências do país, os manifestantes pediam a priorização de serviços públicos. Parte deles era mais explícita ao reivindicar a aplicação de 10% do PIB em educação ou em saúde.

Vale notar ainda como o tema da corrupção perpassou os demais. Embora tenha ganhado força a partir da convocatória da mídia, da direita organizada e de grupos como o Anonymous Brasil, as críticas à corrupção estiveram presentes desde o início dos protestos e acabaram se amalgamando às demais agendas — uma em cada três mensagens anticorrupção se referia também a outros temas, como críticas à Copa do Mundo (64), melhoria dos serviços públicos (101) e redução das tarifas (104).

São recorrentes mensagens como "Chega de Corrupção. Saúde e Educação", "– Copa – Corrupção + Saúde + Educação + Dignidade", ou "Fim da máfia dos transportes". Apareceram também mensagens como "Contra a PEC 37 e o Estatuto do Nascituro", ou "Diga sim ao *beck*. Diga não à PEC", que conjugavam a agenda anticorrupção com pautas progressistas, como os direitos reprodutivos das mulheres e a legalização das drogas.

O tema da corrupção teve ainda uma vertente nas críticas à imprensa, que também expressavam desconfiança de setores poderosos. Denúncias de manipulação da informação pelos grandes veículos emergiram com força nas ruas, em cartazes e gritos de guerra. Uma pichação em Belo Horizonte afirmava que "Mijam em nós e os jornais dizem que chove". Críticas à Rede Globo estiveram presentes em cartazes país afora, e volta e meia apareciam nas manifestações com o canto "O povo não é bobo, abaixo a Rede Globo". Repórteres foram hostilizados nas ruas e houve protestos que terminaram na porta da sede da Globo, no Rio e em São Paulo.

Um balanço das ruas pelas grafias

Uma depuração da multiplicidade das ruas de Junho permite enxergar um consenso em torno de algumas agendas, que representariam a maioria dos manifestantes. Esse mínimo denominador comum pode ser descrito em cinco pontos, um tanto distintos das cinco causas colocadas pelo grupo Anonymous em seu vídeo.

O primeiro seria a rejeição à Copa do Mundo, por seus gastos, pelo excesso de poder da Fifa ou pelos impactos gerados. O segundo estaria nas melhorias dos serviços públicos de saúde e educação, algo que, embora seja certo lugar-comum, raramente foi abordado no Brasil com tanta ênfase por um público tão diverso e não militante. O terceiro seria o transporte urbano, uma pauta que nunca havia sido priorizada no país e que, mesmo diluída após a massificação, ganhou um alcance inédito. O quarto ponto seria ligado à defesa da democracia em sentido mais amplo, articulada sobretudo pelo rechaço à violência policial e pela reivindicação do direito ao protesto, mas também pelas mensagens que pediam maior participação popular nas decisões públicas. Por fim, o quinto ponto seria a rejeição à corrupção, que, embora não pautasse o discurso da esquerda que estava no governo, atravessou os vários campos políticos e teve presença também entre manifestantes do campo progressista.

Retornando ao debate do início deste tópico, o consenso pode ser visto por suas virtudes ou por suas deficiências. Se começarmos agora pelo copo meio vazio, notaremos que o "pensamento mágico" que Chaui enxergou nos manifestantes apareceu também para promover a síntese entre essas pautas, em um raciocínio mais ou menos assim: a corrupção e os gastos com a Copa seriam os responsáveis pela drenagem de recursos que faltariam para o transporte, a saúde e a educação.

Trata-se, obviamente, de uma visão incompleta do funcionamento do Estado, que sobrevaloriza um problema e ignora tantos outros, como a carência de recursos, as sonegações, as injustiças tributárias, os privilégios de elites do funcionalismo etc. Mais do que isso, a visão se apoia nas falsas premissas de que resolver a corrupção seria também resolver os demais problemas do Estado, e de que a corrupção seria algo erradicável a curto prazo, o que, como mostram estudiosos da área, está longe de ser verdade.[8]

Importa notar que essa visão era temperada, ainda, por um rechaço aos partidos políticos. Em seu artigo aqui citado, Chaui pondera que "a crítica às instituições políticas não é infundada", já que "o inferno urbano é, efetivamente, responsabilidade dos partidos políticos governantes". No entanto, segue a filósofa,

embora explique a recusa, não significa que esta tenha sido motivada pela clara compreensão do problema por parte dos manifestantes. De fato, a maioria deles não exprime em suas falas uma análise das causas desse modo de funcionamento dos partidos políticos.

Cidadania incipiente, grafias precárias

Impossível discordar dessas críticas. Mas é também notório que elas realizam uma projeção de expectativa sobre os manifestantes que ignora o contexto social e não tem paralelo com as cobranças feitas aos demais atores políticos. Em uma sociedade marcada por uma cultura política de baixo teor democrático, por níveis de qualidade da educação ainda frágeis e por um período de inclusão econômica baseada no consumo, estranho seria se os manifestantes tivessem "clara compreensão" de todos os aspectos dos problemas que denunciavam.

Essa projeção desproporcional de expectativas faz com que a crítica deixe de ser uma atitude rigorosa, com efeitos positivos, e se torne um elemento de confusão analítica. Em lugar de se fazer um balanço das manifestações que busque compreender o sentido dos discursos, as disputas em pauta e a linha de equilíbrio entre potencialidades e deficiências, a simples existência destas últimas é tomada como justificativa para que o todo seja invalidado.

Os limites da formulação política da multidão de 2013 podem ser constatados com uma avaliação dos avanços a que se chegava. Retomando uma imagem muito utilizada aqui, é possível enxergar a elevação de patamar da sociedade e, ao mesmo tempo, reconhecer que ainda havia muitos degraus a subir; que o que se forjou foi uma cidadania incipiente, expressa nas ruas por grafias precárias.

Ainda que com evidentes limites, o que emergiu naquelas ruas expressou um momento novo para a sociedade brasileira, em que uma visão de país baseada na coletividade, em direitos e em democratização da vida cotidiana foi reivindicada por uma massa ampla. Que muitos tenham expressado essa aspiração de um aprimoramento da vida democrática balbuciando palavras imprecisas ou tirando conclusões incompletas sobre as soluções só mostra que havia ainda muito a avançar.

A emergência embrionária de uma cidadania no país se explicita também na linguagem dos cartazes e das mensagens de 2013, como notou o antropólogo Luiz Eduardo Soares. O autor relembra como o histórico déficit de cidadania do país foi marcado, nas falas cotidianas, pelo uso do pronome "eles" em referência a ações realizadas por distintos agentes do Estado ou do mercado. "O 'eles' surge quase sempre no lugar de sujeito de decisões e processos superiores à esfera de controle dos cidadãos comuns", resume o antropólogo.[9]

Desse modo, a incompreensão da cidadania como algo universal e decidido por regras conjuntas teria sido acompanhada, na história do Brasil, por um artifício retórico que desobrigava da participação na esfera pública e terceirizava a culpa pelos problemas, atribuindo-os a entidades difusas e inabordáveis. Soares nota como as revoltas de 2013 marcaram a emergência de um novo léxico social, em que "o 'nós' substituiu o 'eles' na cultura política brasileira". E esse novo léxico se expressaria, justamente, pelos cartazes exibidos nas avenidas.

O autor escrevia antes da publicação do acervo de cartazes aqui apresentado, mas seu argumento de fato encontra respaldo em um cartaz bastante presente, em que se lia "Desculpe o transtorno, estamos reformando o país". No acervo de cartazes, a mensagem apareceu 67 vezes. O trocadilho caiu como uma luva para quem era pouco habituado a causar confusão nas ruas, já que servia para justificar a baderna. Mais do

Cidadania incipiente, grafias precárias   301

que isso, trata-se de um inversor do apaziguamento contido na fórmula do "eles" — afinal, um lugar privilegiado dessa fórmula foram as obras urbanas, das quais se reclamava sem enunciar seus agentes e sem se implicar em seus processos decisórios. Quantas vezes o "eles" foi evocado no Brasil para se abordar um asfaltamento de rua, a construção de uma passarela, o alargamento de uma avenida, a reforma de uma rede de esgotos?

Em junho de 2013, sem que muitos se dessem conta o "eles" virou "nós": começava a emergir uma cidadania ativa, formada por sujeitos minimamente conscientes de seus direitos e deveres, que buscaria reformar o país. As ruas, em vez de objeto inerte da ação de sujeitos difusos, tornavam-se o lócus dessa coletividade ativa. Eis o que foi a utopia de Junho: um momento em que a sociedade brasileira foi capaz de enunciar, ainda que de forma incipiente, a superação de um de seus impasses estruturais e esboçar uma outra linguagem para a vida pública — elemento-chave para a própria existência de uma esfera pública composta de cidadãos que se enxerguem como iguais e vejam a cidadania como forma de construção coletiva do país.

15. Na órbita de Junho

APÓS ATINGIREM O ÁPICE na semana de 17 a 23 de junho, as ruas brasileiras perderam intensidade. Do incêndio fulminante que atravessou o país de norte a sul sobraram brasas e labaredas, com foco nas capitais. A multidão de manifestantes avulsos que havia dado escala aos protestos voltou, em maioria, para suas casas. Uma parte menor dela se conectou aos grupos de esquerda articulados em torno dos Comitês Populares da Copa e dos blocos de luta pelo transporte, entre outros movimentos que seguiram ativos.

A tarifa de ônibus havia sido reduzida em mais de cem cidades após o ciclo de manifestações,[1] um resultado inédito e surpreendente, que apontava que o contexto era favorável à mobilização. Os movimentos apostaram então em uma luta mais radicalizada, embalada pelo fogaréu de Junho e pela maior disposição para o engajamento. Iniciaram-se as ocupações de câmaras municipais e assembleias legislativas, que consistiam na permanência de manifestantes dentro dos parlamentos como forma de reivindicação de demandas.

O movimento começou em Belo Horizonte, quando, em 29 de junho, uma manifestação na Câmara de Vereadores mirava um projeto que tratava das tarifas de ônibus. Sem terem a reivindicação atendida e sendo recebidos de forma truculenta pela segurança legislativa, os manifestantes ocuparam o prédio. Com a ação, se aproximavam da dinâmica que marcou o ciclo de revoltas de 2011, como o 15M espanhol e o Occupy Wall Street. O clima era de efervescência. Todo o tempo viam-se grupos envolvidos em tarefas ligadas à organização da ocupação (alimentação, limpeza, espaços de trabalho, rotinas) e à luta política (atendimento à imprensa, comunicação, diálogo institucional), realizadas com um misto de urgência e diversão.

Vivia-se um experimento de vida democrática de alta intensidade, que era novo para aquela geração. Após oito dias de ocupação, conquistou-se uma vitória parcial, com a redução da tarifa em quinze centavos e a manutenção da cobrança de uma taxa operacional das empresas. O fim da ocupação se deu com blocos de carnaval, que saíram em uma passeata levando os ocupantes da Câmara Municipal ao centro da cidade — evidenciando a colaboração entre lutas e movimentos culturais que marcou o período e que foi expressiva na capital mineira.[2]

O que veio em seguida foi uma onda de ocupações, disseminada em velocidade surpreendente. Em 1º de julho, duzentos manifestantes se estabeleceram na Câmara Municipal de Belém, reivindicando redução da tarifa e passe livre para estudantes.[3] No dia seguinte, foi a vez de Vitória, com centenas de manifestantes na Assembleia Legislativa do Espírito Santo, reivindicando o fim do pedágio em uma ponte da cidade. "Resistir, resistir, até o pedágio cair" era o lema do movimento, que durou dez dias.[4]

Em seguida, veio a ocupação da Câmara Municipal de Porto Alegre, iniciada em 10 de julho. Ativistas instalaram-se na "casa do povo" reivindicando passe livre para estudantes e desempregados, e abertura das planilhas das empresas de ônibus.[5] Na outra ponta do país, 120 manifestantes se instalavam na Câmara Municipal de São Luís, exigindo melhorias no transporte público, regularização fundiária de quilombos e de terras de pequenos agricultores, e maior transparência nos atos do Legislativo.[6] Esses são apenas alguns exemplos das cerca de 25 ocupações de câmaras e assembleias no mês de julho de 2013.[7]

No dia 8 de agosto, a Frente de Luta pelo Transporte Público adentrou a Câmara Municipal do Recife, reivindicando o passe livre estudantil e a abertura de uma CPI do transporte. A violenta repressão policial, que atacou os manifestantes com bombas de gás lacrimogêneo e balas de borracha e realizou detenções arbitrárias, conseguiu desmobilizar a ação.[8] No dia seguinte deu-se a ocupação da Câmara Municipal do Rio de Janeiro. Insatisfeitos com os rumos dados à CPI do Transporte — proposta por um vereador do PSOL, mas que manobras internas acabaram entregando a vereadores do PMDB —, manifestantes se instalaram no parlamento municipal.[9]

Na capital carioca, as Revoltas de Junho se desdobraram em uma verdadeira ebulição social. "Alguns meses atrás, reunir mais de cinquenta pessoas por uma causa política era impossível no Rio de Janeiro", notou o fotógrafo Pedro Victor Brandão.[10] No novo contexto, mobilizações das mais diversas pipocavam pela cidade. No dia 13 de julho, um grupo de ativistas realizou uma manifestação do tipo escracho na frente do Copacabana Palace. O alvo era o casamento de Beatriz Perissé Barata, neta do empresário de transporte Jacob Barata, um dos mais poderosos da cidade.

Na órbita de Junho
305

Os cartazes ironizavam o casamento da "Dona Baratinha" e apontavam o controle da família no transporte público da capital. O dinheiro da passagem cara financiava a riqueza da família, apontavam os manifestantes. Os ativistas abusaram dos assobios, apitos e instrumentos, gerando um constrangimento na festa. Alguns dos presentes na cerimônia responderam arremessando aviõezinhos feitos com notas de cinquenta reais.

O expediente de gerar constrangimento foi também utilizado na "Ocupa Cabral", que consistia no acampamento de algumas dezenas de manifestantes na rua do então governador Sérgio Cabral. Começara ainda em junho, e durou até o início de julho. O governador teve umas três semanas de folga, até que veio uma nova fase da ocupação. Dessa vez, ela duraria quarenta dias, atravessando todo o mês de agosto. O movimento contribuiu, somando-se à série de denúncias que emergiram então, para jogar na lona a popularidade do governador, a qual chegou a seu ponto mais baixo no final daquele ano.

Essa onda de ocupações costuma ser pouco lembrada nas leituras que se tornaram hegemônicas a respeito de 2013. A sequência de acontecimentos torna difícil a sustentação da ideia, um tanto recorrente, de que os movimentos de Junho teriam começado à esquerda e terminado à direita. Afinal, julho e agosto de 2013 abrigaram possivelmente o maior ciclo de reivindicações populares em parlamentos na história do país, com pautas como redução de tarifas de ônibus, abertura da "caixa-preta" das empresas, proteção de comunidades vulneráveis, melhorias salariais para servidores públicos.

Algumas das ocupações obtiveram vitórias parciais, outras não atingiram resultado imediato. Todas se chocaram com a blindagem de um sistema político desconectado da sociedade e desacostumado com a presença do povo. E todas, sem exceção, sofreram repressão policial e midiática desmedida, como veremos no próximo capítulo.

A mobilidade urbana e o transporte coletivo haviam se tornado um problema público de primeira ordem. Cresceram os debates, a cobertura na imprensa e o interesse pela questão. Em Belo Horizonte, o ciclo fez brotar o movimento Tarifa Zero BH, que passou a constituir o equivalente ao que seria um núcleo local do MPL, mas com composição mais variada e sob disputa. O caldo de Junho havia transbordado para o movimento, que passou a liderar a luta pelo transporte na cidade, convocando manifestações, criando campanhas, coletando assinaturas para projetos de lei, realizando debates, oficinas e produzindo material didático.[11] Iniciativas similares brotaram pelo país, na pauta do transporte, do direito à cidade, de resistência às iniciativas para a Copa do Mundo, entre outras. A cidadania progressista parecia sair fortalecida do ciclo.

Salto na luta por moradia

Transporte e moradia são os problemas urbanos mais sentidos pela população de grandes centros. Não por acaso, foram os dois principais focos da luta pelo direito à cidade no Brasil desde o século xx. A organização dos movimentos em torno desses temas, no entanto, é bastante distinta. Na luta por moradia estabelecem-se relações de longo prazo. É preciso atuar de forma conjunta por meses, ou anos, até a conquista do objetivo — realizar uma ocupação, viabilizar uma política de construção, compra ou aluguel de unidades habitacionais. No caso das ocupações, a atuação coletiva segue após a conquista da terra, na busca por infraestrutura e melhorias.

Já o movimento social que atua pelo transporte lida com um público disperso e de poucos vínculos. Não há elementos que fixem por muito tempo as pessoas em torno dessa luta. A conquista coletiva — redução da tarifa, criação de uma nova linha, ampliação de horários — não se desdobra em conquistas individuais. Após o fim da disputa, as pessoas voltam para suas rotinas. Algumas podem retornar na mobilização seguinte, mas isso nem sempre acontece. Faltam recompensas individuais e sobra o cotidiano maçante da vida nas periferias, que dificulta o engajamento em causas coletivas.[12]

Em decorrência dessas especificidades, cada movimento foca em um público distinto. O transporte costuma mobilizar principalmente estudantes de estratos médios e baixos, geralmente menos consumidos pela luta pela sobrevivência e mais afeitos a se engajarem em causas coletivas. A moradia, por sua vez, mobiliza principalmente famílias de renda baixa, para quem a falta da casa é a pauta de maior urgência. O perfil do público deriva na forma de organização. Os estudantes mudam a cada ano, e o trabalho do movimento pelo transporte é de renovação constante de sua base. Já o desafio do movimento pela moradia não é a renovação, mas a manutenção da base — para isso, precisam de estrutura organizativa clara, objetivos bem definidos e atuação em consonância com esses objetivos.

Essas distinções marcaram os dois principais movimentos pelo direito à cidade que tiveram destaque a partir de 2010 em São Paulo: o MPL e o MTST, Movimento dos Trabalhadores Sem Teto. Nascido de uma cisão com o MST, o MTST passou a realizar ocupações na região metropolitana de São Paulo já no início do século XXI. Enfrentou um período de dificuldades e repressão, e foi resiliente na articulação de ocupações, no estabelecimento de aprendizados táticos e no acúmulo de forças.[13]

Com a alta dos aluguéis, a partir de 2009, o MTST foi crescendo em relevância. Na avaliação do movimento, as políticas urbanas do governo federal andavam na contramão do que deveria ser feito e acentuavam a crise de moradia.[14] No período anterior a 2013, o MTST já fazia manifestações expressivas em São Paulo, concatenadas com disputas concretas por moradia e com críticas aos impactos da Copa do Mundo. Durante as Revoltas de Junho, o movimento puxou protestos na periferia da cidade, alguns deles em parceria com o MPL, depois que este conquistou a redução da tarifa e deixou de liderar as manifestações na região central.

Mas a maior oportunidade do MTST se abriria em seguida. O segundo semestre de 2013 assistiu à explosão das ocupações por moradia nas cidades brasileiras. Em Belo Horizonte, o número de pessoas abrigadas em ocupações naquele semestre foi maior do que nos oito anos anteriores.[15] Em São Paulo, veio um boom similar, e boa parte dos novos assentamentos se davam sem movimentos organizados por trás. Lideranças do MTST identificam as razões disso no empoderamento popular gerado a partir das revoltas do mês de junho. Nas palavras de Josué Rocha, que foi coordenador nacional do movimento, as manifestações deram o exemplo concreto "de que, se lutando, é possível ter conquista".[16]

O contexto foi uma baita oportunidade para o movimento, que soube aproveitá-la para dar um salto de escala.

O número de pessoas envolvidas em ocupações do MTST, que oscilou em torno de poucas centenas entre 2005 e 2011 e chegou a pouco mais de mil em 2012, saltou rapidamente para o patamar de 3 mil em 2013, e cresceu ainda mais em 2014.[17] O crescimento veio com a realização de ocupações, pela primeira vez, na cidade de São Paulo, na região sul e também em Paraisópolis.

O MTST talvez tenha sido o único ator à esquerda que teve uma trajetória ascendente entre junho de 2013 e a Copa de 2014. A maior parte dos movimentos que se desdobraram nas Revoltas de Junho entrou em uma etapa de declínio, em consequência da forte repressão e das dificuldades organizativas internas. Um dos elementos-chave desse conflito foi a presença da tática black bloc nas manifestações, que acabou por facilitar a deslegitimação delas pela mídia.

Já o MTST é um movimento social *old style*, pouco afeito a espontaneísmos. Tem a estratégia de buscar acumular forças e promover tensionamentos calculados, que não ponham a perder esse acúmulo. Alguns importantes princípios do movimento são "unidade na ação e liberdade de discussão" e "só decide quem atua". Ou seja, quem quiser propor formas de manifestação que o faça nas assembleias. O movimento não dá espaço para que pessoas sem atuação proponham, na última hora, uma tática que não havia sido acordada.[18] Assim, os protestos realizados pelo movimento entre 2013 e 2014 não tiveram jovens encapuzados nem performance de violência. E não puderam ser estigmatizados pela mídia ou pela polícia, em um período de forte perseguição.

O auge desse processo foi a realização de uma ocupação a trinta dias da Copa do Mundo, chamada "Copa do Povo".

Embora fizesse críticas aos impactos da Copa, o MTST não se colocava frontalmente contra o megaevento, como fizeram movimentos oriundos de Junho, por considerar que isso enfraqueceria o governo Dilma. A ocupação se deu próximo ao estádio Itaquerão, que receberia jogos da Copa. Manifestações expressivas foram conduzidas no período, demonstrando que o poder de mobilização crescera.

A força demonstrada fez com que a presidenta Dilma Rousseff se reunisse com lideranças do MTST já em julho de 2014, a fim de debater soluções para a ocupação. O terreno acabou sendo adquirido pelo movimento por meio do programa Minha Casa, Minha Vida — Entidades, que permitia a construção de moradias por movimentos sociais. Daí a alguns anos, se tornaria um conjunto habitacional. O tensionamento calculado rendia frutos. O MTST saía engrandecido do ciclo de lutas ocorrido entre junho de 2013 e a Copa. E sua maior liderança, Guilherme Boulos, passava a ganhar projeção nacional.

Fogo nas periferias

Junho foi um fenômeno mais múltiplo do que costuma ser relatado. Ao mesmo tempo que o pau quebrava nas regiões centrais da cidade, emergia nas periferias uma miríade de pequenos protestos. Contando com poucas dezenas de participantes e utilizando o artifício de interditar as pistas com pneus queimados e móveis velhos, essas manifestações buscavam colocar reivindicações locais no centro da agenda. Em muitos casos, o que estava em jogo era também ligado à circulação. Boa parte das demandas desse Junho periférico era por segurança viária — redutores de velocidade, quebra-molas, passarelas, calçadas.

Impressionada com a quantidade de protestos desse tipo nos arredores de Belo Horizonte em 2013, a urbanista e filósofa Rita Velloso passou a mapear e analisar os eventos.[19] Foi anotando as ocorrências a partir de notícias da televisão e dos jornais, e cruzando com o que via nas redes. No auge de Junho, chegou-se a uma situação em que estradas de um quarto das cidades da região metropolitana de Belo Horizonte estavam bloqueadas ao mesmo tempo. Houve momentos em que uma mesma via, em Ribeirão das Neves, foi fechada em três diferentes pontos no mesmo dia, por diferentes grupos — que tinham as mesmas reivindicações.

A pouca organização era a regra. "Se em um dia você tinha vinte pessoas, um par de sofás, pedaços de madeira e algumas bicicletas bloqueando a pista, em outros havia centenas de moradores, assim como caminhoneiros aderindo ao movimento", como relata Velloso. Os protestos periféricos não almejavam substituir o poder, tampouco elaboravam formulações acerca de transformações políticas a serem implementadas no país. Eles simplesmente reivindicavam elementos básicos da vida urbana — escolas, postos de saúde, transporte público, pontos de ônibus, faixas de pedestres, passarelas — que lhes foram reiteradamente negados. Em um desses protestos, crianças argumentavam para a imprensa que havia dinheiro para construir estádios, mas não para a passagem de pedestres nas rodovias — uma demanda antiga da comunidade.

O fenômeno que Velloso identificou em Minas ocorreu país afora. Em março de 2013, moradores de Conceição da

Barra, no Espírito Santo, bloquearam uma rodovia solicitando a demolição de uma passarela, que estava em más condições, e a construção de uma nova.[20] Em 24 de junho, um protesto no distrito de Cristalina, em Goiás, teve duas mulheres atropeladas durante o fechamento da pista. Os manifestantes pediam melhores serviços públicos de saúde, educação e transporte, além da realização de um plebiscito para decidir sobre a emancipação do distrito — segundo a matéria, "eles acreditam que somente dessa forma será possível conquistar melhorias nos serviços públicos".[21]

Em 25 de junho, moradores da região norte de Belo Horizonte bloquearam a rodovia MG-20 desde as quatro horas da manhã, reivindicando maior segurança para pedestres.[22] Em São Pedro da Aldeia, no Rio de Janeiro, uma manifestação em 28 de junho pedia a construção de uma passarela na pista. Cerca de duzentas pessoas participaram do protesto, que teve pneus incendiados, cartazes exibidos e ônibus pichados. Dez dias antes, um idoso morador da região havia morrido atropelado ao tentar atravessar a rodovia.[23]

No dia 3 de julho, no município de Congonhas, em Minas Gerais, moradores bloquearam a rodovia BR-040 reivindicando a construção de uma passarela.[24] No dia seguinte, outro trecho da estrada no mesmo município era fechado por manifestantes. Segundo a reportagem, os problemas elencados por uma moradora incluem "a falta de posto de saúde, de iluminação nos pontos de ônibus".[25]

Em setembro de 2013, um protesto com cerca de cinquenta pessoas fechou os dois sentidos da rodovia BA-535, na região metropolitana de Salvador, solicitando a instalação de uma passarela, de quebra-molas, de pontos de ônibus e de um retorno para automóveis nas proximidades. A pista foi interditada com pneus em chamas e as demandas foram escritas sobre o asfalto.[26] Em outubro, um protesto na cidade de Candeias, nas proximidades de Salvador, na Bahia, fechou a rodovia reivindicando instalação de equipamentos de segurança nas estradas — os protestos carregavam ainda a comoção de um atropelamento ocorrido poucos dias antes, que matara uma mulher e suas três filhas.[27]

Esses eventos não foram exclusividade daquele momento. Dadas as características violentas do trânsito brasileiro, esse tipo de reação pipoca de tempos em tempos. É a intensidade com que aconteceram no ano de 2013 que parece advir dos ares insurgentes que circulavam no período — da percepção, nas periferias, de que se tratava de um momento oportuno para ter reivindicações atendidas.

Esse breve levantamento mostra a ponta de um iceberg de pequenas revoltas que não receberam a mesma atenção que aquelas realizadas nas áreas centrais. Há centenas de artigos, livros, dissertações e teses sobre as revoltas de 2013, em que distintos aspectos dos protestos são abordados por diferentes autores. Mas são raros os estudos que se debruçam sobre esses levantes periféricos. O conjunto de pequenas revoltas por maior segurança para pedestres em bairros periféricos parece ter sido um dos primeiros momentos na história do país em que a questão da segurança no trânsito foi colocada na arena pública a partir de uma vultosa reivindicação popular, ainda que fragmentada e de baixa organização.[28]

Rolezinhos

No final de 2013, uma outra face da disputa pela livre circulação emergiu no país. Nos acontecimentos ao longo do ano, os movimentos de luta pelo transporte reivindicavam a circulação como direito coletivo, enxergando o transporte público como meio fundamental para isso. Tratou-se de disputar formas de mobilidade inclusivas, em que coubessem todos. A partir de dezembro, eclodiu uma disputa que dizia respeito ao direito à circulação em seu aspecto social. Os rolezinhos colocavam em questão algo arraigado na sociedade brasileira: a exclusão de certos grupos de determinados espaços.

Em cidades espraiadas e fragmentadas como as que temos no Brasil, a carência de transporte sempre serviu para isolar os pobres. Jogada nas periferias longínquas e precárias, a base da sociedade foi amiúde impedida de se deslocar, por falta de linhas ou pelo preço das passagens. O geógrafo Milton Santos usou o termo "exílio na periferia" para caracterizar a situação. Sem mobilidade urbana, a maior parte dos moradores das extensas periferias metropolitanas eram tolhidos de qualquer chance de mobilidade social, tornando-se "prisioneiros do espaço local", como vimos.[29]

O insulamento dos pobres sempre foi em parte abandono, em parte projeto. Isso fica evidente na reação das elites aos esforços de democratização do deslocamento. Quando, em 1984, o governo de Leonel Brizola criou linhas de ônibus que ligavam regiões periféricas do Rio de Janeiro às praias da Zona Sul, a elite local ficou em pânico. Rapidamente começaram as operações policiais para filtrar o acesso que as novas linhas destravaram.[30] Uma reação similar ocorreu em 2011, quando foi anunciada uma nova estação de metrô no bairro rico de Higienópolis, em São Paulo, como vimos no capítulo 11.

Apesar das dificuldades, jovens das periferias encontraram formas de se deslocar pelos espaços das cidades em busca de trabalho, diversão, cultura ou lazer. As culturas do pixo e do hip-hop sempre estiveram atreladas à circulação — de corpos e discursos. O período de inclusão econômica dos governos petistas produziu uma geração que trouxe consigo uma forte tendência de circulação, ligada ao consumo. Seus pais e avós haviam dedicado suas economias à garantia de itens elementares para a sobrevivência, como a construção da casa própria. A nova geração, já num patamar mais estável, voltou-se para o consumo de bens individuais de fruição mais imediata.[31]

Ao mesmo tempo, os shopping centers se espalharam pelo país. Deixaram de estar restritos aos bairros de elite para chegar também aos periféricos. O resultado foi a diluição lenta do exclusivismo dos shoppings: embora eles continuassem a ter prevalência das classes mais altas, como vimos, assistiam à chegada difusa das classes populares. Mas quando essa popularização saiu dos padrões de comportamento vigente e transformou a experiência estética dos shoppings, a coisa virou um escândalo.

Em dezembro de 2013, cerca de 6 mil jovens se encontraram no Shopping Metrô Itaquera, na região leste de São Paulo. Estavam todos bem-vestidos, com tênis de marca e celular na mão. Não havia no encontro nenhuma aspiração ativista ou black bloc — em vez de quebrar vitrines, os jovens entravam nas lojas para consumir, ver produtos, se divertir. Mas aqueles corpos negros, juntos, alegres e irreverentes abalaram as sensibilidades locais. Rapidamente a polícia foi acionada pela segurança, e os rolezeiros foram expulsos do shopping. Para que não retornassem, o estabelecimento fechou suas portas mais cedo.[32]

Alguns dos presentes no encontro foram levados para a delegacia e liberados em seguida. Tomaram uma dura da polícia, mesmo sem haver nenhuma denúncia de ato ilícito. A partir desse dia, os rolezinhos pipocaram pelo país. Em lugar de baixar a cabeça para a exclusão, mais e mais encontros foram convocados, em São Paulo, no Rio de Janeiro, em Brasília e outras cidades.

Em todos eles, o expediente se repetiu — a diversão da rapaziada, feita de forma pacífica, era interrompida por seguranças ou forças policiais. Tumultos distintos resultaram do embate entre a polícia e os rolezeiros. Diversas vezes, os shopping centers preferiram fechar as portas a conviver com a petulância daqueles que ousavam sair do lugar estabelecido na ordem vigente e alterar a experiência de espaços que até então eram privilégio de alguns.[33]

Os rolezinhos explicitavam as contradições do lulismo a partir de sua outra face. James Holston está correto quando afirma que "os rolezinhos são continuidade dos movimentos de Junho, pois têm a ver com ocupação de espaço, com circulação",[34] mas cada um desses movimentos aborda o problema por um lado. Se em junho de 2013 uma multidão colocou em xeque a forma de vida hegemônica no país, em dezembro jovens de periferia simplesmente reivindicaram o direito a participar dela.

No fundo, eles davam o passo que vinha sendo estimulado por uma das vertentes do projeto lulista, que buscava promover a ascensão social pelo foco no consumo — como se todos coubessem na forma de vida da elite brasileira. Os rolés dos jovens de periferia não cabiam nos shopping centers justamente porque o mundo dos pobres e o mundo dos ricos no Brasil nunca foram estruturados como etapas da ascensão social, mas como formas de vida opostas, excludentes e dependentes uma da outra. Buscar alterar esse padrão começava a cobrar seu preço.

Greve de professores e garis

No mundo do trabalho, os governos petistas foram marcados por uma ambiguidade. O aumento dos empregos com carteira assinada se deu em paralelo ao incremento da terceirização e da precarização. Ao mesmo tempo, o período se destaca pela absorção de sindicalistas em cargos públicos e em fundos de pensão, o que teria, na visão do sociólogo Ruy Braga, funcionado como uma forma de cooptação das lideranças sindicais. A insatisfação dos trabalhadores teria sido, assim, arrefecida de cima para baixo.[35] Quando ela se tornou grande demais, as mobilizações se intensificaram. Os anos de 2012 e 2013 registraram recordes em greves no país.[36]

As revoltas de 2013 deram impulso aos trabalhadores, que, mesmo sem apoio dos sindicatos, promoveram paralisações intensas, com forte caráter de enfrentamento. Já em agosto daquele ano, professores da rede estadual de ensino do Rio de Janeiro levaram adiante uma das greves mais longas do ano, que duraria até 24 de outubro. Eles reivindicavam aumento de 19% no salário e eleição direta para o cargo de direção das escolas. O governo de Sérgio Cabral argumentava que já tinha dado um aumento de 8% e se recusou a atender às outras demandas.

A paralisação acabou se articulando com movimentos atuantes nas revoltas do mês de junho e nas ocupações que vieram em seguida. A Frente Independente Popular (FIP), que fora uma importante articuladora dos protestos na capital carioca, se somou à construção da greve. Assim, acabou-se optando por ações radicalizadas, como a ocupação da Secretaria de Educação. De outro lado, veio uma repressão violenta por parte das forças policiais e retaliações do governo do estado, como o corte do ponto dos servidores. Tudo isso levou o conflito para o centro do debate público. No dia 8 de outubro, 100 mil pessoas estiveram juntas em uma manifestação em defesa dos professores.[37]

Em março do ano seguinte, a cidade seria surpreendida por outra mobilização expressiva de trabalhadores. Os profissionais da limpeza urbana, que auferiam o salário base de 803 reais, protagonizariam aquilo que foi chamado por alguns de "revolução laranja", em alusão ao uniforme da companhia. Reivindicando aumento salarial e melhorias das condições de trabalho, mais de trezentos garis iniciaram uma paralisação, sem o endosso do sindicato. A imprensa majoritária deu pouca atenção ou buscou desqualificar a mobilização, mas ainda assim ela cresceu rapidamente. No final, mais de 70% dos garis da cidade aderiram.[38]

A paralisação durante o Carnaval colocou a capital carioca a descoberto em um momento de grande visibilidade, nacional e internacional. Mais de 20 mil toneladas de lixo ficaram pelas ruas. Surgiu o bloco de Carnaval dos garis, que produziu imagens que viralizaram nas redes, extravasando o Rio de Janeiro e tornando-se um símbolo de luta nacional. Os manifestantes cantavam: "Ê ê ê ê ê/ nesse Carnaval o prefeito vai varrer/ sozinho!". O prefeito em questão, Eduardo Paes, apoiando-se no fato de que o sindicato fizera um acordo, chegou a dizer que não se tratava de uma greve, mas de um motim.[39]

Em outros momentos das manifestações, os garis entoavam o grito de "Não vai ter Copa", endossando o mote que havia sido adotado por movimentos oriundos de Junho. Entoadas em protestos e ocupações culturais nos espaços públicos, essas quatro palavras diziam muito sobre o empoderamento — real e imaginário — e sobre as expectativas de uma esquerda que havia lançado as fagulhas do maior conjunto de manifestações da história do país. Quando chegaram à boca dos trabalhadores da limpeza urbana, tornaram-se uma ameaça mais concreta — quais seriam os impactos de uma greve do tipo durante o torneio internacional?

Ao final, a prefeitura cedeu. Fez uma contraproposta bastante próxima à demanda dos trabalhadores, com salário base de 1100 reais e vale-alimentação de vinte reais. Em assembleia, os trabalhadores aceitaram a proposta e encerraram a greve, que resultou num aumento de 37% no salário e de 67% no vale-alimentação, para além de outras conquistas e da autovalorização da categoria. No rescaldo de Junho, a mobilização popular mostrava nova força.[40]

PARTE III

Depois

16. O fechamento da fresta

MULTIDÃO NAS RUAS. Tarifas reduzidas em mais de cem cidades. Enfrentamentos sanguinários com a polícia. Greves de professores. Ocupações de câmaras municipais. Ocupações de assembleias. Ocupação da calçada em frente à residência do governador do Rio de Janeiro. Bloqueios de estradas em periferias. Mobilizações pelo meio ambiente. Rolezinhos pelos shoppings país afora. Multiplicação de ocupações urbanas. Vitória expressiva da greve dos garis, em meio a gritos de "Não vai ter Copa".

A disposição para o conflito, da parte daqueles que foram historicamente subalternizados, estava nas alturas no pós-Junho. Projetava-se a ideia de que os protestos durante a Copa do Mundo poderiam ser maiores que os de 2013. Para que isso acontecesse, os movimentos avaliaram que seria necessário continuar nas ruas. É difícil fazer uma descrição precisa dos perfis sociais que continuaram nesses movimentos, dada a diversidade de contextos. No geral, é possível dizer que permaneceram mais ativas pessoas de estratos médios ou intermediários, ligadas a partidos de esquerda e a organizações autonomistas, embora houvesse também aquelas de atuação mais avulsa e de renda mais baixa.

A maior parte desses movimentos seguiu reivindicando questões ligadas ao transporte público e à Copa do Mundo, embora também aqui tenha havido especificidades locais, como veremos adiante. Nessa fase, os black blocs já eram presença garantida nos protestos — dia sim, outro também, protagonizavam algum tipo de performance de violência, contra automóveis ou vitrines, ou enfrentavam a repressão policial com pedras e paus.

A resposta veio com força. A possibilidade de a Copa não ser realizada era remota, mas o receio de que o evento fosse prejudicado por novas manifestações acendeu o alerta. Governo federal, governos estaduais, elite econômica, mídia corporativa e forças de segurança arquitetaram uma efetiva "coalizão da repressão", dedicada a minar a mobilização social. A esquerda que estava no poder cumpriu seu papel no arranjo.[1]

A violência policial e as prisões arbitrárias já haviam dado as caras em Porto Alegre, nos protestos no primeiro semestre de 2013. Já no mês de abril, foi aberto um inquérito para investigar alguns articuladores das manifestações. Após a escalada de Junho, veio um novo inquérito, desta vez acusando seis lideranças de estarem por trás de supostos atos de vandalismo cometidos por um rapaz. Começava um inferno na vida dos acusados, que veriam seus rostos nos jornais, sofreriam perseguições de policiais à paisana e teriam que enfrentar um processo judicial de anos.

Durante as Revoltas de Junho, situações similares eclodiram em todo o país. Centenas de manifestantes foram presos, outros tantos foram alvo da Justiça, o que lhes roubou energia, bem-estar e tempo de vida. Um caso marcante foi o de Rafael Braga, que trabalhava como catador de lixo no Rio de Janeiro. Ele foi preso em 20 de junho, o dia da

O fechamento da fresta 325

maior manifestação da cidade. Braga apenas passava pelo protesto quando a polícia o abordou. Foi detido por portar um detergente de cozinha em sua mochila, e passou um longo período na prisão.[2]

O caso de Rafael Braga tornou-se paradigmático da violência policial no Rio de Janeiro naquele período, juntamente com o de Amarildo. No dia 14 de julho de 2013, o servente de pedreiro Amarildo Dias de Sousa foi preso por policiais, na porta de sua casa na favela da Rocinha, e nunca mais apareceu. Tanto Rafael Braga quanto Amarildo eram homens negros e tornaram-se símbolos de manifestações diversas no período, inclusive nos protestos que se seguiram a junho de 2013.

Após o susto do mês de junho, os organismos de repressão foram aprimorando suas abordagens. Já em setembro de 2013, às vésperas do ato que aconteceria no dia 7, administradores das páginas Anonymous e Black Bloc foram presos em suas casas. A acusação era de que formavam uma "quadrilha armada", embora nenhum deles tivesse armas.[3] Poucos dias depois, seria a vez dos manifestantes de Porto Alegre. A polícia entrou simultaneamente nas casas dos manifestantes com armas em punho, gritando que procuravam drogas e armas.[4] Os métodos repressivos escalavam um degrau. Em seguida viria o próximo, e o próximo.

Segundo levantamento feito pela ONG Artigo 19, entre janeiro de 2014 e junho de 2015, ao menos 849 pessoas foram detidas em protestos somente nos estados do Rio de Janeiro e de São Paulo.[5] Chama a atenção a série de violações dessas detenções, realizadas sem embasamento jurídico. O alto número deriva da estratégia, que passou a ser adotada pela polícia, de efetuar prisões em massa em manifestações. Em São Paulo, foram 128 manifestantes detidos em um protesto em janeiro de 2014, e nada menos do que 262 em outro, em fevereiro do mesmo ano.

Como se disse em um relatório da organização, "a repressão pura, simples e violenta de 2013 veio acompanhada, no ano seguinte, de uma estratégia coordenada de autoridades públicas para se contrapor aos protestos", o que pôde ser visto "na compra de novos armamentos e no uso de novas táticas pela polícia nas ruas, pelo avanço de projetos de lei de cunho restritivo, e por decisões judiciais desfavoráveis que começaram a criar bases para uma jurisprudência limitadora da liberdade de expressão".[6]

A violação de direitos humanos e civis era legitimada pela imprensa. A linha narrativa de separar os manifestantes entre "pacíficos" e "baderneiros" foi levada ao limite. Em um contexto de redução da escala das ruas, passou-se a deslegitimar manifestações inteiras. Eram recorrentes as capas de jornais em que os manifestantes eram tachados de vândalos ou terroristas. As prisões arbitrárias, que desrespeitavam protocolos legais básicos, eram tomadas como normais.[7]

Toda essa operação foi capaz de fincar uma cunha entre os manifestantes mobilizados em torno dos impactos da Copa e o restante da sociedade. O apoio às manifestações na cidade de São Paulo, que tinha chegado a 81% em junho de 2013, caiu para 52% em fevereiro de 2014; já os contrários aos protestos passaram de 15% para 42%, segundo o Datafolha.[8] Este, no entanto, era um jogo de soma negativa, já que a mesma pesquisa mostrava queda do apoio à realização da Copa do Mundo.

O fechamento da fresta

Talvez não seja evidente para muitos o impacto que a repressão policial e midiática pode ter sobre um movimento social. Como vimos na abordagem de Manuel Castells, a superação do medo é fundamental para a existência de um movimento. A perseguição a manifestantes, as prisões arbitrárias, a repressão violenta, a deslegitimação pela imprensa — esse conjunto de frentes, articulado de forma sistemática, produziu um massacre psicológico e moral nos ativistas. "O medo não só voltou para a margem de sempre, como o ambiente de manifestação se tornou sobrecarregado de paranoias", resumiu o filósofo e ativista Bruno Cava, que atuou no ciclo.[9]

Um caso exemplar da repressão coordenada foi o de Elisa Quadros. Além de ter sido presa, a ativista carioca foi exposta nas capas de revistas com o apelido de Sininho, a "fada da baderna" que lideraria os black blocs. A atuação de parte da imprensa foi escandalosa. Elisa não era "líder" dos black blocs — até porque nenhum adepto da tática estava disposto a ser liderado. Ela era somente mais uma ativista, que adquirira algum protagonismo nas mobilizações. A revista *Veja* a transformou em prócer de organização terrorista.

Elisa Quadros foi assediada por policiais à paisana; seu computador e celular foram invadidos. Ela se afastou da família e dos amigos, teve depressão, saiu da cidade por um tempo e nunca mais voltou a participar de protestos.[10] Esse tipo de ataque tinha efeito em todo o campo social. Outros manifestantes passavam a repensar sua atuação por receio de terem o mesmo destino dos que foram escolhidos como bodes expiatórios. A repressão conjugada desmontou o ecossistema que declanchara as revoltas de 2013 e que disputara as ruas à esquerda. A energia contestatória de Junho foi minada. Era cada vez mais difícil manter o foco na disputa política e social, já que as questões de segurança e proteção pessoal prevaleciam.

Limites do horizontalismo

Os movimentos passaram também a se deparar com dificuldades internas. A prevalência do método autonomista, que fora fundamental na democratização da participação que levara a Junho, acabou se desdobrando em uma série de impasses. A horizontalidade e a construção coletiva com o tempo derivaram em rechaço a lideranças e "horizontalismo". Como argumentou o filósofo Rodrigo Nunes, o horizontalismo diz respeito a tomar o princípio da horizontalidade como um valor absoluto, que só poderia ter uma forma definida — a ideia inalcançável de que todos os nós da rede devem ter o mesmo peso.[11]

Foram inúmeros os impactos da ideologia do horizontalismo nos movimentos que seguiram após as Revoltas de Junho. O primeiro deles é bastante prático: a tomada de decisões era lenta e custosa, dadas a visão prevalente de que todos os assuntos deveriam ser debatidos em assembleias e a priorização da construção de consensos. Isso era ainda acentuado pela ideia de que todas as pessoas teriam o mesmo poder de incidência, embora não tivessem o mesmo envolvimento.

No fundo, as pessoas sabiam que a ideologia horizontalista à qual aderiam era inalcançável. Em vista da importância e da quantidade de decisões a serem tomadas, seria impossível que

O fechamento da fresta 329

todos os nós da rede tivessem o mesmo poder. A resposta ao problema era dada pela ideia de "acúmulo", segundo a qual, os longos debates gerariam consensos que se acumulariam, produzindo um legado de decisões e diretrizes assumidas. O problema é que o acúmulo era construído pelo volume de participação.

Como muitas assembleias não tinham hora para terminar, e a lista de assuntos para decidir era expressiva, os mais resistentes acabavam formando o núcleo duro da tomada de decisão — embora isso contradissesse a teoria de que todos os participantes teriam o mesmo grau de incidência. Essa contradição criava ansiedade e fomentava a desconfiança coletiva. O problema era antigo e fora abordado no clássico ensaio de Jo Freeman, escrito no início dos anos 1970, com o título "A tirania das organizações sem estrutura".[12]

Além de produzir desconfiança, a ideologia do horizontalismo tende a levar à paralisia. Sempre haverá um fórum mais amplo para que determinada decisão seja tomada. E a discordância de uma única pessoa pode prolongar os debates. A cada vez, gasta-se mais tempo debatendo do que agindo. O resultado é o progressivo afastamento daqueles com menos disponibilidade de tempo. O método acaba por tornar alto o custo de participação.

Outro problema é que as reuniões abertas e divulgadas nas redes eram pratos cheios para a participação de infiltrados. A fim de se defender da repressão, vários movimentos tiveram de criar núcleos protegidos e de confiança para as tomadas de decisão. A questão é que, em vez de efetivar essa mudança como um passo necessário e transparente, muitos o fizeram de modo dissimulado. Isso deixava em um lado dos participantes (os que integravam o espaço protegido) um tipo de culpa; e, no outro, abria espaço para a desconfiança.

Além disso, o rechaço à política institucional tornava difícil que as agendas das ruas se tornassem políticas públicas. Claro que o desejo dos manifestantes era incidir sobre decisões do Estado, mas isso era feito com prevalência do método das ruas e com certa desconfiança das construções políticas tradicionais. Essa desconfiança, comum nos círculos anarquistas, remetia também ao trauma da Revolta do Buzu, em Salvador, em que a revolta popular foi cooptada. De outro lado, por certo houve pouca disposição de atores da política institucional em ouvir as demandas, o que gerou uma situação de pouca interação entre partes que precisariam se falar para que as coisas avançassem.

Por fim, a performance dos protestos parou de funcionar. Em junho, a combinação entre movimentos sociais, multidão avulsa e black blocs levou milhões às ruas, ainda que com muitos conflitos internos. Nas manifestações que ocorreram entre 2013 e a Copa, a multidão avulsa já não estava presente, e a repetição da forma dos protestos não foi capaz de trazê-la de volta. Como pontuou o ativista e pensador Saul Alinsky, uma tática que se desenvolve por tempo demais torna-se cansativa.[13] A performance de violência dos black blocs passou a girar em falso e em muitos casos deixou de ser uma resposta à violência policial e se tornou um fim em si. E foi facilmente utilizada para deslegitimar as manifestações.

Mas os movimentos herdeiros de Junho parecem ter saído do ciclo com a responsabilidade assumida de manter a escala e a forma dos protestos e, se calhar, impedir a realização da Copa. E perseguiram esse objetivo em um contexto cada

O fechamento da fresta

vez mais adverso. Assim, seguiu-se na toada do "Não vai ter Copa", com protestos que nunca retomaram a escala de Junho e que enfrentaram uma arquitetura repressiva cada dia mais aprimorada.

Copa do Mundo e o choque do real

Quando chegou a Copa do Mundo, o clima já era de baixa. Foram realizados protestos, mas a potência transformadora de 2013 havia se esvaído. Em junho de 2014, a impressão era de que, entre os manifestantes, prevalecia um sentimento misto de medo, culpa e impotência. O apoio social já era restrito, e escapar da violência policial parecia o melhor saldo possível no contexto.

Na abertura do torneio, enquanto, nas ruas das cidades a polícia atirava, prendia e batia nos manifestantes de esquerda, dentro do estádio em Itaquera um público seleto, que podia pagar por ingressos exorbitantes, vaiava a presidenta da República. O jogo de soma negativa se evidenciava: o governo federal havia conseguido, em ação conjunta com os governos estaduais, o Judiciário e a mídia, dar um basta nos novos movimentos à sua esquerda, a fim de entregar estádios novos em folha para um público elitizado que lhe fazia oposição à direita.

O resultado da participação da seleção brasileira no torneio — o fatídico 7 × 1 sofrido contra a seleção da Alemanha, em uma partida na qual parecia que apenas um dos times jogava — não poderia ser mais representativo do saldo político a que se tinha chegado. O palco da derrota assombrosa foi o

Mineirão, estádio cuja reforma para a Copa havia expulsado um comércio de base popular, eliminado centenas de árvores, criado milhares de vagas para automóveis, privatizado a gestão e levado à altura o preço dos ingressos.[14]

Cinco dias antes do 7 x 1, um episódio marcou o "legado" das obras da Copa. A alguns quilômetros do Mineirão, o viaduto nomeado Batalha dos Guararapes ruiu, matando duas pessoas e ferindo 23. O desabamento explicitava os descaminhos das políticas urbanas nos anos anteriores. A obra, superfaturada,[15] ia na contramão das políticas de referência em mobilidade urbana, que devem dar prioridade ao transporte público e aos pedestres. Um ano depois do desastre, o trânsito no local não diferia do de outros pontos da avenida onde viadutos tinham ficado de pé.[16]

No dia 12 de julho de 2014, às vésperas da final da Copa do Mundo, foram expedidos 26 mandados de prisão contra manifestantes no Rio de Janeiro. Dezessete dos detidos foram para o Complexo Penitenciário de Gericinó, dois menores de idade foram encaminhados para unidades de internação e sete pessoas ficaram foragidas. A acusação era de associação criminosa, embora muitos deles nem se conhecessem. Não havia evidência de nenhum crime cometido por eles, a não ser que pretendiam ir à manifestação programada para a final da Copa. Além de tirar algumas pessoas de circulação, o ato arbitrário servia para intimidar o movimento.

Desses 26, 21 passaram a responder a processo judicial. Foram incluídos ainda no inquérito dois outros nomes, envolvidos no episódio ocorrido em fevereiro de 2014 em que um rojão acertou o cinegrafista Santiago Andrade, que veio a falecer. Os 23 ativistas do Rio de Janeiro enfrentaram anos

O fechamento da fresta 333

de um processo judicial que acusaram de tendencioso — nos interrogatórios, havia até mesmo perguntas sobre suas opções políticas, que livros liam etc.[17]

Após a Copa, as brasas da revolta que vinham do fogaréu do ano anterior estavam apagadas. A coalizão da repressão funcionou a contento. Não havia mais desejo nem condições de estar nas ruas. A rebeldia popular, que canalizava uma série de descontentamentos sociais, foi controlada com mão de ferro. Mas as insatisfações de fundo não foram resolvidas. O vácuo das ruas não tardaria a ser ocupado.

Eleições de 2014 — a pá de cal

Depois do choque de ordem que garantiu a Copa do Mundo e do choque do real que foi a participação brasileira no campeonato, vieram as eleições presidenciais de 2014. Em um pleito cheio de reviravoltas, Dilma Rousseff, do PT, disputou a reeleição tendo como principais oponentes Aécio Neves, pelo PSDB, e Marina Silva, pelo PSB.

Esta última, ex-senadora pelo PT e ex-ministra do Meio Ambiente do governo Lula, já havia se apresentado como alternativa na eleição de 2010, quando mobilizara um eleitorado urbano e jovem e chegara a quase 20% dos votos em uma campanha de poucos recursos. Foi ela a principal beneficiária eleitoral das revoltas de 2013. Suas intenções de voto no cenário mais provável passaram de 16%, em março, para 23%, em julho daquele ano.[18] Ela assumia a dianteira entre dois eleitorados significativos: tinha 30% entre os eleitores de dezesseis a 24 anos e 31% entre os eleitores com ensino superior — dois segmentos expressivos entre os manifestantes de Junho.

Em outro cenário, em que era apresentado o nome de Joaquim Barbosa, o ex-ministro do STF e relator do julgamento do Mensalão chegava a 15% das intenções de voto, um crescimento de sete pontos em relação à pesquisa anterior. Ele não tinha grande apelo entre os mais jovens, mas se destacava entre os eleitores com ensino superior (27%) e entre aqueles com renda familiar mensal superior a cinco e a dez salários mínimos (26%).

Em resumo, o terremoto de Junho havia criado um sentimento de mudança, o que refletiu na intenção de voto da presidenta Dilma Rousseff, que despencou de 51%, em março, para 30%, em julho. E quem capturava a onda de mudança não eram políticos tradicionais, como Aécio Neves e Eduardo Campos, mas figuras vistas como alternativas.

A candidatura de Barbosa não foi levada adiante e a de Marina Silva foi inviabilizada pelo impedimento do registro da Rede Sustentabilidade como partido político, em 2013.[19] Assim, a ambientalista acabou se filiando ao PSB para ser candidata a vice na chapa de Eduardo Campos. Mas, durante a campanha, um acidente aéreo tirou a vida de Campos, provocando grande comoção. Marina tornou-se a candidata do PSB em meados de agosto e, em duas semanas, saltou de 21% para 34% das intenções de voto, empatando na liderança com Dilma.[20]

Mais uma vez, Marina pontuou bem em segmentos que indicam interseção com o público majoritário que acorreu às ruas em 2013: se destacava entre o eleitorado de dezesseis a 24 anos (42%), com ensino superior (43%), de renda interme-

O fechamento da fresta

diária (36% para dois a cinco salários mínimos e 44% para cinco a dez salários mínimos) e moradores de cidades com mais de 500 mil habitantes (37%).

O discurso político de Marina Silva tinha de fato proximidade com os anseios expressos nas ruas no ano anterior. A ex-senadora buscava conjugar a manutenção de programas sociais com melhorias de serviços públicos e superação de vícios políticos, como as relações fisiológicas com congressistas. É notório que a ambientalista falava, já desde sua candidatura de 2010, para o manifestante médio de 2013, que pedia ao mesmo tempo melhoria dos serviços públicos e combate à corrupção.

Por outro lado, ela não tinha apoio dos grupos de esquerda envolvidos nas Revoltas de Junho — estes tendiam a orbitar o PSOL, que tinha cerca de 1% de intenções de votos nas pesquisas. A situação da eleição de 2014 joga luz sobre a composição das ruas de 2013: o contexto permitiu que manifestações convocadas por grupos de uma esquerda radical tivessem a adesão de uma multidão que, dentro das peças existentes naquele momento no tabuleiro da política, tenderia a aderir à centro-esquerda moderada, como a representada por Marina. Além disso, essa multidão era marcada pela participação avulsa, sem lideranças capazes de constituir anéis intermediários de conexão. Era como se o tronco da árvore se conectasse diretamente às folhas, sem a importante ramificação de galhos que faz correr a seiva entre os elementos.

Na eleição de 2014, essa conexão frágil foi explorada pelos dois partidos que rivalizavam nas eleições presidenciais havia vinte anos. As pesquisas mostravam que, se chegasse ao segundo turno, Marina seria uma candidata forte, já que se colocava entre os outros dois e tenderia a receber os votos do que ficasse de fora. A ameaça era especialmente relevante para o PT. Na avaliação de Marcos Nobre, "a campanha do PT a elegeu como principal adversária a ser atacada porque ela representava a mais efetiva ameaça à reeleição de Dilma Rousseff", já que Marina "era a única desafiante capaz de penetrar na fortaleza eleitoral petista".[21]

A desconstrução da candidatura de Marina pelos oponentes, algo comum em campanhas eleitorais, se deu em 2014 com golpes abaixo da cintura, que acabaram por levar para o centro do jogo político a violência e o ódio que caracterizariam os anos seguintes. A operação teve capacidade de inverter o sinal sobre a candidata do PSB: a mulher negra atuante na luta ambiental, colega de Chico Mendes, ex-ministra do governo Lula, foi convertida em uma traidora de classe, neoliberal e teocrática.[22]

Em uma peça de campanha de Dilma Rousseff, a candidata do PSB era associada a Fernando Collor, aventureiro que sofrera impeachment e levara o país ao caos; em outra, a comida desaparecia da mesa dos brasileiros graças aos banqueiros, que estariam por trás da candidatura de Marina Silva. A colaboração de Maria Alice Setúbal — especialista em educação cuja família é uma das acionistas majoritárias do Itaú Unibanco — na construção do programa de Marina foi utilizada para colar na candidata a pecha de marionete de banqueiros (num viés racista, inclusive, em que a mulher negra recebia a conotação de subordinada à patroa branca). No entanto, a mesma educadora havia contribuído com o programa de Fernando Haddad, pelo PT, nas eleições de 2012. Alguns anos depois, Haddad reconheceria o jogo baixo praticado por seu partido em 2014.[23]

O fechamento da fresta

A campanha de Marina Silva, por sua vez, tinha evidentes fragilidades, tanto em articulação política quanto em capacidade de responder às críticas. Não foi difícil colocar uma cunha entre o tronco e as folhas, já que ali não havia galhos que sustentassem a conexão. Assim, a candidatura que melhor representava, ainda que com contradições, os anseios da multidão de Junho foi esmagada com uma violência e uma velocidade impressionantes.

Na última semana antes do primeiro turno, Aécio Neves ultrapassou Marina Silva e seguiu na disputa com Dilma Rousseff, reeditando o embate entre psdb e pt. As duas agremiações voltavam para a zona de conforto. O manifestante que pedia ao mesmo tempo melhores serviços públicos e combate à corrupção foi partido ao meio, como o visconde de Italo Calvino.[24] Agora ele teria que escolher entre os serviços públicos, e se vestir de vermelho, ou o combate à corrupção, e usar amarelo. A polarização de 2013 entre a população e o sistema político foi esmagada para que o país retomasse a polarização entre esquerda e direita, agora acentuada pela intolerância — petralhas contra coxinhas.

Pouco tempo depois de eleita, Dilma Rousseff convidou um ex-executivo do Banco Bradesco, Joaquim Levy, para implementar um programa de austeridade no Ministério da Fazenda. Na avaliação do sociólogo Celso Rocha de Barros, "a acusação de que Marina era uma neoliberal disfarçada que faria o mesmo que o psdb não funciona desde que o pt, enfim, fez o mesmo ajuste que o psdb. O ajuste tinha mesmo de ser feito".[25]

Essa não foi a avaliação de boa parte da esquerda, que considerou uma traição o giro de Dilma Rousseff imediatamente após a campanha. Seu segundo governo perdeu apoio em sua base, ao mesmo tempo que o ódio estava instalado no campo político e era incentivado pelo candidato derrotado no segundo turno. Descartando de vez o respeito à convivência democrática que marcara razoavelmente a disputa entre PT e PSDB nas décadas anteriores, Aécio Neves achou por bem questionar o resultado das urnas,[26] contribuindo para abrir a avenida golpista que seria percorrida nos anos vindouros.

Nesse contexto, em que os movimentos que lideraram 2013 foram esmagados junto com a alternativa eleitoral que mais se conectava aos anseios de mudança, e em que o ódio foi colocado no centro do tabuleiro político, emergiu uma nova direita, que se apropriou dos signos de Junho para ocupar o vácuo deixado nas ruas.

17. Nova direita ocupa o vácuo

LOGO APÓS AS ELEIÇÕES DE 2014, veio o primeiro protesto contra o governo de Dilma Rousseff. O ato foi convocado nas redes por Paulo Batista, que fora candidato a deputado estadual aquele ano com a campanha do "raio privatizador". O núcleo duro de sua equipe, que agregava alguns expoentes do ultraliberalismo em São Paulo, chamou uma manifestação pedindo impeachment apenas seis dias após o pleito. A ideia de que a eleição poderia ter sido fraudada estava na base do ato, que reuniu cerca de 3 mil pessoas na avenida Paulista.

No palanque, Batista discursou com outros expoentes da nova direita paulistana. Somente um político eleito esteve presente no ato — o deputado federal Eduardo Bolsonaro. As acusações de fraude nas urnas bombaram nos discursos, assim como a afirmação de que o Brasil vivia uma ditadura de esquerda e caminhava para se tornar uma Venezuela. A presidenta reeleita foi xingada, o ex-presidente Lula foi chamado de cachaceiro e ladrão e a Polícia Militar foi ovacionada pelos manifestantes.[1]

Esse léxico e esse tipo de agenda foram bastante raros em 2013. Apareciam aqui ou acolá, mas ficaram restrito a franjas da direita, sobretudo em São Paulo. Agora era como se a faixa dos Revoltados Online pedindo a prisão de Lula viesse para o centro dos discursos. Na verdade, era exatamente isso, já que Marcello Reis, que colocara a faixa, participou do ato pelo impeachment de Dilma. Só que agora os grupos de esquerda, derrotados pela repressão e pelos próprios limites, não estavam mais nas ruas. A direita ocupou o vácuo.

O protesto do final de 2014 tinha pouca relação com o sentido majoritário das Revoltas de Junho. Os ataques à esquerda, que passaram a prevalecer, tinham sido minoria. A palavra "Venezuela" simplesmente não aparece em nenhum dos 6183 cartazes catalogados no acervo do Grafias de Junho. A Polícia Militar era algoz. A mudança em relação à política não era somente na percepção dos manifestantes, mas também no comportamento dos policiais. Enquanto no ciclo que foi de Junho de 2013 até a Copa de 2014 o expediente foi de dura repressão, o ciclo que se iniciou no final de 2014 e levou até o impeachment foi de docilidade das forças policiais.[2] Isso fez também com que uma série de expedientes que marcaram 2013 — uso de vinagre para reduzir efeitos do gás lacrimogêneo, médicos voluntários atendendo pessoas feridas, advogados voluntários nas portas das cadeias, black blocs — simplesmente inexistissem no ciclo seguinte.

Animados com o sucesso do ato, os organizadores decidiram convocar outro para o 15 de novembro, feriado de Proclamação da República. O movimento ainda não tinha nome, e essa questão tornou-se um problema. Renan Santos, um dos membros do grupo, havia criado o Renovação Liberal, mas faltava pegada no nome. Foi então que Fábio Ostermann ofereceu para o grupo a página que estava inativa desde julho de 2013: a do Movimento Brasil Livre. No protesto de 15 de novembro, o movimento já tinha nome, marca e uns 10 mil seguidores no Facebook.

A diferença entre o ciclo de protestos declanchado pelo MPL e aquele protagonizado pelo MBL se explicita também pelo perfil dos manifestantes e pelas demandas colocadas nas ruas. A comparação entre a pesquisa realizada pelo Ibope em 20 de junho de 2013 (dia de maior explosão dos protestos, em que muitos consideram ter havido uma guinada à direita) e a pesquisa realizada pelo Datafolha na manifestação pelo impeachment em São Paulo em 15 de março de 2015 evidencia essas diferenças.[3]

Os números falam por si: em 2013, 63% dos manifestantes tinham até 29 anos, enquanto, em 2015, apenas 14% tinham até 25 anos. Em 2013, 23% tinham renda familiar mensal acima de dez salários mínimos, enquanto em 2015 esse número era de 41%. Em 2013, 89% não tinham preferência por nenhum partido político, ao passo que em 2015 esse número caía para 51% — e 37% tinham preferência pelo PSDB. Enquanto em 2013 os serviços públicos de educação, saúde e transporte estavam no centro das demandas para 55% dos manifestantes, e o combate à corrupção tinha 24% das menções, em 2015 a corrupção foi o principal motivo elencado por 47%, seguido pelo impeachment de Dilma Rousseff (27%) e o rechaço ao Partido dos Trabalhadores (20%) — pautas minoritárias em 2013.

A comparação pode ser feita, ainda, pelas mensagens exibidas nos cartazes das ruas. Embora a catalogação do Grafias de Junho se limite ao ciclo de 2013, há outras análises, com bases de dados menores, que comparam os dois ciclos. A pesquisadora de comunicação Ana Laura Morais Loyola utilizou imagens divulgadas na imprensa para analisar 57 cartazes das manifestações de 2013 e 66 cartazes da manifestação de 15 de março de 2015. Mais uma vez, as diferenças se explicitam: em 2013, a categoria que a autora denominou "reivindicação de políticas públicas específicas", majoritariamente representada pelos serviços públicos de saúde e educação, tinha 30% das menções, enquanto 37% reivindicavam a legitimidade dos protestos e convocavam para as ruas; em 2015, essas categorias respondiam por 6% e 11% das mensagens, respectivamente.[4]

De outro lado, as mensagens que se destacavam em 2015, como críticas a Dilma Rousseff (11%) e combate à corrupção (30%), tinham em 2013 presença em, respectivamente, 3,5% e 5% das mensagens. Em março de 2015, 14% dos cartazes analisados por Loyola pediam intervenção militar, enquanto em 2013 não havia nenhum cartaz com essa mensagem. A amostragem pequena pode ter produzido distorções? Talvez, mas fato é que no banco de dados do Grafias de Junho tampouco aparece qualquer menção a intervenção militar.

Quando criaram a página do MBL, lá em junho de 2013, os rapazes dos Estudantes pela Liberdade sabiam que buscavam disputar um protesto que não era deles. Em suas conversas, sonhavam com o dia em que fariam algo parecido com aquilo, mas com as pautas e as agendas do campo liberal. Não tiveram grandes resultados ao disputar as Revoltas de Junho, mas aquele ciclo serviu para mostrar para eles e outros colegas que havia possibilidade de mobilização no Brasil. Os jovens de direita entrevistados por Letícia Birchal em Belo Horizonte se referiam a 2013 como um momento de "despertar político".[5]

Outra movimentação de direita que se apropriou dos signos de Junho foi criada em 2014 por empresários que se opunham ao governo de Dilma Rousseff. "Vem pra Rua" é uma

Nova direita ocupa o vácuo 343

das frases mais presentes nos cartazes de 2013, mas não foi mote dos grupos de esquerda que seguiram ativos após as revoltas. Em janeiro do ano seguinte, quando saiu uma pesquisa que apontava Dilma Rousseff como favorita à reeleição, o executivo Rogerio Chequer achou que precisava fazer algo. Chamou alguns amigos e criou o Vem pra Rua, movimento que teve forte atuação nas mobilizações pelo impeachment a partir de 2015.[6]

Identificar que um ciclo de protestos serviu como despertar político de atores de um campo que já vinha se organizando é um tanto distinto de traçar — como fazem alguns analistas — uma linha direta entre as revoltas de 2013 e as que se iniciaram no final de 2014. Foi preciso que uma revolta — seus atores, seus signos e sua elaboração política — fosse esmagada para que o retorno à polarização anterior abrisse espaço para a nova etapa.

Em 2013 também houve intolerância, marcada pela violência contra pessoas com bandeiras partidárias, mas há duas diferenças em relação ao ciclo seguinte: a primeira é que ela era mobilizada por grupos minoritários, enquanto em 2015 passou a articular os discursos que estavam no centro do jogo político; a segunda é que, em 2013, ela se articulava pelo rechaço ao sistema político como um todo, enquanto em 2015 se colocava especificamente contra o Partido dos Trabalhadores, tomado como objeto de ódio de um tipo de manifestante mais rico, mais masculino e mais velho.

Sobre o papel da campanha eleitoral de 2014 na acentuação da energia agonística, o trecho de uma reportagem sobre a primeira manifestação organizada pelo MBL diz muito:

Perguntados se não estavam achando hostil o tom de alguns discursos e os insultos a Dilma e Lula, vários manifestantes concordaram, mas todos complementaram: "Mas é que a campanha já foi assim, né?". Maria, uma radialista de 63 anos que não quis dizer o sobrenome depois de perceber sua espontaneidade no discurso, explicou: "O PT nunca promoveu um discurso amistoso. Agora somos nós os que vamos hostilizar. Não dá para ser civilizado".[7]

Operação Lava Jato

"Queria saudar e parabenizar o juiz Fernando Moro, da Operação Lava Jato. O senhor está fazendo um excelente trabalho ao limpar o nosso Brasil dessa corja." Essas palavras foram proferidas no palanque por um dos organizadores do segundo ato pelo impeachment de Dilma Rousseff, na avenida Paulista, em 15 de novembro de 2014. Dez mil pessoas estiveram presentes.[8] Àquela altura, o personagem Sergio Moro ainda não estava formatado, e alguns o chamavam por seu segundo nome. A Operação Lava Jato acabara de prender executivos de empreiteiras, o que estimulou os manifestantes no segundo dia de protestos pelo impeachment.

Formava-se ali a coalizão que eletrizaria o país nos anos seguintes. No alto do trio elétrico estavam os líderes da nova direita articulada em *think tanks*, com acesso a financiamento por parte da elite e com boa capacidade de produção de engajamento nas redes sociais. Nos tribunais, os procuradores e o juiz da Operação Lava Jato.

Nascida no contexto da apuração do uso de postos de combustíveis e lava a jato de automóveis para movimentar

Nova direita ocupa o vácuo 345

dinheiro de origem ilícita, em meados de 2014, a Lava Jato acabou por encontrar esquemas de corrupção em setores do governo federal e da Petrobras. A operação só foi possível pelas transformações institucionais dos anos anteriores, levadas a cabo durante os governos Lula e Dilma. Ela bebia do fortalecimento de órgãos de controle e investigação, como a Polícia Federal, a Controladoria-Geral da União e o Ministério Público; e, principalmente, da nova lei que regulamentava a delação premiada no combate ao crime organizado, aprovada em agosto de 2013, no calor das mobilizações de Junho.

Nascida de avanços institucionais que podem ser vistos como republicanos, a Lava Jato rapidamente os distorceu. Abusou de conduções coercitivas, delações premiadas e vazamentos seletivos para pressionar investigados a produzir provas e desvelar irregularidades. Se a nova direita ocupou o vácuo deixado nas ruas após a repressão dos movimentos de 2013, parte do Judiciário ocupou o vácuo deixado pela ausência de mudanças do sistema político e começou a buscar fazer justiça com as próprias mãos.

Os casos de corrupção encontrados pela Lava Jato envolviam empreiteiras poderosas que se consolidaram durante a ditadura civil-militar — quando estiveram envolvidas em diversos conluios e foram beneficiadas pelo contexto autoritário de então, como vimos — e agentes políticos de vários partidos. A malversação da coisa pública era real. A democratização brasileira não conseguiu superar uma série de vícios de um sistema político fechado e capturado por interesses privados.

O modus operandi da Lava Jato foi marcado pela espetacularização das operações policiais, colocando o país num clima de faroeste, em que a população vivia à espera da captura, pelo xerife, do bandido do momento. O xerife, no caso, foi o juiz Sergio Moro, responsável pelos julgamentos da operação em Curitiba e que foi alçado a herói nacional, com direito a uma coleção de capas laudatórias na grande imprensa.

Embora esse tipo de ação resulte em sensação de combate à corrupção, estudiosos do assunto argumentam se tratar de uma forma de enxugar gelo. Para Eric Uslaner, professor de ciência política da Universidade de Maryland, "colocar políticos corruptos na cadeia serve somente para abrir espaço para outra elite corrupta, e contribui pouco para atacar as raízes da corrupção". Em sua visão, construída a partir de extensa pesquisa comparativa entre países, as raízes da corrupção se relacionam a fatores sociais e culturais, como a desigualdade e a confiança social.[9] Outros autores, com uma abordagem institucional, são ainda críticos aos métodos da Lava Jato — para eles, o foco deveria estar em desenhos institucionais preventivos, e não no espetáculo punitivo.[10]

Mas a ineficácia em combater a corrupção a longo prazo não foi o pior dos defeitos da operação de Curitiba. Durante o auge da Lava Jato, debatia-se se ela seria majoritariamente facciosa ou republicana. Dois fatos posteriores tornaram difícil a sustentação da tese do republicanismo. O primeiro foi o ingresso de Sergio Moro, como ministro da Justiça, no governo então recém-eleito de Jair Bolsonaro — cujo principal adversário eleitoral havia sido impedido de participar do pleito após ter sido condenado por Moro.

O segundo foi o escândalo da Vaza Jato, deflagrado em 2019, que expôs as conversas realizadas entre Moro e procuradores no aplicativo Telegram. Vazadas por um hacker e

Nova direita ocupa o vácuo 347

publicadas pelo Intercept Brasil, as mensagens mostraram um conjunto de irregularidades praticadas pelos agentes públicos e sua evidente atuação político-partidária. A Lava Jato de fato julgou e condenou empresários e políticos de partidos variados, mas o fez a partir da quebra das regras legais e com um esforço extra de criminalização do PT e de Lula.

A atuação conjunta entre a nova direita e a Lava Jato foi chave para que se chegasse à destituição de Dilma Rousseff, em 2016. Enquanto a primeira chacoalhava as ruas e redes sociais, a segunda conduzia coercitivamente políticos às vésperas de eleições e divulgava grampos coletados ilegalmente. Essas ações se retroalimentavam. As operações policiais geravam fatos políticos para a convocação de manifestações, cujo clamor legitimava a atuação do Judiciário. Essa engrenagem se articulava mobilizada pela energia agonística que havia escalado desde 2014.

Contribuiu para o impeachment de Dilma Rousseff, também, a situação econômica do país, com a crise iniciada em 2014. Como vimos, o alto endividamento das famílias, resultante do modelo de ascensão adotado, teve seu papel no refreamento da demanda, enquanto a redução dos investimentos públicos levava à queda da atividade econômica. A deterioração fiscal produzida pelos vultosos incentivos dados às empresas, que Laura Carvalho chamou de "Agenda Fiesp", cobrou seu preço ao deteriorar as contas do governo.

O ajuste fiscal ensaiado por Dilma e Joaquim Levy, além de ter oposição da esquerda nas ruas, foi boicotado por congressistas — inclusive por parlamentares do próprio PT. Com a economia em recessão e sem capacidade de interlocução com o Parlamento, a presidenta acabou sendo afastada, em abril de 2016, para ter seu impeachment confirmado pelo Senado alguns meses depois. Após o golpe parlamentar, o país entrou em uma espiral de convulsão política avassaladora.

O capitão descobre o pote de ouro

Em 10 de junho de 2013, enquanto esquentava a chapa da revolta no Brasil, o deputado federal Jair Bolsonaro realizou um protesto contra um impacto particular da Copa das Confederações. A seleção italiana estava hospedada em um hotel ao lado de sua casa no condomínio Vivendas da Barra, no Rio de Janeiro. Por alguma razão, o hotel ligou um gerador novo e barulhento, que não deixou o deputado dormir durante a noite. Na manhã seguinte, ele saiu à rua e soltou rojões à porta do hotel.[11]

A essa altura, Bolsonaro ainda era tido como um político anedótico, que proferia discursos raivosos e fazia coisas despropositadas, como apontar foguetes para janelas de hotéis. O deputado estava no sexto mandato e tinha entre seu público fiel militares e policiais. Essa base política lhe garantira uma votação estável nos pleitos anteriores, que oscilara em torno de 100 mil votos. A eleição de Dilma Rousseff para a Presidência da República abriu para ele um momento novo.

Como vimos, o Brasil passou por uma profunda transformação durante os governos Lula, que formou uma nova geração com valores progressistas em muito distinta da anterior. A chamada agenda de costumes — pautas feministas, LGBTQIA+, antirracistas etc. — ganhou força nessa nova geração. Presidido pela primeira vez em sua história por uma mulher, o governo federal também passou a dar mais valor a esses temas. Bolsonaro, assim como outros políticos conservadores, encontrou na oposição a esse estado de coisas uma embocadura que o favoreceu.

Já em 2011, deu um primeiro passo na conquista de outras bases quando fez oposição ao projeto do governo que distribuiria cartilhas com informações sobre homossexualidade nas escolas. O então deputado passou a chamar a cartilha de "kit gay" e a difundir informações falsas sobre o material. Dizia que se tratava de conteúdo de erotização infantil e de estímulo à pedofilia. Outros parlamentares foram na mesma linha. O governo acabou desistindo da cartilha.

A liberação mais ampla da diversidade sexual era algo novo no país. Rapidamente, políticos conservadores perceberam que se contrapor a isso poderia gerar dividendos com um público que não digeria bem a novidade. Assim, a tendência progressista fortaleceu, por contraposição, uma tendência reacionária. Fotografias e vídeos de manifestações progressistas em que apareciam roupas curtas, seios de fora, tatuagens, beijos gays etc. começaram a ser cada vez mais utilizados por políticos de direita como prova da "falência moral" da esquerda, contra a qual se colocavam.

Em fevereiro de 2013, o deputado federal Marco Feliciano (PL) conquistou a presidência da Comissão de Direitos Humanos da Câmara dos Deputados. O pastor integrava a bancada fundamentalista, que defende valores reacionários nos direitos humanos. Sua ascendência sobre a comissão gerou revolta na juventude progressista. Rapidamente emergiu uma forte movimentação de oposição, com protestos nas ruas e nas reuniões da comissão. Como vimos, Feliciano foi um dos políticos mais atacados nas ruas no mês de junho, pelo seu projeto de "cura gay".

Bolsonaro possivelmente percebeu que os ataques recebidos pelo colega não eram exatamente um problema para o eleitorado conservador. Ao contrário, eles poderiam ser benéficos, porque davam mídia. Durante aquele ano, Bolsonaro seguiu vocalizando mentiras sobre o kit gay, mesmo depois da desistência do projeto pelo governo. Em fevereiro do ano seguinte, o ex-capitão deu sua grande cartada: candidatou-se à presidência da Comissão de Direitos Humanos para suceder Feliciano.

A candidatura foi um escândalo. Os movimentos progressistas rapidamente se organizaram para reagir. A polêmica chamou a atenção da imprensa, que passou a entrevistar diariamente o então deputado. E aí Bolsonaro nadou de braçada: deu uma declaração absurda atrás da outra, em matérias que viralizavam enormemente. Para o eleitor progressista, o deputado não passava de um sujeito bronco e violento. Para o eleitorado que se incomodava com as mudanças comportamentais, ele passou a ser conhecido como um aguerrido defensor de valores tradicionais — um sujeito linha-dura, que combatia pedófilos, marginais e "gayzistas".[12]

No dia 14 de fevereiro, saiu uma entrevista de Bolsonaro no *El País Brasil* em que ele chamava a presidenta Dilma de terrorista e dizia que gays eram produto do consumo de drogas.[13] O interesse pelo político nas buscas no Google, que já vinha crescendo ao longo do mês, foi às alturas. A partir de então, o índice nunca mais retornaria aos padrões anteriores. A candidatura à presidência da Comissão de Direitos Humanos não prosperou, já que, ao final, a mobilização social obrigou o PT a gastar fichas para controlar a comissão. Mas a derrota de Bolsonaro foi uma grande vitória — uma arrancada expressiva no início de um ano eleitoral.[14]

Em 2013, a página de Bolsonaro no Facebook recebia dezenas ou centenas de curtidas por postagem. Já no primeiro semestre do ano seguinte, o número passou para a casa dos milhares ou dezenas de milhares. O resultado eleitoral veio na sequência. Bolsonaro quase quadruplicou sua votação em relação a 2010, chegando a 464 572 votos. Marco Feliciano teve também crescimento expressivo e obteve 398 087 votos. Eles foram o terceiro e o quarto deputados federais mais votados do país, atrás de Celso Russomanno e de Tiririca. Ser odiado pela juventude progressista se mostrava um bom negócio.

Backlash urbano

A disputa pela presidência da Comissão de Direitos Humanos abriu para Bolsonaro uma estratégia nova. O então deputado passou a ampliar seu público, buscando antagonismos que o favoreciam em novos assuntos. Suas páginas já tinham bom alcance e funcionaram como laboratórios da ampliação da base política. Assim, ele acrescentou às pautas que já abordava — armas, defesa da moral, rechaço à esquerda — outras, que pareciam de início um tanto heterogêneas, mas que foram alcançando frações distintas do eleitorado que ele buscava conquistar.

O nióbio tornou-se uma obsessão do parlamentar, que começou a tratar o mineral como panaceia para o atraso econômico do país. Ele também passou a falar de turismo, a partir de uma abordagem que culpava a legislação ambiental pelo pouco desenvolvimento turístico brasileiro. Nas redes e discursos do deputado, esses assuntos eram intercalados com ataques à esquerda, com sua tradicional agenda reacionária nos costumes e com acusações de fraudes nas urnas eletrônicas e demanda por impressão dos votos em cédulas.

Mas nenhuma dessas pautas parece ter tido o alcance obtido por uma outra, que Bolsonaro e seus filhos passaram a abraçar: a crítica às multas de trânsito e a defesa da "liberdade de dirigir". Em 2016, ano do impeachment e de arrancada na visibilidade do deputado, alguns dos vídeos com maior visualização no Facebook de Bolsonaro foram aqueles em que ele atacava a indústria das "multagens", os radares e a legislação que obrigava a manter o farol aceso durante o dia.

Em um desses vídeos, o então pré-candidato à Presidência fez uma viagem entre o Rio de Janeiro e Paraty, esbravejando a cada momento em que encontrava um radar eletrônico. O único objetivo desses "pardais" seria, em suas palavras, "roubar o motorista brasileiro". Bolsonaro estava sozinho no carro e filmava com o celular enquanto dirigia. O vídeo mostrava, portanto, o então deputado cometendo uma infração de trânsito, que colocava a vida de outras pessoas em risco. Sob o pretexto de atacar a suposta corrupção de uma suposta indústria da multa, Bolsonaro passou a liderar uma verdadeira cruzada a favor da contravenção no trânsito.

À mesma época, o "direito" de dirigir livremente tornou-se um dos temas da campanha de João Doria à prefeitura de São Paulo. A gestão de Fernando Haddad, iniciada em 2013, implementara medidas importantes de mobilidade urbana. A rapidez com que a gestão avançou nessa área foi impulsionada pelo alcance que a temática ganhou nas Revoltas de Junho. Após os protestos, com a popularidade abalada e um problema fiscal relevante, o governo Haddad apostou em soluções rápidas e de baixo custo — implantou centenas de quilômetros de ciclovias e de corredores exclusivos de ônibus e reduziu a velocidade máxima nas marginais.[15]

Da perspectiva coletiva e de mobilidade urbana, as políticas foram um sucesso. Em 2016, a capital paulista caiu 51 posições em um ranking que mede as cidades mais congestionadas do mundo — passou de sétimo pior trânsito para 58º em poucos anos.[16] Os corredores exclusivos e ciclovias estavam tirando carros das ruas. Além disso, a redução de velocidade fez cair em 36% os acidentes nas marginais, o que era benéfico tanto por poupar vidas e a integridade física da população quanto por reduzir congestionamentos.[17]

Apesar disso, João Doria colocou no centro de sua campanha o ataque às políticas de mobilidade de seu opositor, que concorria à reeleição. Utilizando o slogan "Acelera SP", Doria passou a prometer retirar ciclovias e aumentar novamente a velocidade do trânsito. Deu certo. Mobilizando uma ampla camada da população que estava incomodada com as mudanças, Doria construiu uma de suas principais agendas naquela campanha, em contexto de forte rejeição ao PT e de favorecimento de candidaturas proclamadas como de "fora do sistema".

Backlash é um termo forjado pela escritora norte-americana Susan Faludi para se referir à reação de grupos incomodados com transformações sociais. Nesses momentos históricos, "aqueles cujos privilégios estavam garantidos sob a velha norma sempre irão, agonizantes, tentar se reorganizar e partir violentamente para o contra-ataque com o objetivo de restaurar a ordem que lhes convinha", como resumem Manoela Miklos e Antonia Pellegrino.[18] A reação de Bolsonaro, Feliciano e toda a direita fundamentalista aos avanços progressistas nos costumes foi um caso típico de *backlash*, tratado por diversos autores.

Menos comum é ver a cruzada pela contravenção no trânsito de Bolsonaro e o "Acelera SP" de Doria como expressões de um *backlash* urbano — um efeito rebote contra políticas que mudaram hábitos e reduziram os privilégios de alguns grupos. Nos dois casos, tratou-se de defender a liberdade de dirigir em alta velocidade, mesmo que isso representasse mais acidentes e mortes.[19]

A emergência dessa agenda "carrocêntrica" no ano em que a nova direita alavancou no país contrasta com o que era vocalizado nas ruas em 2013. Circulou bastante naquele momento a frase que dizia que "país rico não é aquele em que pobres têm carro, mas onde ricos usam transporte público". A fissura na hegemonia do transporte individual e a ampla valorização discursiva do transporte público foram um acontecimento inédito na história do Brasil. A reação a essa mudança de mentalidade emergiria em seguida.

Além de reagir a algumas agendas que tiveram força em Junho, a extrema direita soube se apropriar de outras, que seguiram sem encaminhamento institucional após as revoltas. Para além da mobilidade urbana, o bolsonarismo aborda com sinal invertido outras demandas que eclodiram em 2013: a corrupção seria combatida não por aprimoramentos de mecanismos institucionais, mas pela vontade de um líder que se afirmava honesto; os problemas de segurança pública seriam solucionados não com ações que atacassem suas raízes (como a desigualdade econômica e territorial, as estruturas do mercado ilícito de drogas etc.), mas com a livre distribuição de armas para a população.

Essas respostas, apoiadas no revanchismo e na ingenuidade política, só agravam os problemas que teoricamente almejariam resolver. Os problemas, no entanto, são reais — e assombram o país há algum tempo. Quando eclodiram em 2013, já se acumulavam por décadas. E seguiram sem encaminhamentos efetivos depois das revoltas.

De certa maneira, o bolsonarismo expressa a radicalização da forma de vida privatista brasileira. Com sua truculência, esse fenômeno político tirou do armário a segregação acirrada e a cidadania diferenciada. Isso se mostra na defesa que Jair Bolsonaro faz do desrespeito à lei em tantas áreas — o "direito" de certas pessoas de se submeterem a regras diferentes das dos demais. Na defesa da pesca irregular ou do garimpo ilegal, do desmatamento ou das transgressões no trânsito, das ofensas racistas ou dos crimes praticados por policiais, o bolsonarismo levou a lógica dos condomínios para o centro do poder.

Sua política parece buscar consolidar na esfera pública as ilhas de privilégio legal que são os enclaves fortificados que prosperaram no Brasil da Nova República. Nesse sentido, o *backlash* em relação à agenda que emergiu no início da década de 2010 fica mais nítido: diante dos avanços da democratização almejados em novas arenas públicas, veio uma resposta forte e raivosa de preservação do statu quo — a privatização da vida cotidiana, a naturalização da violência, as regras diferenciadas e os privilégios dos "cidadãos de bem".

18. Flores no deserto

EM FRENTE À GRADE DA ESCOLA, uma fileira de policiais forma um cordão de isolamento. Do lado de dentro, adolescentes de quinze a dezessete anos. Na calçada, pais, vizinhos, jornalistas e ativistas. Uma apreensão paira no ar. Ao cair da noite, os estudantes aparecem com metade do corpo sobre as grades. Equilibrando-se em cima de carteiras, seus pés ficam à altura dos ombros dos policiais. Um deles começa o jogral, e os demais repetem: "Depois de muita luta/ depois de muita luta, a gente conseguiu/ a gente conseguiu, evitar/ evitar, a reintegração de posse/ a reintegração de posse!".[1]

A comemoração que veio em seguida foi intensa. Com exceção dos policiais, que seguiram imóveis, os demais partiram para o abraço. A ocupação de secundaristas em São Paulo obtivera uma vitória importante. Fora barrada na Justiça a reintegração de posse da Escola Estadual Fernão Dias Paes, expedida no dia anterior. Era 13 de novembro de 2015. Esse foi o ponto de virada de um movimento que escalaria nas semanas seguintes e imporia uma derrota inimaginável ao governo do estado.

No dia 23 de setembro, o governo de Geraldo Alckmin, do PSDB, havia tornado público um projeto de reestruturação das escolas estaduais. O secretário estadual de Educação explicava para a imprensa que cada escola teria somente um dos ciclos

Flores no deserto

elementares: ensino fundamental I, ensino fundamental II e ensino médio. Como o número de matrículas vinha baixando, diversas escolas seriam fechadas. No final, o governo convidava a comunidade escolar para "participar": haveria um grande encontro a fim de que todos pudessem "entender" a mudança. Chamado pelo governo de "Dia E", de Educação, o encontro estava agendado para 14 de novembro.

Como a história é coalhada de ironias, o "Dia E" acabou virando "Dia O", de Ocupação. Após a vitória judicial na noite anterior, as ocupações se espalharam feito fogo na pradaria. Às poucas ocupações que haviam iniciado o movimento somaram-se quinze na primeira semana. Sete dias depois, já eram 89 escolas ocupadas. Quando chegou o dia do Saresp, o exame de avaliação de rendimento da rede estadual, foi feita uma grande mobilização de boicote. Em vez de irem fazer as provas, os estudantes ocuparam suas escolas, e o número chegou a 176. Na primeira semana de dezembro, já eram mais de duzentas escolas ocupadas em diversas cidades do estado de São Paulo.[2]

Esse foi o ápice de um ciclo de lutas que passou por várias fases. No início, a indignação de alunos e familiares se expressou nas redes sociais. Assim foram convocados protestos que assumiram vários formatos: paralisações de aulas, abraços às escolas, passeatas e até um ato fúnebre, realizado no dia de Finados, para velar a escola que seria fechada. Tudo isso gerou certo burburinho, mas não teve força para fazer o governo nem sequer cogitar em alterar o plano. No discurso oficial, a reorganização era certa.

Em meados de outubro os estudantes tiveram contato com uma cartilha, cujo título colocava uma pergunta: "Como ocupar um colégio?". O material havia sido produzido por uma organização estudantil argentina e tratava das ocupações estudantis no Chile em 2006 e 2011.[3] Um coletivo paulistano chamado O Mal-Educado, de corte autonomista, traduziu, adaptou, imprimiu e distribuiu a cartilha nas escolas que enfrentavam o projeto de reorganização escolar. Foi esse material que deu coragem e instrumentos para que os estudantes de São Paulo iniciassem a onda de ocupações que marcou o Brasil naquele 2015.

O material e as reflexões do coletivo O Mal-Educado elevaram a maturidade política do movimento. Expunha-se a visão de que ocupar a escola era o último recurso, depois que todas as tentativas de diálogo tivessem se frustrado; e que isso era apenas uma tática para alcançar um objetivo, mas não um fim em si. Se essa tática não estivesse funcionando, seria preciso inventar outras. E assim foi. Quando as ocupações estavam chegando a seu limite e deixaram de chamar a atenção da mídia, os estudantes passaram a fazer trancamentos relâmpagos de ruas e avenidas, produzindo imagens de grande impacto (como as carteiras escolares utilizadas como barricadas) que pesaram ainda mais sobre a opinião pública.

Em dezembro de 2015, três meses após anunciar o projeto de reorganização, o governador Geraldo Alckmin anunciou seu "adiamento" — que significava, na prática, desistência. O secretário de Educação que conduzira a proposta pediu demissão no mesmo dia. A luta dos estudantes vencia uma batalha que parecia impossível alguns meses antes, quanto mais em um contexto de crescimento da direita nas ruas e derrocada da esquerda no governo federal.

Por tudo o que representou, o cientista social Pablo Ortellado considerou o movimento dos secundaristas "a primeira flor de Junho".[4] Pois essa flor que nasceu no asfalto bruto de um país já conflagrado tem conexões concretas com as revoltas de 2013, para muito além da retomada de um "espírito de Junho", que costuma ser evocado. É o que apontam os autores do artigo "Secundaristas em luta", que fizeram um longo processo de pesquisa e entrevistas com estudantes envolvidos na mobilização.[5]

A primeira relação de proximidade se deu pelos grupos que catalisaram as revoltas — o Movimento Passe Livre de São Paulo e o coletivo O Mal-Educado. Há uma série de interceções entre os movimentos, marcadas pela colaboração nas ações e pela participação de militantes em ambos. Alguns ativistas que fundaram o coletivo O Mal-Educado em 2012 já atuavam no MPL, enquanto outros migraram de um movimento para o outro no período, configurando uma rede de aprendizados e trocas que desaguou nas ocupações das escolas. Além disso, muitos secundaristas que atuaram na mobilização haviam participado das revoltas de 2013. Nesse sentido, aquele ciclo foi um "despertar político" também para eles: "Foi significativo como as entrevistas revelaram que os estudantes identificam Junho de 2013 inteiramente com a luta para barrar o aumento da tarifa".[6]

Mas a relação entre os dois eventos não é de mão única. As revoltas estudantis não foram somente um desdobramento de Junho, mas também afluentes daquele ciclo. Como vimos, protestos realizados por estudantes em abril e maio de 2013, em apoio às greves de professores, prefiguraram alguns aspectos do que viria em seguida. Cartazes que pediam "Educação padrão Fifa" já apareciam nessas manifestações. O que muitos associaram a um público despolitizado, ou coxinha, estava presente poucos meses antes das Revoltas de Junho nos atos de secundaristas da periferia de São Paulo.

Há, por fim, uma relação mais material entre os dois eventos. Uma das consequências das revoltas de 2013 foi a implementação da lei municipal do passe livre estudantil em São Paulo. Regulamentada em janeiro de 2015, a nova lei permitia, em um primeiro momento, a circulação irrestrita dos estudantes. Quando as ocupações dos secundaristas se iniciaram, a nova lei permitiu ampliar a conectividade das escolas. Militantes circulavam com mais facilidade para ajudar a organizar as mobilizações, mais gente podia comparecer aos protestos e assembleias.[7]

O sucesso obtido em São Paulo em 2015 impulsionou uma segunda onda de ocupações de escolas no primeiro semestre de 2016. Em Goiás, já em janeiro 28 escolas estavam tomadas por estudantes contra um projeto de privatização. Em seguida, ocorreram ocupações no Paraná, Rio de Janeiro, Ceará, Mato Grosso, São Paulo e Rio Grande do Sul, que colocavam demandas diversas, como mais recursos para a merenda escolar, passe livre estudantil e melhorias de salários e condições de trabalho para os professores.

Houve ainda uma terceira onda de ocupações, no segundo semestre de 2016, em que mais de 1160 escolas foram ocupadas, sendo 850 delas no Paraná. Essa onda extrapolou as demandas locais e se conectou ao momento político nacional. Já durante o governo de Michel Temer, as ocupações passaram a se contrapor à PEC do Teto de Gastos, que limitava o crescimento dos gastos públicos à inflação, e ao projeto Escola sem Partido, que visava censurar alguns temas no debate escolar.[8]

Primavera feminista

Enquanto os estudantes paulistas começavam a preparar as primeiras ocupações de escolas, no Rio de Janeiro iniciou-se uma forte mobilização feminista, que eclodiria simultaneamente aos acontecimentos em São Paulo. Em 28 de outubro as ruas da capital carioca receberam milhares de mulheres que protestavam contra um projeto de lei de autoria do deputado Eduardo Cunha. Aprovado havia pouco na Comissão de Constituição e Justiça, o projeto criminalizava a prática do aborto no sistema público de saúde, mesmo em casos previstos em lei.

O embate entre o então presidente da Câmara e os movimentos feministas remetia aos conflitos que começaram a se acirrar por volta de 2011. Naquele ano, chegou ao Brasil a Marcha das Vadias — protesto iniciado no Canadá que rapidamente se espalhou pelo mundo. A marcha questionava os discursos que legitimavam a violência sexual colocando a culpa no comportamento das mulheres. O protesto foi expressivo no Brasil no período, tendo acontecido em algumas cidades também durante as Revoltas de Junho de 2013.

De certa maneira, a legislação sobre o aborto foi para Eduardo Cunha o que a cartilha sobre homossexualidade foi para Bolsonaro: um adversário contra o qual se engajaram, e que serviu para alimentar suas bases políticas. Embora aliados, os dois políticos tinham estilos muito diversos. Bolsonaro era falastrão e polemista, aprendeu a se comunicar bem nas redes e a pautar o debate público. Cunha era um exímio articulador do baixo clero na Câmara, e foi utilizando sua influência em estatais e no mundo empresarial para auxiliar financeiramente deputados de diversos partidos, que passavam a lhe dever favores.[9]

Foi assim que o deputado do PMDB rompeu o acordo com o PT e disputou a presidência da Câmara em fevereiro de 2015, batendo Arlindo Chinaglia, do PT. A partir de então, Cunha passou a pautar com mais força sua agenda reacionária no campo dos direitos reprodutivos.

Em agosto de 2013 fora sancionada pela presidenta Dilma Rousseff a lei nº 12 845, que obrigava ao atendimento imediato de mulheres vítimas de violência na rede pública. A lei definia violência sexual como "qualquer forma de atividade sexual não consentida" e dispunha sobre o acesso a contraceptivos e ao serviço de abortamento. No mesmo ano, Eduardo Cunha e outros deputados apresentaram o projeto de lei nº 5069, que alterava as disposições da legislação vigente e obrigava as mulheres vítimas de violência sexual a registrarem queixas em delegacias e apresentarem exames de corpo de delito para serem atendidas. Além disso, o projeto criminalizava os agentes de saúde que não seguissem esses protocolos.[10]

Quando o projeto avançou na Comissão de Constituição e Justiça, em outubro de 2015, eclodiu uma súbita onda de manifestações de repúdio, que ficou conhecida como primavera feminista. Após o protesto de 28 de outubro, no Rio de Janeiro, vieram os de São Paulo e Fortaleza, no dia 30. No dia seguinte, foi a vez de atos em Belo Horizonte, Brasília e Salvador, e novamente em São Paulo. Em 12 e 13 de novembro, os protestos se repetiram nessas cidades e se espalharam por outras. Na capital paulista, algumas das mulheres presentes no ato formaram um grupo que foi até as escolas ocupadas por secundaristas.[11]

Flores no deserto

Outras pautas candentes no momento foram também mobilizadas nas ruas. Uma delas foi o assédio a meninas e adolescentes, que apareceu com força na campanha #MeuPrimeiroAssédio. Mobilizada por um grupo feminista, a campanha propunha que mulheres contassem nas redes os primeiros assédios que haviam sofrido. Foram mais de 80 mil postagens em quatro dias. A média de idade dos primeiros assédios era entre nove e dez anos.[12]

A primavera feminista fez parte de uma onda de fortalecimento das organizações e movimentos que trabalham em torno de gênero no país. Tendo começado por volta de 2011, com o início da Marcha das Vadias, essa onda pegou embalo em 2013 e expressou grande força em 2015. No mesmo período, cresceram em escala as manifestações do dia internacional de luta pelos direitos das mulheres, 8 de março. A presença da agenda feminista e LGBTQIA+ em Junho de 2013 foi significativa, com os dois temas juntos alcançando 343 cartazes no levantamento aqui feito — mais da metade de todos os cartazes sobre a Copa do Mundo.

Um parêntese sobre uma agenda que, embora seja central no Brasil desde sempre, teve pouca presença nos discursos de 2013: a questão racial. Apenas dezenove cartazes com mensagens antirracistas aparecem na base de dados do Grafias de Junho. Havia gente negra e periférica nas ruas, o que se vê nas pesquisas e nos registros, e ocorreu uma miríade de protestos nas periferias, mas a questão racial não foi a chave estruturadora dos discursos. Houve também gente das periferias que viu os atos como "coisa de branco", assim como apareceram relatos de batidas policiais ostensivas nas entradas de favelas, para intimidar a população em dias de protestos.[13]

Algumas figuras da nova geração da luta antirracista no país, que deu um salto na última década, foram ativas em Junho e tiveram papel de liderança e articulação nos movimentos, como Matheus Gomes, atuante na luta pelo transporte em Porto Alegre. Outras tiveram uma participação cidadã ativa. Foi o caso de Marielle Franco, que convocava a família para ir aos protestos, fazia cartazes pedindo redução da tarifa, gostava de ir para a linha de frente e dizia que os protestos influenciariam a nova geração, que estava muito acomodada. Segundo relatos, Marielle percebeu aquele momento como um chamado para entrar de vez na disputa política. "Reforçou algo que ela sempre quis, que era mudar o mundo, nem que fosse um pouquinho", aponta sua irmã, Anielle Franco.[14]

De todo modo, por diversas razões, depois de 2013, o feminismo, assim como a agenda racial e a LGBTQIA+, passaram a pautar um espectro amplo de movimentos e entidades sociais progressistas no Brasil — contribuindo para alterar formas de organização (fazendo da representatividade uma preocupação cotidiana) e formulações políticas, de uma maneira que não se via no ciclo anterior.

Brota uma nova geração política à esquerda

Sem microfone, sem palanque, uma mulher negra discursa. O público repete em jogral: "Geral; nós vamos construir um mandato popular; com as mulheres; a população negra; as juventudes; a população LGBT; [...] por nenhum direito a menos; por nenhum despejo a mais; [...] uma política de amor; e radicalmente democrática".[15]

Flores no deserto

O expediente do jogral já não era utilizado por secundaristas ocupando escolas, mas por uma vereadora eleita. E eleita com E maiúsculo. Com 17 420 votos, Áurea Carolina foi a vereadora mais votada de Belo Horizonte em 2016 — e da história da cidade até então. O segundo colocado teria que ter tido 31% a mais de votos para alcançá-la. Com ela, foi eleita a atriz e diretora de teatro Cida Falabella, ambas pelo PSOL, que conquistava pela primeira vez uma cadeira na Câmara Municipal de Belo Horizonte. A movimentação que tornou isso possível ia muito além do partido e remetia ao ciclo de lutas que se iniciou em 2010 e saltou de patamar em 2013.

A expectativa pelos desdobramentos eleitorais de Junho apareceu já em 2014, quando pipocaram candidatos aos legislativos que haviam participado do ciclo de protestos. Essas candidaturas obtiveram algum ganho de relevância em relação a similares em outros pleitos, mas a maior parte não se elegeu.[16] Já deputados reacionários, que se opunham a algumas das pautas colocadas nas ruas de 2013, como Marco Feliciano e Jair Bolsonaro, tiveram crescimento expressivo de suas votações.

A sequência de eventos pode soar paradoxal, mas é similar à de outros países. Após o terremoto do 15M, as eleições do final de 2011 na Espanha assistiram à vitória acachapante da direita e à derrocada da esquerda tradicional — ainda que com o crescimento da esquerda radical, mas em peso pequeno no contexto. Depois da onda avassaladora produzida pelo Occupy Wall Street e suas ramificações nos Estados Unidos, Barack Obama foi reeleito em 2012, sem grandes mudanças nos parlamentos. Parecia que os eventos do ano anterior não tinham produzido nenhuma alteração de rumo. Nos anos seguintes, a esquerda espanhola e a estadunidense recebe-riam uma expressiva renovação, com novos atores e outras práticas políticas.

O mesmo sucedeu no Brasil, embora aqui o fenômeno te-nha sido ofuscado pela nova direita que despontou a partir de 2015. Mas a renovação do campo da esquerda, tanto na política institucional quanto na sociedade civil, foi também expressiva no período. O caso da construção coletiva que es-teve por trás da eleição das novas vereadoras do PSOL de Belo Horizonte é ilustrativo de como o ecossistema que ganhou es-cala em junho de 2013 se ramificou e gerou novas iniciativas.

Em março de 2015, pessoas envolvidas nos movimentos sociais e culturais de Belo Horizonte convocaram uma reu-nião aberta para debater o contexto municipal. O encontro aconteceu no gramado do Parque Municipal, na toada das reuniões em praças que marcaram o ativismo dos anos an-teriores. Cerca de oitenta pessoas compareceram à roda de conversa com piquenique naquela tarde de sábado. O intuito dos que chamaram a reunião era propor o desdobramento eleitoral das lutas. Mas as palavras eram ditas pisando-se em ovos. O receio com a política institucional era ainda forte, e a ideia de propor candidaturas em um ecossistema como aquele podia evocar os velhos traumas de "apropriação" e "cooptação".

Algumas das pessoas que fizeram a convocação já tinham atuado nas eleições de 2012. Como vimos, Belo Horizonte as-sistiu à emergência de uma rede ativista no início da década, marcada pela ocupação dos espaços públicos e pela colabora-ção entre ações políticas e culturais. A Praia da Estação era a principal arena da rede, nutrindo-a de afetos e conexões. Na

Flores no deserto

política institucional, esse campo passou a se congregar em torno do movimento Fora Lacerda, de oposição ao prefeito, conectando os círculos do novo ativismo com organizações mais tradicionais, como sindicatos e partidos de esquerda, e criando a liga que foi importante para a atuação conjunta nas revoltas de 2013.

Quando chegaram as eleições de 2012, o Fora Lacerda seguiu sua campanha de oposição ao prefeito, mas não apoiou nenhuma candidatura em especial. Seus participantes dividiram-se na última hora entre duas: a de Maria da Consolação, pelo PSOL, e a de Patrus Ananias, pelo PT. O resultado da divisão e da improvisação foi a incapacidade de incidir sobre um contexto já difícil. No fim, Márcio Lacerda foi reeleito no primeiro turno. Aquilo foi um choque de realidade: as marchas do Fora Lacerda, que chegaram a contar com 10 mil pessoas em seu auge, assim como a atuação nas redes, davam a impressão de que o movimento tinha mais impacto do que a eleição veio a demonstrar.

De certa maneira, a convocatória de 2015 era também um esforço para render esse trauma. De 2012 traziam-se dois aprendizados: que era preciso criar uma atuação conjunta, evitando a divisão, e que era preciso ter um grau maior de incidência nas candidaturas, não ficando a reboque dos partidos. Entre as duas campanhas eleitorais houve um salto de patamar do ecossistema, impulsionado pelas revoltas de 2013 e por outros momentos de ação conjunta. Ações realizadas no período, como atos culturais contra despejos e blocos de carnaval que desfilaram em apoio a movimentos de bairro, haviam criado liga entre pessoas de universos distintos. A rede tinha se tornado maior e mais densa, com mais coesão e confiança.

A movimentação seguiu, em 2015, com encontros em praças, espaços públicos e territórios em disputa. Embora a pauta fosse a ocupação da política institucional, os expedientes eram os do autonomismo: reuniões abertas, busca por horizontalidade, decisões por consenso, debates extensos em listas de e-mail. Havia uma vontade de construir uma candidatura ao Executivo, inspirada nas vitórias das confluências cidadãs espanholas em 2015. Mas não se constituiu nenhum partido para tanto, e o movimento tampouco parecia estar à altura da tarefa.

Afinal optou-se pelo lançamento de doze candidaturas à Câmara de Vereadores, todas elas pelo PSOL. As doze candidaturas representavam lutas que se fortaleceram nos anos anteriores e expressavam a diversidade de corpos que foram historicamente excluídos da política. Havia ali maioria de mulheres, representatividade de pessoas negras, além da primeira candidata indígena e da primeira candidata transexual da história da cidade. Onze das doze pessoas que compunham as candidaturas eram neófitas nas urnas. O nome do movimento que abrigava essas candidaturas, por fora do partido mas em diálogo com ele, era "Muitas".

A maioria dos integrantes das Muitas nunca tinha atuado profissionalmente numa eleição. Aplicavam na disputa eleitoral os aprendizados obtidos nos movimentos sociais. A interseção entre práticas de trabalho abertas, mobilização política e ações culturais foi replicada na campanha. Entre erros e acertos, acabou-se chegando a alguns produtos expressivos. Uma peça gráfica marcou o imaginário daquela campanha coletiva: apelidada de "sanfoninha", ela expunha as doze candidaturas, lado a lado, conforme se

Flores no deserto 369

desdobrava o papel. Em vez da competição característica de candidatos em chapas proporcionais, ensaiava-se uma colaboração. As candidaturas haviam firmado alguns compromissos comuns, que seriam levados adiante por aquelas que fossem eleitas.[17]

Um vídeo da campanha, que dava radicalidade à ideia de cooperação, tornou-se viral: nele, cada candidata se apresentava e pedia voto para outra, que por sua vez convidava a votar em sua colega, formando uma sequência que, no final, retornava à primeira candidata. O desprendimento e a ênfase no projeto coletivo contribuíam para que a política eleitoral fosse vista também como um lugar de sonho e transformação, e não somente como de rechaço — viés predominante no início da década. Como resumiu o filósofo Moysés Pinto Neto, nesse momento "o caráter destituinte de 2013 é transformado para uma modalidade constituinte". Nessa linha, o slogan principal da campanha das Muitas era "Outra política é possível".[18]

As doze candidaturas obtiveram 35 615 votos, contribuindo para que a chapa do PSOL chegasse a 46 132. Multiplicava-se por 4,8 a votação do partido em relação à eleição de 2012. A candidata mais votada era desconhecida na política oficial. Políticos e jornalistas experientes ficaram desorientados. De onde vinha aquele movimento que, até o resultado da apuração, não tinha sido percebido? Em segundo lugar na chapa ficou Cida Falabella, com 3454 votos — votação muito próxima à de Bella Gonçalves, militante das Brigadas Populares que fora ativa no Comitê Popular dos Atingidos pela Copa, nas ocupações por moradia e nas revoltas de 2013. Os mandatos passaram a atuar de forma conjunta, incluindo Gonçalves como covereadora informal, valendo-se da mesma equipe e derrubando as paredes que separavam os gabinetes — e assim se constituiu a "Gabinetona", um experimento de mandato compartilhado.

Essa experiência permite visualizar os passos de um processo que ocorreu, com variações, em outras cidades e despontou nas eleições de 2016. Talíria Petrone, mulher negra que trabalhava como professora da educação pública, foi a vereadora mais votada em Niterói. Marielle Franco teve a quinta maior votação do Rio de Janeiro. Marquito, ativista da agroecologia, foi eleito em Florianópolis; Goura Nataraj, cicloativista, em Curitiba; Ivan Moraes, ativista da comunicação popular próximo ao movimento Ocupe Estelita, no Recife. Sâmia Bomfim, ativista que havia participado da ocupação da reitoria da USP em 2013 e fora atuante nas Revoltas de Junho, tornou-se vereadora em São Paulo. Apoiando algumas dessas candidaturas estavam movimentos cidadãos como a Bancada Ativista, em São Paulo, e as Muitas, em Belo Horizonte.

Em resumo, o ativismo da primeira metade da década, que ganhou escala em 2013, criou o solo fértil do qual brotaram experiências de ocupação da política. Sem a mudança de mentalidade produzida a partir de Junho, sem o ecossistema de atores e movimentos, o ferramental desenvolvido e os aprendizados, seria inconcebível levar adiante empreitadas como as que despontaram em 2016 e se desdobraram nos anos seguintes.

Flores no deserto

Movimentos de renovação e ocupação da política

Alguns dos grupos de ocupação eleitoral de 2016 formaram uma rede de trocas, que desembocou no movimento Ocupa Política. Essa iniciativa buscou criar espaços de aprendizado e fortalecimento de novas candidaturas do campo. No primeiro encontro do grupo, em dezembro de 2017, cerca de trezentas pessoas das cinco regiões do país trocaram ideias durante três dias sobre táticas e formas de ocupação da política institucional. O clima já era completamente distinto do de 2015, quando se falava com certa vergonha da opção eleitoral. No encontro, estavam presentes os parlamentares da nova safra. Foi a última vez que a maior parte daquelas pessoas esteve com Marielle Franco, covardemente assassinada três meses depois.[19]

As iniciativas de ocupação da política por uma nova geração, ligada ao ativismo, aos movimentos periféricos, atenta à representação de gênero e racial, seguiriam em ascensão nos anos seguintes. Novos movimentos e novas candidaturas brotaram país afora. Os encontros seguintes do Ocupa Política, em 2018 em São Paulo[20] e em 2019 no Recife,[21] permitiram que algumas centenas de atores se encontrassem, trocassem informações e participassem de uma escola de formação. Uma cartilha produzida em 2020 reunia experiências de campanhas eleitorais ativistas na América Latina, buscando disseminar os aprendizados do ciclo.[22] As práticas da organização continuavam a beber do repertório autonomista do início da década: busca por certa horizontalidade, encontros abertos em espaços públicos, compartilhamento de aprendizados em conteúdos com livre acesso etc.

Outras organizações de incidência eleitoral brotaram no país desde 2016. Algumas se situam à esquerda, outras ao centro, outras à direita. Estas últimas costumam ter maior capacidade de acessar recursos e de ganhar os holofotes da imprensa. De todo modo, o ecossistema no campo progressista chegou a uma escala significativa. Mandatos coletivos, protagonizados por ativistas de causas variadas, com forte presença das periferias, pipocam Brasil afora. Um mapeamento identificou mais de cem movimentos cidadãos com foco na eleição de mulheres no ano de 2022.[23]

Nas eleições de 2020, a geração política pós-2013 chegou à disputa do Executivo. Em capitais como Belo Horizonte, Curitiba e São Paulo, os candidatos mais bem posicionados da esquerda estavam abaixo dos quarenta anos, e seus projetos políticos bebiam, de diferentes maneiras, do ecossistema que emergiu em Junho. Além de Áurea Carolina, na capital mineira, e Goura Nataraj, na paranaense, participou da eleição Guilherme Boulos, candidato em São Paulo pelo PSOL, que despontara para o Brasil como líder do MTST.

A candidatura de Boulos foi a mais expressiva. Atuante no movimento pela moradia de São Paulo desde o início do século XX, ele ficou nacionalmente conhecido na sequência dos acontecimentos de 2013, quando liderou protestos na periferia da cidade. Após Junho, o movimento seguiu ativo, com forte capacidade de mobilização, em um contexto de alta dos preços dos aluguéis e crise de moradia. Boulos teve uma projeção crescente desde então e se tornou uma figura pública atuante e uma voz expressiva no espaço político brasileiro. Em 2018, ele aceitou o convite do PSOL para ser candidato à Presidência da República.

Flores no deserto

A campanha presidencial de Boulos não acertou o tom e não teve espaço em um pleito polarizado entre Jair Bolsonaro e Fernando Haddad — que entrou na última hora como substituto de Lula —, tendo Ciro Gomes em terceiro lugar. Mas seu grupo parece ter assimilado bem os aprendizados, que foram aplicados em uma campanha eleitoral surpreendente para a prefeitura de São Paulo em 2020. Próximo a líderes do Podemos, na Espanha, Boulos aprendeu a construir uma comunicação política pop, que articula a indignação em torno de elementos simples e virais. Desviou-se da pecha radical com o mote, repetido amiúde, de que "se radical é querer que todos tenham casa, eu sou radical". Tendo Luiza Erundina como vice, fortaleceu a chapa e reduziu o peso de sua inexperiência na gestão pública.

Em 2014, Boulos dizia que "nossa cor é vermelha"; em 2020, fez uma campanha utilizando o roxo e o amarelo. A marca da candidatura não era o punho cerrado das lutas sociais, mas a mão com dois dedos erguidos, na toada do "Paz e amor". A campanha se valeu de memes virais e de ações capazes de se comunicar com um público jovem e fora dos círculos da esquerda.[24] Por tudo isso, Boulos furou a bolha, teve uma votação expressiva e foi ao segundo turno contra Bruno Covas, do PSDB, candidato à reeleição.

O líder do MTST perdeu, mas o feito de ir ao segundo turno com poucos recursos e de alcançar 2 milhões de votos, com forte mobilização social, fez dele uma liderança nacional. Os dados da última pesquisa do Datafolha antes do segundo turno permitem compreender o perfil de seu eleitorado.[25] Nela, Covas tinha 48% das intenções de votos, contra 39% de Boulos. Mas o candidato do PSOL levava vantagem considerável entre os mais jovens (alcançava 57% na faixa de dezesseis a 24 anos, e 48% na de 25 a 34 anos), empatando entre aqueles com ensino superior e entre aqueles com renda familiar mensal de cinco a dez salários mínimos.

Esses são os mesmos estratos entre os quais Marina Silva tinha mais força em 2014 e possuem, como vimos, importante intercessão com o perfil dos manifestantes de 2013. Sete anos depois, um líder da esquerda radical foi capaz de conquistar o manifestante médio e pouco politizado que formou a multidão de Junho. Para isso, foi preciso que uma geração política se formasse, constituísse uma rede de sustentação, aprendesse com acertos e erros, ajustasse seu discurso, seus símbolos e sua forma de articulação política.

19. A vez da tarifa zero

FEVEREIRO DE 2021. Sede da prefeitura de Caeté, cidade de 45 mil habitantes em Minas Gerais. O prefeito Lucas Coelho, do Avante, senta-se à frente do proprietário da empresa que opera o transporte público na cidade. A situação é crítica. A pandemia de covid-19 fez cair pela metade o número de viagens nos ônibus. Com isso, a arrecadação pela tarifa deixou de sustentar o serviço. A empresa havia reduzido a oferta, e estava com frota ociosa. Aquela conversa já ocorrera no ano anterior, e Coelho convencera o empresário a manter o serviço sem aumentar a tarifa, que estava em quatro reais — um valor um tanto alto para os padrões econômicos locais.

Naquela tarde de verão, não teve jeito. O empresário afirmou que iria encerrar o contrato de concessão e abandonar o serviço.[1] A prefeitura tinha uma bomba no colo. Não se vislumbrava outra empresa para assumir o contrato naquelas condições. Ser marcada como a gestão em que o transporte público faliu na cidade não parecia promissor. Lucas Coelho terminou o encontro preocupado.

Ao seu lado estava Fúlvio Brandão, vereador do Avante que era líder do governo na Câmara. Assim que o empresário saiu da sala, o parlamentar disse que tinham ali uma oportunidade. Ouviu uma exclamação de surpresa, e começou a explicar. O financiamento pela tarifa estava exaurido, mas a prefeitura poderia arcar com os custos do sistema e oferecer ônibus a tarifa zero. Contratariam a empresa por quilômetro rodado, o que caberia no orçamento do município. Ainda mais porque a prefeitura deixaria de gastar com o vale-transporte dos seus funcionários.

Coelho pediu ao vereador que detalhasse a proposta. Ele então buscou em seu celular alguns contatos antigos, com quem não falava havia algum tempo. Em meados de 2014, o movimento Tarifa Zero BH criara uma frente metropolitana, para abordar a situação do transporte coletivo nas mais de trinta cidades do entorno da capital mineira. O movimento surgira durante as revoltas de 2013, na ocupação da Câmara Municipal de Belo Horizonte. Um dos integrantes da frente metropolitana foi Fúlvio Brandão, à época um estudante universitário que havia organizado protestos pelo transporte em Caeté.

Depois de um tempo, a frente metropolitana se desmobilizou, mas alguns de seus integrantes seguiram conectados ao debate do transporte público. Em 2015, aconteceu em Belo Horizonte uma palestra de Lúcio Gregori, ex-secretário de Transportes da cidade de São Paulo que havia proposto a Tarifa Zero à prefeita Luiza Erundina no início dos anos 1990. Brandão compareceu. Fez anotações em seu caderno e ao final tirou uma fotografia com Gregori. Cinco anos passariam até que o rapaz voltasse a se envolver com o tema. Durante esse período, ele foi secretário de Esportes da prefeitura de Caeté, elegeu-se vereador e tornou-se líder de governo.

Após a tensa reunião com o empresário de transporte, Brandão passou a contactar seus conhecidos do Tarifa Zero BH. Junto com André Veloso, um economista integrante do movimento, elaborou uma nova proposta de contrato de concessão para o transporte público da cidade. O prefeito aprovou a proposta, e foi feito um piloto de seis meses. Deu certo. A população estava satisfeita, e o gasto coube no bolso do município. Em seguida a prefeitura assinou um contrato de cinco anos com a empresa.

Os resultados da política têm sido expressivos. Segundo o vereador, em 2019 os ônibus de Caeté atendiam cerca de 40 mil viagens por mês. Durante a pandemia, esse número caiu para cerca de 15 mil. Com a Tarifa Zero, no final de 2022 o sistema já atendia mais de 80 mil viagens por mês. As pessoas passaram a se deslocar para fazer uma série de coisas que antes não faziam. Em média, 1300 viagens eram represadas diariamente devido ao custo da tarifa. Ao contrário das previsões feitas por opositores da proposta, não houve nenhum indício de aumento de depredação nos ônibus.

Embora não tenham sido feitas pesquisas de opinião, a população parece avaliar bem a política. O problema que costuma ser apontado são os ônibus mais cheios, já que a oferta de veículos não cresceu na mesma proporção da demanda por viagens. Brandão enumera histórias que ouviu de pessoas que tiveram a vida transformada pela mudança — um paciente de hemodiálise retomou o tratamento que havia interrompido por não ter dinheiro para a passagem; uma vendedora de marmitex pôde contratar um funcionário com a economia que fez; alunos de um curso técnico que estava com alta evasão voltaram a frequentar as aulas.

O slogan usado pela prefeitura na propaganda da Tarifa Zero é "a maior política pública da história" de Caeté. O que os criadores da peça publicitária talvez não saibam é que a cidade participa da maior onda de gratuidade do transporte da história do Brasil.

Histórico da gratuidade no transporte

Quando Lúcio Gregori apresentou a Luiza Erundina a ideia de implementar a Tarifa Zero nos ônibus de São Paulo, não havia nenhuma cidade no Brasil que praticasse a política. Os registros indicam que era oferecida em apenas seis cidades no mundo — três na França e três nos Estados Unidos, todas com menos de 100 mil habitantes, e uma delas oferecia a política somente durante o verão.[2] Foram notáveis a ousadia e o espírito desbravador da prefeita e sua equipe, que buscaram implementar, na maior cidade da América Latina, uma política pública pouquíssimo testada e muito desconhecida. Mas a proposta não foi aprovada pela Câmara de Vereadores, em um momento de fortalecimento da oposição.

Três anos depois nasceu, meio que por acidente, a primeira experiência de gratuidade do transporte no Brasil. Foi em Monte Carmelo, uma cidade de pequeno porte na região oeste de Minas Gerais. O município abriga um polo de fabricação de telhas e produtos cerâmicos que remonta à primeira metade do século XX e se consolidou abastecendo a construção de Brasília. Em 1970, Monte Carmelo tinha cerca de 13 mil moradores na área urbana; em 1980, eram quase 22 mil. O crescimento populacional levou a prefeitura a fazer, em 1983, o primeiro contrato para o serviço de ônibus urbano, que tinha apenas uma linha. A empresa concessionária era composta pelo proprietário e um par de funcionários.

A vez da tarifa zero

Dez anos depois o contrato expirou, e o serviço já não atendia as então quase 30 mil pessoas que residiam na zona urbana, além de 5 mil na área rural. Com a expansão territorial, o deslocamento passou a ser um problema. Trabalhadores tinham dificuldades de chegar às fábricas e de retornar às suas casas na hora do almoço. Estudantes de cursos noturnos estavam abandonando os estudos. Para atender à demanda crescente, começaram a pipocar operadores clandestinos de transporte, que atuavam de forma irregular e oscilante. Quando percebiam que o lucro não estava a contento, simplesmente abandonavam o serviço.[3]

A situação estava nesse ponto quando Gilson Brandão, um médico da cidade, iniciou sua gestão como prefeito. Rapidamente, formou-se consenso entre a prefeitura e a Câmara de Vereadores de que deveria haver um sistema público na cidade que não ficasse a reboque das oscilações das empresas. A prefeitura contratou onze motoristas e adquiriu cinco ônibus, que começaram a circular em 19 de setembro de 1994. Como era um sistema novo, optou-se por iniciar a oferta gratuitamente — dessa maneira, seria possível medir a demanda, comparar com os custos e estabelecer o valor da tarifa.

Mas, assim que os ônibus começaram a circular sem tarifa, percebeu-se que seria impopular passar a cobrar pelo serviço. Além disso, um consultor alertou que a cobrança não poderia ser feita diretamente pela prefeitura. Seria necessário, para gerir os recursos, criar uma autarquia, cujos custos de operação seriam mais altos do que a arrecadação tarifária. Nesse contexto, manter o sistema gratuito era a solução mais simples e lógica, embora não fosse o plano inicial. Foi assim que nasceu a primeira experiência de Tarifa Zero do Brasil, também uma das primeiras do mundo.

Nos anos seguintes, a adoção da política no país seguiu lenta, com casos esporádicos aqui ou acolá. Em 2012, eram catorze cidades, todas elas de pequeno porte, segundo levantamento feito pelo jornalista Daniel Santini, da Fundação Rosa Luxemburgo.[4] Nessa época, quando falava de gratuidade no transporte em suas palestras, Lúcio Gregori costumava dar o exemplo da cidade de Hasselt, na Bélgica, pois não havia nem mesmo conhecimento difundido e acumulado sobre as experiências brasileiras.

Esse cenário começou a mudar depois das Revoltas de Junho, que colocaram o tema na ordem do dia. Em 2013, a cidade de Maricá, na região metropolitana do Rio de Janeiro, iniciou a adoção da política. Em resposta aos anseios expressos nas ruas, o município implantou a gratuidade em novas linhas já no final daquele ano. Rapidamente começaram os conflitos entre a prefeitura, que tinha à frente Washington Quaquá, do PT, e as empresas que operavam a concessão do transporte público na cidade.

A mais poderosa delas se chamava Viação Nossa Senhora do Amparo, nome dado em homenagem à padroeira de Maricá. O comando da companhia tinha o perfil típico do empresário de ônibus brasileiro. Seu fundador, Jacinto Luís Caetano, filho de uma família humilde, começou a trabalhar na adolescência, transportando produtos a cavalo.[5] Em 1950, fundou a empresa de ônibus, que cresceu com a intensa urbanização dos anos seguintes. Em 2019 chegava a 280 ônibus e mais de mil empregados. Para se ter uma ideia do poder político da família, o terminal de ônibus e uma escola pública em Maricá levam o nome do empresário, falecido em 1986.[6]

A vez da tarifa zero   381

Em 2015, as concessionárias de ônibus de Maricá acionaram a Justiça, alegando que os ônibus gratuitos da prefeitura configuravam concorrência desleal. Iniciou-se então uma batalha judicial pesada, com idas e vindas. A primeira vitória foi da empresa, que conseguiu paralisar os "vermelhinhos" — como ficaram conhecidos os ônibus gratuitos. Quinze dias depois, a prefeitura derrubou a liminar, e o serviço voltou a operar. Em 2016, houve nova paralisação por ordem judicial, dessa vez por seis meses.

Só em abril de 2017 a prefeitura conseguiu retomar definitivamente o serviço. O prefeito havia feito seu sucessor, Fabiano Horta (também do PT), que prometeu ampliar a política de gratuidade do transporte. Ao término do primeiro governo de Horta, em 2020, chegou ao fim o contrato de concessão privada do transporte. A prefeitura realizou nova licitação e passou a implementar transporte gratuito em toda a cidade.[7] A nova licitação tinha o mesmo modelo concebido por Gregori e equipe na São Paulo de 1990: as empresas são contratadas para operarem linhas e recebem pelo serviço prestado, enquanto os recursos públicos sustentam o sistema, e a população utiliza o serviço livremente.

Maricá trouxe uma nova escala para a Tarifa Zero no Brasil. Com mais de 150 mil habitantes, mostrou que a política poderia funcionar em cidades médias. Entre 2013 e 2019, mesmo com a crise econômica e o caos político, o número de municípios com transporte gratuito dobrou no país, enquanto a população atendida por essa política aumentou em 2,6 vezes. Um crescimento considerável, mas ainda pequeno frente ao que viria em seguida.

Com o início da pandemia, os sistemas de transporte no Brasil entraram em colapso. A queda do número de passageiros foi abrupta, já que muitas pessoas deixaram de circular e outras migraram para o transporte particular. Só seguiu usando os ônibus, trens e barcas quem não tinha outra opção.

Nos países em que o transporte é financiado majoritariamente por recursos públicos, a oferta foi mantida durante a pandemia, o que resultou na redução do número de usuários por veículo.[8] Já no Brasil e em outros lugares onde o custo é bancado sobretudo pela tarifa, o transporte não possui capacidade de se adaptar à queda de demanda. Com menos usuários, a receita despencou e, para compensar, as empresas reduziram a oferta e os veículos ficaram mais cheios. As pessoas mais pobres tiveram que se aglomerar em veículos lotados. Pesquisas mostraram correlação entre mortes e internações por covid-19 e maior taxa de utilização do transporte público.[9] Os ônibus e trens tornaram-se engrenagens de um matadouro, enquanto as classes mais ricas circulavam em automóveis ou faziam home office.[10]

Ainda que tenham adaptado suas ofertas, os sistemas de transporte no Brasil entraram em uma situação muito difícil. A queda abrupta de receita era dificilmente compensada pelas reduções de linhas e horários, mesmo porque as empresas ficavam com frota e funcionários ociosos. A grande Recife reduziu em quase 50% sua oferta de transporte público. No Rio de Janeiro, 176 linhas deixaram de circular.[11] Teresina entrou em uma crise crônica, com interrupção do serviço e a população impedida de se deslocar. Devido à grande força política das empresas de ônibus, em muitas dessas cidades o poder público perdera a capacidade de controlar as receitas e custos e de regular a oferta.[12]

A vez da tarifa zero

A crise fez o sapo pular. Mais e mais cidades passaram a buscar outras formas de financiamento, gestão e oferta do transporte. E aí a Tarifa Zero, conforme concebida em São Paulo em 1990 e implantada em duas dúzias de cidades desde então, mostrou-se uma boa opção, como foi o caso do município de Caeté. Somente em 2021, treze cidades aderiram à gratuidade do transporte, fazendo com que a política passasse a atender 1,9 milhão de pessoas. A maior delas foi Caucaia, na região metropolitana de Fortaleza, com mais de 350 mil habitantes.

Além de ser a maior cidade do Brasil com Tarifa Zero, Caucaia trouxe uma novidade. Até aquele momento, a política só era implantada em cidades com menos de 100 mil habitantes ou que tivessem orçamentos acima da média, como Maricá — cujo caixa da prefeitura é beneficiado pelos royalties do petróleo. Caucaia não possui fontes especiais de recursos e financiou o transporte com o aumento da arrecadação gerado por reajustes de impostos.[13] A cidade tampouco é gerida pela esquerda, mas por um prefeito que foi apresentador de programas de tevê de cunho policialesco, eleito pelo Pros.[14]

Em 2022, outras onze cidades aderiram à gratuidade do transporte no Brasil. A maior delas foi Paranaguá, no estado do Paraná, com mais de 150 mil habitantes. Nos primeiros meses de 2023, eram já 61 cidades, alcançando 3,2 milhões de habitantes[15] (em 2012, antes das Revoltas de Junho, eram catorze cidades, nas quais viviam 360 mil pessoas). Apenas quatro cidades reviram a gratuidade depois de implementá-la — a taxa de manutenção da política é, até o momento, de 93%.

A mudança de mentalidade sobre a tarifa zero

Ciclos de manifestações que apresentam propostas transformadoras enfrentam uma contradição de partida. Os manifestantes levam às ruas ideias ousadas, colocadas com força na cena pública, mas raramente a mudança almejada acontece no curto prazo. É preciso defender a proposta como se fosse possível implementá-la amanhã — do contrário, a mobilização não terá força — mas a verdade é que as mudanças sociais são lentas. Cria-se, então, um descompasso, que costuma gerar a percepção de que o saldo da revolta é nulo ou até contraproducente.

Mas, quando os protestos não se desdobram em resultados práticos e conquistas institucionais, eles servem para quê? Para mudar a mentalidade da sociedade. Dentre os autores que utilizam esse mesmo argumento está o antropólogo norte-americano David Graeber, que cita movimentos que geraram importantes transformações nos Estados Unidos, como o abolicionista e o feminista, mas que "levaram um bom tempo" para obter resultados.[16] As mudanças que almejavam — o fim da escravidão, o sufrágio universal — costumavam ser vistas como utopias inalcançáveis, mas a cada sacudida social gerada por ciclos de manifestações e seus desdobramentos, essas ideias ganhavam mais espaço na sociedade.

Nesse sentido, o que grandes ciclos de revoltas são capazes de fazer é transformar ideias vistas como impossíveis em ideias aceitáveis. É tirar a utopia do campo do irrealismo. Essa perspectiva ganha escala na abordagem do sociólogo Immanuel Wallerstein, para quem as revoluções dos últimos séculos consistiram em transformações globais do senso comum da política, constituindo movimentos de mudança de mentalidade que alteraram profundamente, em médio prazo, sociedades de diferentes continentes.[17]

Nesse sentido, é possível ver o ciclo de revoltas de 2011 a 2013 como um movimento global que fez com que ideias consideradas absurdas ou pouco relevantes ganhassem espaço no debate público. O Occupy Wall Street, embora não tenha tido nenhuma vitória institucional imediata, parece ter contribuído para uma mudança de mentalidade nos Estados Unidos. O número de norte-americanos que consideravam graves os problemas de concentração de riqueza no país deu um salto após os acompamentos de 2011,[18] iniciados em Nova York e que depois se espalharam por todo o país. Isso desembocou, alguns anos depois, na forte candidatura de Bernie Sanders nas primárias do Partido Democrata e na emergência de novos parlamentares do partido, que colocam a desigualdade e a captura da política pelos mais ricos no centro de suas agendas.

Quando os ativistas do Movimento Passe Livre (MPL) e de outros movimentos incendiaram o Brasil com suas faixas pedindo "TARIFA ZERO" ou "POR UMA CIDADE SEM CATRACAS", a gratuidade do transporte era uma política marginal. Mesmo as pessoas envolvidas no assunto conheciam pouco sobre os casos existentes. O mais comum era se considerar a proposta impossível e uma agenda de lunáticos. Em 13 de junho de 2013, na escalada das manifestações de rua, a *Folha de S.Paulo*, em um editorial em que propunha à Polícia Militar "retomar a Paulista" dos vândalos, colocou a coisa nos seguintes termos: "Pior que isso, só o declarado objetivo central do grupelho: transporte público de graça. O irrealismo da bandeira já trai a intenção oculta de vandalizar equipamentos públicos e o que se toma por símbolos do poder capitalista".[19]

A realidade foi cruel com o editorialista. Após as revoltas de 2013 veio uma onda de "transporte público de graça" no Brasil. Essa onda começou devagar, e foi ganhando força. Foi preciso que as ideias se assentassem, se ramificassem no tecido social, conquistassem mentes e corações, e de repente o milagre acontecesse: "Ideias consideradas verdadeiras insanidades rápida e naturalmente se tornam o principal tema de debate", escreveu Graeber no livro *Um projeto de democracia: Uma história, uma crise, um movimento.*[20]

Nas eleições de 2020, nada menos do que metade dos candidatos à prefeitura em capitais brasileiras apresentou algum tipo de proposta de redução da tarifa de ônibus — em eleições anteriores, essa era uma agenda pouco abordada.[21] Mais do que isso, a proposta Tarifa Zero ganhou terrenos políticos insuspeitos. Ensaiada pelo governo Erundina em 1990 e levada ao debate público nacional pelo MPL em 2013, a proposta nunca havia sido abraçada majoritariamente pelo PT. Em 2020, candidatos desse partido em capitais como São Paulo e Belo Horizonte propuseram a política em seus programas de governo.[22]

O improvável consenso do passe livre

Em uma estação de embarque de ônibus de Porto Alegre, um homem negro caminha enquanto fala para a câmera. Ele denuncia a extinção da gratuidade do transporte na cidade no primeiro turno das eleições de 2022, que ocorreria em poucos dias. Desde 1995, a capital gaúcha oferecia passe livre em doze dias do ano, incluindo os de votação. Em 2021, o prefeito Sebastião Melo, do MDB, da base do então presidente Jair Bolsonaro, aprovou uma lei que desobrigava o município de oferecer a política. Às vésperas do pleito de 2022, a prefeitura anunciou que seria cobrada a passagem. Se o prefeito imaginasse o que viria em seguida, teria mantido a gratuidade.

O rapaz que denunciava a situação estava acostumado a frequentar aquele terminal.[23] Matheus Gomes atuava nos movimentos pelo transporte na cidade desde 2010; diversas vezes esteve na estação, mobilizando pessoas para protestos. Na luta que derrubou o aumento da tarifa em 2013, ele foi uma das principais lideranças. Foi também um dos ativistas processados na Justiça, teve sua casa invadida por forças de segurança e policiais à paisana o ameaçaram. Em 2020, Gomes se elegeu vereador pelo PSOL. E, dois anos depois, esteve no front inicial de uma mobilização que levou a uma surpreendente onda pelo passe livre nas eleições.[24]

As denúncias contra a extinção do passe livre em Porto Alegre rapidamente ganharam corpo. O senador Randolfe Rodrigues, da Rede, entrou com uma ação no Supremo Tribunal Federal (STF) requerendo que as cidades que tivessem políticas de gratuidade no transporte fossem obrigadas a mantê-las. Parecia haver um movimento de prefeitos alinhados a Jair Bolsonaro para redução do transporte — o que tenderia a aumentar a abstenção da população mais pobre, segmento em que o candidato tinha baixa votação.[25]

O caso ganhou destaque nacional. Prefeitos de algumas capitais, como Rio de Janeiro e Salvador, anunciaram a implementação inédita do passe livre nas eleições. O ministro Luís Roberto Barroso, do STF, concedeu uma liminar que obrigava os municípios a manterem a oferta de transporte e proibia aqueles que praticavam a gratuidade de retirar a política. Após pressão social e diálogos com o Ministério Público, o prefeito de Porto Alegre teve que recuar e garantir o transporte gratuito no dia do pleito. A adesão chegou a catorze capitais e cinquenta outras cidades no primeiro turno.[26]

Para o segundo turno, foi realizada uma campanha pela causa. A partir da mobilização inicial de organizações como a Quid e o Nossas, formou-se uma grande coalizão. E a coesão social que permitiu isso remetia a 2013. Ativistas e movimentos sociais que participaram das lutas pelo transporte então seguiram em contato nos anos seguintes e foram constituindo uma rede, acrescida de novos atores que passaram a abordar o tema. Dois encontros presenciais, em Niterói (2019) e em Belo Horizonte (2022), fortaleceram os laços dessa rede.[27]

Isso ajudou na rapidez e na força com que a coalizão da campanha do Passe Livre pela Democracia foi formada. Aderiram também organizações ligadas às agendas da democracia, do feminismo e da juventude, além de centrais sindicais. A pauta do passe livre estava na ordem do dia. No dia 19 de outubro de 2022, foi lançada a campanha (da qual fui um dos coordenadores) que pedia transporte gratuito nas 27 capitais. A reunião de lançamento contou com representantes de mais de cinquenta entidades. Por intermédio do site da campanha, milhares de pessoas passaram a enviar e-mails para os prefeitos de suas cidades exigindo a política.

O que veio em seguida foi uma avalanche. Parlamentares e partidos políticos se somaram à mobilização, pressionando os prefeitos. Alguns acionaram a Justiça para obrigar as prefeituras a oferecer o passe livre no segundo turno. A cada dia,

A vez da tarifa zero 389

mais e mais cidades anunciavam que adotariam a política. Assim que o site da campanha era atualizado, vinha a notícia de uma nova adesão. Em São Paulo, foi feito um ato em frente à prefeitura, no dia 24. Na tarde do mesmo dia, sentindo que seria obrigado pela Justiça a fazê-lo, o prefeito Ricardo Nunes (MDB) anunciou o passe livre.

Por fim, todas as capitais adotaram a política, além de mais de trezentas outras cidades em oito estados, abarcando mais de 100 milhões de habitantes. Criou-se uma onda irreversível, a que até aliados ferrenhos de Jair Bolsonaro, como os governadores Rodrigo Garcia (PSD-SP) e Romeu Zema (NOVO-MG), tiveram de aderir.[28] Para milhares de pessoas que antes teriam que escolher entre almoçar ou pagar o transporte, o direito ao voto pôde ser exercido de forma igualitária.[29]

O resultado foi significativo. Pela primeira vez na história do país, a abstenção caiu entre o primeiro e o segundo turnos[30] (em outros pleitos, ela foi de 1% a 3,5% maior). Antes da votação, nenhum analista cogitava a possibilidade de queda do número de abstenções. Uma comparação preliminar, que avaliou a taxa de abstenção nas cidades que adotaram o passe livre, estimou que a política pode ter resultado em pelo menos 250 mil votos a mais no segundo turno.[31]

Tudo isso ocorreu apesar dos esforços do governo Bolsonaro de reduzir a votação da população mais pobre. Ações ilegais da Polícia Rodoviária Federal tentaram cercear o acesso de pessoas da base da sociedade às urnas. Aparelhado pelo presidente, o órgão achou por bem realizar uma série de blitze no dia do pleito — um procedimento atípico, marcado pela inspeção vagarosa em regiões onde Bolsonaro teria baixa votação, segundo pesquisas de opinião.

Ao final, quem venceu a "batalha dos ônibus", como o episódio ficou chamado, foi a democracia. Bolsonaro chegou a dizer que o passe livre nas eleições foi responsável por sua derrota.[32] À parte o fato curioso de um político afirmar que perdeu a eleição porque a população pôde ir votar, o episódio acabou por formar um consenso no campo progressista em torno da essencialidade do transporte para a população mais pobre (que, sim, de fato majoritariamente votou em Lula no segundo turno). E, em uma eleição apertada e de suma importância para o país, o transporte público gratuito deu sua contribuição para salvaguardar a democracia.

Tudo isso acabou por selar um reencontro simbólico entre atores que já se estranharam bastante: Lula e a Tarifa Zero; o núcleo duro do PT e os movimentos que lutam pela gratuidade do transporte. Em dezembro de 2022, membros da equipe de transição do governo Lula no grupo de trabalho das Cidades propuseram ao governo levar adiante estudos para implementar a gratuidade do transporte no país. Isso ganhou força após o prefeito de São Paulo anunciar um par de vezes que avalia implementar a Tarifa Zero.

O que parecia utopia inalcançável passou a habitar o campo do possível.

Tarifa zero e vida democrática

O entendimento de que o direito à mobilidade é essencial para a concretização dos direitos fundamentais e elemento-chave da vida democrática é bastante recente. A ideia de que seria socialmente justo e aceitável ter escolas, hospitais, postos de saúde, praças e parques acessíveis sem ônus para os usuários — ou seja, pagos indiretamente por recursos públicos — tornou-se hegemônica em muitas sociedades, especialmente nas democracias ocidentais do pós-Segunda Guerra. O mesmo não ocorreu com a ideia de que o transporte para acessar essas atividades e equipamentos deveria ser também gratuito. Especialmente em sociedades com elevada desigualdade, o financiamento do transporte somente pela tarifa produz a exclusão de segmentos importantes dos direitos substantivos, resultando na situação-limite daqueles que o geógrafo Milton Santos definiu como "prisioneiros do espaço local".

A tarifa cobrada do usuário opera como barreira ao uso do transporte público, o que não ocorre em serviços de educação, saúde, tratamento de lixo, iluminação pública, manutenção de praças etc. Assim como o transporte, todos esses serviços têm custos, que são financiados por recursos públicos ou por taxas — de todo modo, pagos de forma indireta, desvinculando o uso do financiamento.

O caso do passe livre nas eleições brasileiras de 2022 evidencia que a tarifa do transporte não é uma barreira para o acesso apenas a direitos substantivos, mas também a direitos civis e políticos. Votar é o mais elementar desses direitos. Mas uma democracia plena vai muito além do voto. É preciso se mover pelas cidades para ter acesso a reuniões, audiências, encontros, manifestações e todo tipo de atividade política.

Uma síntese interessante do papel do transporte na concretização de direitos é feita por Magali Giovannangeli e Jean-Louis Sagot-Duvauroux no livro *Voyageurs sans ticket: Liberté, égalité, gratuité* (Viajantes sem bilhete: Liberdade, igualdade, gratuidade). O título faz uma brincadeira com o lema da Revolução Francesa, substituindo a palavra "fraternidade" por "gratuidade". Os autores argumentam que o transporte público de acesso universal é essencial para a concretização efetiva da liberdade (ligada aos direitos civis) e da igualdade (ligada aos direitos substantivos).[33]

O livro apresenta a experiência da cidade de Aubagne, no sul da França, que implementou a gratuidade no transporte público em 2009 e assistiu a um relevante incremento no uso do serviço desde então. Mais do que isso, argumentam os autores, "a instauração da gratuidade tocou a vida social em toda sua complexidade", já que, além de "aumentar a frequentação dos ônibus e liberar o poder de compra dos mais pobres", levou ao aumento da confiança social, aproximou grupos sociais diferentes e ativou dinâmicas de trocas entre eles.

Eis um ponto geralmente pouco observado no debate sobre transportes: além de prover o acesso a serviços elementares e concretizar o direito de ir e vir, o transporte público é, ele mesmo, espaço da vida cotidiana nas cidades.[34] Nos centros urbanos, dada a significativa quantidade de horas passadas no trânsito, as formas de deslocamento constituem parte relevante da experiência de vida das pessoas. Por isso a priorização do transporte público tem potencial de fortalecer a coesão social, ao contrário dos veículos particulares, que levam ao isolamento e à atomização.

Além de ser um espaço público em si, o transporte público tem uma relação positiva com os demais lugares das cidades. Por serem meios de deslocamento eficientes no uso de espaço e energia, os ônibus, bondes e metrôs minimizam os impactos na vida pedestre. Mais do que isso, acabam por fortalecer a vida nas calçadas, já que pressupõem a complementação dos trajetos a pé. Automóveis, ao contrário, maximizam as externalidades negativas na vida pedestre — poluição sonora e do ar, acidentes, ocupação de espaço urbano. Além disso, ao fazerem trajetos porta a porta (ou garagem a garagem), automóveis retiram pessoas das ruas, contribuindo para o esvaziamento da vida urbana.

Quando pensamos a democracia como forma de vida que se faz no cotidiano das cidades, nota-se que a ênfase nos automóveis produz uma rotina de competição, desagregação social e esvaziamento dos espaços públicos. Já a priorização do transporte coletivo tende a gerar convivência social e senso de coletividade, além de intensificar a vida pedestre. Nesse sentido, a Tarifa Zero é um elemento de aprimoramento da vida democrática e se liga ao conjunto de demandas colocado nas ruas em 2013, que buscava, em sua maioria, a melhoria das condições de vida em coletividade e a participação efetiva da população nas decisões políticas.

Epílogo

EM 8 DE JANEIRO DE 2023, milhares de bolsonaristas invadiram e depredaram o Congresso Nacional, o Palácio do Planalto e o Supremo Tribunal Federal. Contando com a conivência das forças policiais, os extremistas adentraram com facilidade os edifícios dos Três Poderes em Brasília. A destruição do patrimônio público foi filmada, fotografada e transmitida nas redes sociais pelos próprios agentes. A ação foi planejada com antecedência, contou com financiamento privado e com dezenas de ônibus que levaram pessoas de todo o país para a capital federal. Fez parte de uma série de esforços golpistas levados a cabo pelo candidato derrotado nas eleições presidenciais de 2022.

O evento fez alguns evocarem as revoltas de 2013. Em 17 de junho daquele ano, uma multidão ocupou o teto do Congresso Nacional, reivindicando bandeiras como "Educação padrão Fifa", "Tarifa Zero" e "Não à PEC 37". Como isso aconteceu à noite, gerou um expressivo efeito de sombras nas cúpulas desenhadas por Oscar Niemeyer — nas quais a arquitetura sem janelas marca a face física do isolamento entre a classe política e a população. Os refletores sobre os corpos projetaram figuras gigantes nos edifícios do poder, um ato de profanação de grande força imagética. Mas a multidão não invadiu ou depredou o prédio, embora tenha demonstrado que havia potencial para isso. Como formulou o cientista político Miguel Lago, "o movimento foi um exercício de potência, não de força".[1]

Voltemos a janeiro de 2023. Onze dias depois do ataque bolsonarista, a *Folha de S.Paulo* publicou em sua capa uma fotografia em que o corpo do presidente Lula aparece atrás de uma vidraça, quebrada, sugerindo ter sido alvejada por um tiro. O estilhaço fica à altura do coração do presidente. A fotografia, de autoria de Gabriela Biló, valeu-se de uma técnica de sobreposição de imagens. Lula não foi registrado atrás de uma vidraça estilhaçada: a autora sobrepôs duas fotografias diferentes. A publicação da imagem na capa do jornal levou a um intenso debate sobre ética no fotojornalismo e sobre a escolha editorial de se utilizar uma montagem para ilustrar a chamada de uma reportagem. Como trabalho autoral, a dupla exposição é uma técnica válida; sua utilização no fotojornalismo pode enunciar fatos que não aconteceram ou induzir a percepções distorcidas da realidade.[2]

De certa maneira, aqueles que buscam aproximar as revoltas de 2013 dos atos bolsonaristas — ou dos protestos pelo impeachment de 2015 e 2016 — realizam também um exercício de dupla exposição: buscam colar uma imagem sobre outra, a fim de produzir uma interpretação nova dos acontecimentos. Esse tipo de colagem pode ter efeitos sobre a percepção histórica coletiva. A memória não é um fato estanque, mas se transforma pelo contexto presente.[3] Não faltam aos estudos empíricos da memória exemplos de eventos que nunca ocorreram mas que são "lembrados" por diversas pessoas como se tivessem acontecido.[4] Hoje, muitos "se lembram" que os movimentos que lideraram as manifestações pelo impeach-

Epílogo 397

ment de Dilma Rousseff nasceram nas ruas de Junho. Na verdade, como vimos, o Vem pra Rua foi criado em 2014 e o Movimento Brasil Livre, na conformação que se consolidou, se instituiu no final daquele ano, após o pleito que reelegeu a presidenta. Ambos se apropriaram de signos de Junho para dar outro sentido político a eles, o que contribuiu para a confusão.

As diferenças entre o 17 de junho de 2013 e o 8 de janeiro de 2023 em Brasília são significativas. Em 2013, a multidão chegou ao Congresso sem planejamento prévio, ninguém viajou até Brasília para participar do ato, não houve financiamento ou articuladores interessados. Em 2023, tratou-se de uma ação orquestrada que tinha como objetivo criar o clima para um golpe de Estado. Em 2013, os black blocs miravam símbolos capitalistas: agências bancárias, concessionárias de automóveis, vitrines de grandes marcas. O ataque a prédios públicos, como ocorreu na Prefeitura de São Paulo, foi exceção. Em 2023, miraram-se os edifícios públicos dos poderes democráticos. A primeira quebradeira era anticapitalista; a segunda, antidemocrática.

Na esteira das Revoltas de Junho, ocorreram dezenas de ocupações de câmaras municipais e assembleias legislativas. A chave não foi a da destruição, mas a de reivindicar, pela presença dos corpos, a voz da população nas decisões políticas. Em 2023, a invasão dos edifícios se deu em prol da simples e pura depredação. Em 2013, a polícia desceu a lenha nos manifestantes, não economizando em tiros, porretadas e bombas de gás lacrimogêneo. Em 2023, as forças policiais fizeram corpo mole, e alguns policiais filmaram alegremente os acontecimentos, enquanto outros foram tomar água de coco.

Ainda na formulação de Lago, em 2013 as pessoas foram às ruas convocadas pelas redes sociais, enquanto em 2023 elas invadiram os prédios para postar nas redes sociais. Mais do que isso, há uma diferença radical de gesto dos manifestantes. Junho de 2013 inaugurou a era da transmissão on-line de protestos no Brasil. Ali emergiram os midialivristas, como a turma do Ninja. Mas quem filmava as ruas não mostrava o próprio rosto na tela. Não se tratava do protocolo, de youtubers e instagramers, em que o cinegrafista inverte a lente do celular, estica o braço e aparece em primeiro plano, com a cena ao fundo. Em 2013, os manifestantes levantavam seus cartazes, e essa coletividade de expressões era filmada por terceiros. Em 2023, filmar e performar passaram a fazer parte do mesmo gesto, em que o perfil vai para o primeiro plano. A política como expressão individual, fomentada pela dinâmica das redes sociais, marca esse novo momento.

Vimos ao longo do livro como o bolsonarismo se apropriou de questões que apareceram em Junho e que não foram resolvidas depois do ciclo, oferecendo respostas distorcidas. Os problemas de mobilidade seriam solucionados não com priorização do transporte público, mas fomentando a "liberdade de dirigir" — e de realizar contravenções de trânsito. Os problemas de corrupção seriam sanados não com mais transparência e fiscalização, mas com um líder forte "incorruptível". A violência que acomete o país seria resolvida distribuindo armas e dando liberdade para a polícia agir sem limites. E assim por diante. Da mesma forma, a apropriação do ato rebelde de ocupar os edifícios do poder se deu em 2023 não na chave do tensionamento que busca a radicalização da democracia, mas procurando destruir a democracia para devolver o poder ao candidato derrotado.

Epílogo

Os ataques de 8 de janeiro foram uma das respostas violentas às eleições de 2022, em que o Brasil escapou por um triz da derrocada autoritária. Para isso, foi preciso retomar a estratégia utilizada quarenta anos antes, na luta pelo fim da ditadura: juntar todo mundo que defende a democracia do lado de cá. A fotografia da campanha de Lula no segundo turno, com seu vice, Geraldo Alckmin, e figuras como Simone Tebet, Marina Silva e Guilherme Boulos, além do apoio dos economistas do Plano Real e outras figuras do campo liberal, foi a reedição possível do palanque das Diretas, onde se reuniram todas as forças de oposição à ditadura.

A frente ampla lulista foi ainda além dos partidos e políticos. Houve intensa mobilização social, de diversos setores, que contribuiu para que, pela primeira vez na história do país, um candidato à reeleição presidencial fosse derrotado. A tarefa nada tinha de simples. Jair Bolsonaro detinha a máquina pública na mão e abusou dela de forma eleitoreira como nunca antes se vira. Possuía também poderosa máquina de comunicação digital, baseada em fake news, além de um megaesquema de apoio entre lideranças evangélicas e empresários. Igrejas e empresas tornaram-se elos de uma engrenagem de coação eleitoral sem precedentes.

A vitória da candidatura de Lula, com 50,9% dos votos válidos no segundo turno, expressa uma sociedade dividida. Mas um olhar mais apurado para os segmentos eleitorais mostra que a divisão não é homogênea. A clivagem por classe, gênero, raça, religiosidade, faixa etária e território ilumina as resultantes das tendências que se chocaram no Brasil desde o início da década passada. E aponta, também, para os desafios do próximo ciclo progressista.

Na base da pirâmide, Lula ganhou a eleição de goleada. Nos estratos de renda intermediários, entretanto, Bolsonaro pontuou melhor. Inclui-se aí a classe C, que subiu de patamar nos anos Lula e Dilma. Essa não é uma contradição pequena: muitos daqueles que melhoraram de vida durante os governos petistas votaram em seu opositor. A categoria "classes ingratas", usada no debate internacional para designar a classe média baixa que abraçou a extrema direita, pouco ajuda nesse caso. Interessa mais entender quais são as aspirações desses segmentos e como abordá-las de uma perspectiva progressista, como coloca a antropóloga Rosana Pinheiro-Machado.[5]

As principais promessas da campanha de Lula em 2022 foram voltadas para a base da pirâmide. Tirar o país novamente do Mapa da Fome, aumentar o emprego, a renda e o acesso à saúde. Essas políticas são fundamentais, e o novo governo parece priorizá-las. A consolidação do Bolsa Família com o valor de seiscentos reais por pessoa, mais 150 por criança, é um avanço significativo na política de inclusão. Se implementada de forma correta e continuada, o que parece estar no horizonte, o que se verá será a redução expressiva da pobreza extrema e uma queda grande do coeficiente de Gini brasileiro.

Convém lembrar que redução da pobreza não significa redução da desigualdade entre toda a sociedade. Desde a redemocratização, o Brasil operou uma série de inclusões, mas tocando muito pouco nos privilégios do andar de cima. Como se tivesse havido uma cláusula pétrea no pacto pós-1988, de que o rendimento do 1% mais rico seria intocável. Reduzir a extrema concentração de renda brasileira, uma das mais altas do mundo, começa por corrigir nosso regressivo sistema

Epílogo

de tributação. Reforma tributária é aquele tipo de pauta que volta a cada novo governo, mas acaba travada por lobbies específicos. O terceiro governo Lula parece priorizar a agenda. Se o fizer, dará um passo importante na construção de uma sociedade menos desigual.

Mas aí vem o problema do passo seguinte, que parece não estar no radar do governo. Se o próximo ciclo lulista reduzir a pobreza e gerar uma nova migração massiva para estratos intermediários, produzirá também um grande número de pessoas com aspirações mais robustas, cujo modelo privatista brasileiro não comporta. Como será a vida desses que subirem um degrau? Como criar um modelo de ascensão que caiba no orçamento desses setores, estruturado em torno da ideia de direitos, da vida urbana compartilhada e do amplo acesso a serviços públicos?

Essa pergunta se liga aos anseios de outro público que votou majoritariamente em Lula em 2022: os jovens. Na maior parte das pesquisas, o petista venceu com boa margem entre aqueles com menos de 24 anos. Esse foi também o segmento em que Ciro Gomes pontuou melhor. Existe uma juventude progressista relevante no país, cujas aspirações foram expressas nas manifestações de 2013, na primavera feminista e nas ocupações estudantis da última década. Elas dizem respeito à melhoria dos serviços públicos de educação e saúde, do transporte urbano, à qualidade de vida nas cidades, aos direitos das mulheres e da comunidade LGBTQIA+, à preservação do meio ambiente, à igualdade racial, entre outros.

De outro lado, Bolsonaro teve sua maior força entre o eleitorado evangélico e nos estados do Sul e do Centro-Oeste. O extremista congregou em sua candidatura os eleitores que estão na base das chamadas bancadas do boi, da bala e da Bíblia. Durante os governos Lula e Dilma, esses grupos foram acomodados, de uma forma ou de outra, na ampla coalizão governista. Os representantes do agro lideraram o Ministério da Agricultura e produziram políticas favoráveis a seus negócios. Partidos e redes de televisão de grupos neopentecostais contaram com importantes benefícios. Com a derrocada petista, esses setores não pestanejaram antes de aderir à direita radical e autoritária.

A acomodação de tendências conflitantes pode ser necessária no curto prazo, mas não se sustenta no longo. Claro que o próximo governo precisará de um armistício com lideranças evangélicas, representantes do agro e da elite econômica, mas talvez seja preciso olhar para isso como uma etapa provisória de um projeto de longo prazo. Um projeto que vise uma transformação maior da sociedade e que priorize valores progressistas. Isso demandará estruturar políticas que melhorem efetivamente a vida dos setores intermediários dos centros urbanos e criem aspirações coletivas de futuro conectadas a esse público.

O bolsonarismo não é somente um fenômeno ligado ao ressentimento, mas também ao desejo. Esse projeto reacionário foi capaz de dar coesão às tendências conservadoras, apontando para um futuro. Um futuro ilusório e inviável, mas que mobilizou muita gente. Enfraquecê-lo demandará produzir perspectivas de futuro reais que vão além do retorno aos anos de ouro do primeiro lulismo. Isso só pode se dar por um processo incremental de mudança social, em que as tendências progressistas são fortalecidas a partir de escolhas políticas.

Epílogo

Aqui, é importante a compreensão de que modelos de desenvolvimento produzem formas de vida, que ensejam sujeitos políticos. A filósofa Nancy Fraser notou esse processo ao apontar como a suburbanização nos Estados Unidos levou a classe operária à atomização e acabou produzindo sujeitos políticos menos solidários, sem espírito de comunidade. Muitos deles, que eram eleitores do Partido Democrata, migraram para o Partido Republicano.[6] De forma similar, milhões de pessoas que passaram à classe C durante os governos petistas — com promessas de ascensão social pelo acesso a carros, motos, planos de saúde e escolas particulares, e se frustaram no meio desse processo — acabaram votando na extrema direita.

O conjunto de políticas que poderia estruturar um Estado de bem-estar social urbano parece parcialmente priorizado no terceiro governo Lula. A prioridade dada aos ministérios da Saúde e da Educação, com equipes ministeriais de alta qualidade e comprometimento, aponta que se procura ampliar a qualidade de serviços públicos que são essenciais para a cidadania substantiva da maioria da população. O problema é que isso já vinha sendo buscado nos governos petistas. A lentidão dos avanços nessas áreas foi alvo dos manifestantes das Revoltas de Junho, que pediam educação e saúde padrão Fifa.

O desafio parece ser realizar melhorias mais rápidas e contundentes, em um contexto orçamentário mais difícil. Para entregar com mais velocidade as melhorias dos serviços públicos, será necessário enfrentar privilégios. Mexer na cláusula pétrea do andar de cima. Uma medida nesse caminho seria, por exemplo, eliminar descontos no Imposto de Renda para gastos em educação e saúde privadas, a fim de que a educação e a saúde pública tenham mais recursos.

Importantes pautas que se fortaleceram na sociedade brasileira após 2013 foram contempladas no arranjo ministerial do terceiro governo Lula. O petismo se atualizou e deu muito mais ênfase à questão ambiental, ao feminismo, às políticas antirracistas e à composição diversa do governo. Esse avanço fala diretamente com as novas gerações progressistas e com setores em que Lula pontuou muito à frente de Bolsonaro nas pesquisas: mulheres e pessoas negras.

O problema segue nas cidades. Embora tenha havido crescimento do debate urbano na última década, a agenda não ganhou, para o campo progressista brasileiro, a centralidade que tem na questão social. O Ministério das Cidades segue visto prioritariamente como moeda de troca com partidos fisiológicos, que veem nele capacidade de entregar obras para prefeitos aliados país afora. Realizar esse tipo de composição em alguns ministérios é necessário para compor maioria no Congresso — o problema é que a questão urbana pode de novo cobrar seu preço.

A organização territorial não é só um espelho da sociedade, mas estrutura a forma como a vida cotidiana se dá. A alta segregação, exclusão e desigualdade nos bairros das cidades brasileiras tornam-se barreiras para a ascensão social. Se for atingido o objetivo de inclusão econômica de milhões de pessoas e não houver uma transformação das cidades, estas poderão se tornar, mais uma vez, uma camisa de força para o processo de transformação social. Como resumiu o urbanista Bernardo Secchi, "toda vez que a estrutura da sociedade e da economia muda, a questão urbana volta ao primeiro plano".[7]

A mobilidade é chave nessa agenda. Será preciso lembrar que o automóvel não é uma solução universalizável. Pri-

Epílogo

meiro, porque a base da sociedade brasileira não tem como arcar com os altos custos de aquisição e manutenção. Segundo, porque se todos pudessem optar pelo carro, ninguém se moveria um centímetro. Terceiro, porque a excessiva expansão das frotas prejudica sobremaneira os mais pobres, que têm seus trajetos de transporte público impactados, são mais afetados pela poluição do ar e pelos acidentes. Além disso, as emissões produzidas por automóveis têm importante papel na crise climática. Por fim, é importante lembrar que os incentivos dados a montadoras e o boom automobilístico dos governos petistas não resultaram em aumento relevante de empregos qualificados, além de terem drenado importantes recursos que poderiam ser investidos em serviços públicos.

A ascensão social e a igualdade de oportunidades, princípios fundantes de qualquer projeto de esquerda, demandam a universalização do direito à mobilidade urbana e a redução incremental da desigualdade territorial. A ausência dessas políticas constitui barreira para sustentar a ascensão. A fim de atender aos anseios das novas gerações e acomodar aqueles que ascenderem economicamente, é preciso investir na transformação das cidades. Rever as políticas habitacionais, priorizando a reocupação popular das áreas centrais, é um passo importante para a emancipação territorial das camadas mais vulneráveis. E também estruturar recursos para que os municípios possam avançar em políticas de saneamento, áreas verdes e melhorias de espaços públicos, elementos centrais para a vida cotidiana nas cidades.

Será preciso encontrar fontes orçamentárias robustas e continuadas para o financiamento do transporte público, o que demanda priorização pelo governo federal. Como vimos, não foi o caso no primeiro ciclo de governos petistas. Além disso, será necessário avançar na regulação e desenhar um sistema de responsabilidades entre os entes federativos, na linha do Sistema Único de Mobilidade proposto por entidades e movimentos sociais. O custo de não o fazer pode ser, além de impedir a ascensão sustentável dos mais pobres, assistir à emergência súbita de novos ciclos de revoltas, motins, sururus e quebra-quebras.

Em seu discurso de posse em 1º de janeiro de 2003, Lula focou no combate à fome. Vinte anos depois, em seu terceiro mandato, o presidente ampliou esse discurso para o combate às desigualdades. Abarcou preocupações como as desigualdades de gênero e racial, a questão indígena e a preservação ambiental. Foi um avanço importante — mas faltou a desigualdade territorial. Em um país no qual quatro em cada cinco pessoas vivem em cidades, a crise urbana é o tabuleiro das desigualdades. A partir de certo ponto, o formato do tabuleiro bloqueia o movimento das peças. E aí a perspectiva de ascensão social começa a se chocar com condições estruturais e a ter horizonte curto. Já vimos essa história acontecer.

Lista de entrevistados e conversas públicas

Pessoas entrevistadas individualmente ou que integraram conversas
públicas sobre Junho de 2013 e movimentos dos anos anteriores:

Alana Moraes
Alexandre de Ávila Gomide
André Veloso
Bethânia Zanatta
Chico Ludermir
Cris Gouveia
Daniel Caribé
Dú Pente
Edésio Fernandes
Fábio Ostermann
Fúlvio Brandão
Guilherme Dal Sasso
Henrique Silveira
Joviano Mayer
Joel Pinheiro da Fonseca
Letícia Birchal
Luana Varejão
Lucas Legume
Luis Soares
Matheus Gomes
Mayara Vivian
Moysés Pinto Neto
Nabil Bonduki
Priscila Musa
Raquel Rolnik
Rebeca Lerer
Rita Velloso
Rodrigo Nunes

Agradecimentos

Este livro é um desdobramento da minha tese de doutorado. Quase tudo foi reescrito, mas a base está lá. Agradeço a Guilherme Wisnik, meu orientador, por todo o apoio e interlocução, e aos membros da banca, que fizeram comentários valiosos: Ladislau Dowbor, Laura Carvalho, Marcos Nobre, Raquel Rolnik e Rodrigo Nunes.

Sou especialmente grato a Ricardo Teperman e Juliana Freire, que me convidaram para transformar a tese em livro quando ela ainda estava inacabada, e acompanharam com zelo os passos seguintes. Agradeço também a toda a equipe da Zahar que trabalhou no projeto.

Sou muito grato à UFMG, e ao Departamento de Projetos da Escola de Arquitetura, cujo apoio foi essencial; e ao Programa de Pós-Graduação da Faculdade de Arquitetura e Urbanismo da USP, onde o doutorado foi desenvolvido.

Agradeço a todos que contribuíram com o financiamento coletivo do projeto Grafias de Junho e à equipe que trabalhou no projeto — Ana Caroline Azevedo, Bárbara Contarini, Guilherme Capanema, Mirela Matos e Vitória Mazzaro. Agradeço ainda aos fotógrafos que emprestaram seus registros. Um especial agradecimento para todas as pessoas que me deram entrevistas ou participaram das conversas públicas sobre as imagens de Junho. Suas perspectivas enriqueceram muito este trabalho.

Durante a pesquisa de doutorado, fui recebido como pesquisador-visitante na Universidade de Estudos de Florença, pelo que agradeço aos professores Rafaelle Paloscia e Elena Tarsi, e na Universidade de Lisboa, pelo que agradeço ao professor João Pedro Costa. Agradeço também ao professor Gianpaolo Baiocchi, que me acolheu de forma remota no grupo Engaged Urbanists, da Universidade de Nova York (NYU).

Agradeço a todas as pessoas com quem compartilhei projetos, que, de diferentes formas, contribuíram para este trabalho. À turma da

Piseagrama, pela companhia de uma década, nessa que foi a minha maior escola. Aos colegas do grupo de pesquisa Cosmópolis, um espaço compartilhado de inquietações. Aos companheiros do movimento Tarifa Zero BH e da coalizão Mobilidade Triplo Zero, por construirmos o sonho da mobilidade livre. Aos colegas das Muitas e do Ocupa Política, por experimentarmos na prática o terreno árido da política institucional. Aos amigos do Carnaval de rua de BH, por reinventarmos a cidade nos dias de folia. À turma do Núcleo Ypykuera, por semear conexões no campo progressista. À moçada do Nossas e do Minha BH, por levarmos a sério a voz das pessoas.

Nos últimos anos, publiquei artigos que permitiram que ideias presentes neste livro fossem formuladas, testadas e criticadas. Agradeço aos editores dos veículos que acolheram esses textos: André Petry, Fernando de Barros e Silva, Alcino Leite Neto e Fernanda da Escóssia, da revista *piauí*; Eduardo Sombini, da Ilustríssima; Bianca Tavolari, Conrado Hübner Mendes, Paula Carvalho e Paulo Werneck, da revista *451*; Marina Menezes e Paula Miraglia, do *Nexo Jornal*; Antonio Martins e Gabriela Leite, do Outras Palavras. Agradeço ainda a Miguel Lago, pela interlocução e troca de ideias sobre 2013; a Clarisse Cunha Linke, pelos artigos em parceria; e a Denis Russo Burgierman, pela generosidade em compartilhar pistas sobre as origens do MBL.

A Fernanda Regaldo, pela partilha da vida e a reinvenção do amor nesses tempos bicudos, a leitura atenta e os comentários certeiros. A Rosa e Antonia, pela presença de luz, graça e esperança. Aos meus pais, Euler e Iara, por tudo; a meus irmãos e familiares. Em especial a minha avó Maria Helena, pela inspiração desde sempre.

Dedico este livro a todas as pessoas que colocaram sua energia e seu tempo de vida nas lutas por cidades mais justas e melhores para se viver. À memória dos que se foram nas revoltas de 2013; e à de Marielle Franco e Marina Harkot, que tiveram suas vidas roubadas pela violência brasileira. A Lúcio Gregori, por inspirar a luta de uma geração.

Notas

Introdução: A esfinge e o bode [pp. 9-27]

1. O encontro fez parte da programação da XXIX Bienal Internacional de São Paulo e foi articulado pela artista Graziela Kunsch — integrante do Movimento Passe Livre, que editava, desde 2007, *Urbânia*, publicação dedicada à vida urbana.
2. Verbete "Free Public Transport", Wikipédia.
3. Entrevista com Lúcio Gregori. Videoconferência, 8 nov. 2022.
4. Lúcio Gregori et al., *A cidade sem catracas: História e significados da tarifa zero.*
5. Entrevista com Mayara Vívian. Videoconferência, 28 dez. 2022.
6. Marcelo Pomar, "Relato sobre a Plenária Nacional pelo Passe-Livre – MP". Centro de Mídia Independente, 4 fev. 2005.
7. "Especial FSM — 2005: O ano em que Chávez foi ovacionado".
8. Leo Vinicius, *Guerra da Tarifa 2005: Uma visão de dentro do Movimento Passe-Livre em Floripa.*
9. As lutas pelo direito à cidade dizem respeito ao acesso e à transformação das cidades. Ver: David Harvey, "O direito à cidade".
10. Rahel Jaeggi, *Critique of Forms of Life.*
11. Milton Santos, *Metrópole corporativa fragmentada: O caso de São Paulo*, p. 89.
12. Eric Hobsbawm, *Rebeldes primitivos: Estudio sobre las formas arcaicas de los movimientos sociales en los siglos XIX y XX.*
13. Marcos Nobre, *Imobilismo em movimento: Da redemocratização ao governo Dilma.*
14. A ideia elaborada por Nancy Fraser diz respeito às lutas que estão na fronteira entre a economia capitalista e suas condições de fundo (natureza, serviços públicos e reprodução social). Engloba, portanto, os movimentos ambientais, as reivindicações por serviços públicos e o que se costuma chamar de agenda de costumes. Ver: Nancy Fraser e Rahel Jaeggi, *Capitalismo em debate: Uma conversa na teoria crítica.*

15. Lucas Rocha, "Lula acusa EUA de promover manifestações de Junho de 2013 com o objetivo de derrubar Dilma".

16. "Lula diz que foi precipitado considerar atos de 2013 democráticos".

17. Roney Domingos, "'De protesto em protesto, a gente vai consertando o telhado', diz Lula".

18. Na síntese de muita gente do partido, o PT melhorara a vida da população "da porta da casa para dentro", mas faltava avançar "da porta para fora". Ver: Celso Rocha de Barros. *PT: Uma história*. Pensadores próximos ao partido atentos à dinâmica urbana desenvolveram ideias nessa linha. Ver, por exemplo: Erminia Maricato et al., *Cidades rebeldes: Passe livre e as manifestações que tomaram as ruas do Brasil*; Entrevista com Tainá de Paula. *Coletiva*, 12 jun. 2019; João Sette Whitaker Ferreira, "Uma revolução geracional". Cidades para que(m)?, 19 fev. 2014.

19. Sobre a alteração da memória coletiva sobre Junho de 2013 a partir da ocorrência dos eventos posteriores, ver: Tiana Maciel Ellwanger. *Jornadas de junho: 5 anos depois*.

20. Ver: "Campanha não eleitoral", *Piseagrama*, 2012.

21. Italo Nogueira, "Abstenção cai pela primeira vez no 2º turno da eleição".

22. Paulo Cappelli, "O principal fator que faz Bolsonaro culpar TSE pela derrota nas urnas".

1. Rebeliões por vinténs e centavos [pp. 31-58]

1. Em 1872, o Rio de Janeiro contava 274 972 habitantes, ao passo que em 1890 já eram 522 651. Milton Santos, *A urbanização brasileira*, p. 23.

2. Ana Flávia Magalhães Pinto, *Escritos da liberdade: Literatos negros, racismo e cidadania no Brasil oitocentista*, capítulo 5.

3. "Assuntos do dia". *Gazeta de Noticias*, 2 dez. 1879, p. 11.

4. Ronaldo Pereira de Jesus, "A Revolta do Vintém e a crise na monarquia".

5. Ana Flávia Magalhães Pinto, op. cit., p. 201.

6. André Veloso, *O ônibus, a cidade e a luta*, p. 181.

7. Oswald de Andrade, *Um homem sem profissão*, pp. 74-5.

8. Alexandre Macchione Saes, *Conflitos de capital: Light versus CBEE na formação do capitalismo brasileiro*.

Notas 413

9. Romulo Orrico Filho e Enilson Santos, "Transporte coletivo urbano por ônibus: regulamentação e competição".

10. Marco A. C. Sávio, *A cidade e as máquinas: Bondes e automóveis nos primórdios da metrópole paulista 1900-1930*.

11. Alexandre Macchione Saes, op. cit., p. 86.

12. Marco A. C. Sávio, op. cit., p. 78.

13. Nicolau Sevcenko, *Orfeu extático na metrópole: São Paulo, sociedade e cultura nos frementes anos 20*, pp. 123-4.

14. "A defesa dos interesses lightianos na Câmara Municipal garantia determinados traçados dos trilhos dos bondes para vereadores, como para os loteamentos de José Oswald Nogueira de Andrade em Santa Cecília e Campos Elíseos." Alexandre Macchione Saes, op. cit., p. 351.

15. Amara Silva de Souza Rocha, "Modernas seduções urbanas: A eletrificação no Rio de Janeiro da Belle Époque", p. 207.

16. "Os bondes da Light". *Correio da Manhã*, 13 jan. 1909.

17. Amara Silva de Souza Rocha, op. cit., p. 212.

18. Marco A. C. Sávio, op. cit., p. 161.

19. Ibid., p. 164.

20. "O Quebra-Bondes na cidade de Salvador (1930)". Documentário.

21. Antonio Luigi Negro e Jonas Brito, "Insurgentes incendeiam a cidade da Bahia: O Quebra-Bondes e a Revolução de 30".

22. Raquel Rolnik, *Territórios em conflito: São Paulo: Espaço, história e política*.

23. Monique Félix Borin, "Distúrbio urbano de 1947: A imprensa paulistana e os responsáveis do levante".

24. José Álvaro Moisés, "Protesto urbano e política: O quebra-quebra de 1947", p. 100.

25. Eric Hobsbawm, *Rebeldes primitivos*, p. 172.

26. Ibid., p. 188.

27. José Álvaro Moisés, op. cit., p. 96.

28. Monique Félix Borin, op. cit.

29. *A Noite*, 2 ago. 1947. Apud Monique Félix Borin, op. cit.

30. André Veloso, op. cit., p. 192.

31. Maria Lais Pereira da Silva, *Os transportes coletivos na cidade do Rio de Janeiro: Tensões e conflitos*.

32. André Veloso, op. cit., p. 199.

33. Christian Dunker, "O recalque - Glossário Freud". Videoaula.

414 A razão dos centavos

2. As cidades e os ninguéns [pp. 59-74]

1. Teresa Caldeira caracterizou a cidade de São Paulo entre 1890 e 1940 como "uma cidade condensada na qual grupos sociais diferentes estavam reunidos em uma área urbana pequena e segregados por tipos de casas". A caracterização pode ser atribuída, com variações de escala, a outras capitais no período. Ver: Teresa Caldeira, *City of Walls: Crime, Segregation, and Citizenship in São Paulo*, p. 213.

2. Raquel Rolnik, "São Paulo, início da industrialização: O espaço é político".

3. Oswaldo Porto Rocha, *A era das demolições: Cidade do Rio de Janeiro: 1870-1920*, p. 69.

4. Nicolau Sevcenko, *A Revolta da Vacina: Mentes insanas em corpos rebeldes*.

5. Raquel Rolnik, *Territórios em conflito*, p. 34.

6. Flávio Limoncic, *A civilização do automóvel: A instalação da indústria automobilística no Brasil e a via brasileira para uma improvável modernidade fordista 1956-1961*.

7. Francisco de Oliveira, *Crítica à razão dualista / O ornitorrinco*, p. 57.

8. Raquel Rolnik, *Territórios em conflito*, p. 36.

9. Regina Duarte Horta, "'Eu quero uma casa no campo': A busca do verde em Belo Horizonte, 1966-1976".

10. James Holston, *Insurgent Citizenship: Disjunctions of Democracy and Modernity in Brazil*.

11. Milton Santos, "As cidadanias mutiladas", pp. 133-4.

12. Para Silvio Almeida, o racismo tem duas funções no poder do Estado. A primeira é fragmentar a espécie humana em grupos, criando as bases para as distinções. A segunda é criar as condições para que as situações de exclusão e precariedade sejam normalizadas. Silvio Almeida, *Racismo estrutural*.

13. Milton Santos, "As cidadanias mutiladas", p. 135.

14. Teresa Cadeira, op. cit.

15. Roberto DaMatta, *Carnavais, malandros e heróis: Para uma sociologia do dilema brasileiro*.

16. No condomínio Alphaville, em São Paulo, "nos anos 1980, a associação de moradores funcionava como poder público capaz de liberar o próprio Habite-se". Christian Dunker, "A lógica do condomínio".

17. Teresa Caldeira conta que, "entre março de 1989 e janeiro de 1991, a polícia registrou 646 acidentes de carro, com 925 feridos e seis mortos

Notas

no Alphaville. Oitenta por cento dos acidentes ocorreram nas áreas internas [...]. A maioria dos acidentes foi causada por adolescentes, e a maioria das vítimas eram crianças ou adolescentes brincando nas ruas". Teresa Caldeira, op. cit., p. 277.

18. Ibid., p. 280.

19. Regina Duarte Horta, op. cit., pp. 159-86.

20. Jane Jacobs, *Morte e vida de grandes cidades*.

21. Dados da Associação Brasileira de Shopping Centers. Ver: <https://abrasce.com.br/>.

22. Bradesco, Departamento de Pesquisas e Estudos Econômicos, "Shopping Centers". Disponível em: < https://docplayer.com.br/26464968-Depec-departamento-de-pesquisas-e-estudos-economicos-shopping-center-novembro-de-2016.html>.

23. Chantal Mouffe, "Deliberative Democracy or Agonistic Pluralism".

24. Marcos Nobre, *Choque de democracia*, pp. 30-1.

25. James Holston e Arjun Appadurai, "Cities and Citizenship".

3. O domínio das empreiteiras [pp. 75-89]

1. Malu Gaspar, *A Organização: A Odebrecht e o esquema de corrupção que mudou o mundo*, posição 631.

2. Adriano Belisário, "As quatro irmãs".

3. Regina Horta, "'Eu quero uma casa no campo': A busca do verde em Belo Horizonte, 1966-1976".

4. Pedro Henrique Campos, *A ditadura dos empreiteiros: As empresas nacionais de construção pesada, suas formas associativas e o Estado ditatorial brasileiro, 1964-1985*, p. 503.

5. Adriano Belisário, op. cit.

6. Malu Gaspar, op. cit., posição 1071.

7. Pedro Henrique Campos, op. cit.

8. Relato de empreiteiro anônimo entrevistado pelo pesquisador Galeno Tinoco Ferraz Filho. Citado por Pedro Henrique Campos, op. cit., pp. 495-6.

9. Ibid., pp. 382 e 384.

10. Luís Pompeo Martins, *A cidade em movimento: A via expressa e o pensamento urbanístico no século XX*.

11. Ver, por exemplo, Jane Jacobs, *Morte e vida de grandes cidades*, e André Gorz, "A ideologia social do automóvel", pp. 73-82.
12. Pedro Henrique Campos, op. cit., p. 437.
13. A Camargo Corrêa ficara de fora da obra, mas conseguiu ser incluída por reivindicação do ditador paraguaio Alfred Stroessner, que era amigo de Sebastião Camargo. Ver: Clayton Netz, "O homem que criou a Camargo Corrêa".
14. Alexandre Vidal Porto, "O patrono assassinado".
15. *Cálice: O caso José Jobim*. Podcast.
16. Malu Gaspar, op. cit., posição 1257.
17. "Entenda como foi a fraude na Ferrovia Norte-Sul em 1987".
18. Janio de Freitas, "Escândalo da concorrência na ferrovia Norte-Sul completa 30 anos".
19. Malu Gaspar, op. cit., posição 1290.
20. Pedro Henrique Campos, op. cit., p. 139.
21. Malu Gaspar, op. cit., posição 1392.
22. Danilo Enrico Martuscelli, "O PT e o impeachment de Collor".
23. "Paulo César Farias". Verbete. CPDOC. Fundação Getulio Vargas.
24. Bruno Carazza, *Dinheiro, eleições e poder: As engrenagens do sistema político brasileiro*, posição 171.
25. "Frase dos 300 picaretas foi dita em 93".
26. Ver: Mário Sergio Conti, *Notícias do Planalto: A imprensa e Fernando Collor*.
27. Malu Gaspar, op. cit., posição 1850.
28. Como relembra Pedro Henrique Campos, "entre 1979 e 1993, houve um total de oito planos de estabilização, quatro moedas, onze diferentes índices de inflação, cinco congelamentos de preços, catorze políticas salariais, dezoito mudanças de regras cambiais, 54 modificações nas regras de controle de preços, 21 propostas de negociação da política externa e dezenove decretos de austeridade fiscal" no Brasil. Pedro Henrique Campos, op. cit., p. 455.
29. Malu Gaspar, op. cit., posição 2196.
30. Fernando Henrique Cardoso, *Diários da Presidência: 1999-2000*, p. 139.
31. Rodolfo Borges, "Lula e eu, por Emílio Odebrecht".
32. Luiz Maklouf Carvalho, "Mercadante só virou ministro com Dilma".
33. Bruno Carazza, op. cit., posição 1246.
34. Malu Gaspar, op. cit., posição 3016.

4. Muros no condomínio do poder [pp. 90-104]

1. "Movimento saiu do campo e foi ao palanque em 1984".
2. *Democracia em preto e branco*. Documentário.
3. "Famoso comício das Diretas Já completa 30 anos".
4. "Diretas Já". Verbete. CPDOC, Fundação Getulio Vargas.
5. Ricardo Westin, "Em 1985, a madrugada mais longa da República".
6. João Aurélio de Abreu, "Sociedade pede Constituinte exclusiva".
7. "Assembleia Nacional Constituinte de 1987-88". Verbete. CPDOC, Fundação Getulio Vargas.
8. Luiz Maklouf Carvalho, *1988: Segredos da Constituinte: Os vinte meses que agitaram e mudaram o Brasil*, p. 22.
9. Nabil Bonduki (Org.), *A luta pela reforma urbana no Brasil: Do Seminário de Habitação e Reforma Urbana ao Plano Diretor de São Paulo*.
10. Marcos Nobre, *Imobilismo em movimento: Da redemocratização ao governo Dilma*.
11. Vera Magalhães, "Só luta pelo poder separa PT e PSDB, diz FHC".
12. Rodrigo Vizeu, "Brasil está entre poucos países que barram candidatos avulsos".
13. Jairo Nicolau, "Burocráticos, partidos vivem à sombra do Estado e dificultam renovação".
14. Ibid.
15. Cássio Bruno, "Para 81% dos brasileiros, partidos são 'corruptos ou muito corruptos'".
16. Bruno Carazza, *Dinheiro, eleições e poder: As engrenagens do sistema político brasileiro*, posições 314, 661.
17. Ibid., posições 676, 694 e 777.
18. Ibid., posições 890, 1530 e 1978.
19. F. Daniel Hidalgo e Renato Lima, "Elite Contestation and Mass Participation in Brazilian Legislative Elections, 1945-2014".
20. Bruno Carazza, op. cit., posição 2377.
21. Pedro Abramovay, "A reconciliação da República".
22. Eugênio Bucci, "A imprensa brasileira: Seu tempo, seu lugar e sua liberdade — e a ideia que (mal) fazemos dela", p. 271.
23. Renata Camargo, "Lula critica crise no Senado e diz que Sarney não é 'uma pessoa comum'".

5. Avanços e impasses na reforma urbana [pp. 105-24]

1. Nabil Bonduki (Org.), *A luta pela reforma urbana no Brasil*, pp. 98-9.
2. Márcio Moreira Alves, *A força do povo: Democracia participativa em Lages*.
3. Nabil Bonduki, op. cit., p. 83.
4. José Roberto Bassul, "A constitucionalização da questão urbana".
5. "PT governa 10% dos brasileiros". *Boletim Nacional do Partido dos Trabalhadores*, São Paulo, n. 47, out. 1989. Citado por Carla de Paiva Bezerra, p. 71.
6. Celina Souza, "Participatory Budgeting in Brazilian Cities: Limits and Possibilities in Building Democratic Institutions".
7. Entrevista com Lúcio Gregori, 3 nov. 2022.
8. Lúcio Gregori et al., *A cidade sem catracas: História e significados da tarifa zero*.
9. Paul Singer, *Urbanização e desenvolvimento*, posição 2434.
10. Mariana Fix et al., "Mobilidade urbana e direito à cidade: Uma entrevista com Lúcio Gregori sobre transporte coletivo e tarifa zero".
11. Paul Singer, op. cit., posição 2536.
12. Lúcio Gregori et al., op. cit., p. 127.
13. Em pesquisa realizada pelo Instituto Gallup junto com a ANTP, o serviço de ônibus na capital paulista saiu de sua pior avaliação no início do governo Erundina, com zero pontos (a pontuação se dá pela média das avaliações de ótimo, bom, regular, ruim e péssimo) e chegou a mais de cinquenta pontos em dezembro de 1992 (com 65% de ótimo ou bom), a melhor avaliação em um período de dez anos. Paul Singer, op. cit.
14. Site do Ministério das Cidades.
15. Erminia Maricato, "Um balanço".
16. Erminia Maricato, "É a questão urbana, estúpido!".
17. Entrevista com Nabil Bonduki, 10 set. 2019.
18. Entrevista com Edésio Fernandes , 8 ago. 2019.
19. Entrevista com Nabil Bonduki, 10 set. 2019.
20. André Luiz Prado, *Ao fim da cidade*.
21. Guilherme Wisnik, "The New Urban Brazil and Its Margins".
22. João Sette Whitaker Ferreira (Org.), *Produzir casas ou construir cidades? Desafios para um novo Brasil urbano*.
23. Ana Paula Ribeiro, Guilherme Boulos e Natália Szermeta, "Como não fazer política urbana".

Notas   419

24. Raquel Rolnik, "Produzir cidade".

25. Anna Luiza Salles Souto e Rosângela Dias, "A institucionalidade participativa".

26. Tarso Genro, "Combinar democracia direta e democracia participativa".

27. Carla de Paiva Bezerra, *Do poder popular ao modo petista de governar: Mudanças no significado da participação para o Partido dos Trabalhadores*, p. 99.

28. Paolo Spada, "The Diffusion of Participatory Governance Innovations: A Panel Data Analysis of the Adoption and Survival of Participatory Budgeting in Brazil".

29. Ibid.

30. Carla de Paiva Bezerra e Murilo de Oliveira Junqueira, "Why Has Participatory Budget Adoption Declined in Brazil?".

6. Fordismo à brasileira [pp. 125-43]

1. *ABC da greve*. Documentário.

2. Ruy Braga, *A rebeldia do precariado: Trabalho e neoliberalismo no Sul global*.

3. Francisco de Oliveira e Maria Angélica Travolo Popoutchi, *Transnacionales en América Latina: El complejo automotor en Brasil*, p. 83.

4. Helen Shapiro, "A primeira migração das montadoras: 1956-1968", p. 66.

5. Alexandre Comin, *De volta para o futuro: Política e reestruturação industrial do complexo automotivo nos anos 90*, p. 27.

6. Glauco Arbix, "A câmara banida", p. 480.

7. Marco Aurélio Bedê, "A política automotiva nos anos 1990", p. 384.

8. Marco Aurélio Bedê, "O regime automotivo em xeque".

9. Anne Caroline Posthuma, "Autopeças na encruzilhada: Modernização desarticulada e desnacionalização", p. 391; Alexandre Comin, op. cit., p. 111.

10. Alexandre Comin, op. cit, pp. 179 e 182.

11. Ibid., p. 191.

12. Ricardo Varsano, "A guerra fiscal do ICMS: Quem ganha e quem perde".

13. Maria Abadia Alves, *Guerra fiscal e finanças federativas no Brasil: O caso do setor automotivo*.

14. Marco Weissheimer, "O Caso Ford: Um desagravo a Olívio Dutra".

15. Com isso a Ford teve 35% de desconto no IPI, 65% no ICMS e recebeu um financiamento de R$ 1,3 bilhão do BNDES. Pedro Kutney, "Governo é o maior financiador das multinacionais do carro no Brasil".

16. Lauro Jardim, "Ford recebeu R$ 20 bi em incentivos fiscais".

17. Rosane de Oliveira, "Profecia de Olívio sobre a Ford se cumpre mais de 20 anos depois".

18. Jonas Tomazi Bicev, *Políticas tripartites e ação sindical: A experiência de negociação do Sindicato dos Metalúrgicos do ABC no setor automotivo*, p. 32.

19. *ABC da Greve*. Documentário.

20. Liderança sindical entrevistada por Jonas Tomazi Bicev, op. cit., p. 74.

21. Discurso do presidente da República, Luiz Inácio Lula da Silva, durante almoço oferecido a integrantes da Associação Nacional dos Fabricantes de Veículos Automotores. São Paulo, 2 mar. 2010. Biblioteca da Presidência.

22. Sérgio Quintanilha, "Dilma destruiu o legado de Lula no mercado de automóveis".

23. Jonas Tomazi Bicev, op. cit., p. 120.

24. "Dobradinha Lula-Dilma deu mais incentivos a carros que a transportes públicos e programas sociais".

25. Bernardo Caram, "Incentivos da União a montadoras somam R$ 69 bilhões de 2000 a 2021".

26. Como aponta Mario Schapiro, a indústria automotiva gerava "em 2013, em um ano pré-crise, uma quantidade de empregos diretos (153 222) inferior ao montante de 1980 (153 939)". Mario Schapiro, "O Estado pastor e os incentivos tributários no setor automotivo".

27. Jonas Tomazi Bicev, op. cit.

28. Mario Schapiro, op. cit.

29. Nancy Fraser e Rahel Jaeggi, *Capitalismo em debate: Uma conversa na teoria crítica*, p. 51.

30. Donald Bourdreaux e Roger Meiners, "Externality: Origins and Classifications".

31. Todd Litman, *Transportation Cost and Benefit Analysis: Techniques, Estimates and Implications*.

32. Eduardo Vasconcelos et al., *Relatório 2016: Sistema de Informações da Mobilidade Urbana da ANTP*, p. 26.

Notas   421

33. Cristiano Scarpelli, "Custos externos da mobilidade por carros e motos no Brasil".

34. "Desoneração de ipi para automóveis e veículos leves".

35. Sueli Reis, "Anfavea reforça peso de carga tributária em veículos no Brasil".

36. Todd Litman, op. cit., p. 6.

37. Silvânia Suely Caribé de Araújo Andrade e Maria Helena Prado de Mello Jorge, "Internações hospitalares por lesões decorrentes de acidente de transporte terrestre no Brasil, 2013: Permanência e gastos".

38. Uma pesquisa comparou três ruas com tipologias de edifícios semelhantes na cidade de San Francisco, na Califórnia — uma de trânsito intenso, uma de trânsito médio e outra de pouco trânsito. A partir de entrevistas, o estudo constatou que aqueles que vivem em ruas com tráfego leve (2 mil carros por dia) tinham três vezes mais interações com vizinhos do que moradores de ruas com tráfego alto (8 mil carros por dia). Donald Appleyard, *Livable Streets*.

39. Bianca Pinto Lima, "Brasileiro gasta 40% do valor do carro com manutenção".

40. "Veículo é a principal razão do endividamento da classe C".

7. O círculo vicioso [pp. 144-62]

1. "História Clésio Andrade". Vídeo publicitário.

2. "Clésio Andrade, presidente da cnt, deve assumir vaga de Eliseu Resende".

3. Romulo Orrico Filho e Enilson Santos, "Transporte coletivo urbano por ônibus: regulamentação e competição", p. 269.

4. André Veloso, *O ônibus, a cidade e a luta*, p. 209.

5. Carlos Henrique Ribeiro de Carvalho, "Desenvolvimento urbano nos trilhos".

6. Darci Norte Rebelo, *A história do vale-transporte*, pp. 12-3.

7. André Martins Costa Aranha, "Posso passar o cartão? Para compreender a natureza jurídica e econômica do vale-transporte".

8. Para mais detalhes sobre o funcionamento do Versement Transport, ver: Daniel Andrade Caribé, *Tarifa zero: Mobilidade urbana, produção do espaço e direito à cidade*.

9. Ibid., p. 167.

10. "Vale-transporte: Conquista social do trabalhador".
11. Carlos Henrique Ribeiro de Carvalho et al., "A mobilidade urbana no Brasil".
12. Alexandre de Ávila Gomide, "Agenda governamental e o processo de políticas públicas: o projeto de lei de diretrizes da Política Nacional de Mobilidade Urbana", p. 17.
13. Lu Aiko Otta, "Governo não muda vale-transporte".
14. Alexandre Ávila Gomide, op. cit., p. 22.
15. Carlos Henrique Ribeiro de Carvalho et al., "Tarifação e financiamento do transporte coletivo urbano".
16. Segundo gráfico do ITDP a partir de dados do CAF e do EMTA.
17. Carlos Henrique Ribeiro de Carvalho et al., "A mobilidade urbana no Brasil".
18. Marcelo Remígio, "O preço da volta para casa; país tem 37 milhões de pessoas que não têm dinheiro para pagar passagem regularmente".
19. Alexandre de Ávila Gomide et al., "A nova Lei de Diretrizes da Política Nacional de Mobilidade Urbana".
20. Laura Carvalho, *Valsa brasileira: Do boom ao caos econômico*, p. 12.
21. Arilena Covalesky Dias, "Avaliação da política pública de mobilidade urbana do Ministério das Cidades e impacto no planejamento urbano das médias cidades".
22. Roberto Andrés, Vanessa Koetz, Nelson Saule Júnior e André Veloso, "La experiencia de la implementación de la Política de Movilidad Urbana, Belo Horizonte, Brasil".
23. Juciano Martins Rodrigues, "Mobilidade urbana nos megaeventos esportivos: Panorama crítico das ações e projetos para a Copa do Mundo 2014", p. 122.
24. Rafael H. M. Pereira, "Justiça distributiva e equidade no transporte: Legado dos megaeventos e desigualdades de acesso a oportunidades no Rio de Janeiro".
25. Carlos Henrique Ribeiro de Carvalho et al., "Tarifação e financiamento do transporte coletivo urbano".
26. Adalberto Cardoso, "As jornadas de junho e a mercantilização da vida coletiva".

Notas

423

8. Ventos rebeldes do Norte [pp. 163-75]

1. Wolfgang Streeck, *Tempo comprado: A crise adiada do capitalismo democrático*.
2. Thomas Piketty, *O capital no século XXI*.
3. Chantal Mouffe, "A proposta peculiar do populismo de esquerda".
4. Johanna Brenner, Nancy Fraser, "What Is Progressive Neoliberalism?: A Debate", p. 130.
5. Wolfgang Streeck, op. cit., posição 2454.
6. Daniel Bergamasco, "Indenizações de executivos de bancos chocam americanos".
7. Manuel Castells, *Redes de indignação e esperança: Movimentos sociais na era da internet*.
8. Ibid., posição 406.
9. David Graeber, *Um projeto de democracia: Uma história, uma crise, um movimento*, posição 1281.
10. Ver: Manifesto "Democracia real ya",
11. Sobre os desdobramentos dos movimentos por Justiça Global no Brasil, ver: Pablo Ortellado e André Ryoki, *Estamos vencendo! Resistência global no Brasil*.
12. Paolo Gerbaudo, *The Mask and the Flag: Populism, Citizenism, and Global Protest*.
13. Essa abordagem é desenvolvida por uma série de autores em Francisco Panizza (Org.), *Populism and the Mirror of Democracy*. Para uma recapitulação histórica do fenômeno populista nos Estados Unidos e na Europa, desde o final do século XIX até a segunda década do século XXI, ver: John B. Judis. *The Populist Explosion: How the Great Recession Transformed American and European Politics*.
14. Sobre experiências autogestionárias e ocupações permanentes de espaços em Madri ver: Bernardo Gutiérrez, "América Latina: Da cosmopolítica à tecnopolítica", e Zuloark, "Parlamento cidadão".
15. Joseph Stiglitz, "Of the 1%, by the 1%, for the 1%".
16. David Graeber, op. cit., posição 776.

9. Piso alto, teto baixo [pp. 179-98]

1. André Veloso, *O ônibus, a cidade e a luta*, p. 285.
2. Entrevista com Joviano Mayer. Videoconferência, 28 nov. 2022.
3. Valquiria Lopes, "Dois anos depois dos protestos da Copa das Confederações, personagens relembram caos".
4. "Os Brutos — Manifestação 02".
5. Junia Oliveira, "Três anos após as manifestações de 2013, restam processos, inquéritos não concluídos e a dor pela morte de dois jovens".
6. Carolina Caetano, "Horas antes de cair do viaduto, jovem postou fotos da manifestação no Facebook".
7. Thomas Piketty, *O capital no século XXI*, p. 244.
8. Dados organizados em estudo da FGV Social coordenado por Marcelo Neri, "De volta ao país do futuro: Crise europeia, projeções e a nova classe média", p. 39. Ver também: < http://www.ipeadata.gov.br/ExibeSerie.aspx?serid=37818&module=M >.
9. Marcelo Neri, *Miséria, desigualdade e políticas de renda: O Real do Lula*, p. 6.
10. André Singer, *Os sentidos do lulismo: Reforma gradual e pacto conservador*.
11. Como aponta Laura Carvalho: "Lembrando sempre que, no Brasil, é grande o contingente de assalariados ou beneficiários da seguridade social que recebem valor igual ou próximo ao salário mínimo, a literatura empírica identifica dois efeitos principais da valorização do salário mínimo sobre a distribuição da renda. O primeiro é o deslocamento de toda a distribuição salarial, isto é, o salário médio e a participação dos salários na renda da economia também se elevam. O segundo é a compressão da distribuição da renda, ou seja, a redução da diferença entre o salário mínimo e o salário médio da economia". Laura Carvalho, *Valsa brasileira*, p. 20.
12. Marcelo Neri (Org.), "De volta ao país do futuro: Crise europeia, projeções e a nova classe média".
13. André Singer, op. cit., posição 3311.
14. Laura Carvalho, op. cit., p. 12.
15. Clara Becker, "O candidato da esquerda".
16. Vilma Aguiar, "Um balanço das políticas do governo Lula para a educação superior: Continuidade e ruptura".
17. Clara Becker, op. cit.

Notas

18. Thiago Ingrassia Pereira e Luís Fernando Santos Correa da Silva, "As políticas públicas do ensino superior no governo Lula: Expansão ou democratização?".

19. Dados indicam que, em 2010, 89 cursos haviam sido fiscalizados e mais de 20 mil vagas haviam sido suspensas, por não cumprirem os requisitos de qualidade. Um compilado de análises sobre o Sinaes pode ser visto em: Vilma Aguiar, op. cit.

20. Cristina Helena Almeida de Carvalho, "Política para a educação superior no governo Lula: Expansão e financiamento".

21. Thiago Ingrassia Pereira e Luís Fernando Santos Correa da Silva, op. cit., p. 21.

22. "Censo da Educação Superior 2014: Notas estatísticas". Ministério da Educação.

23. Hermano Vianna, "Internet e inclusão digital: Apropriando e traduzindo tecnologias".

24. Rodrigo Savazoni, *Os novos bárbaros: Aventura política do Fora do Eixo*, p. 65.

25. Discurso de Gilberto Gil. In: Armando Almeida et al. (Orgs.), *Cultura pela palavra: Coletânea de artigos, discursos e entrevistas dos ministros da Cultura (2003-2010) Gilberto Gil e Juca Ferreira*, p. 239.

26. Lia Calabre, "Política cultural em tempos de democracia: A era Lula".

27. Célio Turino, "O desmonte do programa Cultura Viva e dos Pontos de Cultura sob o governo Dilma".

28. João Guerreiro, "Política cultural de inserção social?", p. 184.

29. "O fim do Ciência sem Fronteiras depois de R$ 13 bilhões investidos em bolsas no exterior".

30. André Singer, op. cit., posição 3284.

31. Marc Morgan, "Falling Inequality beneath Extreme and Persistent Inequality: New Evidence for Brazil Combining National Accounts, Surveys and Fiscal Data, 2001-2015".

32. Marcelo Neri, "De volta ao país do futuro: Crise europeia, projeções e a nova classe média".

33. Marcio Pochmann, *Nova classe média? O trabalho na base da pirâmide social brasileira*.

34. Ruy Braga, *A rebeldia do precariado*, posição 2804.

35. Alexis de Tocqueville, *O Antigo Regime e a Revolução*.

10. Da Copa eu abro mão [pp. 199-214]

1. "Raquel Rolnik e as ocupações em BH".
2. Kennedy Alencar e Letícia Sander, "Lula move plano para capitalizar como 'patrono'".
3. Catia Seabra, "Disputa pela Copa expõe rixas entre os estados".
4. Anelise dos Santos Gutterres, *A resiliência enquanto experiência de dignidade: Antropologia das práticas políticas em um cotidiano de lutas e contestações junto a moradoras ameaçadas de remoção nas cidades sede da Copa do Mundo 2014 (Porto Alegre, RS e Rio de Janeiro, RJ)*.
5. João Sette Whitaker Ferreira, "Um teatro milionário".
6. José Roberto de Toledo e Jamil Chade, *O sequestro da amarelinha*. Podcast.
7. Daniela Pinheiro, "Os pretos, os brancos, os amarelos e as verdinhas: O mundo colorido de João Havelange".
8. Daniela Pinheiro, "A Copa do Cabo ao Rio".
9. "Tribunal suíço diz que Havelange e Teixeira receberam dinheiro da ISL".
10. Andrew Jennings, *Jogo sujo: O mundo secreto da Fifa*.
11. Daniela Pinheiro, "A Copa do Cabo ao Rio".
12. Jorge Luiz Souto Maior, "Lei Geral da Copa: Explicitação do estado de exceção permanente".
13. "Há dez anos, Brasil era anunciado sede da Copa de 2014; veja alguns personagens daquele dia".
14. "Ministro descarta dinheiro público para estádios da Copa-2014".
15. Simon Kuper e Stefan Szymanski, *Soccernomics*.
16. Raquel Rolnik, *Guerra dos lugares: A colonização da terra e da moradia na era das finanças*, p. 352.
17. Ibid., p. 347.
18. Adriano Belisário, "Um jogo para poucos".
19. "Quanto custaram os estádios da Copa 2014?".
20. Adriano Belisário, "Tem dinheiro público, sim, senhor".
21. Adriano Belisário, "Um jogo para poucos".
22. Fernando Serapião, "A marretadas".
23. "Mineirão: Repasses do governo ao Minas Arena ultrapassam R$ 1 bilhão".
24. Álvaro Cota. Citado por: Roberto Andrés, "E o futebol, resistirá?".
25. Ciro Barros e Giulia Afiune, "Estádio só pra rico?".
26. Marcelo Eibs Cafrune, *Direito à moradia e a Copa do Mundo no Brasil: Das mudanças legislativas às novas lutas urbanas*.

Notas 427

27. Vinicius Konchinski, "Copa e Olimpíada já removeram 250 mil pessoas de suas casas, aponta dossiê".

28. Alice Bezerra de Mello Moura, *Remoções forçadas, moradas desmanteladas: Uma intervenção estatal no Loteamento São Francisco*.

29. Entrevista de moradora a Alice Bezerra de Mello Moura, ibid., p. 109.

30. Marcelo Oliveira Damasceno, *Entre ruínas e resistências: (R)emoções em Porto Alegre*.

31. Ibid., p. 126.

32. Clarisse Pires de Almeida Naback, *Remoções biopolíticas: O habitar e a resistência da Vila Autódromo*.

33. Demian Garcia Castro e Patrícia Ramos Novaes, "Copa do Mundo 2014 e os impactos no direito à moradia: Uma análise das cidades-sede brasileiras", p. 95.

11. Fissuras na hegemonia [pp. 215-37]

1. Relato de Pablo Capilé a Bruno Torturra Nogueira. *Trip*, 12 maio 2011, p. 11.

2. Célio Turino, "O desmonte do programa Cultura Viva e dos Pontos de Cultura sob o governo Dilma".

3. Coletivo Dar, "São Paulo: A cor da liberdade".

4. Rahel Jaeggi, *Critique of Forms of Life*, p. 9.

5. Entrevista de Bruno Torturra a Elizabeth Lorenzotti. *Jornalismo século XXI: O modelo #MídiaNINJA*.

6. Luiz Fernando Campos, *Ocupa Belo Horizonte: Cultura, cidadania e fluxos informacionais no duelo de MCs*.

7. Ver: Christian Dunker, "A lógica do condomínio".

8. Roberto Andrés, "O cortejo errante".

9. Maria Rita Kehl, "Olhar no olho do outro".

10. Paola Lisboa Codo Dias, *Sob a "lente do espaço vivido": A apropriação das ruas pelos blocos de carnaval na Belo Horizonte contemporânea*.

11. Teresa Maria Barbosa de Oliveira, *Articulação de identidades políticas a partir de redes sociais na internet: Uma análise a partir do grupo "Direitos Urbanos / Recife" do Facebook*.

12. Joubert Maria Leandro Santos e Sérgio Carvalho Benício de Mello, "Um movimento social visto por dentro: A proposta contra-hegemônica do movimento Direitos Urbanos".

13. Flávio Lyra de Andrade, *Movimentos sociais, crise do lulismo e ciclo de protesto em junho de 2013: Repertórios e performances de confronto, crise de participação e emergência de um quadro interpretativo autonomista*.

14. Juciano Martins Rodrigues, "Mobilidade urbana nos megaeventos esportivos".

15. Ver: Tânia Passos, "Viadutos da Agamenon de novo na mira do Crea"; Vitória Régia de Andrade, "Arquitetos criticam viadutos da Agamenon Magalhães".

16. Roberta Soares, "Antes tarde do que nunca: Estado decide contratar estudo de impacto dos viadutos da Agamenon Magalhães".

17. "Contra a construção de viadutos na Agamenon, grupo protesta no Recife". G1 Pernambuco, 11 ago. 2012.

18. Leonardo Cisneiros, "Governo de Pernambuco torna secretos estudos sobre os viadutos da Agamenon". Blog Direitos Urbanos, 8 maio 2013.

19. "Governo recua e não vai mais construir viadutos na Agamenon Magalhães". *JC Online*, 4 abr. 2013.

20. Maria de Lourdes Carneiro da Cunha Nóbrega, Isabella Leite Trindade e Andrea Dornelas Câmara, "#resisteestelita. Pelo direito a preservação do cais".

21. María Martín, "Por que o Cais José Estelita?".

22. Leonardo Cisneiros, "Entrevista sobre o DU e a Lei de Acesso à Informação".

23. Flávio Lyra de Andrade, op. cit., p. 363.

24. Chantal Mouffe, "A proposta peculiar do populismo de esquerda".

25. Marcelo Kalil, "Critical Mass Porto Alegre".

26. Chris Carlsson, LisaRuth Elliott, Adriana Camarena (Orgs.), *Shift Happens! Critical Mass at 20*.

27. Thiago Benicchio, "Critical Mass is Dead. Long Live Critical Mass!".

28. Guilherme Dal Sasso e Gabriel Bernardo, "Junho antes de junho: O ciclo de lutas de 2013 em Porto Alegre, onde tudo começou".

29. "Manifestantes se reúnem para defender alegria nas ruas de Porto Alegre". Sul21, 3 out. 2012.

30. "Razões contra a duplicação da av. Edvaldo Pereira Paiva". Blog do IAB-RS, 20 maio 2013.

31. "Manifestantes processam prefeitura de Porto Alegre e governo do estado por repressão a acampamento". Sul21, 16 jan. 2014.

Notas   429

12. A revolta dos centavos [pp. 238-60]

1. Entrevista com Daniel Caribé. Videoconferência, 26 dez. 2022.
2. Manoel Nascimento, "Teses sobre a Revolta do Buzu", p. 6.
3. *A Revolta do Buzu*. Documentário.
4. Marcelo Pomar, "Relato sobre a Plenária Nacional pelo Passe-Livre — PL".
5. *Impasse*. Documentário.
6. Pablo Ortellado, "Um movimento heterodoxo".
7. Marcelo Pomar, "Introdução: Não foi um raio em céu azul".
8. Lúcio Gregori et al., *A cidade sem catracas*.
9. Entrevista com Lucas Legume. Videoconferência, 28 dez. 2022.
10. Daniel Cefai, "Públicos, problemas públicos, arenas públicas...: O que nos ensina o pragmatismo (Parte 1)".; Daniel Cefai, "Públicos, problemas públicos, arenas públicas...: O que nos ensina o pragmatismo (Parte 2)".
11. Marcelo Pomar, op.cit.
12. Matheus Gomes, "Junho: Intempestivo e ainda perigoso", p. 20.
13. Alexandre Haubrich (Org.), *2013: Nada será como antes*, p. 52.
14. Ibid., p. 66.
15. Ver, por exemplo: Elena Judensnaider et al. (Orgs.), *Vinte centavos: A luta contra o aumento*; Angela Alonso, "A política das ruas: Protestos em São Paulo de Dilma a Temer".
16. Entrevista com Matheus Gomes, 18 nov. 2022.
17. Jonas Medeiros, "Junho de 2013 no Brasil e movimentos sociais em rede pelo mundo", p. 450.
18. Evandro Spinelli e Pedro Soares, "Dilma pede, e SP e RJ congelam a tarifa de ônibus para conter inflação".
19. Fernando Haddad, "Vivi na pele o que aprendi nos livros".
20. Entrevista com Lucas Legume. Videoconferência, 28 dez. 2022.
21. Piero Locatelli, *#VEMPRARUA: As revoltas de junho pelo jovem repórter que recebeu passe livre para contar a história do movimento*, posição 170.
22. "Editorial: Retomar a Paulista", 13 jun. 2013; "Chegou a hora do basta", 13 jun. 2013.
23. "Luiz E. Soares e a formação do 'Brasil miliciano'", 5 fev. 2021.
24. Gabriela Galiza e Silva e Yara Maria Pereira Gurgel, "A polícia na Constituição Federal de 1988: Apontamentos sobre a manutenção

430   A razão dos centavos

de um órgão militarizado de policiamento e a sua incompatibilidade com a ordem democrática vigente no Brasil".
25. Bianca Braile, "Policial não é herói".
26. Elizabeth Lorenzotti, *Jornalismo século XXI: O modelo #MídiaNINJA*.
27. Elena Judensnaider et al. (Orgs.), op. cit.
28. Jonas Medeiros, op. cit., p. 452.
29. André Veloso, *O ônibus, a cidade e a luta*, p. 283.
30. Ibid.

13. Multidão de avulsos na avenida [pp. 261-81]

1. Roberto Schwarz, "A situação da cultura diante dos protestos de rua".
2. Os protestos no dia 17 de junho no Brasil aconteceram em Araraquara, Bauru, Votuporanga, Itapetininga, Campinas, Guarujá, Santos, Poços de Caldas, Juiz de Fora, Viçosa, Belo Horizonte, Vitória, Sorocaba, Londrina, Ponta Grossa, Florianópolis, Cascavel, Curitiba, Foz do Iguaçu, Porto Alegre, Novo Hamburgo, Rio de Janeiro, Três Rios, Niterói, Brasília, Goiânia, Belém, Recife, Fortaleza, Maceió e Salvador; enquanto na mesma semana foram convocados protestos em solidariedade ao Brasil em Paris, Valencia, Madri, Londres, Lisboa, Berlim, Turim, Coimbra, Haia, Porto, Barcelona, Dublin, Munique, La Coruña, Bruxelas, Frankfurt, Hamburgo, Boston, Chicago, Nova York, Toronto, Montreal, Vancouver, Edmonton, Cidade do México, Buenos Aires e Tóquio. Ver: Elena Judensnaider et al. (Orgs.), *Vinte centavos: A luta contra o aumento*, p. 137.
3. Fernanda La Cruz, "As origens e guerras do Anonymous, o grupo hacker mais poderoso do mundo".
4. "Anonymous Brasil - As 5 causas!". Anonymous Brasil, YouTube.
5. "Largo da Batata reuniu 65 mil, a maioria novatos na onda de protestos". *Folha de S.Paulo*, 19 jun. 2013.
6. Lincoln Secco, "As jornadas de junho", pp. 71-8.
7. Ângela Alonso, *A política das ruas. Protestos em São Paulo de Dilma a Temer*.
8. Nancy Fraser, "Rethinking the Public Sphere: A Contribution to the Critique of Actually Existing Democracy".
9. Camila Rocha, *Menos Marx, mais Mises: O liberalismo e a nova direita no Brasil*.

Notas

10. Entrevista com Fábio Ostermann. Videoconferência, 17 nov. 2022.

11. Marina Amaral, "A nova roupa da direita".

12. Comparação, utilizando a ferramenta de busca do Facebook, das páginas @passelivresp e @mblivre no mês de junho de 2013.

13. Manifestação pela Liberdade no Transporte Coletivo — POA. Evento no Facebook. Disponível em: <https://www.facebook.com/events/527266610655044/>.

14. Guilherme Pavarin, "O ostracismo do maior revoltado online".

15. Entrevista com Joel Pinheiro da Fonseca. Videoconferência, 16 nov. 2022.

16. "Protesto em SP contra a PEC 37 reúne cerca de 30 mil pessoas". *O Globo*, 22 jun. 2013.

17. André Singer, "Brasil, junho de 2013: Classes e ideologias cruzadas".

18. Letícia Birchal Domingues, *Junho de 2013: Atores, práticas e gramáticas nos protestos em Belo Horizonte*.

19. Angela Alonso, op. cit.

20. Angela Alonso e Ann Mische, "June Demonstrations in Brazil: Repertoires of Contention and Government's Response to Protest".

21. "Veja pesquisa completa do Ibope sobre os manifestantes". G1, 24 jun. 2013.

22. Adriano Januário et al., "As ocupações de escolas em São Paulo (2015): Autoritarismo burocrático, participação democrática e novas formas de luta social".

23. Marcos Nobre, *Choque de democracia: Razões da revolta*, p. 10.

24. Camila Rocha, op. cit., posição 1915.

25. Na visão de Carla Zambelli, por exemplo, o movimento Nas Ruas assumiu uma posição à direita, enquanto o Dia do Basta tinha um viés de esquerda. Ver: *Ecos de Junho*. Documentário.

26. Eugênio Bucci vai nessa linha quando sustenta que "o mais intrigante é que, em junho de 2013, a fronteira entre esquerda e direita absolutamente não se aplicava", já que "os conteúdos dos discursos [...] não foram o eixo aglutinador". Eugênio Bucci, *A forma bruta dos protestos: Das manifestações de junho de 2013 à queda de Dilma Rousseff em 2016*, pp. 79-80.

27. Esther Solano, Bruno Paes Manso e William Novaes, *Mascarados: A verdadeira história dos adeptos da tática Black Bloc*, posição 559.

432   *A razão dos centavos*

14. Cidadania incipiente, grafias precárias [pp. 282-301]

1. Eugênio Bucci, *A forma bruta dos protestos*, p. 71.
2. Marilena Chaui, "As manifestações de junho de 2013 na cidade de São Paulo".
3. Carolina Figueiredo, "Saímos do Facebook #soquenão: Sobre os discursos que circularam no Facebook e os cartazes levados às ruas nos protestos de junho de 2013", p. 63.
4. Ver, por exemplo: "Cartazes criativos e irreverentes mandam recados durante manifestações" e Augusto Nunes, "Os cartazes mais criativos".
5. Por exemplo: Angela Alonso, "A política das ruas: Protestos em São Paulo de Dilma a Temer", p. 53, e Lincoln Secco, "As jornadas de junho", p. 76.
6. Alguns exemplos: no Rio de Janeiro, em 20 de junho, uma mulher com o rosto pintado de verde e amarelo segurava um cartaz com a mensagem: "Cura gay é o caralho. Eu quero é educação, saúde e trabalho. #ForaFeliciano"; em Pouso Alegre, em 22 de junho, um homem vestido de verde e amarelo, envolto na bandeira do Brasil, portava um cartaz em que se lia: "Basta de corrupção. Saúde, educação, segurança e transporte público já. Diga não à PEC 37".
7. Exemplos de alguns desses cartazes: "Dialoga Dilma"; "Dilma, acreditamos em você. Vamos pacificar esse país"; "A Dilma de 1970 teria orgulho da Dilma de 2013?"; "Cadê a Dilma da guerrilha?"; "E aquela Dilma que ia mudar o mundo, agora assiste a tudo, em cima do muro"; "Veta Dilma".
8. Eric M. Uslaner, *The Historical Roots of Corruption*.
9. Luiz Eduardo Soares, *O Brasil e seu duplo*, p. 20.

15. Na órbita de Junho [pp. 302-19]

1. "Veja em quais cidades houve redução da tarifa do transporte em 2013", 4 jul. 2013.
2. André Veloso, *O ônibus, a cidade e a luta*, pp. 288-95; Francisco Foureaux, "A cavalaria andou de ré", pp. 35-6.
3. "Manifestantes ocupam a Câmara Municipal de Belém", 1º jul. 2013.

Notas

4. Cristiana Losekann, "Os protestos de 2013 na cidade de Vitória/ES: #Resistir, Resistir Até o Pedágio Cair!".

5. Alexandre Haubrich (Org.), *2013: Nada será como antes*, pp. 117-61.

6. Andressa Brito Vieira, A *"Ilha Rebelde" de novo? Lutas sociais nas manifestações de Junho de 2013 em São Luís-MA.*

7. "Ao menos 23 cidades tiveram Câmaras ocupadas", 25 jul. 2013.

8. Flávio Lyra de Andrade, *Movimentos sociais, crise do lulismo e ciclo de protesto em junho de 2013: Repertórios e performances de confronto, crise de participação e emergência de um quadro interpretativo autonomista*, p. 360.

9. Fernanda Moraes Teixeira, *Para onde vão as ruas: Uma leitura sobre os protestos de junho de 2013 no Rio de Janeiro*, pp. 73-86.

10. Bernardo Gutiérrez, *Saudades de Junho*, p. 75.

11. André Veloso, op. cit.; Francisco Foureaux, op. cit.

12. Esses argumentos me foram apresentados por Mayara Vivian, ativista do MPL, relatando os desafios de mobilização no tema do transporte. Entrevista por videoconferência, 28 dez. 2022.

13. Deborah Cavalcante Duarte da Costa, *Luta e organização popular: O crescimento do MTST em São Paulo*.

14. Ana Paula Ribeiro, Guilherme Boulos e Natalia Szermeta, "Como não fazer política urbana".

15. Segundo Joviano Mayer, ativista das Brigadas Populares. Ver Renata Marquez et al. (Orgs.). *Escavar o futuro*, p. 164.

16. Entrevista de Josué Rocha em Deborah Cavalcante Duarte da Costa, op. cit., p. 101.

17. Deborah Cavalcante Duarte da Costa, op. cit., p. 94.

18. Anna Beatriz Anjos e Igor Carvalho, "Guilherme Boulos, do MTST: 'A nossa cor é a cor vermelha'".

19. Rita Velloso, "Moment, Flow, Language, Non-Plan: The Unique Architecture of Insurrection in a Brazilian Urban Periphery", pp. 165--78.

20. Juirana Nobres, "Moradores pedem a demolição de passarela e fecham BR-101 no ES".

21. Thais Leitão, "Manifestantes voltam a interditar BR-251 em Cristalina".

22. Milson Veloso e Gledson Leão, "Moradores da região Norte de BH fecham MG-20 em protesto contra insegurança".

23. "RJ-140, em São Pedro da Aldeia, RJ, é fechada com manifestação", 28 jun. 2013.

24. "BR-040 é interditada em novo protesto; trechos da BR-381 devem ser liberados ainda nesta manhã", 3 jul. 2013.

25. "Protesto interdita trecho da MG-030 em Congonhas", 4 jul. 2013.

26. "Moradores protestam e fecham Via Parafuso, na Bahia", 16 set. 2013.

27. "Após atropelo que matou mãe e três filhas, moradores fecham BR-324 em novo protesto", 15 out. 2013.

28. Como nota o pesquisador de mobilidade urbana Eduardo Vasconcellos, apesar da grande violência do trânsito brasileiro, a segurança viária não foi, durante todo o século XX, objeto da atuação de movimentos sociais. Eduardo Alcântara de Vasconcellos, *Políticas de transporte no Brasil*, p. 226.

29. Milton Santos, *Metrópole corporativa fragmentada*.

30. Isabel Thees Castro, *Cidade sem catracas: Pensando a cidade da livre circulação*.

31. Teresa Pires do Rio Caldeira, "Qual a novidade dos rolezinhos? Espaço público, desigualdade e mudança em São Paulo".

32. Talles Miguel Scovino, *Rolezinho e relações de poder: Por outras práticas espaciais*.

33. Rosana Pinheiro-Machado, *Amanhã vai ser maior*.

34. Eleonora de Lucena, "'Rolezinhos' têm raízes na luta pelo espaço urbano, diz pesquisador".

35. Ruy Braga, *A rebeldia do precariado*, posição 2737.

36. "Tivemos 111 342 horas paradas em 2013, representando um crescimento de 28% em relação ao ano anterior. Trata-se do maior número desde o ano de 1990, quando foram registradas 117 027 horas paradas." Ibid., posição 6634.

37. Frederico Duarte Bartz, "Problemas do sindicalismo na crise da Nova República: O caso da greve dos professores e dos garis do Rio de Janeiro, dos rodoviários de Porto Alegre e da greve nacional dos caminhoneiros (2013-2015)".

38. Antonio Euzébios Filho, "A crise de representatividade em dois tempos no Brasil atual: Um olhar sobre a greve dos garis e dos caminhoneiros".

39. Bruno Calixto, "'Não é uma greve; é um motim', diz prefeito do Rio sobre paralisação de garis".

40. Bruno Cava, "O 18 de brumário brasileiro".

Notas

16. O fechamento da fresta [pp. 323-38]

1. Rosana Pinheiro-Machado, *Amanhã vai ser maior*, p. 39.
2. Marina Monteiro, *"De pedra e pau"*: *Etnografia sobre o levante popular de junho de 2013 na cidade do Rio de Janeiro e suas continuidades*.
3. Fernanda Moraes Teixeira, *Para onde vão as ruas*.
4. Entrevista com Matheus Gomes. Videoconferência, 18 nov. 2022.
5. Daniel Mello, "Relatório mostra que 849 manifestantes foram detidos de 2014 a 2015".
6. Artigo 19 Brasil, *Nas ruas, nas leis, nos tribunais: Violações ao direito de protesto no Brasil 2015-2016*, p. 10.
7. Por exemplo, quando uma ação policial prendeu arbitrariamente 190 manifestantes no Rio de Janeiro em outubro de 2013, a capa do jornal *O Globo* exibiu a manchete: "Lei mais dura leva 70 vândalos para presídios".
8. "Cai apoio dos brasileiros a protestos e à realização da Copa do Mundo", 24 fev. 2014.
9. Bruno Cava, "O 18 de brumário brasileiro", p. 29.
10. "Elisa Quadros diz ter sido marcada por perseguições que viveu como 'Sininho'", 30 jan. 2017.
11. Rodrigo Nunes, "Liderança distribuída".
12. Jo Freeman, "A tirania das organizações sem estrutura".
13. Saul Alinsky, *Rules for Radicals*.
14. Roberto Andrés, "E o futebol, resistirá?".
15. Em 2012, o Tribunal de Contas do Estado encontrou superfaturamento de até 350% no viaduto Batalha do Guararapes. Ver: Carlos Eduardo Cherem, "Viaduto que caiu em BH estava sob investigação do MP e do TCE de Minas".
16. Mateus Parreiras, "Levantamento da BHTrans mostra que viaduto que desabou na Pedro I era desnecessário".
17. Marina Monteiro, op. cit.
18. "Dilma perde pontos na corrida eleitoral e não venceria em primeiro turno", 1 jul. 2013.
19. Faltaram cerca de 50 mil assinaturas para o partido atingir as quase 500 mil necessárias para o registro, enquanto 95 mil assinaturas foram invalidadas pelos cartórios eleitorais. "Rede Sustentabilidade não atinge apoiamento mínimo e tem o registro negado", 3 out. 2013.

20. "Empatada no 1º turno com Dilma, Marina abre vantagem no 2º turno", 1 set. 2014.
21. Ibid.
22. Moysés Pinto Neto, "As contradições estão aí para todos".
23. "— Isso foi um erro. Eu liguei para o João Santana (marqueteiro de Dilma) porque havia o rumor de que isso seria feito. Ele respondeu que não (seria feito). E fez — disse o presidenciável." In: Bernardo Mello Franco e Fernanda Krakovics, "Em sabatina, Haddad vê erro de estratégia do PT nas redes, teme por Bolsonaro no poder e defende Gabrielli".
24. Italo Calvino, *O visconde partido ao meio*.
25. Celso Rocha de Barros, "Comprem Marina".
26. "PSDB pede ao TSE auditoria para verificar 'lisura' da eleição", 30 out. 2014.

17. Nova direita ocupa o vácuo [pp. 339-55]

1. María Martín, "Cerca de 3000 pessoas radicalizam o discurso da direita em São Paulo".
2. Por exemplo: "Em Brasília, manifestantes pró-impeachment aplaudem PM", 17 abr. 2016.
3. Ver respectivamente "Veja pesquisa completa do Ibope sobre os manifestantes", 24 jun. 2013, e "47% foram à avenida Paulista em 15 de março protestar contra a corrupção", 17 mar. 2015.
4. Ana Laura Loyola Brandão, "Vozes da crise: Uma análise de discurso dos cartazes presentes nas manifestações de 2013 e 2015".
5. Letícia Birchal Domingues, *Junho de 2013: Atores, práticas e gramáticas nos protestos em Belo Horizonte*.
6. Carla Jiménez, "Vem pra Rua: 'O poder público está surdo para a voz das ruas'".
7. María Martín, op. cit.
8. Afonso Benites, "Movimento contra Dilma cresce ao mesmo tempo que fica mais radical".
9. Eric M. Uslaner, "Corruption, Inequality, and Trust".
10. Sérgio Praça, *Guerra à corrupção: Lições da Lava Jato*.
11. "Bolsonaro se irrita e solta fogos em frente ao hotel da delegação da Itália no Rio", 10 jun. 2013

Notas

12. Carolina Martins, "De olho na comissão de Direitos Humanos, Bolsonaro avisa que nem gays, nem negros vão atrapalhar".
13. María Martín, "Os gays não são semideuses. A maioria é fruto do consumo de drogas". Entrevista de Jair Bolsonaro.
14. Sobre o salto de Bolsonaro no Google Trends em fevereiro de 2014 devido a sua candidatura à Comissão de Direitos Humanos, ver fio no Twitter do jornalista Marlos Ápyus: <https://twitter.com/apyus/status/1275909123633229826?lang=en>. Acesso em: 2 fev. 2023.
15. Entrevista com Nabil Bonduki. FAU-USP, 10 set. 2019.
16. Diego Dias, "São Paulo perde posições no ranking mundial de congestionamentos".
17. Daniel Mello, "Com redução da velocidade, acidentes nas marginais Tietê e Pinheiros caem 36%".
18. Manoela Miklos e Antonia Pellegrino, "O backlash chegou".
19. Artur Rodrigues e Mariana Zylberkan, "Marginais sob Doria têm acidentes em alta e ambulante 'fixo' nas vias".

18. Flores no deserto [pp. 356-74]

1. *Espero tua (re)volta*. Documentário.
2. Adriano Januário et al., "As ocupações de escolas em São Paulo (2015): Autoritarismo burocrático, participação democrática e novas formas de luta social".
3. O Mal-Educado, "Como ocupar um colégio?".
4. Pablo Ortellado, "Prefácio".
5. Adriano Januário et al., op. cit.
6. Ibid., p. 33.
7. Lucas Oliveira, "Por que junho de 2013 foi um capítulo da história da luta dos trabalhadores".
8. Marcielly Cristina Moresco, *Primavera feminista secundarista: Corporalidades, gêneros e sexualidade dissidentes nas ocupações escolares do Paraná (2016/2)*.
9. Rodrigo Vizeu, *Passado a Quente*. Podcast.
10. Vitória Régia Gonzaga, "Violência sexual: rastreando os danos do PL 5069/2013, de Eduardo Cunha".
11. Priscila Caroline de Souza Brito, "Primavera feminista: a internet e as manifestações de mulheres em 2015 no Rio de Janeiro".

12. "Primavera feminista no Brasil", 12 nov. 2015.

13. Relato de Sheyla Bacelar, educadora e moradora do Aglomerado da Serra, em BH. Em: Fernanda Regaldo et al. (Orgs.), *Urbe urge*.

14. Entrevista de Anielle Franco a Tiana Maciel Ellwanger, *Jornadas de junho: 5 anos depois*, p. 131.

15. "Áurea Carolina: discurso da vitória", 8 out. 2016.

16. Esses candidatos eram desde militantes dos partidos de esquerda envolvidos em Junho, até novatos alçados pela mídia como "vozes dos protestos". Ver, por exemplo: Elisa Feres, "Líderes dos protestos de 2013 se lançam candidatos em 2014"; Daniel Camargos, "Manifestações: conheça as caras e as vozes dos protestos de Belo Horizonte"; "Jovens presentes em protestos se candidatam para ocupar cargo político", 5 set. 2014.

17. Áurea Carolina, Cida Falabella, Júlia Moysés e Roberto Andrés, "Cenários para 2018: Por uma ocupação real da política".

18. Moysés Pinto Neto, "#Ocupapolítica, entre esquerdistas e pragmáticos".

19. Rodrigo Nunes, "Que esperar do #OcupaPolitica".

20. Tiago Coelho, "As candidatas"; Joelmir Tavares, "Com falas sobre 'vingar Marielle' e mudar a política, novatos lançam candidaturas".

21. Manuella Libardi, "Ocupa Política 2019: Um sopro de otimismo e resistência".

22. "Um guia prático e ativista para construir uma campanha eleitoral", Ocupa Política.

23. Joelmir Tavares, "Grupos paralelos a partidos ajustam foco nas eleições para impulsionar candidatos".

24. Daniel Cesario de Abreu e Issaaf Karhawi, "'Boulos radical!': O uso de memes como estratégia de comunicação durante a campanha eleitoral de Guilherme Boulos".

25. "Na véspera da votação, Covas (55%) tem vantagem sobre Boulos (45%)", 30 nov. 2020.

19. A vez da tarifa zero [pp. 375-93]

1. Entrevistas com Fúlvio Brandão, 22 jul. 2022 (Caeté) e 24 nov. 2022 (videoconferência).

Notas

2. Verbete "Free Public Transport" na Wikipédia. Disponível em: <https://en.wikipedia.org/wiki/Free_public_transport>.

3. Neiva Aparecida Lopes Pereira, *Gestão de política pública e mobilidade urbana*.

4. Levantamento feito por Daniel Santini e atualizado em uma planilha compartilhada. Disponível em: <http://bit.ly/3XpCEFX>.

5. "Jacintho Luiz Caetano". Instituto JLC. Disponível em: <https://institutojlc.com.br/jlc/>.

6. "Tarifa zero alcança todos os distritos da cidade", 21 jan. 2021.

7. Ibid.

8. Clarisse Linke e Roberto Andrés, "Brasil precisa de um SUS no transporte público".

9. "Mudanças no transporte público aumentaram risco para vulneráveis à covid-19".

10. Raquel Rolnik, "Circulação para trabalho explica concentração de casos de covid-19".

11. Clarisse Linke e Roberto Andrés, "Teresina está sem ônibus. Sua cidade pode ser a próxima".

12. Nayara Felizardo, "Prefeito se omite, dinheiro some e CPI do transporte termina em pizza em Teresina, sem ônibus há dois anos".

13. "Entenda como a passagem de ônibus em Caucaia se tornou de graça", 1 set. 2021.

14. Monyse Ravena, "Vitor Valim (Pros) é eleito prefeito de Caucaia".

15. Levantamento feito por Daniel Santini e atualizado em uma planilha compartilhada. Disponível em: <http://bit.ly/3XpCEFX>.

16. David Graeber, *Um projeto de democracia*, posição 189.

17. Inmanuel Wallerstein, *Transforming the Revolution*.

18. Manuel Castells, *Redes de indignação e esperança*, posição 2736.

19. "Editorial: Retomar a Paulista", 13 jun. 2013.

20. David Graeber, op. cit., posição 178.

21. "Metade dos candidatos às prefeituras das capitais brasileiras promete reduzir tarifas de transportes", 13 nov. 2020.

22. Franco Malheiro, "Eleições em BH: Nilmário diz que vai trabalhar por tarifa zero no transporte".

23. "Porto Alegre quer passe livre". Vídeo publicado por Matheus Gomes.

24. Entrevista com Matheus Gomes. Videoconferência, 18 nov. 2022.

25. Chico Alves, "Após suspensões, STF é acionado para manter passe livre no dia da eleição".

26. André Veloso, Annie Oviedo, Cléo Manhas, Daniel Caribé e Roberto Andrés, "Passe livre pela democracia".

27. "Caminhos para a tarifa zero: tema de encontro em BH", 29 jul. 2022.

28. Roberto Andrés, "Depois de trauma de 2013, PT volta a se deparar com passe livre no transporte".

29. Fernando Zuba e Larissa Carvalho, "'Se não tivesse ônibus de graça, não votaria. Não tenho dinheiro nem pra passagem', diz eleitor de BH".

30. Ítalo Nogueira, "Abstenção cai pela primeira vez no 2º turno da eleição".

31. Ricardo Mendonça, "Abstenção caiu mais onde houve transporte grátis nas eleições".

32. Paulo Cappelli, "O principal fator que faz Bolsonaro culpar TSE pela derrota nas urnas".

33. Magali Giovannangeli e Jean-Louis Sagot-Duvauroux, *Voyageurs sans ticket: Liberté, égalité, gratuité: une expérience sociale à Aubagne*.

34. Daniel Guimarães, "Deslocamento é lugar".

Epílogo [pp. 395-406]

1. Miguel Lago, "Prendam os perfis!".

2. Ver, por exemplo: Luara Calvi Anic, "Um fato que não existiu é a melhor escolha para a capa do jornal?", e William Robson Cordeiro, "Quando a imagem jornalística recorre ao fake".

3. Tiana Maciel Ellwanger, *Jornadas de junho: 5 anos depois*.

4. Ver, por exemplo: David Lowenthal, "Como conhecemos o passado". e Rachel Aviv, "Lembranças de um crime".

5. Rosana Pinheiro-Machado, "O que Lula deu e Bolsonaro abocanhou".

6. Nancy Fraser e Rahel Jaeggi, *Capitalismo em debate*.

7. Bernardo Secchi, *A cidade dos ricos e a cidade dos pobres*, p. 25.

Referências bibliográficas

Livros e artigos

"47% FORAM à avenida Paulista em 15 de março protestar contra a corrupção". Datafolha, 17 mar. 2015. Disponível em: <https://datafolha.folha.uol.com.br/opiniaopublica/2015/03/1604284-47-forama-avenida-paulista-em-15-de-marco-protestar-contra-a-corrupcao.shtml>. Acesso em: 3 fev. 2023.

"AO MENOS 23 cidades tiveram Câmaras ocupadas". *CartaCapital*, 25 jul. 2013.

"APÓS atropelo que matou mãe e três filhas, moradores fecham BR-324 em novo protesto". *Correio*, 15 out. 2013.

"ASSUNTOS do dia". *Gazeta de Noticias*, 2 dez. 1879, p. 1.

"BOLSONARO se irrita e solta fogos em frente ao hotel da delegação da Itália no Rio". *Folha de S.Paulo*, 10 jun. 2013.

"BR-040 é interditada em novo protesto; trechos da BR-381 devem ser liberados ainda nesta manhã". *Hoje em Dia*, 3 jul. 2013.

"CAI apoio dos brasileiros a protestos e à realização da Copa do Mundo". Datafolha, 24 fev. 2014. Disponível em: <https://datafolha.folha.uol.com.br/opiniaopublica/2014/02/1416969-cai-apoio-dos-brasileiros-a-protestos-e-a-realizacao-da-copa-do-mundo.shtml>. Acesso em: 3 fev. 2023.

"CAMINHOS para a tarifa zero: tema de encontro em BH". Mobilize Brasil, 29 jun. 2022. Disponível em: <https://www.mobilize.org.br/noticias/13233/caminhos-para-a-tarifa-zero-tema-de-encontro-em-bh.html>. Acesso em: 3 fev. 2023.

"CAMPANHA não eleitoral". *Piseagrama*, 2012.

"CARTAZES criativos e irreverentes mandam recados durante manifestações". *Correio Brasiliense*, 24 jun. 2013.

"CENSO da Educação Superior 2014: Notas estatísticas". Ministério da Educação.

"CHEGOU a hora do basta". *O Estado de S. Paulo*, 13 jun. 2013.

"CLÉSIO Andrade, presidente da CNT, deve assumir vaga de Eliseu Resende". Senado Notícias, 3 nov. 2011. Disponível em: <https://www12.senado.leg.br/noticias/materias/2011/01/03/clesio-andrade-presidente-da-cnt-deve-assumir-vaga-de-eliseu-resende>. Acesso em: 2 fev. 2023.

"CONTRA a construção de viadutos na Agamenon, grupo protesta no Recife". G1 Pernambuco, 11 ago. 2012. Disponível em: <https://g1.globo.com/pernambuco/noticia/2012/08/contra-construcao-de-viadutos-na-agamenon-grupo-protesta-no-recife.html>. Acesso em: 2 fev. 2023.

"DEMOCRACIA real ya". Outras Palavras. Disponível em: <https://outraspalavras.net/sem-categoria/o-manifesto-democracia-real-ya/>. Acesso em: 2 fev. 2023.

"DESONERAÇÃO de IPI para automóveis e veículos leves". Instituto Brasileiro de Planejamento e Tributação, jan. 2014.

"DILMA perde pontos na corrida eleitoral e não venceria em primeiro turno". Datafolha, 1 jul. 2013. Disponível em: <https://datafolha.folha.uol.com.br/opiniaopublica/2013/07/1304303-dilma-perde-pontos-na-corrida-eleitoral-e-nao-venceria-em-1-turno.shtml>. Acesso em: 3 fev. 2023.

"DOBRADINHA Lula-Dilma deu mais incentivos a carros que a transportes públicos e programas sociais". Diário do Transporte, 7 jul. 2013. Disponível em: <https://diariodotransporte.com.br/2013/07/07/dobradinha-luladilma-deu-mais-incentivos-a-carros-que-a-transportes-publicos-e-programas-sociais/>. Acesso em: 2 fev. 2023.

"EDITORIAL: Retomar a Paulista". Folha de S.Paulo, 13 jun. 2013.

"EM BRASÍLIA, manifestantes pró-impeachment aplaudem PM". Veja, 17 abr. 2016.

"EMPATADA no 1º turno com Dilma, Marina abre vantagem no 2º turno". Datafolha, 1 set. 2014. Disponível em: <https://datafolha.folha.uol.com.br/eleicoes/2014/09/1509005-empatada-no-1-turno-com-dilma-marina-abre-vantagem-no-2-turno.shtml>. Acesso em: 3 fev. 2023.

"ENTENDA como a passagem de ônibus em Caucaia se tornou de graça". G1 Ceará, 1 set. 2021. Disponível em: <https://g1.globo.com/ce/ceara/noticia/2021/09/01/entenda-como-a-passagem-de-onibus-em-caucaia-se-tornou-de-graca.ghtml>. Acesso em: 3 fev. 2023.

"ENTENDA como foi a fraude na Ferrovia Norte-Sul em 1987". Poder 360, 13 maio 2022. Disponível em: <https://www.poder360.com.br/

midia/entenda-como-foi-a-fraude-na-ferrovia-norte-sul-em-1987/>. Acesso em: 6 mar. 2023.

"ESPECIAL FSM — 2005: O ano em que Chávez foi ovacionado". Fórum Social das Resistências, 30 nov. 2015. Disponível em: <http://forum-socialportoalegre.org.br/2015/11/30/especial-fsm-2005-o-ano-em que-chavez-foi-ovacionado/>. Acesso em: 2 fev. 2023.

"FAMOSO comício das Diretas Já completa 30 anos". TV Globo, 16 abr. 2014. Disponível no Globoplay.

"FRASE dos 300 picaretas foi dita em 93". *Folha de S.Paulo*, 4 abr. 2003.

"GOVERNO recua e não vai mais construir viadutos na Agamenon Magalhães". *JC Online*, 4 abr. 2013. Disponível em: <https://jc.ne10. uol.com.br/canal/cidades/noticia/2013/04/04/governo-recua-e-nao-vai-mais-construir-viadutos-na-agamenon-magalhaes-78660. php>. Acesso em: 3 fev. 2023.

"HÁ DEZ anos, Brasil era anunciado sede da Copa de 2014; veja alguns personagens daquele dia". ESPN Brasil, 30 out. 2017. Disponível em: <http://www.espn.com.br/noticia/739170_ha-dez-anos-brasil-era-anunciado-sede-da-copa-de-2014-veja-alguns-personagens-daquele-dia>. Acesso em: 2 fev. 2023.

"JACINTHO Luiz Caetano". Instituto JLC. Disponível em: <https://ins-titutojlc.com.br/jlc/>. Acesso em: 3 fev. 2023.

"JORNAIS: 'Lei mais dura leva 70 vândalos para presídios'". Congresso em Foco, 17 out. 2013. Disponível em: <https://congressoemfoco. uol.com.br/projeto-bula/reportagem/jornais-lei-mais-dura-leva-70-vandalos-para-presidios/>. Acesso em: 3 fev. 2023.

"JOVENS presentes em protestos se candidatam para ocupar cargo político". *Correio Braziliense*, 5 set. 2014.

"LARGO da Batata reuniu 65 mil, a maioria novatos na onda de protestos". *Folha de S.Paulo*, 19 jun. 2013.

"LUIZ E. Soares e a formação do 'Brasil miliciano'". Outras Palavras, 5 fev. 2021. Disponível em: <https://outraspalavras.net/outrasmi-dias/luiz-e-soares-e-a-formacao-do-brasilmiliciano/>. Acesso em: 3 fev. 2023.

"LULA diz que foi precipitado considerar atos de 2013 democráticos". *Folha de S.Paulo*, 11 ago. 2017.

"MANIFESTANTES ocupam a Câmara Municipal de Belém". G1 Pará, 1 jul. 2013. Disponível em: <https://g1.globo.com/pa/para/noti-cia/2013/07/manifestantes-ocupam-camara-municipal-de-belem. html>. Acesso em: 3 fev. 2023.

"MANIFESTANTES processam prefeitura de Porto Alegre e governo do estado por repressão a acampamento". Sul21, 16 jan. 2014. Disponível em: <https://sul21.com.br/noticias/geral/2014/01/manifestantes-processam-prefeitura-de-porto-alegre-e-governo-estado-por-repressao-acampamento-2/>. Acesso em: 3 fev. 2023.

"MANIFESTANTES se reúnem para defender alegria nas ruas de Porto Alegre". Sul21, 3 out. 2012. Disponível em: <https://sul21.com.br/noticiasultimas-noticiaspolitica/2012/10/manifestantes-se-reu-nem-na-quinta-para-defender-alegria-nas-ruas-de-porto-alegre/>. Acesso em: 3 fev. 2023.

"METADE dos candidatos às prefeituras das capitais brasileiras promete reduzir tarifas de transportes". IDEC, 13 nov. 2020. Disponível em: <https://idec.org.br/release/metade-dos-candidatos-prefeituras-das-capitais-brasileiras-prometem-reduzir-tarifas-de>. Acesso em: 3 fev. 2023.

"MINEIRÃO: Repasses do governo ao Minas Arena ultrapassam R$ 1 bilhão". Superesportes, 4 abr. 2022. Disponível em: <https://vitru-vius.com.br/revistas/read/minhacidade/10.111/1830>. Acesso em: 2 fev. 2023.

"MINISTRO descarta dinheiro público para estádios da Copa-2014". *O Estado de S. Paulo*, 4 dez. 2007.

"MORADORES protestam e fecham Via Parafuso, na Bahia". G1 Bahia, 16 set. 2013. Disponível em: <https://g1.globo.com/bahia/noti-cia/2013/09/moradores-protestam-e-fecham-parafuso-na-bahia.html>. Acesso em: 3 fev. 2023.

"MOVIMENTO saiu do campo e foi ao palanque em 1984". *Folha de S.Paulo*, 17 out. 2003.

"MUDANÇAS no transporte público aumentaram risco para vulneráveis à covid-19". Viva Bem, UOL, 17 jun. 2020. Disponível em: <https://www.uol.com.br/vivabem/noticias/redacao/2020/06/17/mudan-cas-no-transporte-coletivo-aumentam-risco-para-vulneraveisa-covid-19.htm>. Acesso em: 3 fev. 2023.

"NA VÉSPERA da votação, Covas (55%) tem vantagem sobre Boulos (45%)". Datafolha, 30 nov. 2020. Disponível em: <https://data-folha.folha.uol.com.br/eleicoes/2020/11/na-vespera-da-votacao-covas-55-tem-vantagem-sobre-boulos-45.shtml>. Acesso em: 3 fev. 2023.

Referências bibliográficas

"O FIM do Ciência sem Fronteiras depois de R$ 13 bilhões investidos em bolsas no exterior". Sociedade Brasileira para o Progresso da Ciência, 30 jun. 2017. Disponível em: <http://portal.sbpcnet.org. br/noticias/o-fim-do-ciencia-sem-fronteiras-depois-de-r-13-bilhoes-investidos-em-bolsas-no-exterior/>. Acesso em: 2 fev. 2023.

"OS BONDES da Light". Correio da Manhã. 13 jan. 1909.

"PRÉ-CANDIDATO do PT, Jilmar Tatto quer tarifa zero no transporte de São Paulo". Último Segundo, iG, 25 jun. 2020. Disponível em: <https://idec.org.br/release/metade-dos-candidatos-prefeiturasdas-capitais brasileiras-prometem-reduzir-tarifas-de>. Acesso em: 3 fev. 2023.

"PRIMAVERA feminista no Brasil". Editorial. El País Brasil, 12 nov. 2015.

"PROTESTO em SP contra a PEC 37 reúne cerca de 30 mil pessoas". O Globo, 22 jun. 2013.

"PROTESTO interdita trecho da MG-030 em Congonhas". G1 Minas Gerais, 4 jul. 2013. Disponível em: <https://g1.globo.com/minas-gerais/noticia/2013/07/protesto-interdita-trecho-da-mg-030-em congonhas.html>. Acesso em: 3 fev. 2023.

"PSDB pede ao TSE auditoria para verificar 'lisura' da eleição". G1, 30 out. 2014. <https://g1.globo.com/politica/noticia/2014/10/psdb-pede-ao-tse-auditoria-para-verificar-lisura-da-eleicao.html>. Acesso em: 3 fev. 2023.

"PT governa 10% dos brasileiros". Boletim Nacional do Partido dos Trabalhadores, São Paulo, n. 47, out. 1989. Citado por Carla de Paiva Bezerra, Do poder popular ao modo petista de governar: Mudanças no significado da participação para o Partido dos Trabalhadores. São Paulo: USP, 2014. Dissertação (Mestrado em Ciência Política).

"QUANTO custaram os estádios da Copa 2014?". Jogos Limpos, Instituto Ethos. Disponível em: <https://jogoslimpos.ethos.org.br/desta-ques/quanto-custaram-os-estadios-da-copa-2014/>. Acesso em: 2 fev. 2023.

"RAQUEL Rolnik e as ocupações em BH". Práxis UFMG, 19 out. 2010.

"RAZÕES contra a duplicação da av. Edvaldo Pereira Paiva". Blog do IAB-RS, 20 maio 2013. Disponível em: <http://iab-rs.blogspot. com/2013/05/razoes-contra-duplicacao-da-av-edvaldo.html>. Acesso em: 3 fev. 2023.

"REDE Sustentabilidade não atinge apoiamento mínimo e tem o registro negado". TSE, 3 out. 2013. Disponível em: <https://www.tse.jus. br/comunicacao/noticias/2013/Outubro/rede-sustentabilidade-nao-

atinge-apoiamento-minimo-e-tem-o-registro-negado>. Acesso em: 3 fev. 2023.

"RJ-140, em São Pedro da Aldeia, RJ, é fechada com manifestação". G1 Região dos Lagos, 28 jun. 2013.

"TARIFA zero alcança todos os distritos da cidade". Prefeitura de Maricá, 21 jan. 2021. Disponível em: <https://portalantigo.marica. rj.gov.br/2021/01/21/tarifa-zero-alcanca-todos-os-distritos-da-cidade/>. Acesso em: 3 fev. 2023.

"TRIBUNAL suíço diz que Havelange e Teixeira receberam dinheiro da ISL". *O Globo*, 11 jul. 2012. Disponível em: <https://oglobo. globo.com/esportes/tribunal-suico-diz-que-havelange-teixeira-receberam-dinheiro-da-isl-5448391>. Acesso em: 8 mar. 2023.

"UM GUIA prático e ativista para construir uma campanha eleitoral". Ocupa Política. Disponível em: <http://www.ocupapolitica.org/ cartilha>. Acesso em: 3 fev. 2023.

"VALE-TRANSPORTE: Conquista social do trabalhador". NTU. Disponível em: <https://www.ntu.org.br/novo/AreasInternas.aspx?idArea=7 &idSegundoNivel=19>. Acesso em: 2 fev. 2023.

"VEÍCULO é a principal razão do endividamento da classe C". *Época Negócios*, 27 maio 2012.

"VEJA em quais cidades houve redução da tarifa do transporte em 2013". G1, 4 jul. 2013. Disponível em: <https://g1.globo.com/brasil/ noticia/2013/07/veja-em-quais-cidades-houve-reducao-da-tarifa-do-transporte-em-2013.html>. Acesso em: 3 fev. 2023.

"VEJA pesquisa completa do Ibope sobre os manifestantes". G1, 24 jun. 2013. Disponível em: <https://g1.globo.com/brasil/noticia/2013/06/ veja-integra-da-pesquisa-do-ibope-sobre-os-manifestantes.html/>. Acesso em: 3 fev. 2023.

ABRAMOVAY, Pedro. "A reconciliação da República". *piauí*, 17 nov. 2021.

ABREU, Daniel Cesario de; KARHAWI, Issaaf. "'Boulos radical!': O uso de memes como estratégia de comunicação durante a campanha eleitoral de Guilherme Boulos". *Anais do XV Congresso Brasileiro Científico de Comunicação Organizacional e de Relações Públicas*. São Paulo, 2021.

ABREU, João Aurélio de. "Sociedade pede Constituinte exclusiva". *Jornal de Brasília*, 22 set. 1985.

AGUIAR, Vilma. "Um balanço das políticas do governo Lula para a educação superior: Continuidade e ruptura". *Revista de Sociologia e Política*, Curitiba, v. 24, n. 57, pp. 113-26, mar. 2016.

ALENCAR, Kennedy; SANDER, Letícia. "Lula move plano para capitalizar como 'patrono'". *Folha de S.Paulo*, 28 out. 2007.

ALINSKY, Saul. *Rules for Radicals: A Pragmatic Primer for Realistic Radicals*. Nova York: Random House, 1971.

ALMEIDA, Armando et al. (Orgs.). *Cultura pela palavra: Coletânea de artigos, discursos e entrevistas dos ministros da Cultura (2003-2010) Gilberto Gil e Juca Ferreira*. Rio de Janeiro: Versal, 2013.

ALMEIDA, Silvio. *Racismo estrutural*. São Paulo: Sueli Carneiro; Pólen, 2019.

ALONSO, Angela. "A política das ruas: Protestos em São Paulo de Dilma a Temer". *Novos Estudos Cebrap*, São Paulo, n. especial, pp. 49-58, jun. 2017.

ALONSO, Angela; MISCHE, Ann. "June Demonstrations in Brazil: Repertoires of Contention and Government's Response to Protest". ESA Research Network on Social Movements. Midterm Conference 19-20. Universidad Complutense de Madrid, Madri, 2015.

ALVES, Chico. "Após suspensões, STF é acionado para manter passe livre no dia da eleição". UOL, 28 set. 2022. Disponível em: <https://noticias.uol.com.br/colunas/chico-alves/2022/09/28/randolfe-vai-ao-stf-para-garantir-passe-livre-em-todo-o-brasil-na-eleicao.htm>. Acesso em: 3 fev. 2023.

ALVES, Márcio Moreira. *A força do povo: Democracia participativa em Lages*. São Paulo: Brasiliense, 1980.

AMÂNCIO, Thiago. "Após liderar invasões, Boulos atrai jovens e tenta afastar fama de radical e inexperiente em São Paulo". *Folha de S.Paulo*, 10 nov. 2020.

AMARAL, Marina. "A nova roupa da direita". Agência Pública, 23 jun. 2015. Disponível em: <https://apublica.org/2015/06/a-nova-roupa-da-direita/>. Acesso em: 3 fev. 2023.

ANDRADE, Oswald de. *Um homem sem profissão*. São Paulo: Globo, 2002.

ANDRADE, Silvânia Suely Caribé de Araújo; JORGE, Maria Helena Prado de Mello. "Internações hospitalares por lesões decorrentes de acidente de transporte terrestre no Brasil, 2013: Permanência e gastos". *Epidemiologia e Serviços de Saúde*, Brasília, v. 26, n. 1, pp. 31-8, jan./mar. 2017.

ANDRADE, Vitória Régia de. "Arquitetos criticam viadutos da Agamenon Magalhães". Clube Português do Recife, abr. 2012. Disponível em:

<http://www.clubeportuguesdorecife.com.br/arquitetos-criti-cam-viadutos-da-agamenon-magalhaes/>. Acesso em: 2 fev. 2023.

ANDRÉS, Roberto. "E o futebol, resistirá?". *Minha Cidade*, Vitruvius, ano 10, out. 2009. Disponível em: <https://www.mg.superesportes. com.br/app/noticias/futebol/interior/2022/04/04/noticia_inte-rior,3965566/mineirao-repasses-do-governo-a-minas-arena-atingem-r-1-bilhao-confira.shtml>. Acesso em: 2 fev. 2023.

_____. "O cortejo errante". *Piseagrama*, Belo Horizonte, n. 7, pp. 78--85, 2015.

_____. "Depois de trauma de 2013, PT volta a se deparar com passe livre no transporte". *Folha de S.Paulo*, 10 nov. 2022.

ANDRÉS, Roberto; KOETZ, Vanessa; SAULE JÚNIOR, Nelson; VELOSO, André. "La experiencia de la implementación de la Política de Movilidad Urbana, Belo Horizonte, Brasil". In: *La implementación de la Nueva Agenda Urbana: Experiencias y aportes desde América Latina*. Quito: Facultad Latinoamericana de Ciencias Sociales, 2016. pp. 41-83.

ANIC, Luara Calvi, "Um fato que não existiu é a melhor escolha para a capa do jornal?". *Folha de S.Paulo*, 20 jan. 2023.

ANJOS, Anna Beatriz; Carvalho, Igor. "Guilherme Boulos, do MTST: 'A nossa cor é a cor vermelha'". Sul21, 23 jun. 2014. Disponível em: <https://sul21.com.br/cidades/2014/06/guilherme-boulos-do-mtst-a-nossa-cor-e-a-cor-vermelha/>. Acesso em: 3 fev. 2023.

APPLEYARD, Donald. *Livable Streets*. San Francisco: University of California Press, 1981.

ARBIX, Glauco. "A câmara banida". In: ARBIX, Glauco; ZILBOVICIUS, Mauro (Orgs.). *De JK a FHC: A reinvenção dos carros*. São Paulo: Scritta, 1998. pp. 471-502.

ARTIGO 19 BRASIL. *Nas ruas, nas leis, nos tribunais: Violações ao direito de protesto no Brasil 2015-2016*. Relatório técnico, 2016.

AVIV, Rachel. "Lembranças de um crime". In: AMORIM, Felipe (Org.). *Os piores crimes da revista New Yorker: Oito grandes reportagens sobre crimes da melhor revista jornalística do mundo*. Santo André: Rua do Sabão, 2021.

BARROS, Celso Rocha de. "Comprem Marina". *Folha de S.Paulo*, 16 out. 2015.

_____. *PT: Uma história*. São Paulo: Companhia das Letras, 2022.

BARROS, Ciro; AFIUNE, Giulia. "Estádio só pra rico?". Agência Pública, 23 ago. 2013. Disponível em: <https://apublica.org/2013/08/ingressos-disparam-nos-ultimos-dez-anos-brasil-novas-arenas-tem-precos-maiores-os-estadios-antigos-afastando-os-torcedores-tradicionais/>. Acesso em: 2 fev. 2023.

BARTZ, Frederico Duarte. "Problemas do sindicalismo na crise da Nova República: O caso da greve dos professores e dos garis do Rio de Janeiro, dos rodoviários de Porto Alegre e da greve nacional dos caminhoneiros (2013-2015)". *Anais do XIII Encontro Estadual de História da ANPUH-RS*. UNISC, Santa Cruz do Sul, 2016.

BASSUL, José Roberto. "A constitucionalização da questão urbana". In: Bruno Dantas et al. *Constituição de 1988: O Brasil 20 anos depois*. Brasília: Senado Federal; Instituto Legislativo Brasileiro, 2008. pp. 700-24.

BECKER, Clara. "O candidato da esquerda". *piauí*, n. 61, out. 2011.

BEDÊ, Marco Aurélio. "O regime automotivo em xeque". *Folha de S.Paulo*, 25 out. 1996.

_____. "A política automotiva nos anos 1990". In: ARBIX, Glauco; ZILBOVICIUS, Mauro (Orgs.). *De JK a FHC: A reinvenção dos carros*. São Paulo: Scritta, 1998. pp. 357-87.

BELISÁRIO, Adriano. "Tem dinheiro público, sim, senhor". Agência Pública, 10 jun. 2014.

_____. "As quatro irmãs". Agência Pública, 30 jun. 2014. Disponível em: <https://apublica.org/2014/06/as-quatro-irmas/>. Acesso em: 2 fev. 2023.

_____. "Um jogo para poucos". Agência Pública, 30 jun. 2014. Disponível em: <https://apublica.org/2014/06/um-jogo-para-poucos/>. Acesso em: 2 fev. 2023.

BENICCHIO, Thiago. "Critical Mass is Dead. Long Live Critical Mass!" In: CARLSSON, Chris; ELLIOTT, LisaRuth; CAMARENA, Adriana (Orgs.). *Shift Happens! Critical Mass at 20*. San Francisco: Full Enjoyment Books, 2012. pp. 85-99.

BENITES, Afonso. "Movimento contra Dilma cresce ao mesmo tempo que fica mais radical". *El País Brasil*, 15 nov. 2014.

BERGAMASCO, Daniel. "Indenizações de executivos de bancos chocam americanos". *Folha de S.Paulo*, 5 out. 2008.

BEZERRA, Carla de Paiva; JUNQUEIRA, Murilo de Oliveira. "Why Has Participatory Budget Adoption Declined in Brazil?". 114th Annual

Meeting & Exhibition of the American Political Science Association, "Democracy and Its Discontents". Boston, 2018.

BONDUKI, Nabil (Org.). *A luta pela reforma urbana no Brasil: Do Seminário de Habitação e Reforma Urbana ao Plano Diretor de São Paulo.* São Paulo: Instituto Casa da Cidade, 2017.

BORGES, Rodolfo. "Lula e eu, por Emílio Odebrecht". *El País Brasil*, 18 abr. 2017.

BORIN, Monique Félix. "Distúrbio urbano de 1947: A imprensa paulistana e os responsáveis do levante". *Histórica*, Arquivo Público do Estado de São Paulo, São Paulo, n. 39, dez. 2009.

BOURDREAUX, Donald; MEINERS, Roger. "Externality: Origins and Classifications". *Natural Resources Journal*, Albuquerque, v. 59, n. 1, pp. 1-34, 2019.

BRADESCO. Departamento de Pesquisas e Estudos Econômicos. "Shopping Centers". Disponível em: <https://www.economia-em-dia.com.br/EconomiaEmDia/pdf/infset_shoppings_centers.pdf>. Acesso em: 9 fev. 2018.

BRAGA, Ruy. *A rebeldia do precariado: Trabalho e neoliberalismo no Sul global.* São Paulo: Boitempo, 2017.

BRAILE, Bianca. "Policial não é herói". *Piseagrama*, Belo Horizonte, n. 11, nov. 2017.

BRENNER, Johanna; FRASER, Nancy. "What Is Progressive Neoliberalism?: A Debate". *Dissent*, v. 64, n. 2, primavera 2017.

BRITO, Priscila Caroline de Souza. "Primavera feminista: a internet e as manifestações de mulheres em 2015 no Rio de Janeiro". *Anais do Seminário Internacional Fazendo Gênero 11 & 13th Women's Worlds Congress.* Florianópolis, 2017.

BRUNO, Cássio. "Para 81% dos brasileiros, partidos são 'corruptos ou muito corruptos'". *O Globo*, 9 jul. 2013.

BUCCI, Eugênio. "A imprensa brasileira: Seu tempo, seu lugar e sua liberdade — e a ideia que (mal) fazemos dela". In: BOTELHO, André; SCHWARCZ, Lilia Moritz (Orgs.). *Agenda brasileira: Temas de uma sociedade em mudança.* São Paulo: Companhia das Letras, 2011. pp. 266-77.

_____. *A forma bruta dos protestos: Das manifestações de junho de 2013 à queda de Dilma Rousseff em 2016.* São Paulo: Companhia das Letras, 2017.

CAETANO, Carolina. "Horas antes de cair do viaduto, jovem postou fotos da manifestação no Facebook". *O Tempo*, 27 jun. 2013.

Referências bibliográficas

CALABRE, Lia. "Política cultural em tempos de democracia: A era Lula". *Revista do Instituto de Estudos Brasileiros*, São Paulo, n. 58, pp. 137-56, jun. 2014.

CALDEIRA, Teresa. *City of Walls: Crime, Segregation, and Citizenship in São Paulo*. Berkeley: University of California Press, 2000.

_____. "Qual a novidade dos rolezinhos? Espaço público, desigualdade e mudança em São Paulo". *Novos Estudos Cebrap*, São Paulo, n. 98, pp. 13-20, mar. 2014.

CALIXTO, Bruno. "'Não é uma greve; é um motim', diz prefeito do Rio sobre paralisação de garis". *Folha de S.Paulo*, 8 mar. 2014.

CALVINO, Italo. *O visconde partido ao meio*. São Paulo: Companhia das Letras, 2011.

CAMARGO, Renata. "Lula critica crise no Senado e diz que Sarney não é 'uma pessoa comum'". *Congresso em Foco*, 17 jun. 2009.

CAMARGOS, Daniel. "Manifestações: conheça as caras e as vozes dos protestos de Belo Horizonte". *Estado de Minas*, 25 maio 2014.

CAPPELLI, Paulo. "O principal fator que faz Bolsonaro culpar TSE pela derrota nas urnas". Coluna Guilherme Amado, Metrópoles, 1 nov. 2022. Disponível em: <https://www.metropoles.com/colunas/guilherme-amado/o-principal-fator-que-faz-bolsonaro-culpar-tse-pela-derrota-nas-urnas>. Acesso em: 2 fev. 2023.

CARAM, Bernardo. "Incentivos da União a montadoras somam R$ 69 bilhões de 2000 a 2021". *Folha de S.Paulo*, 12 jan. 2021.

CARAZZA, Bruno. *Dinheiro, eleições e poder: As engrenagens do sistema político brasileiro*. São Paulo: Companhia das Letras, 2018, posição 171.

CARDOSO, Adalberto. "As jornadas de junho e a mercantilização da vida coletiva". *Insight/ Inteligência*, n. 62, 2013.

CARDOSO, Fernando Henrique. *Diários da Presidência: 1999-2000*. São Paulo: Companhia das Letras, 2017.

CARLSSON, Chris; ELLIOTT, LisaRuth; CAMARENA, Adriana (Orgs.). *Shift Happens! Critical Mass at 20*. San Francisco: Full Enjoyment Books, 2012.

CAROLINA, Áurea; FALABELLA, Cida; MOYSÉS, Júlia; ANDRÉS, Roberto. "Cenários para 2018: Por uma ocupação real da política". *Nexo Jornal*, 13 fev. 2018.

CARVALHO, Carlos Henrique Ribeiro de. "Desenvolvimento urbano nos trilhos". *Desafios do Desenvolvimento*, Ipea, Brasília, v. 7, n. 55, out./nov. 2009, p. 27.

CARVALHO, Carlos Henrique Ribeiro de et al., "A mobilidade urbana no Brasil". Série Eixos do Desenvolvimento Brasileiro, Ipea, Brasília, n. 94, 2011.

CARVALHO, Carlos Henrique Ribeiro de et al. "Tarifação e financiamento do transporte coletivo urbano". Nota técnica, Ipea, jul. 2013.

CARVALHO, Cristina Helena Almeida de. "Política para a educação superior no governo Lula: Expansão e financiamento". *Revista do Instituto de Estudos Brasileiros*, São Paulo, n. 58, pp. 209-44, jun. 2014.

CARVALHO, Laura. *Valsa brasileira: Do boom ao caos econômico*. São Paulo: Todavia, 2018.

CARVALHO, Luiz Maklouf. "Mercadante só virou ministro com Dilma". *O Estado de S. Paulo*, 20 mar. 2016.

_____. *1988: Segredos da Constituinte: Os vinte meses que agitaram e mudaram o Brasil*. Rio de Janeiro: Record, 2017.

CASTELLS, Manuel. *Redes de indignação e esperança: Movimentos sociais na era da internet*. Rio de Janeiro: Zahar, 2017.

CASTRO, Demian Garcia; NOVAES, Patrícia Ramos. "Copa do Mundo 2014 e os impactos no direito à moradia: Uma análise das cidades-sede brasileiras". In: SANTOS JÚNIOR, Orlando Alves dos; GAFFNEY, Christopher; QUEIROZ, Luiz Cesar de (Orgs.). *Brasil: Os impactos da Copa do Mundo 2014 e das Olimpíadas 2016*. Rio de Janeiro: E-papers, 2015. pp. 79-104.

CAVA, Bruno. "O 18 de brumário brasileiro". In: CAVA, Bruno; PEREIRA, Márcio. *A terra treme: Leituras do Brasil de 2013 a 2016*. São Paulo: Annablume, 2016. pp. 11-74.

CEFAI, Daniel. "Públicos, problemas públicos, arenas públicas...: O que nos ensina o pragmatismo (Parte 1)". *Novos Estudos Cebrap*, São Paulo, v. 36, n. 1, pp. 187-213, 2017.

_____. "Públicos, problemas públicos, arenas públicas...: O que nos ensina o pragmatismo (Parte 2)". *Novos Estudos Cebrap*, São Paulo, v. 36, n. 2, pp. 129-42, 2017.

CHAUI, Marilena. "As manifestações de junho de 2013 na cidade de São Paulo". *Teoria e Debate*, São Paulo, n. 113, 27 jun. 2013.

CHEREM, Carlos Eduardo. "Viaduto que caiu em BH estava sob investigação do MP e do TCE de Minas". UOL, 5 jul. 2014. Disponível em: <https://noticias.uol.com.br/cotidiano/ultimas-noticias/2014/07/05/viaduto-que-caiu-em-bh-estava-sob-investigacao-do-mp-e-do-tce-de-minas.htm>. Acesso em: 3 fev. 2023.

CISNEIROS, Leonardo. "Governo de Pernambuco torna secretos estudos sobre os viadutos da Agamenon". Blog Direitos Urbanos, 8 maio 2013. Disponível em: <https://direitosurbanos.wordpress.com/2013/05/08/governo-de-pernambuco-torna-secretos-estudos-sobre-os-viadutos-da-agamenon/>. Acesso em: 3 fev. 2023.

_____. "Entrevista sobre o DU e a Lei de Acesso à Informação". Blog Direitos Urbanos, 30 maio 2013. Disponível em: <https://direitosurbanos.wordpress.com/category/entrevistas/>. Acesso em: 3 fev. 2023.

COELHO, Tiago. "As candidatas". *piauí*, n. 143, ago. 2018.

COLETIVO DAR. "São Paulo: A cor da liberdade". Outras Palavras, 31 maio 2011. Disponível em: <https://outraspalavras.net/sem-categoria/sao-paulo-a-cor-da-liberdade/>. Acesso em: 2 fev. 2023.

COMIN, Alexandre. *De volta para o futuro: Política e reestruturação industrial do complexo automotivo nos anos 90*. São Paulo: Annablume; Fapesp, 1998, p. 27.

CONTI, Mário Sergio. *Notícias do Planalto: A imprensa e Fernando Collor*. São Paulo: Companhia das Letras, 1999.

CORDEIRO, William Robson. "Quando a imagem jornalística recorre ao fake". *Folha de S.Paulo*, 19 jan. 2023.

DAMATTA, Roberto. *Carnavais, malandros e heróis: Para uma sociologia do dilema brasileiro*. Rio de Janeiro: Rocco, 1997.

DIAS, Diego. "São Paulo perde posições no ranking mundial de congestionamentos". *Quatro Rodas*, 9 nov. 2016.

DISCURSO do presidente da República, Luiz Inácio Lula da Silva, durante almoço oferecido a integrantes da Associação Nacional dos Fabricantes de Veículos Automotores. São Paulo, 2 mar. 2010. Biblioteca da Presidência.

DOMINGOS, Roney. "'De protesto em protesto, a gente vai consertando o telhado', diz Lula". G1, 18 jul. 2013. Disponível em: <https://g1.globo.com/sao-paulo/noticia/2013/07/de-protesto-em-protesto-gente-vai-consertando-o-telhado-diz-lula.html>. Acesso em: 2 fev. 2023.

DUNKER, Christian. "A lógica do condomínio". *Piseagrama*, Belo Horizonte, n. 11, pp. 102-9, 2017.

ELLWANGER, Tiana Maciel. *Jornadas de junho: 5 anos depois*. Rio de Janeiro: Autografia, 2018.

EUZÉBIOS FILHO, Antonio. "A crise de representatividade em dois tempos no Brasil atual: Um olhar sobre a greve dos garis e dos caminhoneiros". *Psicologia Política*, Florianópolis, v. 19, n. 45, pp. 186-201, 2019.

FELIZARDO, Nayara. "Prefeito se omite, dinheiro some e CPI do transporte termina em pizza em Teresina, sem ônibus há dois anos". The Intercept Brasil, 30 mar. 2022. Disponível em: <https://theintercept. com/notas/teresina-sem-onibus-ha-dois-anos/>. Acesso em: 3 fev. 2023.

FERES, Elisa. "Líderes dos protestos de 2013 se lançam candidatos em 2014". Terra, 2 set. 2014. Disponível em: <https://www.terra.com. br/noticias/eleicoes/lideres-dos-protestos-de-2013-se-lancam-candidatos-em-2014,5810eccf91ae7410VgnVCM10000098ccebaRCRD. html>. Acesso em: 3 fev. 2023.

FERREIRA, João Sette Whitaker (Org.). *Produzir casas ou construir cidades? Desafios para um novo Brasil urbano.* São Paulo: LabHab; Fupam, 2012.

FERREIRA, João Sette Whitaker. "Um teatro milionário". In: JENNINGS, Andrew et al., *O Brasil em jogo: O que fica da Copa e das Olimpíadas.* São Paulo: Boitempo, 2014. pp. 7-16.

_____. "Uma revolução geracional". cidades para que(m)?, 19 fev. 2014. Disponível em: <https://cidadesparaquem.org/blog/2013/12/26/uma-revoluo-geracional>. Acesso em: 2 fev. 2023.

FIGUEIREDO, Carolina. "Saímos do Facebook #soquenão: Sobre os discursos que circularam no Facebook e os cartazes levados às ruas nos protestos de junho de 2013". *Cadernos de Estudos Sociais*, Recife, v. 28, n. 1, pp. 53-72, jan./jun. 2013.

FIX, Mariana et al. "Mobilidade urbana e direito à cidade: Uma entrevista com Lúcio Gregori sobre transporte coletivo e tarifa zero". *Revista Brasileira de Estudos Urbanos e Regionais*, Recife, v. 17, n. 3, pp. 175-91, 2017.

FOUREAUX, Francisco. "A cavalaria andou de ré". In: MORAES, Alana et al. (Orgs.). *Junho: Potência das ruas e das redes.* São Paulo: Fundação Friederich Erbert Stiftung, 2014. pp. 24-42.

FRANCO, Bernardo Mello; KRAKOVICS, Fernanda. "Em sabatina, Haddad vê erro de estratégia do PT nas redes, teme por Bolsonaro no poder e defende Gabrielli". *O Globo*, 23 out. 2018.

FRASER, Nancy. "Rethinking the Public Sphere: A Contribution to the Critique of Actually Existing Democracy". *Social Text*, Durham, n. 25/26, pp. 56-80, 1990.

FRASER, Nancy; JAEGGI, Rahel. *Capitalismo em debate: Uma conversa na teoria crítica.* São Paulo: Boitempo, 2020.

FREEMAN, Jo. "A tirania das organizações sem estrutura", 1972. Disponível em: <https://www.jofreeman.com/joreen/tyranny. htm>. Acesso em: 3 fev. 2023.

FREITAS, Janio de. "Escândalo da concorrência na ferrovia Norte-Sul completa 30 anos". *Folha de S.Paulo*, 13 maio 2017.

GASPAR, Malu. *A Organização: A Odebrecht e o esquema de corrupção que mudou o mundo*. São Paulo: Companhia das Letras, 2020.

GENRO, Tarso. "Combinar democracia direta e democracia participativa". In: PALOCCI, Antonio et al. (Orgs.). *Desafios do governo local: O modo petista de governar*. São Paulo: Editora Fundação Perseu Abramo, 1997. pp. 14-31.

GERBAUDO, Paolo. *The Mask and the Flag: Populism, Citizenism, and Global Protest*. Oxford: Oxford University Press, 2017.

GIOVANNANGELI, Magali; SAGOT-DUVAUROUX, Jean-Louis. *Voyageurs sans ticket: Liberté, égalité, gratuité: une expérience sociale à Aubagne*. Vauvert: Au Diable Vauvert, 2012.

GOMES, Matheus. "Junho: Intempestivo e ainda perigoso". In: HAUBRICH, Alexandre (Org.). *2013: Nada será como antes*. Porto Alegre: Libretos, 2018. pp. 15-25.

GOMIDE, Alexandre de Ávila. "Agenda governamental e o processo de políticas públicas: o projeto de lei de diretrizes da Política Nacional de Mobilidade Urbana". Texto para discussão, Ipea, Brasília, n. 1334, 2008, p. 17.

GOMIDE, Alexandre de Ávila et al. "A nova Lei de Diretrizes da Política Nacional de Mobilidade Urbana". Comunicado Ipea, Brasília, n. 128, 2012.

GONZAGA, Vitória Régia. "Violência sexual: Rastreando os danos do PL 5069/2013, de Eduardo Cunha". Centro de Estudos Estratégicos da Fiocruz, 19 nov. 2015. Disponível em: <https://cee.fiocruz. br/?q=node/337>. Acesso em: 3 fev. 2023.

GORZ, André. "A ideologia social do automóvel". In: LUDD, Ned (Org.). *Apocalipse motorizado: A tirania do automóvel em um planeta poluído*. São Paulo: Conrad, 2005. pp. 73-82.

GRAEBER, David. *Um projeto de democracia: Uma história, uma crise, um movimento*. São Paulo: Paz e Terra, 2015.

GREGORI, Lúcio et al. *A cidade sem catracas: História e significados da tarifa zero*. São Paulo: Autonomia Literária, 2020.

GUERREIRO, João. "Política cultural de inserção social?". In: BARBOSA, Frederico; CALABRE, Lia (Orgs.). *Pontos de Cultura: Olhares sobre o programa Cultura Viva*. Brasília: Ipea, 2011. pp. 179-94.

GUIMARÃES, Daniel. "Deslocamento é lugar". *Urbânia*, São Paulo, n. 4, 2010.

GUTIÉRREZ, Bernardo. *Saudades de Junho*. Rio de Janeiro: Liquibook, 2020.

HADDAD, Fernando. "Vivi na pele o que aprendi nos livros". *piauí*, n. 129, jun. 2017.

HARVEY, David. "O direito à cidade". *piauí*, n. 82, jul. 2013.

HAUBRICH, Alexandre (Org.). *2013: Nada será como antes*. Porto Alegre: Libretos, 2018.

HIDALGO, F. Daniel; LIMA, Renato. "Elite Contestation and Mass Participation in Brazilian Legislative Elections, 1945-2014". In: SCHNEIDER, Ben Ross (Org.). *New Order and Progress: Development and Democracy in Brazil*. Nova York: Oxford University Press, 2016. pp. 241-67.

HOBSBAWM, Eric. *Rebeldes primitivos: Estudio sobre las formas arcaicas de los movimientos sociales en los siglos XIX y XX*. Barcelona: Ariel, 1968.

HOLSTON, James. *Insurgent Citizenship: Disjunctions of Democracy and Modernity in Brazil*. Princeton: Princeton University Press, 2008.

HOLSTON, James; APPADURAI, Arjun. "Cities and Citizenship". *Public Culture*, Chicago, v. 8, n. 2. pp. 187-204, 1996.

HORTA, Regina Duarte. "'Eu quero uma casa no campo': A busca do verde em Belo Horizonte, 1966-1976". *Topoi*, Rio de Janeiro, v. 15, n. 28, pp. 159-86, 2014.

JACOBS, Jane. *Morte e vida de grandes cidades*. São Paulo: Martins Fontes, 2009.

JAEGGI, Rahel. *Critique of Forms of Life*. Cambridge: The Belknap Press of Harvard University Press, 2018.

JANUÁRIO, Adriano et al. "As ocupações de escolas em São Paulo (2015): Autoritarismo burocrático, participação democrática e novas formas de luta social". *Revista Fevereiro*, n. 9, abr. 2016.

JARDIM, Lauro. "Ford recebeu R$ 20 bi em incentivos fiscais". *O Globo*, 11 jan. 2021.

JENNINGS, Andrew. *Jogo sujo: O mundo secreto da Fifa*. São Paulo: Panda Books, 2012.

JESUS, Ronaldo Pereira de. "A Revolta do Vintém e a crise na monarquia". *História Social*, Campinas, n. 12, pp. 73-89, 2006.

JIMÉNEZ, Carla. "Vem pra Rua: 'O poder público está surdo para a voz das ruas'". *El País Brasil*, 12 abr. 2015.

JUDENSNAIDER, Elena et al. (Orgs.). *Vinte centavos: A luta contra o aumento*. São Paulo: Veneta, 2013.

JUDIS, John B. *The Populist Explosion: How the Great Recession Transformed American and European Politics*. Nova York: Columbia Global Reports, 2016.

KALIL, Marcelo. "Critical Mass Porto Alegre". In: CARLSSON, Chris; ELLIOTT, LisaRuth; CAMARENA, Adriana (Orgs.). *Shift Happens! Critical Mass at 20*. San Francisco: Full Enjoyment Books, 2012. pp. 47-53.

KEHL, Maria Rita. "Olhar no olho do outro". *Piseagrama*, Belo Horizonte, n. 7, pp. 22-31, 2015.

KONCHINSKI, Vinicius. "Copa e Olimpíada já removeram 250 mil pessoas de suas casas, aponta dossiê". UOL Notícias, 7 nov. 2014. Disponível em: <https://www.uol.com.br/esporte/ultimas-noticias/2014/11/07/copa-e-olimpiada-ja-removeram-250-mil-pessoas-de-suas-casas-aponta-dossie.htm/>. Acesso em: 2 fev. 2023.

KUPER, Simon; SZYMANSKI, Stefan. *Soccernomics*. Rio de Janeiro: Tinta Negra, 2010.

KUTNEY, Pedro. "Governo é o maior financiador das multinacionais do carro no Brasil". UOL, 5 dez. 2011. Disponível em: <https://www.uol.com.br/carros/noticias/redacao/2011/12/05/governo-e-o-maior-financiador-das-multinacionais-do-carro-no-brasil.htm>. Acesso em: 2 fev. 2023.

LA CRUZ, Fernanda. "As origens e guerras do Anonymous, o grupo hacker mais poderoso do mundo". *SuperInteressante*, 1 jun. 2020.

LAGO, Miguel, "Prendam os perfis!", *piauí*, n. 197, fev. 2023.

LEITÃO, Thais. "Manifestantes voltam a interditar BR-251 em Cristalina". EBC, 25 jun. 2013. Disponível em: <https://memoria.ebc.com.br/agenciabrasil/noticia/2013-06-25/manifestantes-voltam-interditar-br-251-em-cristalina/>. Acesso em: 3 fev. 2023.

LIBARDI, Manuella. "Ocupa Política 2019: Um sopro de otimismo e resistência". Open Democracy, 10 set. 2019. Disponível em: <https://www.opendemocracy.net/pt/ocupa-politica-2019-um-sopro-de-otimismo-e-resistencia/>. Acesso em: 3 fev. 2023.

LIMA, Bianca Pinto. "Brasileiro gasta 40% do valor do carro com manutenção". *O Estado de S. Paulo*, 27 fev. 2013.

LINKE, Clarisse Cunha; ANDRÉS, Roberto. "Brasil precisa de um SUS no transporte público". *piauí*, 14 jul. 2020.

_____. "'Teresina está sem ônibus. Sua cidade pode ser a próxima". The Intercept Brasil, 29 abr. 2022. Disponível em: <https://theintercept.com/notas/teresina-sem-onibus-ha-dois-anos/>. Acesso em: 3 fev. 2023.

LITMAN, Todd. *Transportation Cost and Benefit Analysis: Techniques, Estimates and Implications*. Victoria: Victoria Transport Policy Institute, 2009.

LOCATELLI, Piero. *#VEMPRARUA: As revoltas de junho pelo jovem repórter que recebeu passe livre para contar a história do movimento*. São Paulo: Companhia das Letras, 2013.

LOPES, Valquiria. "Dois anos depois dos protestos da Copa das Confederações, personagens relembram caos". *Estado de Minas*, 18 jun. 2015.

LORENZOTTI, Elizabeth. *Jornalismo século XXI: O modelo #MídiaNINJA*. São Paulo: E-galáxia, 2014.

LOSEKANN, Cristiana. "Os protestos de 2013 na cidade de Vitória/ES: #Resistir, Resistir Até o Pedágio Cair!" In: ROSA, Soraia Mendes (Org.). *País mudo não muda! As manifestações de junho de 2013 na visão de quem vê o mundo para além dos muros da academia*. Brasília: IDP, 2014. pp. 26-38.

LOWENTHAL, David. "Como conhecemos o passado". *Projeto História*, São Paulo, v. 17, pp. 63-201, 1998.

LUCENA, Eleonora de. "'Rolezinhos' têm raízes na luta pelo espaço urbano, diz pesquisador". *Folha de S.Paulo*, 19 jan. 2014.

MAGALHÃES, Vera. "Só luta pelo poder separa PT e PSDB, diz FHC". *Folha de S.Paulo*, 11 abr. 2005.

MAIOR, Jorge Luiz Souto. "Lei Geral da Copa: Explicitação do estado de exceção permanente". In: JENNINGS, Andrew et al. *O Brasil em jogo: O que fica da Copa e das Olimpíadas*. São Paulo: Boitempo, 2014. pp. 33-40.

MALHEIRO, Franco. "Eleições em BH: Nilmário diz que vai trabalhar por tarifa zero no transporte". *O Tempo*, 22 set. 2020.

MARICATO, Erminia. "Um balanço". Carta Maior, 2005.

MARICATO, Erminia. "É a questão urbana, estúpido!". In: MARICATO, Erminia et al. *Cidades rebeldes: Passe livre e as manifestações que tomaram as ruas do Brasil*. São Paulo: Boitempo; Carta Maior, 2013. pp. 19-26.

MARICATO, Erminia et al. *Cidades rebeldes: Passe livre e as manifestações que tomaram as ruas do Brasil*. São Paulo: Boitempo; Carta Maior, 2013.

MARQUEZ, Renata et al. (Orgs.). *Escavar o futuro*. Belo Horizonte: Fundação Clóvis Salgado, 2014.

MARTÍN, María. "Os gays não são semideuses. A maioria é fruto do consumo de drogas". Entrevista de Jair Bolsonaro. *El País Brasil*, 14 fev. 2014.

_____. "Por que o Cais José Estelita?". *El País Brasil*, 29 jun. 2014.

_____. "Cerca de 3000 pessoas radicalizam o discurso da direita em São Paulo". *El País Brasil*, 1 nov. 2014.

MARTINS, Carolina. "De olho na comissão de Direitos Humanos, Bolsonaro avisa que nem gays, nem negros vão atrapalhar". R7, 10 fev. 2014. Disponível em: <https://noticias.r7.com/brasil/de-olho-na-comissao-de-direitos-humanos-bolsonaro-avisa-que-nem-gays-nem-negros-vao-atrapalhar-29062022>. Acesso em: 3 fev. 2023.

MARTUSCELLI, Danilo Enrico. "O PT e o impeachment de Collor". *Opinião Pública*, Campinas, v. 16, n. 2, pp. 542-68, nov. 2010.

MEDEIROS, Jonas. "Junho de 2013 no Brasil e movimentos sociais em rede pelo mundo". In: SILVA, Felipe Gonçalves; RODRÍGUEZ, José Rodrigo (Orgs.). *Manual de sociologia jurídica*. São Paulo: Saraiva, 2017. pp. 445-64.

MELLO, Daniel. "Relatório mostra que 849 manifestantes foram detidos de 2014 a 2015". Agência Brasil, 10 set. 2015. Disponível em: <https://agenciabrasil.ebc.com.br/direitos-humanos/noticia/2015-09/relatorio-mostra-que-849-manifestantes-foram-detidos-de-2014-2015>. Acesso em: 3 fev. 2023.

_____. "Com redução da velocidade, acidentes nas marginais Tietê e Pinheiros caem 36%". Agência Brasil, 16 set. 2015. Disponível em: <https://agenciabrasil.ebc.com.br/geral/noticia/2015-09/com-reducao-da-velocidade-acidentes-nas-marginais-tiete-e-pinheiros-caem-36>. Acesso em: 3 fev. 2023.

MENDONÇA, Ricardo. "Abstenção caiu mais onde houve transporte grátis nas eleições". *Valor Econômico*, 4 nov. 2022.

MIKLOS, Manoela; PELLEGRINO, Antonia. "O backlash chegou". *Folha de S.Paulo*, 15 out. 2018.

MOISÉS, José Álvaro. "Protesto urbano e política: O quebra-quebra de 1947". In: GONZALEZ, Lélia et al. *Movimentos sociais urbanos: Minorias étnicas e outros estudos*. Brasília: Anpocs, 1983. pp. 96-112.

MORGAN, Marc. "Falling Inequality beneath Extreme and Persistent Inequality: New Evidence for Brazil Combining National Accounts, Surveys and Fiscal Data, 2001-2015". WID Working Paper Series n. 2017/12, ago. 2017.

MOUFFE, Chantal. "Deliberative Democracy or Agonistic Pluralism". Political Science Series n. 72. Viena: Institute for Advanced Studies, 2000.

_____. "A proposta peculiar do populismo de esquerda". *Outras Palavras*, 13 jan. 2020.

NASCIMENTO, Manoel. "Teses sobre a Revolta do Buzu". CMI, 2004.

NEGRO, Antonio Luigi; BRITO, Jonas. "Insurgentes incendeiam a cidade da Bahia: O Quebra-Bondes e a Revolução de 30". *Estudos Históricos*, Rio de Janeiro, v. 33, n. 71, pp. 579-99, set./dez. 2020.

NERI, Marcelo. *Miséria, desigualdade e políticas de renda: O Real do Lula*. Rio de Janeiro: FGV; Ibre, 2007.

_____(Org.). "De volta ao país do futuro: Crise europeia, projeções e a nova classe média". Rio de Janeiro: FGV; CPS, 2012.

NETZ, Clayton. "O homem que criou a Camargo Corrêa". *Época*, 28 mar. 2009.

NICOLAU, Jairo. "Burocráticos, partidos vivem à sombra do Estado e dificultam renovação". *Folha de S.Paulo*, 24 nov. 2019.

NOBRE, Marcos. *Choque de democracia: Razões da revolta*. São Paulo: Companhia das Letras, 2013.

_____. *Imobilismo em movimento: Da redemocratização ao governo Dilma*. São Paulo: Companhia das Letras, 2013.

_____. "Marina entra no jogo". *piauí*, 29 ago. 2018.

NÓBREGA, Maria de Lourdes Carneiro da Cunha; TRINDADE, Isabella Leite; CÂMARA, Andrea Dornelas. "#resisteestelita. Pelo direito a preservação do cais". *Minha Cidade*, Vitruvius, ano 15, 178.04 patrimônio, maio 2015. Disponível em: <https://vitruvius.com.br/revistas/read/minhacidade/15.178/5507>. Acesso em: 3 fev. 2023.

NOBRES, Juirana. "Moradores pedem a demolição de passarela e fecham BR-101 no ES". G1 Espírito Santo, 25 mar. 2013. Disponível em: <https://g1.globo.com/espirito-santo/noticia/2013/03/moradores-pedem-de-molicao-de-passarela-e-fecham-br-101-no-es.html/>. Acesso em: 3 fev. 2023.

Referências bibliográficas

NOGUEIRA, Italo. "Abstenção cai pela primeira vez no 2º turno da eleição". *Folha de S.Paulo*, 30 out. 2022.

NUNES, Augusto. "Os cartazes mais criativos". Blog Augusto Nunes, *Veja*, 18 jun. 2013. Disponível em: <https://veja.abril.com.br/coluna/augusto-nunes/os-cartazes-mais-criativos/>. Acesso em: 3 fev. 2023.

NUNES, Rodrigo. "Liderança distribuída". *Piseagrama*, Belo Horizonte, n. 9, pp. 10-9, set. 2016.

_____. "Que esperar do #OcupaPolitica". Outras Palavras, 15 dez. 2017. Disponível em: <https://outraspalavras.net/outrobrasil/que-esperar-do-ocupapolitica/>. Acesso em: 3 fev. 2023.

O MAL-EDUCADO. "Como ocupar um colégio?". Blog Grêmio Livre, 21 out. 2015. Disponível em: <https://gremiolivre.wordpress.com/2015/10/21/como-ocupar-um-colegio-versao-online/>. Acesso em: 3 fev. 2023.

OLIVEIRA, Francisco de. *Crítica à razão dualista / O ornitorrinco*. São Paulo: Boitempo, 2003.

OLIVEIRA, Francisco de; POPOUTCHI, Maria Angélica Travolo. *Transnacionales en América Latina: El complejo automotor en Brasil*. Cidade do México: Nueva Imagen, 1979.

OLIVEIRA, Junia. "Três anos após as manifestações de 2013, restam processos, inquéritos não concluídos e a dor pela morte de dois jovens". *Estado de Minas*, 15 maio 2016.

OLIVEIRA, Lucas. "Por que junho de 2013 foi um capítulo da história da luta dos trabalhadores". *Nexo Jornal*, 5 jun. 2018.

OLIVEIRA, Rosane de. "Profecia de Olívio sobre a Ford se cumpre mais de 20 anos depois". Gaúchazh, 11 jan. 2021. Disponível em: <https://gauchazh.clicrbs.com.br/colunistas/rosane-de-oliveira/noticia/2021/01/profecia-de-olivio-sobre-a-ford-se-cumpre-mais-de-20-anos-depois-ckjt1kljo007ko19wnmifypju.html>. Acesso em: 2 fev. 2023.

ORRICO FILHO, Romulo; SANTOS, Enilson. "Transporte coletivo urbano por ônibus: regulamentação e competição". In: BRASILEIRO, Anísio et al. *Ônibus urbano: Regulamentação e mercados*. Brasília: L.G.E., 1996. pp. 193-218.

ORTELLADO, Pablo. "Um movimento heterodoxo". CMI, 5 dez. 2004.

_____. "Prefácio". In: CAMPOS, Antonia Malta; MEDEIROS, Jonas; RIBEIRO, Márcio Moretto. *Escolas de luta*. São Paulo: Veneta, 2016.

ORTELLADO, Pablo; RYOKI, André. *Estamos vencendo! Resistência global no Brasil*. São Paulo: Conrad, 2004.

OTTA, Lu Aiko. "Governo não muda vale-transporte". *O Estado de S. Paulo*, 25 fev. 2006.

PANIZZA, Francisco. *Populism and the Mirror of Democracy*. Londres: Verso, 2005.

PARREIRAS, Mateus. "Levantamento da BHTrans mostra que viaduto que desabou na Pedro I era desnecessário". *Estado de Minas*, 26 jan. 2016.

PASSOS, Tânia. "Viadutos da Agamenon de novo na mira do Crea". Blog Mobilidade, *Diario de Pernambuco*, 24 abr. 2012. Disponível em: <https://blogs.diariodepernambuco.com.br/mobilidadeur-bana/2012/04/viadutos-da-agamenon-de-novo-na-mira-do-crea/>. Acesso em: 2 fev. 2023

PAVARIN, Guilherme. "O ostracismo do maior revoltado online". *piauí*, 26 maio 2017.

PEREIRA, Rafael H. M. "Justiça distributiva e equidade no transporte: Legado dos megaeventos e desigualdades de acesso a oportunidades no Rio de Janeiro". Texto para discussão, Ipea, Brasília, n. 2464, 2019.

PEREIRA, Thiago Ingrassia; SILVA, Luís Fernando Santos Correa da. "As políticas públicas do ensino superior no governo Lula: Expansão ou democratização?". *Revista Debates*, Porto Alegre, v. 4, n. 2, pp. 10-31, jul./dez. 2010.

PIKETTY, Thomas. *O capital no século XXI*. Rio de Janeiro: Intrínseca, 2014.

PINHEIRO, Daniela. "A Copa do Cabo ao Rio". *piauí*, n. 44, maio 2010.

_____. "Os pretos, os brancos, os amarelos e as verdinhas: O mundo colorido de João Havelange". *piauí*, n. 120, set. 2016.

PINHEIRO-MACHADO, Rosana. *Amanhã vai ser maior: O que aconteceu com o Brasil e possíveis rotas de fuga para a crise atual*. São Paulo: Planeta do Brasil, 2019.

_____. "O que Lula deu e Bolsonaro abocanhou". *El País Brasil*, 21 jun. 2021.

PINTO NETO, Moysés. "As contradições estão aí para todos". IHU Online, 25 set. 2014. <https://www.ihu.unisinos.br/noticias/535592-as-con-tradicoes-estao-ai-para-todos>. Acesso em: 3 fev. 2023.

Referências bibliográficas 463

PINTO NETO, Moysés. "#Ocupapolítica, entre esquerdistas e pragmáticos". Outras Palavras, 15 fev. 2018. Disponível em: <https://outraspalavras.net/sem-categoria/ocupapolitica%E2%80%8A-duas-logicas-em-tensao-produtiva/>. Acesso em: 3 fev. 2023.

PINTO, Ana Flávia Magalhães. *Escritos da liberdade: Literatos negros, racismo e cidadania no Brasil oitocentista*. Campinas: Editora da Unicamp, 2018.

POCHMANN, Marcio. *Nova classe média? O trabalho na base da pirâmide social brasileira*. São Paulo: Boitempo, 2012.

POMAR, Marcelo. "Relato sobre a Plenária Nacional pelo Passe-Livre — PL". CMI, 4 fev. 2005.

_____. "Introdução: Não foi um raio em céu azul". In: JUDENSNAIDER, Elena et al. (Orgs.). *Vinte centavos: A luta contra o aumento*. São Paulo: Veneta, 2013. pp. 8-21.

PORTO, Alexandre Vidal. "O patrono assassinado". *Folha de S.Paulo*, 1 ago. 2021.

POSTHUMA, Anne Caroline. "Autopeças na encruzilhada: Modernização desarticulada e desnacionalização". In: ARBIX, Glauco; ZILBOVICIUS, Mauro (Orgs.). *De JK a FHC: A reinvenção dos carros*. São Paulo: Scritta, 1998. pp. 389-412.

PRAÇA, Sérgio. *Guerra à corrupção: Lições da Lava Jato*. São Paulo: Generale, 2017.

PRADO, André Luiz. *Ao fim da cidade*. Belo Horizonte: Editora UFMG, 2017.

QUINTANILHA, Sérgio. "Dilma destruiu o legado de Lula no mercado de automóveis". Motorshow, 7 mar. 2016. Disponível em: <https://motorshow.com.br/dilma-destruiu-o-legado-de-lula-no-mercado-de-automoveis/>. Acesso em: 2 fev. 2023.

RAVENA, Monyse. "Vitor Valim (Pros) é eleito prefeito de Caucaia". Brasil de Fato. 29 nov. 2020. Disponível em: <https://www.brasildefatoce.com.br/2020/11/29/vitor-valim-pros-e-eleito-prefeito-de-caucaia-ce>. Acesso em: 3 fev. 2023.

REBELO, Darci Norte. *A história do vale-transporte*. Brasília: NTU, 2012.

REGALDO, Fernanda et al. (Orgs). *Urbe urge*. Belo Horizonte: Piseagrama, 2018.

REIS, Sueli. "Anfavea reforça peso de carga tributária em veículos no Brasil". Automotive Business, 7 jul. 2014. Disponível em: <https://www.automotivebusiness.com.br/pt/posts/noticias/anfavea-

reforca-peso-de-carga-tributaria-em-veiculos-no-brasil/>. Acesso em: 2 fev. 2023.

REMÍGIO, Marcelo "O preço da volta para casa; país tem 37 milhões de pessoas que não têm dinheiro para pagar passagem regularmente". *O Globo*, 16 ago. 2010.

RIBEIRO, Ana Paula; BOULOS; Guilherme; SZERMETA, Natália. "Como não fazer política urbana". *CartaCapital*, 30 jan. 2014.

ROCHA, Amara Silva de Souza. "Modernas seduções urbanas: A eletrificação no Rio de Janeiro da Belle Époque". *Anos 90*, Porto Alegre, n. 14, dez. 2000, p. 207.

ROCHA, Camila. *Menos Marx, mais Mises: O liberalismo e a nova direita no Brasil*. São Paulo: Todavia, 2021.

ROCHA, Lucas. "Lula acusa EUA de promover manifestações de Junho de 2013 com o objetivo de derrubar Dilma". *Fórum*, 26 dez. 2019. Disponível em: <https://revistaforum.com.br/politica/2019/12/26/lula-acusa-eua-de-promover-manifestaes-de-junho-de-2013-com-objetivo-de-derrubar-dilma-66478.html>. Acesso em: 2 fev. 2023.

ROCHA, Oswaldo Porto. *A era das demolições: Cidade do Rio de Janeiro: 1870-1920*. Rio de Janeiro: Secretaria Municipal de Cultura, Dep. Geral de Doc. e Inf. Cultural, Divisão de Editoração, 1995.

RODRIGUES, Artur; ZYLBERKAN, Mariana. "Marginais sob Doria têm acidentes em alta e ambulante 'fixo' nas vias". *Folha de S.Paulo*, 7 maio 2017.

RODRIGUES, Juciano Martins. "Mobilidade urbana nos megaeventos esportivos: Panorama crítico das ações e projetos para a Copa do Mundo 2014". In: SANTOS JÚNIOR, Orlando; GAFFNEY, Christopher; RIBEIRO, Luiz Cesar de Queiroz (Orgs.). *Brasil: Os impactos da Copa do Mundo 2014 e das Olimpíadas 2016*. Rio de Janeiro: E-papers, 2015. pp. 105-30.

ROLNIK, Raquel. "São Paulo, início da industrialização: O espaço é político". In: KOWARICK, Lucio (Org.). *As lutas sociais e a cidade*. São Paulo: Paz e Terra; UNRISD, 1994. pp. 95-112.

_____. *Guerra dos lugares: A colonização da terra e da moradia na era das finanças*. São Paulo: Boitempo, 2015.

_____. *Territórios em conflito: São Paulo: Espaço, história e política*. São Paulo: Três Estrelas, 2017.

_____. "Produzir cidade". *Piseagrama*, Belo Horizonte, n. 12, pp. 90-7, 2018.

ROLNIK, Raquel. "Circulação para trabalho explica concentração de casos de covid-19". Blog A Cidade é Nossa, UOL, 30 jun. 2020. Disponível em: <https://raquelrolnik.blogosfera.uol.com.br/2020/06/30/circulacao-para-trabalho-explica-concentracao-de-casos-de-covid-19/>. Acesso em: 3 fev. 2023.

SANTINI, Daniel. *Passe livre: As possibilidades da tarifa zero contra a distopia da uberização*. São Paulo: Autonomia Literária, 2019.

SANTINI, Daniel; ALBERGARIA, Rafaela; SANTARÉM, Paíque Duque (Orgs.). *Mobilidade antirracista*. São Paulo: Autonomia Literária, 2021.

SANTOS, Jouberte Maria Leandro; MELLO, Sérgio Carvalho Benício de. "Um movimento social visto por dentro: A proposta contra-hegemônica do movimento Direitos Urbanos". *Caderno Metrópole*, São Paulo, v. 23, n. 50, pp. 253-79, jan./abr. 2021.

SANTOS, Milton. *Metrópole corporativa fragmentada: O caso de São Paulo*. São Paulo: Nobel, 1990.

_____. "As cidadanias mutiladas". In: Júlio Lerner et al. (Orgs.). *O preconceito*. São Paulo: Imprensa Oficial do Estado, 1996. pp. 133-44.

_____. *A urbanização brasileira*. São Paulo: Edusp, 2005.

SASSO, Guilherme Dal; BERNARDO, Gabriel. "Junho antes de junho: O ciclo de lutas de 2013 em Porto Alegre, onde tudo começou". Rede Universidade Nômade, 8 maio 2016. Disponível em: <https://uninomade.net/junho-antes-de-junho-o-ciclo-de-lutas-de-2013-em-porto-alegre-onde-tudo-comecou/>. Acesso em: 3 fev. 2023.

SAVAZONI, Rodrigo. *Os novos bárbaros: Aventura política do Fora do Eixo*. Rio de Janeiro: Aeroplano, 2014.

SÁVIO, Marco A. C. *A cidade e as máquinas: Bondes e automóveis nos primórdios da metrópole paulista 1900-1930*. São Paulo: Annablume, 2010.

SCHAPIRO, Mario. "O Estado pastor e os incentivos tributários no setor automotivo". *Economia Política*, São Paulo, v. 37, n. 2, pp. 437-55, abr./jun. 2017.

SCHWARZ, Roberto. "A situação da cultura diante dos protestos de rua". Palestra realizada em 8 de julho de 2013. Transcrita no blog da Boitempo, 23 jul. 2013. Disponível em: <https://blogdaboitempo.com.br/2013/07/23/a-situacao-da-cultura-diante-dos-protestos-de-rua/>. Acesso em: 3 fev. 2023.

SEABRA, Catia. "Disputa pela Copa expõe rixas entre os estados". *Folha de S.Paulo*, 28 out. 2007.

SECCHI, Bernardo. *A cidade dos ricos e a cidade dos pobres*. Belo Horizonte: Âyiné, 2019.

SECCO, Lincoln. "As jornadas de junho". In: MARICATO, Erminia et al. *Cidades rebeldes: Passe livre e as manifestações que tomaram as ruas do Brasil*. São Paulo: Boitempo; Carta Maior, 2013. pp. 71-8.

SERAPIÃO, Fernando. "A marretadas". *piauí*, n. 47, ago. 2010.

SEVCENKO, Nicolau. *Orfeu extático na metrópole: São Paulo, sociedade e cultura nos frementes anos 20*. São Paulo: Companhia das Letras, 1992.

_____. *A Revolta da Vacina: Mentes insanas em corpos rebeldes*. São Paulo: Editora Unesp, 2018.

SHAPIRO, Helen. "A primeira migração das montadoras: 1956-1968". In: ARBIX, Glauco; ZILBOVICIUS, Mauro (Orgs.). *De JK a FHC: A reinvenção dos carros*. São Paulo: Scritta, 1997.

SILVA, Gabriela Galiza e; GURGEL, Yara Maria Pereira. "A polícia na Constituição Federal de 1988: Apontamentos sobre a manutenção de um órgão militarizado de policiamento e a sua incompatibilidade com a ordem democrática vigente no Brasil". *Revista Brasileira de Segurança Pública*, São Paulo, v. 10, n. 1, pp. 142-58, fev./mar. 2016.

SILVA, Maria Lais Pereira da. *Os transportes coletivos na cidade do Rio de Janeiro: Tensões e conflitos*. Rio de Janeiro: Secretaria Municipal de Cultura, Turismo e Esportes, 1994.

SINGER, André. *Os sentidos do lulismo: Reforma gradual e pacto conservador*. São Paulo: Companhia das Letras, 2012.

_____. "Brasil, junho de 2013: Classes e ideologias cruzadas". *Novos Estudos Cebrap*, São Paulo, n. 97, pp. 23-40, 2013.

SINGER, Paul. *Urbanização e desenvolvimento*. Belo Horizonte: Autêntica, 2017.

SOARES, Luiz Eduardo. *O Brasil e seu duplo*. São Paulo: Todavia, 2019.

SOARES, Roberta. "Antes tarde do que nunca: Estado decide contratar estudo de impacto dos viadutos da Agamenon Magalhães". *JC Online*, 18 jun. 2012.

SOLANO, Esther; MANSO, Bruno Paes; NOVAES, William. *Mascarados: A verdadeira história dos adeptos da tática Black Bloc*. São Paulo: Geração Editorial, 2014.

SOUTO, Anna Luiza Salles; DIAS, Rosângela. "A institucionalidade participativa". Entrevista a Francele Cocco. *Le Monde Diplomatique Brasil*, 1 ago. 2013.

SOUZA, Celina. "Participatory Budgeting in Brazilian Cities: Limits and Possibilities in Building Democratic Institutions". *Environment & Urbanization*, Londres, v. 13, n. 1, pp. 159-84, abr. 2001.

Referências bibliográficas 467

SPADA, Paolo. "The Diffusion of Participatory Governance Innovations: A Panel Data Analysis of the Adoption and Survival of Participatory Budgeting in Brazil". Working paper, 2014.

SPINELLI, Evandro; SOARES, Pedro. "Dilma pede, e SP e RJ congelam a tarifa de ônibus para conter inflação". *Folha de S.Paulo*, 15 jan. 2013.

STIGLITZ, Joseph. "Of the 1%, by the 1%, for the 1%". *Vanity Fair*, maio 2011.

STREECK, Wolfgang. *Tempo comprado: A crise adiada do capitalismo democrático*. São Paulo: Boitempo, 2018.

TAVARES, Joelmir. "Com falas sobre 'vingar Marielle' e mudar a política, novatos lançam candidaturas". *Folha de S.Paulo*, 8 jul. 2018.

_____. "Grupos paralelos a partidos ajustam foco nas eleições para impulsionar candidatos". *Folha de S.Paulo*, 2 jan. 2022.

TOCQUEVILLE, Alexis de. *O Antigo Regime e a Revolução*. Brasília: Editora UnB, 1997.

TURINO, Célio. "O desmonte do programa Cultura Viva e dos Pontos de Cultura sob o governo Dilma". *Fórum*, 7 jul. 2013.

USLANER, Eric M. "Corruption, Inequality, and Trust". In: SVENDSEN, Gert T.; LIND, Gunnar (Orgs.). *The Handbook of Social Capital*. Londres: Edward Elgar, 2009. pp. 127-42.

_____. *The Historical Roots of Corruption: Mass Education, Economic Inequality, and State Capacity*. Cambridge: Cambridge University Press, 2017.

VARSANO, Ricardo. "A guerra fiscal do ICMS: Quem ganha e quem perde". *Planejamento e Políticas Públicas*, Ipea, Brasília, n. 15, pp. 3-19, 1997.

VASCONCELLOS, Eduardo Alcântara de. *Políticas de transporte no Brasil: A construção da mobilidade excludente*. Barueri: Manole, 2013.

VASCONCELOS, Eduardo et al. *Relatório 2016: Sistema de Informações da Mobilidade Urbana da ANTP*. São Paulo: Associação Nacional de Transporte e Trânsito, 2018.

VELLOSO, Rita. "Moment, Flow, Language, Non-Plan: The Unique Architecture of Insurrection in a Brazilian Urban Periphery". In: FERRETI, Federico et al. (Orgs.). *Historical Geographies of Anarchism: Early Critical Geographers and Present-Day Scientific Challenges*. Londres: Routledge, 2017. pp. 165-78.

VELOSO, André. *O ônibus, a cidade e a luta*. Belo Horizonte: Impressões de Minas, 2017.

VELOSO, André; OVIEDO, Annie; MANHAS, Cléo; CARIBÉ, Daniel; ANDRÉS, Roberto. "Passe livre pela democracia". *Folha de S.Paulo*, 26 out. 2022.

VELOSO, Milson; LEÃO, Gledson. "Moradores da região Norte de BH fecham MG-20 em protesto contra insegurança". *Hoje em Dia*, 25 jun. 2013.

VIANNA, Hermano. "Internet e inclusão digital: Apropriando e traduzindo tecnologias". In: BOTELHO, André; SCHWARCZ, Lilia Moritz (Orgs.). *Agenda brasileira: Temas de uma sociedade em mudança*. São Paulo: Companhia das Letras, 2011. pp. 314-23.

VINICIUS, Leo. *Guerra da Tarifa 2005: Uma visão de dentro do Movimento Passe-Livre em Floripa*. São Paulo: Faísca Publicações Libertárias, 2006.

VIZEU, Rodrigo. "Brasil está entre poucos países que barram candidatos avulsos". *Folha de S.Paulo*, 18 jun. 2017.

WALLERSTEIN, Inmanuel. *Transforming the Revolution: Social Movements and the World-System*. Nova York: Monthly Review Press, 1990.

WEISSHEIMER, Marco. "O Caso Ford: Um desagravo a Olívio Dutra". Sul21, 5 maio 2013. Disponível em: <https://revistaforum.com.br/brasil/2013/6/6/caso-ford-um-desagravo-olivio-dutra-6850.html>. Acesso em: 2 fev. 2023.

WESTIN, Ricardo. "Em 1985, a madrugada mais longa da República". Senado Notícias, 2 mar. 2015. Disponível em: <https://www12.senado.leg.br/noticias/especiais/arquivo-s/a-madrugada-mais-longa-da-republica-faz-30-anos/madrugada-mais-longa-da-republica-faz-30-anos>. Acesso em: 2 fev. 2021.

WISNIK, Guilherme. "The New Urban Brazil and Its Margins". In: MOSTAFAVI, Mohsen (Org.). *Ethics of the Urban: The City and the Spaces of the Political*. Zurique: Lars Müller Publishers, 2017. pp. 296-323.

ZUBA, Fernando; CARVALHO, Larissa. "'Se não tivesse ônibus de graça, não votaria. Não tenho dinheiro nem pra passagem', diz eleitor de BH". G1 Minas, 30 out. 2022. Disponível em: <https://g1.globo.com/mg/minas-gerais/eleicoes/2022/noticia/2022/10/30/se-nao-tivesse-onibus-de-graca-nao-votaria-nao-tenho-dinheiro-nem-pra-passagem-diz-eleitor-de-bh.ghtml>. Acesso em: 3 fev. 2023.

ZULOARK. "Parlamento cidadão", *Piseagrama*, n. 9, 2016.

Referências bibliográficas 469

Teses e dissertações

ALVES, Maria Abadia. *Guerra fiscal e finanças federativas no Brasil: O caso do setor automotivo*. Campinas: Unicamp, 2001. Dissertação (Mestrado em Economia).

ANDRADE, Flávio Lyra de. *Movimentos sociais, crise do lulismo e ciclo de protesto em junho de 2013: Repertórios e performances de confronto, crise de participação e emergência de um quadro interpretativo autonomista.* João Pessoa: UFPB, 2017. Tese (Doutorado em Sociologia).

ARANHA, André Martins Costa. "Posso passar o cartão? Para compreender a natureza jurídica e econômica do vale-transporte". Rio de Janeiro: PUC-RJ, 2013. Monografia do Curso de Economia.

BEZERRA, Carla de Paiva. *Do poder popular ao modo petista de governar: Mudanças no significado da participação para o Partido dos Trabalhadores.* São Paulo: USP, 2014. Dissertação (Mestrado em Ciência Política).

BICEV, Jonas Tomazi. *Políticas tripartites e ação sindical: A experiência de negociação do Sindicato dos Metalúrgicos do ABC no setor automotivo.* São Paulo: USP, 2019. Tese (Doutorado em Sociologia).

BRANDÃO, Ana Laura Loyola. "Vozes da crise: Uma análise de discurso dos cartazes presentes nas manifestações de 2013 e 2015". Brasília: UnB, 2015. Trabalho de Conclusão de Curso (Graduação em Comunicação Social).

CAFRUNE, Marcelo Eibs. *Direito à moradia e a Copa do Mundo no Brasil: Das mudanças legislativas às novas lutas urbanas.* Brasília: UnB, 2016. Tese (Doutorado em Direito).

CAMPOS, Luiz Fernando. *Ocupa Belo Horizonte: Cultura, cidadania e fluxos informacionais no duelo de MCs.* Belo Horizonte: UFMG, 2013. Dissertação (Mestrado em Ciência da Informação).

CAMPOS, Pedro Henrique. *A ditadura dos empreiteiros: As empresas nacionais de construção pesada, suas formas associativas e o Estado ditatorial brasileiro, 1964-1985.* Niterói: UFF, 2012. Tese (Doutorado em História Social), p. 503.

CARIBÉ, Daniel Andrade. *Tarifa zero: Mobilidade urbana, produção do espaço e direito à cidade.* Salvador: UFBA, 2019. Tese (Doutorado em Arquitetura e Urbanismo).

CASTRO, Isabel Thees. *Cidade sem catracas: Pensando a cidade da livre circulação.* Rio de Janeiro: PUC Rio, 2016. Dissertação (Mestrado em Arquitetura).

COSTA, Deborah Cavalcante Duarte da. *Luta e organização popular: O crescimento do MTST em São Paulo*. Campinas: Unicamp, 2020. Dissertação (Mestrado em Ciência Política).

DAMASCENO, Marcelo Oliveira. *Entre ruínas e resistências: (R)emoções em Porto Alegre*. Porto Alegre: UFRGS, 2018. Dissertação (Mestrado em Arquitetura).

DIAS, Arilena Covalesky. "Avaliação da política pública de mobilidade urbana do Ministério das Cidades e impacto no planejamento urbano das médias cidades". Brasília: Escola Nacional de Administração Pública, 2018. Trabalho de Conclusão de Curso de Especialização em Planejamento e Estratégias de Desenvolvimento.

DIAS, Paola Lisboa Codo. *Sob a "lente do espaço vivido": A apropriação das ruas pelos blocos de carnaval na Belo Horizonte contemporânea*. Belo Horizonte: UFMG, 2015. Dissertação (Mestrado em Arquitetura).

DOMINGUES, Letícia Birchal. *Junho de 2013: Atores, práticas e gramáticas nos protestos em Belo Horizonte*. Belo Horizonte: UFMG, 2019. Dissertação (Mestrado em Ciência Política).

GUTTERRES, Anelise dos Santos. *A resiliência enquanto experiência de dignidade: Antropologia das práticas políticas em um cotidiano de lutas e contestações junto a moradoras ameaçadas de remoção nas cidades sede da Copa do Mundo 2014 (Porto Alegre, RS e Rio de Janeiro, RJ)*. Porto Alegre: UFRGS, 2014. Tese (Doutorado em Antropologia).

LIMONCIC, Flávio. *A civilização do automóvel: A instalação da indústria automobilística no Brasil e a via brasileira para uma improvável modernidade fordista 1956-1961*. Rio de Janeiro: UFRJ, 1997. Dissertação (Mestrado em História Social).

MARTINS, Luís Pompeo. *A cidade em movimento: A via expressa e o pensamento urbanístico no século XX*. São Paulo: USP, 2017. Dissertação (Mestrado em Arquitetura).

MONTEIRO, Marina. *"De pedra e pau": Etnografia sobre o levante popular de junho de 2013 na cidade do Rio de Janeiro e suas continuidades*. Florianópolis: UFSC, 2018. Tese (Doutorado em Antropologia Social).

MORESCO, Marcielly Cristina. *Primavera feminista secundarista: Corporalidades, gêneros e sexualidade dissidentes nas ocupações escolares do Paraná (2016/2)*. Curitiba: UFPR, 2020. Tese (Doutorado em Educação).

MOURA, Alice Bezerra de Mello. *Remoções forçadas, moradas desmanteladas: Uma intervenção estatal no Loteamento São Francisco*. Recife: UFPE, 2016. Dissertação (Mestrado em Antropologia).

NABACK, Clarisse Pires de Almeida. *Remoções biopolíticas: O habitar e a resistência da Vila Autódromo.* Rio de Janeiro: PUC Rio, 2015. Dissertação (Mestrado em Direito).

OLIVEIRA, Teresa Maria Barbosa de. *Articulação de identidades políticas a partir de redes sociais na internet: Uma análise a partir do grupo "Direitos Urbanos / Recife" do Facebook.* Recife: UFPE, 2013. Dissertação (Mestrado em Sociologia).

PEREIRA, Neiva Aparecida Lopes. *Gestão de política pública e mobilidade urbana: Estudo de caso do processo de implantação do transporte coletivo gratuito na cidade de Monte Carmelo/MG.* Belo Horizonte: Centro Universitário Unihorizontes, 2018. Dissertação (Mestrado em Administração).

SAES, Alexandre Macchione. *Conflitos de capital: Light versus CBEE na formação do capitalismo brasileiro.* Campinas: Unicamp, 2008. Tese (Doutorado em Economia).

SCARPELLI, Cristiano. "Custos externos da mobilidade por carros e motos no Brasil". Belo Horizonte: Faculdade Arnaldo Janssen, 2020. Trabalho de Conclusão de Curso (Graduação em Economia).

SCOVINO, Talles Miguel. *Rolezinho e relações de poder: Por outras práticas espaciais.* Rio de Janeiro: UERJ, 2020. Dissertação (Mestrado em Geografia).

TEIXEIRA, Fernanda Moraes. *Para onde vão as ruas: Uma leitura sobre os protestos de junho de 2013 no Rio de Janeiro.* Seropédica: UFRRJ, 2017. Dissertação (Mestrado em Ciências Sociais).

VIEIRA, Andressa Brito. *A "Ilha Rebelde" de novo? Lutas sociais nas manifestações de Junho de 2013 em São Luís-MA.* São Luís: UFMA, 2016. Dissertação (Mestrado em Políticas Públicas).

Vídeos e filmes

"Anonymous Brasil — As 5 causas!". Anonymous Brasil, YouTube, 19 jun. 2013. Disponível em: <https://www.youtube.com/watch?v=v5iSn76I2xs>. Acesso em: 3 fev. 2023.

"Áurea Carolina: discurso da vitória". 8 out. 2016. Disponível em: <https://www.facebook.com/asmuitas/videos/1166332613412385>. Acesso em: 3 fev. 2023.

"Elisa Quadros diz ter sido marcada por perseguições que viveu como 'Sininho'". Entrevista à Agência Pública. YouTube, 30 jan.

2017. Disponível em: <https://www.youtube.com/watch?v=9QFl
IJH9WEI&list=PLmkLHWZfMzPH5PlFo5gazKEoVLAdMulZU&
index=6&ab_channel=Ag%C3%AAnciaP%C3%BAblica>. Acesso
em: 3 fev. 2022.

"História Clésio Andrade". Vídeo publicitário. Disponível em: <https://
www.youtube.com/watch?v=ArziNjs2Bro>. Acesso em: 2 fev. 2023.

"O Quebra-Bondes na cidade de Salvador (1930)". Documentário.
Fundação Pedro Calmon, Secretaria de Cultura do Estado da Bahia.

"O recalque - Glossário Freud". Videoaula de Christian Dunker,
26 dez. 2017. Disponível em: <https://www.youtube.com/
watch?v=2t1P8Yfj4HA&ab_channel=ChristianDunker>.

"Os Brutos — Manifestação 02". Registro colaborativo das manifestações de 2013. Disponível em: <https://www.youtube.com/
watch?v=b4Zy3IL_ixE>. Acesso em: 2 fev. 2023.

"Porto Alegre quer passe livre". Vídeo publicado por Matheus Gomes
em sua conta no Twitter, 28 set. 2022.

A Revolta do Buzu. Documentário, 2003. Direção de Carlos Pronzato.

ABC da greve. Documentário, 1990. Direção de Leon Hirszman.

Democracia em preto e branco. Documentário, 2014. Direção de Pedro
Asbeg.

Ecos de Junho. Documentário, 2021. Direção de Angela Alonso e Paulo
Markun.

Espero tua (re)volta. Documentário, 2019. Direção de Eliza Capai.

Impasse. Documentário, 2010. Direção de Juliana Kroeger e Fernando
Evangelista. Doc Dois Filmes.

Podcasts

Cálice: O caso José Jobim. Atabaque Produções, 2022.

O sequestro da amarelinha. José Roberto de Toledo e Jamil Chade. *piauí*,
Swissinfo e Rádio Novelo, 2021.

Passado a Quente: 2015, castelo de cartas. Rodrigo Vizeu, 3 set. 2022.

Índice remissivo

"1ª Avancê do Copac" (protesto em Belo Horizonte, 2013), 258
5º Fórum Social Mundial (Porto Alegre, 2005), 11, 243
15M (movimento espanhol), 22, 168, 170, 172, 303, 365
"300 picaretas" (canção), 84

ABC Paulista, movimentos sindicais do, 126-7, 134-5
Abolição da escravidão (1888), 59
aborto, legislação sobre, 361
acidentes de trânsito, 142
açúcar/economia açucareira, 229
Adbusters (revista), 173
África do Sul, 201-4, 254
Alckmin, Geraldo, 293, 356, 358, 399
Alemanha, 20, 123, 163, 202, 331
Ali, Ben, 166
alíquotas de importação, 127, 129
Almeida, Luiz Felipe Aniceto de, 180-1
Almeida, Silvio, 414
Alonso, Angela, 273-5
Alves, Maria Abadia, 131
Amarantos, Gaby, 219
Amarildo, Caso (vítima de violência policial no RJ), 325
América Latina, 50, 87, 111, 116, 145, 371, 378
Ananias, Patrus, 367
"anarcopopulistas", rebeliões, 171
Ancop (Articulação Nacional dos Comitês Populares da Copa), 202
Andrade Gutierrez (empreiteira), 79, 81, 100, 208

Andrade, Clésio, 144-5, 149, 151
Andrade, José Oswald Nogueira de (pai), 37
Andrade, Maria da Conceição, 81
Andrade, Oscar Soares de, 144
Andrade, Oswald de, 37, 40
Andrade, Santiago, 332
Anfavea (Associação Nacional dos Fabricantes de Veículos Automotores), 141
Angra dos Reis, usinas nucleares de (RJ), 79-80
"anões do orçamento", escândalo dos (1993), 83-4
Anonymous Brasil (grupo de hackers e ativistas), 263, 296-7, 325
anticorrupção, atos e discursos, 273-7, 289, 292, 296, 346, 352
antipetismo, 275, 293, 337
ANTP (Associação Nacional de Transportes Públicos), 148
Arena (Aliança Renovadora Nacional), 12, 93-4, 148
Argentina, 123, 156
Arraes, Marília, 225
árvores, remoção de, 65, 236-7, 332
ascensão social, 135, 188, 198, 281, 316, 403-6
Assembleia Nacional Constituinte (1987-8), 16, 81, 93-4, 97, 105, 152, 255; *ver também* Subcomissão de Questão Urbana e Transporte da Constituinte (1987-8)
Assembleia Popular Horizontal (APH, Belo Horizonte), 225, 258

Associação Nacional das Empresas de Transporte Público (NTU), 149, 151

ativismo pela ocupação dos espaços urbanos, 222-4, 226, 231-7, 370

Aubagne (França), 392

automóveis, 15, 56, 62, 66, 70-1, 78, 129-30, 135-6, 139-41, 143, 156, 158, 196, 203, 313, 324, 332, 344, 354, 382, 393, 404; *ver também* indústria automobilística

autopeças, fabricação de, 128-9, 137

"autoprodução" (de ofertantes de ônibus urbanos), 145-6

autoritarismo, 10, 59, 73

Avenida Agamenon Magalhães (Recife, PE), 225

Avenida Paulista (São Paulo, SP), 53, 269-70, 292, 339, 344

avulsos, manifestantes, 250, 260, 270-2, 275, 279, 302; *ver também* revoltas de junho (2013)

backlash (termo de Susan Faludi), 353

backlash urbano, expressões de, 351-5

BACS (Bases de Apoio à Cultura), 190

Bahia, 45, 75-6, 132-3, 313

Bahia Light (subsidiária da Light em Salvador), 45

Banco Central Europeu, 164

Banco Nacional de Habitação (BNH), 106, 121

bancos públicos, 208

banqueiros, 166, 169, 336-7

Barata, Beatriz Perissé, 304

Barata, Jacob, 304

Barbosa, Adoniran, 59, 62

Barbosa, Joaquim, 334

Barroso, Luís Roberto, 387

Bastos, Márcio Thomaz, 95, 255

Batista, Paulo, 339

Belo Horizonte (MG), 25, 60, 70, 110, 144, 147, 149, 158-60, 179, 199, 201, 209, 214, 220, 222, 257-9, 272, 274, 288-9, 293, 296, 302, 306, 308, 311-2, 342, 362, 365-6, 370, 372, 376, 386, 388

bem-estar social, 64, 126, 403

Bezerra, Carla, 123

Biló, Gabriela, 396

Bisol, José Paulo, 84

black blocs, 24, 279-81, 309, 315, 324, 327, 330, 340, 397

Blatter, Joseph, 204

blindagem política, 18, 99, 101-2, 207, 231, 306

Bloco de Lutas pelo Transporte Público, 249

blogs, cultura de, 165, 188, 233

BNDES (Banco Nacional de Desenvolvimento Econômico e Social), 157, 208-9

Bolsa Família (programa), 182, 184, 400

bolsonarismo, 354-5, 398, 402

Bolsonaro, Eduardo, 339

Bolsonaro, Jair, 133, 277, 346, 348-52, 354-5, 361, 365, 373, 387, 389-90, 395, 398-401, 404

bonde elétrico em São Paulo, inauguração do (1900), 37

bondes, 31-2, 36-50, 53-4, 62, 78, 145, 392; *ver também* imposto de um vintém (nos bondes cariocas); Revolta do Vintém (Rio de Janeiro, 1879-80)

Bonduki, Nabil, 120-1

Boric, Gabriel, 23

Borin, Monique Félix, 53

Bouazizi, Mohamed, 165-6

Boulos, Guilherme, 310, 372-3, 399

Bradesco, 337
Braga, Rafael, 324-5
Braga, Ruy, 317
Brandão, Fúlvio, 375-6
Brandão, Gilson, 379
Brasília, 75-6, 91, 147, 158, 274, 288, 316, 362, 378
Braskem (empresa), 100
Brito, Raimundo, 86
Britto, Antônio, 132
Brizola, Leonel, 90, 314
BRT (Bus Rapid Transit), 160, 180; *ver também* corredores exclusivos de ônibus
"Brutos, Os" (projeto de cinegrafistas ativistas), 181
Buarque, Chico, 90, 215
Buarque, Cristovam, 185
Bucci, Eugênio, 283, 431
Buenos Aires (Argentina), 156
burguesia industrial, 129
Busatto, Cézar, 250

Cabral, Danilo, 227-8
Cabral, Sérgio, 200, 293, 305, 317
Caetano, Jacintho Luiz, 380
Caeté (MG), 375-7, 383
café/economia cafeeira, 39, 46, 62
"café com leite", acordo (SP e MG na presidência), 46-7
Cais José Estelita (Recife), 228-9, 231; *ver também* Ocupe Estelita (movimento em Recife)
Caldeira, Teresa, 68, 414
Calheiros, Renan, 104, 263, 277, 294
Camaçari (BA), 133
Câmara de Vereadores de Belo Horizonte, 25, 302, 365, 368
Câmara de Vereadores de São Paulo, 10, 115
Câmara dos Deputados, 89, 91, 148, 153, 349, 361
Câmara Setorial da Indústria Automobilística, 128

Câmara, Belize, 230-1
Camaragibe (PE), 211
Câmaras Setoriais, 134
Camargo Corrêa (empreiteira), 79, 81, 100, 208
Camargo, Afonso, 148
camiseta da seleção brasileira de futebol (como símbolo "patriota"), 250
campanhas políticas, financiamento de, 88, 99-102, 119, 207
Campos, Eduardo, 200, 228, 334
Campos, Pedro Henrique, 77, 416
Canadá, 50, 361
Candeias (BA), 313
Capilé, Pablo, 215
Carandiru, massacre do (São Paulo, 1992), 66
Carazza, Bruno, 99
Cardoso, Fernando Henrique (FHC), 83, 86-90, 96, 102, 132, 181-2, 186, 189-90
Caribé, Daniel, 238-9
carnaval, 47, 223-4, 303, 318, 367
Carneiro, Dirceu, 105
Carolina, Áurea, 365, 372
"Carta aos Brasileiros" (Lula, 2002), 88
Carta brasileira (1988), 255-6
cartazes das revoltas de 2013, análise dos, 25, 217, 251, 284-97, 300, 305, 340-3, 359, 363-4, 432; *ver também* revoltas de junho (2013)
Carvalho, Laura, 347, 424
Carvalho, Luiz Maklouf, 94
Carvalho, Olavo de, 267
Casa Civil, 89, 120, 153, 157-8
"Casa no campo" (canção), 66
Casagrande (jogador de futebol), 90
Castells, Manuel, 165, 168, 327
Catar, 202
Caucaia (CE), 383
Cava, Bruno, 327

Cavalcanti, Severino, 13
CBF (Confederação Brasileira de Futebol), 204, 206, 276, 278
CBPO (empreiteira), 79, 83
Ceará, 360
Centrão, 95-6, 107-8, 117
centro-direita política, 164, 292
centro-esquerda política, 86, 164, 169, 335
Cervejaria Petrópolis, 100
Cetenco (empreiteira), 79, 82
Chaui, Marilena, 283, 298
Chávez, Hugo, 11
Chicago (Illinois, EUA), 38
Chile, 23, 358
Chinaglia, Arlindo, 362
choque do petróleo (1973), 85, 146, 148
"Churrascão da Gente Diferenciada" (protesto em São Paulo, 2011), 218
ciclos de luta, conjunção de, 17
ciclovias, 193, 353
"cidadanias mutiladas" (conceito de Milton Santos), 65-7
"cidadão" (sentido pejorativo no Brasil), 66
cidades, crise das ver crise urbana; questão urbana; urbanização
Cide (Contribuição de Intervenção no Domínio Econômico), 153
Ciências sem Fronteiras (programa), 193
cinco atores das revoltas de junho, 279-81; ver também revoltas de junho (2013)
classe C, 135, 142, 181, 183, 188, 194-7, 280, 400, 403
classe trabalhadora, 39, 51-2, 64, 126, 134-5, 148-9, 152, 403
classe(s) média(s), 63, 67, 71, 106, 190, 195, 211, 220, 223, 263, 270-1, 400

CMTC (Companhia Municipal de Transporte Coletivo — São Paulo), 49
CNBB (Conferência Nacional de Bispos do Brasil), 276
"coalizão da repressão" (2013), 324, 333; ver também repressão aos manifestantes de junho
Código de Defesa do Consumidor, 205
Coelho, Lucas, 375
Coelho, Paulo, 200
Collor, Fernando, 17, 19, 82, 102, 127-8, 189, 274, 282, 337
Colômbia, 123
Comin, Alexandre, 130
Comissão de Direitos Humanos da Câmara dos Deputados, 349-51
commodities, mercado de, 135, 182, 194
Companhia Cantareira (RJ), 54
Companhia Viação Paulista, 37-9
"compra de tempo" (conceito de Wolfgang Streeck), 163
Comunidades Eclesiais de Base, 106
Conceição da Barra (ES), 311-2
condomínios, 16, 68-71, 196, 355, 414
Confederação Nacional dos Transportes, 149
congestionamentos, 15, 37, 49, 57, 71, 140, 353
Congonhas (MG), 312
Congresso Nacional, 76, 84, 91-2, 101, 148, 276, 361, 395, 402, 404; ver também Câmara dos Deputados; Senado
"consenso de centro" (alternância formal entre centro-direita e centro-esquerda), 164, 169
Consolação, Maria da, 367
Constituição brasileira (1967), 255-6
Constituição brasileira (1988), 69, 94-5, 97, 107, 117, 131, 185, 210, 230, 266

Constran (empreiteira), 81
construtoras *ver* empreiteiras
contrapúblicos, 267
Controladoria Geral da União, 103, 345
cooperativas, 134, 145
Copa das Confederações (Brasil, 2013), 205, 254, 257, 259, 261, 282, 288, 348
Copa do Mundo de 1986 (México), 202
Copa do Mundo de 2010 (África do Sul), 201, 204
Copa do Mundo de 2014 (Brasil), 18, 20, 25, 158, 160, 179, 199-214, 217, 226, 233, 235-6, 249, 252, 263, 278, 288, 292, 295, 309-10, 324, 331-3, 340
Copacs (Comitês Populares dos Atingidos pela Copa), 201, 210, 213-4, 257-8, 262, 369
"Copelada" (partida de futebol de rua em BH, 2013), 258
Corinthians (time), 90
corredores exclusivos de ônibus, 159-60, 353
corrupção, 12, 17-8, 78, 80-2, 84-6, 88-9, 103-4, 106, 167, 204, 206, 261-3, 274, 276-8, 292-4, 296-8, 335, 337, 341-2, 345-6, 352, 354; *ver também* propinas
cortiços, 31, 60
Costa, João da, 230
Costa, Paulo Roberto, 89
Costa e Silva, Artur da, 83
costumes, agenda de, 17, 19, 348
Coutinho, Luciano, 157
Covas, Bruno, 373
Covas, Mário, 88
covid-19, pandemia de, 375, 377, 381-2
CPI do orçamento (1993), 84
CR Almeida (empreiteira), 81
"creative commons", 216

crescimento econômico, 103, 135, 182, 194
criminalidade, 262
Criolo, 219
crise climática, 140, 405
crise do transporte, acirramento da (séc. XXI), 245, 247-8
crise econômica brasileira (2014), 20-1, 161, 210, 347, 381
crise econômica mundial (2008), 163-4, 167, 173, 183
crise fiscal (no fim do Império brasileiro), 31-3
crise hipotecária (EUA, 2007), 164
crise internacional (1929), 46
crise urbana, 13-4, 23, 108, 118, 406; *ver também* questão urbana; urbanização
Cristalina (GO), 312
crítica ao excesso de automóveis, contradições na, 136, 161
Cultura Viva (programa do Ministério da Cultura), 190-1, 216
Cunha, Eduardo, 361-2
"cura gay", projeto de, 294, 350, 432
Curitiba (PR), 257, 346, 370, 372
CUT (Central Única dos Trabalhadores), 126-7

Datafolha, pesquisas do, 265, 326, 341, 373
"Defesa Pública da Alegria" (protesto em Porto Alegre, 2012), 235
déficit de cidadania, 18, 66-8, 72-3, 300
déficit habitacional, 121-2; *ver também* moradia
degradação dos centros urbanos, 65-8, 140, 196
degradação urbana, 77
delação premiada, 345
Delfim Netto, Antônio, 147-8, 150, 154

democracia, 16, 72-3, 86, 92-4, 130, 165, 167, 172-3, 175, 203, 231, 249, 274, 288, 293, 297, 388, 390-1, 393, 399; *ver também* vida democrática
Democracia Corintiana, 90, 92
Democracia Real Ya (Democracia Real Já, plataforma online espanhola), 169
Demônios da Garoa (grupo musical), 59
Departamento Nacional de Estradas e Rodagem, 83
desemprego, 164, 168, 172, 197
desigualdade(s), 14-5, 40, 67, 72-3, 107-8, 163-5, 181-3, 187, 194, 221, 281, 346, 355, 385, 391, 400, 404-6
desindustrialização, 130, 137-8, 196
Diário Oficial, 104
diesel, óleo, 147, 153
Dirceu, José, 82, 89
direita política, 25-6, 51, 86, 95, 133, 169, 171, 206, 266, 269-73, 275-7, 279, 291-4, 296, 305, 339, 342, 349, 358, 365, 431; *ver também* extrema direita; nova direita
Direitos Urbanos (coletivo pernambucano), 226-8, 230-1
Diretas Já (movimento de 1984), 16-7, 19, 90-1, 274, 282, 399
distribuição de renda, 113, 194, 424
ditadura civil-militar brasileira (1964-85), 13, 15, 58, 75-80, 89-90, 94, 101, 119, 121, 125, 147, 181, 222, 273, 278, 345, 399
"Dói em Todos Nós" (campanha fotográfica, 2013), 262
Domingues, Letícia Birchal, 272
Doria, João, 352-4
drogas, 18, 296, 325, 350, 355
Duelo de MCs (Belo Horizonte), 220
Dunga (jogador de futebol), 200
Dutra, Eurico Gaspar, 50
Dutra, José Eduardo, 86, 88-9

Dutra, Olívio, 13, 109, 118-9, 132-3, 157, 200, 243

economia brasileira, 46, 126, 184
educação e inclusão educacional, 184-6, 188
"Educação Padrão Fifa", pedidos de, 275, 295
Egito, 167
eleições de 2014 (Brasil), 99-100, 333-5, 337
eleições de 2022 (Brasil), 386, 388-90, 395, 399
Eletrobrás, 79
Elis Regina, 66
elites/elitismo, 59, 62-3, 66, 68, 71-2, 168, 171, 195, 243, 298, 314, 317
emenda das Diretas (1984), 91
Emenda Popular da Reforma Urbana (Emenda 63/1987), 107-8
Emicida, 219
emissões de gases de efeito estufa, 405
empreendedorismo, fomento ao, 132
empregos, geração de, 137-8, 182
empreiteiras (construtoras), 13, 16, 75-9, 81-7, 99-100, 120-1, 206-9, 229, 231, 278, 344-5
empresários do transporte, 16, 148-9
enclausuramento das cidades, 68
enclaves fortificados, 68, 70, 72, 355
ensino superior, 186-8, 197, 271, 334, 374
Equador, 123
Erundina, Luiza, 9-10, 111-6, 244, 247, 373, 378, 386, 418
Escola Estadual Fernão Dias Paes (São Paulo, SP), 356
escolas estaduais, projeto de reestruturação das (SP), 356-7

espaços públicos, 16, 18, 65, 68, 72, 74, 110, 167-8, 172, 193, 195, 197, 217-8, 220-1, 223-6, 246, 319, 366, 368, 371, 391-3, 405

Espanha, 22, 123, 165, 168, 170, 172, 175, 202-3, 279, 365, 373

especulação imobiliária, 39, 108, 122, 224

Espírito Santo, 303, 312

espraiamento, 49, 57, 63, 140, 145

"esquerda festiva", 223

esquerda política, 21-3, 53, 84, 86, 110, 164, 169, 206, 222, 225, 242, 250, 266, 269-70, 278-9, 294, 305, 337, 339, 347, 349, 365, 431, 438

Estádio de Itaquera (São Paulo, SP), 310, 331

Estádio Mineirão (Belo Horizonte, MG), 160, 179, 209, 259, 332

Estado de direito, 67, 69, 264, 268

Estado de São Paulo, O (jornal), 85, 104

"Estado mínimo", reivindicações por, 275, 279; *ver também* liberalismo; neoliberalismo

Estados Unidos, 10, 22, 63, 71, 83, 163-4, 170, 172-5, 202, 236, 267, 279, 365, 378, 384-5, 403

Estatuto da Cidade (2001), 108, 110, 117-8, 122, 210

Estatuto da Criança e do Adolescente (1990), 205

estudantes e movimento estudantil, 11, 238, 240, 244, 249, 252, 275, 358-9, 401; *ver também* passe livre estudantil

Estudantes pela Liberdade (organização de direita), 266-8, 342

Europa, 51-2, 63, 156, 165-7, 173

evangélicos, 399, 401-2

"exílio na periferia" (conceito de Milton Santos), 314

externalidade, conceito econômico de, 140

extrativismo, 140

extrema direita, 22-3, 269, 354, 400, 403

Faccioni, Victor, 148

Facebook, 165, 169, 171, 181, 218, 225, 229, 250, 258, 268-9, 275, 284, 340, 351-2

Faculdade de Direito do Largo São Francisco (SP), 44

Fafá de Belém, 90-1

Falabella, Cida, 365, 369

Faludi, Susan, 353

Farias, Paulo César (PC), 82

"Farofada da Gente Desqualificada" *ver* Largo Vivo (ocupação do Largo Glênio Peres, Porto Alegre, 2012)

fascistas, grupelhos, 279, 294; *ver também* extrema direita

fases das revoltas de junho de 2013, 273-5; *ver também* revoltas de junho (2013)

favelas, 110, 309, 325, 363

Feliciano, Marco, 293-4, 349-51, 354, 365, 432

feminismo/feministas, 217, 288, 348, 361-4, 384, 388, 401, 404; *ver também* mulheres, direitos das

Ferreira, Juca, 190, 215

ferrovia Norte-Sul, 81

ferrovias paulistas, 60

Fiesp (Federação das Indústrias do Estado de São Paulo), 347

Fifa (Federação Internacional de Futebol), 42, 179, 200, 202-6, 257, 273, 275, 278, 295, 297, 359, 403

Figueiredo, João, 79, 83

financiamento indireto do transporte urbano, 9, 24, 112, 156, 162, 391; *ver também* Tarifa Zero

Florianópolis (SC), 12, 242-3, 370
FNP (Frente Nacional de Prefeitos), 153, 155
Folha de S.Paulo (jornal), 81, 85, 262, 385
Fora Collor (movimento de 1992), 17, 19, 274, 282
Fora do Eixo (rede de coletivos culturais), 192, 215-6, 219, 256
Fora Lacerda (movimento de 2011 em BH), 224-5, 235, 367
Forças Armadas, 255
Ford (montadora), 132-3
"fordismo keynesiano", 64
formas de vida (conceito de Rahel Jaeggi), 14, 16, 74, 193, 198, 217-8, 224, 233, 261, 317, 403
Fortaleza (CE), 109, 158, 201, 213, 274, 362, 383
Fórum Nacional da Reforma Urbana (FNRU), 109, 117; *ver também* Movimento Nacional pela Reforma Urbana (MNRU)
França, 10, 35, 123, 150, 198, 218, 378, 392
Franco, Anielle, 364
Franco, Itamar, 79, 83
Franco, Marielle, 23, 364, 370-1
Fraser, Nancy, 19, 139, 164, 267, 403, 411
Freeman, Jo, 329
Freitas, Janio de, 81
frente ampla (eleições de 2022), 399
Frente Parlamentar do Transporte (Câmara dos Deputados), 153
Fuleco (mascote da Copa de 2014), 234-5, 249
Fundo Partidário, 97

Galeano, Eduardo, 11
Garcia, Rodrigo, 389
garis do Rio de Janeiro, greve dos, 318

Gazeta de Notícias (jornal), 33
Gazeta Mercantil (jornal), 85
Genebra (Suíça), 200
General Motors, 132
Genro, Tarso, 123, 185-6
Gerbaudo, Paolo, 170-1, 173
Giannini, Adhemar, 111
Gil, Gilberto, 66, 189-91, 215
Gini, coeficiente de, 181-2, 400
Giovannangeli, Magali, 391
Globo, O (jornal), 85, 435
Globo, Rede, 66, 148, 296-7
Goiânia (GO), 252-3
Goiás, 312, 360
golpe civil-militar (1964), 58, 106, 126, 146
Gomes, Cid, 200
Gomes, Ciro, 373, 401
Gomes, Matheus, 252, 364, 387
Gomide, Alexandre de Ávila, 155
Gonçalves, Bella, 369-70
Gordurinha (compositor), 54
governismo, 96
governos estaduais, 93, 131, 191-2, 208, 324, 331
Graeber, David, 168, 173, 384, 386
Grafias de Junho (acervo de imagens), 284, 340-2, 363; *ver também* cartazes das revoltas de 2013, análise dos
gratuidade do transporte público *ver* financiamento indireto do transporte urbano; Tarifa Zero
Grécia, 164-5, 201
Gregori, Lúcio, 9-10, 23, 112-4, 244, 247, 376, 378, 380-1
greves, 126, 134, 136, 163, 218, 275, 317, 359
Grupo de Trabalho de Transporte Urbano (Casa Civil), 153
Guerra do Paraguai (1864-70), 31
"guerra fiscal", 131-2
Guimarães, Ulisses, 90

Guinle & Companhia (concessionária de energia elétrica), 44

habitação *ver* moradia; déficit habitacional
Haddad, Fernando, 161, 184-6, 219, 253, 293, 336, 352-3, 373
"Haiti" (canção), 66
Haubrich, Alexandre, 250-1, 282
Havelange, João, 203-4
hidrelétricas, usinas, 78, 80, 83, 87, 216
Higienópolis, bairro de (São Paulo, SP), 218, 234, 315
Hobsbawm, Eric, 17, 51-2, 239
Hollanda, Ana de, 215
Holston, James, 66, 316
homofobia, 349-50
homossexualidade, 349, 361; *ver também* LGBTQIA+ (movimento)
"horizontalismo", limites do, 328-9
Horta, Fabiano, 381

ICMS (Imposto sobre Circulação de Mercadorias e Serviços), 131
Igreja católica, 106
impeachment de Dilma Rousseff (2016), 20, 340-1, 343-4, 347-8, 352, 396-7
impeachment de Fernando Collor (1992), 282, 337
Imposto de Renda, 154, 403
imposto de um vintém (nos bondes cariocas), 32, 35; *ver também* Revolta do Vintém (Rio de Janeiro, 1879-80)
imprensa, 24, 31, 40, 44, 53, 56, 79-80, 85-6, 91, 103, 114, 174, 180, 186, 217, 229, 235, 240, 246, 251, 255, 257, 265, 281, 284, 296, 303, 306, 311, 318, 326-7, 341, 346, 350, 356, 372
inclusão digital e cultural, 188-90, 192

inclusão econômica, 182, 188, 192-3, 195, 197, 299, 315, 404
indígenas, 94, 249, 368, 406
indústria automobilística, 16, 75, 78, 125, 128-33, 135-9, 141, 148, 155, 196, 405; *ver também* automóveis
industrialização, 38, 48-9, 51, 62-4, 76, 134
inflação, 50, 85, 99, 106, 113, 127, 148, 150, 152, 183, 238, 253-4, 360, 416
influência econômica na política brasileira, 99
infraestrutura, 37-8, 60, 63, 67, 71, 89, 110, 121-2, 131, 139, 141, 159, 175, 201, 207-8, 307
Inglaterra, 163
"Iniquidade da tarifa, A" (Gregori), 247
Intercept Brasil (site), 347
internet, 18, 24, 165-7, 172, 174, 181, 184, 188, 192, 229, 233, 242, 245, 262-3, 266-7, 283-4; *ver também* redes sociais
intervenção militar, pedidos de (em 2013-4), 342
IPEA (Instituto de Pesquisa Econômica Aplicada), 156, 197
IPI (Imposto sobre Produtos Industrializados), 132, 137
Ipiranga (empresa), 86
IPTU (Imposto Predial e Territorial Urbano), 10, 114
ISL (empresa de marketing), 204
Islândia, 165-7
Itaipu, hidrelétrica binacional de, 79-80
Itália, 62, 91-2, 123, 163-5, 202
Itamaraty (Ministério das Relações Exteriores), 80
Itaquera, bairro de (São Paulo, SP), 310, 315, 331
Itaú Unibanco, 336

Jacobs, Jane, 71
Jaeggi, Rahel, 217
Janene, José, 89
Japão, 163, 202
Jobim, José Pinheiro, 80
Jornal do Brasil, 85, 188
Juiz de Fora (MG), 252
Junho de 2013, manifestações/revoltas de *ver* revoltas de junho (2013)

Kassab, Gilberto, 98
"kit gay", 349
Kubitschek, Juscelino (JK), 129-30
Kuper, Simon, 206

Lacerda, Márcio, 222, 293, 367
Laclau, Ernesto, 171
Lages (SC), 105
Lago, Miguel, 396, 398
Lajolo, Tereza, 111
Largo de São Francisco (Rio de Janeiro), 42
Largo do Paço Imperial (Rio de Janeiro), 34
Largo Vivo (ocupação do Largo Glênio Peres, Porto Alegre, 2012), 234-7, 249
Lava Jato, Operação, 20-1, 23, 344-7
Lehman Brothers (banco de investimentos), 163
Lei Antiterrorismo (2016), 324
Lei dos Partidos Políticos (1995), 97
Lei Geral da Copa (Brasil, 2012), 205
Lei Nacional de Mobilidade Urbana (2012), 155, 157, 161
Lei Rouanet (Lei Federal de Incentivo à Cultura, 1991), 189, 191-2
lei seca em Recife, projeto de (2011), 225
levantes de 1909, ciclo de, 41, 43-6
Levy, Joaquim, 337, 347
LGBTQIA+ (movimento), 18, 217, 288, 348, 363-4, 401

Líber (partido), 267, 269, 271
liberalismo econômico, 86, 267, 273; *ver também* neoliberalismo
licitação de obras públicas, 76, 79, 81, 115, 120, 150, 381
Light (concessionária de energia elétrica), 37-46, 49
Linha Circular (companhia de bondes de Salvador, BA), 45, 48
livre circulação, restrições à, 69, 314
lixo, coleta de, 112
Loteamento São Francisco (Camaragibe, PE), 211, 213
Loyola, Ana Laura Morais, 341-2
Luis XVI, rei da França, 198
Lula da Silva, Luiz Inácio, 10-3, 18, 20-1, 23, 74, 84, 88-90, 102-4, 110, 114, 118-20, 123, 125-7, 132, 134-6, 154, 157, 182, 184-7, 189, 194, 197-8, 200, 215, 266, 269, 277, 292, 333, 336, 339, 344-5, 347-8, 373, 390, 396, 399-404, 406
lulismo, 16, 87, 102, 138, 152, 183, 188, 193, 196, 207, 216, 221, 248, 277, 280-1, 316, 402
luta de classes, 134, 270
lutas de fronteira (conceito de Nancy Fraser), 19, 411

Magalhães, Antônio Carlos (ACM), 76, 79, 95, 132
Maio de 1968 (movimento francês), 19, 218
Mal-Educado, O (coletivo paulistano), 358-9
mal-estar social, estado de, 62-5, 134
Maluf, Paulo, 13, 77, 92, 111, 116
"Mambo da Cantareira" (canção), 54
Manaus (AM), 209
Manchester (Inglaterra), 38
manifestações de Junho (2013) *ver* revoltas de junho (2013)

Índice remissivo

Manifesto do Comitê Contra o Aumento das Passagens (2011), 249
Manso, Rogério, 88-9
Mantega, Guido, 157, 185
Maracanã, estádio do (Rio de Janeiro), 208
Maranhão, 93
Marcha da Liberdade (São Paulo, 2011), 217
Marcha da Maconha, proibição da (São Paulo, 2011), 217
Marcha das Vadias (protestos globais), 361, 363
Maricá (RJ), 380-1, 383
Maricato, Ermínia, 107, 118
Marielle Franco, assassinato de (2018), 364
Marquito (vereador catarinense), 370
Martinho da Vila, 90
Massa Crítica (cicloativistas), 232-3
Mato Grosso, 91, 360
Mayara Vivian, 11-2
MBL (Movimento Brasil Livre), 268-71, 340-3, 397
MCs, duelo entre, 220
MDB (Movimento Democrático Brasileiro), 79, 93, 105, 387; ver também PMDB (Partido do Movimento Democrático Brasileiro)
MDT (Movimento Nacional pelo Direito ao Transporte Público de Qualidade para Todos), 153
Medidas Provisórias (MPS), 101
Melo, Sebastião, 387
Mendes, Chico, 336
Mendes Júnior (empreiteira), 79, 81-2
Menezes, José Ferreira de, 35
Mensalão, escândalo do (2005), 12, 102, 119, 184, 186, 266, 276, 334
Mercadante, Aloísio, 88
metrôs, 147, 156, 218, 233, 315, 392

Miklos, Manoela, 354
"milagre econômico" brasileiro (1968-73), 58, 66, 75, 77-8, 128, 182
Minas Gerais, 47, 61, 83, 149, 179, 311-2, 375, 378
Mineirão, estádio (Belo Horizonte), 160, 179, 209, 259, 332
Minha Casa, Minha Vida (programa), 121-2, 310
Minhocão (elevado em São Paulo, SP), 77
Ministério da Cultura, 189-90, 192, 215-6, 247
Ministério da Educação, 185-6, 189, 403
Ministério da Fazenda, 83, 127, 147, 154, 157, 337
Ministério da Saúde, 403
Ministério das Cidades, 12-3, 117-21, 123, 135, 153, 158, 200, 243, 404
Ministério do Meio Ambiente, 216
Ministério dos Esportes, 206
Ministério dos Transportes, 83, 148
Ministério Público, 103, 226, 230, 231, 263, 269, 345, 388
Mische, Ann, 274
mobilidade urbana, 13, 55, 78, 118, 138, 156, 159-60, 212, 226, 233, 236, 246, 259-60, 264, 306, 314, 332, 352-4, 404-5, 434
Moisés, José Álvaro, 51-2
montadoras ver indústria automobilística
Monte Carmelo (MG), 378
moradia, 32, 60, 65, 73, 105, 108, 117-8, 120, 122, 169, 195, 199, 201, 210, 214, 225, 249, 288, 306-8, 369, 372
Moraes, Ivan, 370
Morgan, Marc, 194
Moro, Sérgio, 344, 346
Mouffe, Chantal, 72, 163, 171, 231
Movimento Nacional pela Reforma Urbana (MNRU), 105-9, 117

MPL (Movimento Passe Livre), 11-3, 17, 24, 242-4, 249, 254-5, 261, 266, 268-9, 306-8, 341, 359, 385-6
MST (Movimento dos Trabalhadores Rurais Sem Terra), 244, 307
MTST (Movimento dos Trabalhadores Sem-Teto), 307-10, 372-3
mulheres, direitos das, 18, 363, 401; *ver também* feminismo/feministas
municipalismo petista, 108-11
municipalização do transporte paulistano (1991-2), 115-6

Nataraj, Goura, 370, 372
negócios da política brasileira, modelo de, 99-102
Negro, Antonio Luigi, 48
negros, exclusão social dos, 33, 60, 67, 72, 187, 220, 315, 325, 414
neoliberalismo, 163-4, 170, 267, 336-7
"neoliberalismo progressista" (conceito de Nancy Fraser), 164, 169
Neves, Aécio, 200, 222, 333-4, 337-8
Neves, Tancredo, 83, 92, 189
Nicolau, Jairo, 97-8
Niemeyer, Oscar, 395
Ninja, Mídia (Narrativas Independentes, Jornalismo e Ação), 256, 398
nióbio (mineral), exploração de, 351
Niterói (RJ), 54, 370, 388
Nobre, Marcos, 72, 96, 275, 336
Noite, A (jornal), 53
Nordeste brasileiro, 60, 75, 132
Norte global, países do, 137, 202
nova direita, 20-1, 267, 338-9, 344-5, 347, 354, 366
Nova República, 72, 89, 91, 96-7, 100-1, 133, 137-8, 151-2, 196, 205, 208, 211, 239, 355
Nova York (NY), 165, 174
Novo Regime Automotivo (1995), 129

NTU *ver* Associação Nacional das Empresas de Transporte Público
nucleares, usinas, 78-9, 87
Nunes, Ricardo, 389-90

OAB (Ordem dos Advogados do Brasil), 95, 255, 276
OAS (empreiteira), 76, 100, 208
Obama, Barack, 173, 365
Occupy Wall Street (movimento norte-americano), 22, 172-4, 303, 365, 385
OCDE (Organização para a Cooperação e Desenvolvimento Econômico), 164
Ocupa Agamenon (movimento em Recife), 227
Ocupa Árvores (movimento em Porto Alegre), 237
"Ocupa Cabral" (protestos no Rio de Janeiro, 2013), 305
Ocupa Política (movimento), 25, 371
ocupação de áreas informais, 60
Ocupe Estelita (movimento em Recife), 226, 231-2, 370
Odebrecht (empreiteira), 75-6, 79-89, 100, 208
Odebrecht, Emílio, 85, 87-8
Odebrecht, Norberto, 75, 79
Olimpíadas de 2016 (Brasil), 211
Oliveira, Dante de, 91
Oliveira, Douglas Henrique de, 181
ônibus, empresas de, 145, 147, 150, 278, 292, 304, 380, 382
ONU (Organização das Nações Unidas), 123, 199, 201, 207
"Opinião" (canção), 262
Orçamento Participativo, 109-10, 116, 118, 122-3
Organização Mundial de Comércio, 170
Orkut, 188, 220, 267
Orrico Filho, Romulo, 145

Índice remissivo 485

Ortellado, Pablo, 358
Ostermann, Fábio, 267-8, 340

"pacto conservador" (conceito de André Singer), 194
Palocci, Antonio, 154, 157
Panizza, Francisco, 171
Paraíba, 47
Paraisópolis, favela de (São Paulo, SP), 309
Paralamas do Sucesso (banda), 84
Paraná, 360, 383
Paranaguá (PR), 383
Paraty (RJ), 352
Paris, barricadas de (1968), 218
Parque Municipal de Belo Horizonte, debate no (2015), 366-7
participação social, políticas de, 120-4
Partido Comunista Brasileiro, 52
Partido Democrata (EUA), 385, 403
Partido Republicano (EUA), 403
Partido Verde, 189
partidos políticos brasileiros, 96-9
passe livre estudantil, 11, 241-2, 244, 304, 360
Passe Livre pela Democracia (campanha de 2022), 388-90
Passos, Pereira, 60-1, 210
Pastorais da Igreja católica, 106
"patriotas", símbolos, 250, 265, 271
"patrioteens" (jovens da direita política), 273
Paulínia, pólo petroquímico de (SP), 86, 88
PDS (Partido Democrático Social), 92, 94
PDT (Partido Democrático Trabalhista), 94, 200
PEC 37 (Proposta de Emenda Constitucional), 263, 269, 272, 285
PEC do Teto de Gastos (2016), 360
Pedro II, d., 31, 34

Pellegrino, Antonia, 354
"pemedebismo", 96, 102; *ver também* PMDB (Partido do Movimento Democrático Brasileiro)
Pereira, Rafael, 160
periferia do capitalismo, países da, 52, 56, 142-3
periferias das cidades, 310-4
Pernambuco, 213, 227-9, 231-2
Petrobras, 75, 86-9, 345
Petrone, Talíria, 370
PFL (Partido da Frente Liberal), 84, 86-8
PIB (Produto Interno Bruto), 100, 137-8, 141, 184, 275, 296
Piketty, Thomas, 181
Pimentel, Fernando, 222
Pinto Neto, Moysés, 369
Piseagrama (revista), 24, 247, 259
Plano Nacional de Habitação (governo Lula), 120-2
Plano Real, 86, 182, 184, 399
PMDB (Partido do Movimento Democrático Brasileiro), 84, 88, 91-2, 94, 96, 132, 200, 304, 362; *ver também* MDB (Movimento Democrático Brasileiro); "pemedebismo"
PMN (Partido da Mobilização Nacional), 276
pobreza, 18, 60, 63, 68, 74, 164, 182-4, 210, 221, 239, 261, 400-1
Pochmann, Marcio, 197
Podemos (partido espanhol), 373
polarização, 279, 337, 343
polícia e violência policial, 35, 43, 53, 69, 80, 166, 172, 174-5, 180, 199, 220, 233, 235, 240-1, 249, 255-7, 259, 261, 265, 268, 280-1, 288, 297, 309, 315-6, 323-6, 330-1, 397, 435
Polícia Federal, 103, 345
Polícia Militar, 179, 199, 235, 255, 339-40, 385

Polícia Rodoviária Federal, 389
políticas industriais, 127, 129, 138-9
poluição, 65, 70-1, 140, 142-3, 196,
393, 405
Pontos de Cultura (programa do
Ministério da Cultura), 190-1,
216, 247
população brasileira (séc. XIX), 31
Porto Alegre (RS), 11-3, 109-10, 118,
123, 212-3, 226, 232-3, 235-7, 241,
243, 248, 251-3, 263, 265, 268, 274-5,
282, 303, 324-5, 364, 386-8
Porto, Severiano, 209
Portugal, 123, 165
PP (Partido Progressista), 12-3, 89,
119, 170
Praça da Estação (Belo Horizonte),
220, 222
Praça Roosevelt (São Paulo, SP), 219
Prado, Antônio, 44
Praia da Estação (protestos em Belo
Horizonte), 222-3, 225, 235, 366
Primavera Árabe (2011), 165, 173,
253, 263
Primeira República ver República
Velha
privatização, 69, 208, 355, 360
Proclamação da República (1889),
31, 340
"produção simples" (de ofertantes
de ônibus urbanos), 145-6
professores do Rio de Janeiro,
greve dos, 317
Programa de Aceleração do Crescimento (PAC), 122, 124, 157-9, 161
propinas, 80-4, 87, 204; ver também
corrupção
ProUni (Programa Universidade
Para Todos), 185, 187
PSB (Partido Socialista Brasileiro),
84, 94, 200, 231, 333-7
PSD (Partido Social Democrático),
98

PSDB (Partido da Social Democracia
Brasileira), 84, 86, 88, 96, 200,
219, 222, 267, 272, 333, 337-8, 341,
356, 373
psicanálise, 54-5, 57
PSOE (Partido Socialista Obrero
Español), 168, 170
PSOL (Partido Socialismo e Liberdade), 216, 252, 304, 335, 365-9,
372-3, 387
PT (Partido dos Trabalhadores),
9, 12-6, 20-1, 82, 86-9, 92, 94, 96,
102-3, 109-11, 113-4, 116, 118-9, 122-
4, 126-7, 132-3, 154, 181-2, 186, 192,
194-5, 197, 214, 216, 219, 222, 225,
230-1, 248-9, 273, 276, 292, 315, 317,
333, 336-8, 344, 347, 350, 353, 362,
367, 380, 386, 390, 400, 403-6, 412

Quadros, Elisa, 327
Quaquá, Washington, 380
Quebra Bondes (rebelião em Salvador, 1930), 46-7
quebra-quebra de 1947 (São Paulo,
SP), 49-54
Queiroz Galvão (empreiteira), 81,
100
questão urbana, 106, 119, 404; ver
também crise urbana; urbanização

racismo estrutural, 59, 67, 336, 363,
414; ver também negros, exclusão
social dos
rebeliões pelo transporte, tradição
de, 12, 17, 31-58
recalque (na psicanálise), 54-5, 57
Recife (PE), 31, 60, 109, 212, 225-32,
274, 304, 370-1, 382
Rede Ferroviária Federal, 78, 229
Rede Sustentabilidade, 98, 334, 387,
435
redes sociais, 165, 171, 225, 255-6,
262-3, 266, 283-4, 344, 347, 357; ver
também internet

reeleição, taxa de, 101
reforma tributária, 113, 401
reforma urbana, 105, 117, 124, 210;
  ver também Movimento Nacional
  pela Reforma Urbana (MNRU)
reforma urbana do Rio de Janeiro
  (gestão Pereira Passos, 1903-6),
  60-1
"reformismo fraco" (conceito de
  André Singer), 183
Reis, Marcello, 269, 340
remoções de famílias pobres nas
  capitais (em função da Copa de
  2014), 210-4
Renato, Paulo, 185
renda familiar mensal, 271, 334,
  341, 374
renda, distribuição de, 113, 194, 424
Rennó, Joel, 86-7
repressão aos manifestantes de junho, 304, 306, 309, 316, 318, 324-9,
  333, 340, 345, 397, 435; ver também
  revoltas de junho (2013)
"reprodução ampliada da atividade" (de ofertantes de ônibus
  urbanos), 146
República Velha, 39, 46, 60, 62
Resende, Eliseu, 83
Revolta da Catraca (Florianópolis,
  2004), 12
Revolta da Vacina (Rio de Janeiro,
  1904), 60-1
Revolta das Barcas (Rio de Janeiro,
  1959), 54
revolta de 2011 (Chile), 23
Revolta do Buzu (Salvador, 2003),
  12, 238-42, 330
Revolta do Vintém (Rio de Janeiro,
  1879-80), 31, 35-6, 41, 46, 50
Revoltados Online (página no
  Facebook), 269, 339
revoltas árabes (2011) ver Primavera
  Árabe (2011)

revoltas de junho (2013), 10, 14, 17,
  19-23, 99, 104, 118-9, 162, 197-8,
  201, 214, 225, 241, 248-9, 256-7, 261,
  264-6, 279, 281-2, 300, 304, 308,
  313, 317, 324, 327, 333, 340, 342-3,
  345, 359-61, 367, 369-70, 376, 380,
  383, 385-6, 395-7, 403, 430-1, 438; ver
  também cartazes das revoltas de
  2013, análise dos
Revolução de 1930, 46, 48
Revolução de Jasmim (Tunísia,
  2010-1), 166
Revolução Francesa (1789), 35, 198,
  392
"revolução laranja" (greve dos
  garis, RJ, 2013), 318
"revolução neoliberal", 163
Rio de Janeiro (RJ), 31, 34-5, 41-2,
  44-5, 54, 60-1, 75, 158, 160, 201, 208,
  210, 213, 279, 294, 304, 314, 316-7,
  324-5, 332, 348, 352, 361-2, 370, 380,
  382, 432, 435
Rio de Janeiro, estado do, 61, 208,
  293, 312, 323, 325, 360
Rio Grande do Sul, 13, 47, 123, 132-3,
  147, 185, 236, 360
Rio Vermelho, bairro de (Salvador,
  BA), 238
Rocha, Amara, 42-3
Rocinha, favela da (Rio de Janeiro,
  RJ), 325
Rodada do Milênio, cancelamento
  da, 170
rodovias, 76-7, 99, 146, 311
Rodrigues, Juciano Martins, 160
Rodrigues, Randolfe, 387
Rodrix, Zé, 66
rolezinhos (reuniões de jovens de
  periferia nos shoppings), 72, 314-7
Rolnik, Raquel, 65, 122, 199-201, 207
Romário (jogador de futebol), 200
Roriz, Jacqueline, 276
Rousseff, Dilma, 9, 21, 103, 119, 157,
  182, 195, 215, 248, 254, 266, 276,

292-4, 310, 324, 333-4, 336-45, 347-8, 350, 362, 397, 400, 402

Rússia, 202

Russomano, Celso, 219, 351

Sagot-Duvauroux, Jean-Louis, 391

salário mínimo, 161, 182-3, 187, 197, 239, 424

Salvador (BA), 12, 31, 44-5, 47, 60, 75-6, 147, 153, 158, 189, 238, 242, 274, 288-9, 312-3, 330, 362, 387

samba, 59, 223

Sampaio, Plínio de Arruda, 111

Sanders, Bernie, 385

Santa Catarina, 105

Santos (SP), 44

Santos, Anita, 180

Santos, Enilson, 145

Santos, Milton, 15, 66-8, 314, 391

Santos, Renan, 270, 340

São Bernardo do Campo (SP), 127, 133

São Francisco (Califórnia, EUA), 233, 421

São Paulo (SP), 9, 11-2, 24, 37, 41, 44-5, 49-50, 59, 62, 77, 90, 109, 111-2, 114, 116-7, 135-6, 155, 158, 161, 185, 201, 215, 217-8, 222-3, 233, 237, 244, 247-8, 253-4, 256, 262, 265-6, 269, 271, 273, 275, 279, 282, 288-9, 293-4, 297, 307-9, 315-6, 339, 341, 352, 356, 360-2, 370-3, 381, 383, 386, 389, 397, 414-8

São Paulo Railway Light & Power Company, 37

São Paulo, estado de, 13, 47, 61, 244, 293, 325, 357, 360

São Pedro da Aldeia (RJ), 312

Saramago, José, 11

Sardenberg, Yuri, 262

Sarney, José, 81, 92, 94-5, 103-4, 148-9, 189, 277

"Saudosa Maloca" (canção), 59

Sávio, Marco Antônio, 44-5

Schapiro, Mario, 138

Secchi, Bernardo, 5, 404

Secretaria de Serviços e Obras de São Paulo, 112

Secretaria de Transportes de São Paulo, 9, 111

segregação social e territorial, 15, 39, 41, 55, 59, 62, 68, 71-3, 121, 355, 404

"segregação socioespacial planejada", 121

Segunda Guerra Mundial, 49, 63

segurança pública, 70, 354

"segurança total" dos condomínios, 70

Selva de pedra (telenovela), 66

SEMOB (Secretaria Nacional de Mobilidade Urbana do Ministério das Cidades), 153-5

Senado, 86, 91, 103-4, 263, 294, 348

Serra, José, 111, 200, 219

serviços públicos, 14, 19, 65, 67, 138-40, 161, 169, 193, 195, 261, 264, 274, 281, 289, 293, 296-7, 312, 335, 337, 341-2, 401, 403, 405

Setúbal, Maria Alice, 336

Sevcenko, Nicolau, 39

shopping, 196

Shopping Itaquera, rolezinho no (2013), 315

shoppings, 16, 68-71, 315-7, 323

sigilo bancário, quebra de, 82

Silva, Marina, 98, 216, 333-7, 374, 399

Silva, Orlando, 206

Silva, Vicente Paulo da, 127

Sinaes (Sistema Nacional de Avaliação do Ensino Superior), 186

sindicalismo, 52, 64, 125-8, 135-6, 163, 225, 249, 317, 367

Singer, André, 135, 182-4, 194, 271, 294

sistema político, 16, 18-9, 72, 92-3, 95, 169, 171, 173, 175, 207, 261, 276, 279, 306, 337, 343, 345
Sistema Único de Mobilidade, proposta de, 406
Soares, Elza, 262
Soares, Luiz Eduardo, 300
Sócrates (jogador de futebol), 90-1
Solano, Esther, 280
Souza, Amarildo Dias de, 325
Spiegel, Der (revista alemã), 79
STF (Supremo Tribunal Federal), 217, 334, 387
Stiglitz, Joseph, 173
Streeck, Wolfgang, 163
Students for Liberty (movimento norte-americano), 267
Subcomissão de Questão Urbana e Transporte da Constituinte (1987-8), 105, 107, 255
subproletariado, 183
Suécia, 163
Suíça, 200
Sul global, países do, 203
superfaturamento de obras, 76, 80, 208
Suplicy, Eduardo, 82
Suplicy, Marta, 116, 185
SUS (Sistema Único de Saúde), 195, 294, 361
Suzano (empresa), 86
Szymanski, Stefan, 206

Tarde, A (jornal), 48
Tarifa Zero, 9-11, 24-6, 111, 113-6, 241, 244-5, 247, 306, 375-81, 383-6, 390-3
tarifas de ônibus, aumento das (2000-2013), 161
Tavito, 66
Tebet, Simone, 399
Teixeira, Ricardo, 204, 206, 276
Telegram, 346

Temer, Michel, 360
Teresina (PI), 382
"Tirania das organizações sem estrutura, A" (Freeman), 329
Tiririca (deputado), 351
Tocqueville, Alexis de, 198
Torfason, Hördur, 166
Torres, Juliano, 267
Torturra, Bruno, 219, 256
trabalhismo automobilista, 134-8
trabalho infantil, 205
transporte público, 10-1, 13-5, 17, 24, 33-5, 37, 39, 41, 44, 46-7, 50, 55-7, 61, 67, 111-2, 136, 141, 144-5, 151, 153-8, 160-1, 180-1, 193, 221, 226, 228, 233-4, 236, 238, 242, 244, 246, 253, 259-60, 273-4, 278, 280, 282, 297, 304-5, 311, 314, 323, 332, 354, 375-7, 380, 382, 385-6, 390-2, 401, 405
tributos gerados pela indústria automobilística, 141
Trilhos Centrais (companhia de bondes de Salvador, BA), 45
Trip (revista), 219
Trovão, Lopes, 34
Trump, Donald, 22
Tunísia, 165-7, 174, 253
turbas urbanas revoltosas (no mundo industrial), 17, 51-2, 239, 260
Turino, Célio, 190-1
turismo, 206, 351
Turma do Chapéu (movimento da juventude tucana), 272
Twitter, 165, 171

UDN (União Democrática Nacional), 93
Ultra (empresa), 86
Unidade Popular, 98
urbanização, 14, 31, 57, 63, 65, 73, 76, 107, 118, 125, 380; ver também crise urbana

Uruguai, 123
Uslaner, Eric, 346

vale-transporte, 148, 150-2, 154-5, 238, 241
Vallone, Giuliana, 262
vandalismo, 250, 255, 265, 279-80, 324, 326, 385
Vargas, Getúlio, 47
Vasconcellos, Eduardo, 434
Vaza Jato, escândalo da (2019), 346-7
Veja (revista), 86, 262, 327
Velloso, Rita, 311
Veloso, André, 36, 146, 376
Veloso, Caetano, 66
Vem pra Rua (movimento), 342, 343, 397
Venezuela, 339-40
verde e amarelo (como símbolo "patriota"), 250, 265, 272-4, 276, 293
Versement Transport (modelo francês), 150-1
Viação Nossa Senhora do Amparo (Maricá, RJ), 380-1
viadutos, 60, 65, 76-7, 159-60, 225-8, 278, 332
vida democrática, 19, 72, 119, 300, 303, 390, 393; *ver também* democracia

Vila UFMG (Belo Horizonte), 179-80, 214
violência policial *ver* polícia e violência policial
violência sexual, 361-2
violência urbana, 68, 70, 355
Vitória (ES), 109, 257, 303, 323
Vladimir (jogador de futebol), 90
Voyageurs sans ticket. Liberté, égalité, gratuité (Giovannangeli e Sagot-Duvauroux), 391-2

Wagner, Jacques, 132
Wall Street (Nova York), 165, 173-4
Wallerstein, Immanuel, 384
Washington Luís, 46
Weffort, Francisco, 190
Wikileaks, 263
Wilkerson, Isabel, 5
Wisnik, Guilherme, 121

Xavier, José Carlos, 157

Youtube, 188

Zambelli, Carla, 277, 431
Zé Kéti, 262
Zema, Romeu, 389
Zona Sul do Rio de Janeiro, praias da, 314
Zurique (Suíça), 200

ESTA OBRA FOI COMPOSTA POR MARI TABOADA EM DANTE PRO E
IMPRESSA EM OFSETE PELA GRÁFICA SANTA MARTA SOBRE PAPEL PÓLEN SOFT
DA SUZANO S.A. PARA A EDITORA SCHWARCZ EM MAIO DE 2023

A marca FSC® é a garantia de que a madeira utilizada na fabricação do papel deste livro provém de florestas que foram gerenciadas de maneira ambientalmente correta, socialmente justa e economicamente viável, além de outras fontes de origem controlada.